UTB **1422**

Eine Arbeitsgemeinschaft der Verlage

Beltz Verlag Weinheim und Basel
Böhlau Verlag Köln · Weimar · Wien
Wilhelm Fink Verlag München
A. Francke Verlag Tübingen und Basel
Paul Haupt Verlag Bern · Stuttgart · Wien
Verlag Leske + Budrich Opladen
Lucius & Lucius Verlagsgesellschaft Stuttgart
Mohr Siebeck Tübingen
C. F. Müller Verlag Heidelberg
Ernst Reinhardt Verlag München und Basel
Ferdinand Schöningh Verlag Paderborn · München · Wien
Eugen Ulmer Verlag Stuttgart
UVK Verlagsgesellschaft Konstanz
Vandenhoeck & Ruprecht Göttingen
WUV   Facultas · Wien

Winfried Schulze

Einführung in die Neuere Geschichte

4., völlig überarbeitete und aktualisierte Auflage

Verlag Eugen Ulmer Stuttgart

Prof. Dr. Winfried Schulze, geboren 1942 in Bergisch Gladbach. Studium der Mittleren und Neueren Geschichte und der Politischen Wissenschaften an der Universität zu Köln und an der FU Berlin, Promotion 1970, Habilitation für Neuere Geschichte 1975 an der FU Berlin. Professuren an der Gesamthochschule Kassel (1974) FU Berlin (1976) und Ruhr-Universität Bochum (1977), seit 1993 an der LMU München. Arbeitsgebiete: Deutsche und Europäische Geschichte der Frühen Neuzeit, Historiographie- und Wissenschaftsgeschichte.

Die Deutsche Bibliothek – CIP-Einheitsaufnahme

Schulze, Winfried
Einführung in die Neuere Geschichte/Winfried Schulze. –
4., völlig überarb. u. aktualisierte Aufl. –
Stuttgart : Ulmer 2002
　(UTB für Wissenschaft ; 1422: Geschichte)
　　ISBN 3-8252-1422-2
　　ISBN 3-8001-2767-9

© 2002, 1993, Eugen Ulmer GmbH & Co.
Wollgrasweg 41, 70599 Stuttgart (Hohenheim)
email: info@ulmer.de
Internet: www.ulmer.de
Printed in Germany
Lektorat: Dr. Nadja Kneissler
Satz: Laupp & Göbel GmbH, Nehren
Druck und Bindung: Friedr. Pustet, Regensburg

ISBN 3-8252-1422-2 (UTB-Bestellnummer)

Vorbemerkung

Die vorliegende „Einführung in die Neuere Geschichte" ist aus einer gleichlautenden Vorlesung an der Ruhr-Universität Bochum entstanden. Die Studienordnung der Fakultät für Geschichtswissenschaft geht von der optimistischen Erwartung aus, dass die Einführungsvorlesungen in die einzelnen Epochen der Geschichte dazu geeignet sein sollen, „in epochenspezifische oder übergreifende historische Zusammenhänge" einzuführen und dabei ggf. „Orientierungsdefizite in der Anfangsphase der Studiums" abzubauen. Dass diese Orientierungsschwierigkeiten in der ersten Phase des Studiums bestehen, weiß jeder, der irgendwann einmal dieses Studium begonnen und vor dem schier unüberwindlichen Wall aus Begriffen, Daten, Namen und Prozessen gestanden hat. Eine „Einführung" zu konzipieren, die nicht den Anspruch erhebt, eine bestimmte leitende Idee von Geschichte zu entwickeln, sondern die schlichtere, aber schwierigere Absicht verfolgt, dem Anfänger einen Eindruck von dem materialen und methodischen Reichtum der Geschichtswissenschaft zu geben, fällt nicht leicht. Die Begrenzung auf das eigene, angestammte Fachgebiet und seine differenzierten Teilfragen ist allemal leichter als der große Blick auf eine historische Epoche vom Ausmaß der Neueren Geschichte, die inzwischen vielfache Unterteilungen und Spezialisierungen erfahren hat. Ich habe versucht, durch vorbereitende Diskussionen mit meinen Mitarbeitern und Diskussionen mit den Hörern der Vorlesung, dem von der Studienordnung gesteckten hehren Ziel näherzukommen. Dass eine solche Vorlesung bei allem Bemühen um ein möglichst breites Einbeziehen von wichtigen Problemen und methodischen Ansätzen natürlich immer die besonderen Interessen und Kompetenzen des Verfassers widerspiegelt, braucht nicht betont zu werden. Dass ich die Moderne von ihrem Beginn her zu sehen gewohnt bin, ist sicher unübersehbar, scheint mir aber auch nicht unnütz angesichts der täglichen Überfülle von „postmodernen" Betrachtungen.

Bei der Überarbeitung der Vorlesung habe ich darauf geachtet, den einer Vorlesung eigenen Argumentationsstil nicht gänzlich auszutilgen, wie schwer das auch immer fällt. Leider ist es nicht möglich, die Vorteile des gesprochenen Wortes in eine Buchpublikation zu übernehmen.

Der fragende Blick eines Zuhörers ermöglicht während der Vorlesung eine schnell eingeschobene Erklärung, die Wiederholung eines Arguments, einen Kurzkommentar zu historischen Persönlichkeiten, Ereignissen und Historikern, die in dieser Vorlesung ja oft auftauchen, ohne dass der gesamte Kontext dazu vermittelt werden könnte. Ich habe die Hoffnung, dass der geschriebene Text nicht zu viele fragende Blicke hervorrufen wird. Erwähnen will ich noch, dass den Zuhörern der Vorlesung eine Sammlung von Arbeitsblättern zur Verfügung gestellt wurde, die wichtige Lexikonartikel, Grundlagentexte, Rezensionen und auch einige historische Quellentexte enthielten, die für das jeweilige Kapitel der Vorlesung von besonderem Interesse waren.

Meinen Bochumer Mitarbeitern danke ich für ihre Mithilfe bei der Arbeit an der Vorlesung; vor allen will ich Gisela Klein nennen, die wieder einmal vorzügliche Arbeit bei der Herstellung des Manuskripts geleistet hat. Thomas Nieding hat mich beim Korrekturlesen und bei der Anfertigung des Registers unterstützt. Meinem Kollegen Peter Blickle danke ich für seine Anregung zur Publikation der Vorlesung im Verlag Eugen Ulmer.

Bochum, im Februar 1987   Winfried Schulze

Zur zweiten Auflage

Für die zweite Auflage, die jetzt erforderlich wurde, habe ich lediglich eine vorsichtige Überarbeitung vorgenommen, die kleinere Fehler und begriffliche Ungenauigkeiten korrigiert sowie auf die historischen Ereignisse der beiden vergangenen Jahre reagiert. Ich möchte die Gelegenheit benutzen, um allen zu danken, die mich nach dem Erscheinen der ersten Auflage auf Ungenauigkeiten und Fehler hingewiesen haben. Vor allem den Kollegen, die nach der Benutzung des Buches in Lehrveranstaltungen des Grundstudiums ihre Erfahrungen einem vom Verlag beigelegten Fragebogen anvertraut haben, bin ich zu besonderem Dank verpflichtet, weil mir diese Art der Rückmeldung sehr hilfreich für die Weiterentwicklung der Vorlesung war. Die nächste Auflage wird stärker auf einige der dort geäußerten Verbesserungsvorschläge eingehen.

Bochum, im Juli 1991   Winfried Schulze

Zur dritten Auflage

Die Vorbereitung einer dritten Auflage, die jetzt erforderlich wurde, habe ich zu einer gründlicheren Überarbeitung des Textes genutzt. Dabei habe ich auf viele hilfreiche Kommentare und kritische Anmerkungen von Lesern des Buches zurückgreifen könne, nicht zuletzt aber auf die gründliche Durcharbeitung des Textes durch meine Münchener Mitarbeiter, von denen ich v. a. Thomas Ott und Karl Sattler, M. A. nennen will. Durch Einfügung von zusätzlichen Abschnitten habe ich versucht, die europäische Dimension von Geschichte und die Geschichte der Geschichtsschreibung stärker zu berücksichtigen, weitere Ergänzungen sind in die bestehenden Kapitel eingegangen. Wie in der Einleitung begründet, habe ich auch diesmal der Versuchung widerstanden, dem Buch einen Teil anzufügen, der Informationen über Zeitschriften, Bibliographie, Zitierweise oder Hilfswissenschaften enthielte. Hierfür verweise ich auf die vorliegenden speziellen Einführungen.

Wieder einmal benutze ich die Gelegenheit, allen Lesern zu danken, die mir ihre Meinung über das Buch haben zukommen lassen. Besonders habe ich mich über die Rückmeldung einiger Seminargruppen gefreut, die mir gezeigt haben, dass das Buch im universitären Ausbildungsbetrieb inzwischen offenbar eine Rolle einnimmt, die ich zunächst nicht erwartet hatte.

München, im März 1996   Winfried Schulze

Zur vierten Auflage

Mit großer Freude habe ich mich an die Vorbereitung der vierten Auflage gemacht, denn ihre Notwendigkeit belegt das konstante Interesse an dieser Einführung. Wie in den vorangegangenen Auflagen habe ich zunächst wieder die Gelegenheit genutzt, kleinere Korrekturen und Anpassungen an neuere Forschungstrends und -ergebnisse vorzunehmen. Angesichts der aktuellen Diskussionen schien mir ein Abschnitt über den Schlüsselbegriff „Globalisierung" notwendig, und im Kapitel über „Prozesse und Probleme der Neuzeit" habe ich durch einen neuen Abschnitt der Tatsache Rechnung getragen, dass die Heraufkunft der „Wissensgesellschaft" eine entsprechende Beachtung auch der Geschichtswissenschaft verlangt. Ohne Zweifel gehören Wissenschaft und Technologie zu den großen Veränderungspotenzialen der Neuzeit, denen in der allgemeinen Geschichtswissenschaft immer noch zu wenig Rechnung getragen wird. Meine persönlichen Erfahrungen während der letzten Jahre haben mich in dieser Einsicht nur bestärkt. Auf der anderen Seite schien es mir notwendig zu sein, die erforderlichen Reaktionen auf die schnellen Veränderungen, die die Neuzeit prägen, stärker zu thematisieren und damit jene Variante von Geschichtswissenschaft, die wir Wahrnehmungsgeschichte nennen, inhaltlich und methodisch mehr zu berücksichtigen.

Seit der 3. Auflage habe ich meine Leser eingeladen, den Kontakt mit mir über das Internet zu suchen. Dieses Angebot ist erfreulicherweise von vielen Schülern, Studenten und Seminargruppen genutzt worden. Ich würde mich sehr freuen, wenn dies auch weiter unter der bekannten Adresse (winfried.schulze@lrz.uni-muenchen.de) der Fall wäre.

Es ist mir ein Anliegen, meinen Münchener Mitarbeitern Heidi Kugeler, Peter Brachwitz und Moritz Baumstark für ihre Mitarbeit bei der Überarbeitung, besonders aber Herrn Dr. jur. Wolfgang Grillo für seine kritische Lektüre des Textes zu danken.

München, im August 2001   Winfried Schulze

Inhaltsverzeichnis

Einleitung

Über das Studium der Geschichte der Neuzeit

Wer heute ein Studium der Geschichte beginnt, tut dies nicht mehr in der sicheren Erwartung, in einigen Jahren als Lehrer dieses Fach unterrichten zu können. Relativ schnell hat sich diese Tatsache auf die Zusammensetzung der Studierenden, die Planung und die Inhalte des Studiums ausgewirkt. Wo vor Jahren noch ca. 80 % aller Studenten ein Examen als Gymnasiallehrer anstrebten, finden sich heute beinahe ebenso viele Studenten, die einen ersten Studienabschluss mit der Magisterprüfung erreichen wollen, ohne dabei schon präzise Berufsaussichten haben zu können. Die Absolventenstudien der letzten Jahre haben aber gezeigt, dass gut ausgebildete Historiker offensichtlich über bemerkenswerte Fähigkeiten verfügen, die sie für Tätigkeiten in ganz unterschiedlichen Berufsfeldern qualifizieren. Berufliche Möglichkeiten liegen sowohl in der Bildung und Weiterbildung der verschiedenen Ebenen, aber auch auf höchst unterschiedlichen Feldern der kulturellen Arbeit im weitesten Sinne, der Medien, der Archive und Dokumentationsstellen, der Museen und Sammlungen und der gesellschaftlichen und politischen Organisationen, nicht zuletzt aber auch in der Wirtschaft. Gemeinsam ist diesen Tätigkeiten, dass sie nicht mehr einen eindeutigen Ausbildungsgang begründen, sondern breite Kompetenzen erfordern, um später wechselnden Anforderungen gerecht werden zu können. Gerade potenzielle Arbeitgeber außerhalb des schulischen Bereichs schätzen die Kreativität und die Analysefähigkeit des gut ausgebildeten Historikers. Es kommt hinzu, dass das Fach Geschichte heute in steigendem Maße von Menschen studiert wird, die nach Abschluss ihrer Lebensarbeitszeit ihrem allgemeinen Interesse an Geschichte in Form eines wissenschaftlichen Studiums nachgehen wollen. Aus all dem ergibt sich, dass der Interessentenkreis für ein Studium der Geschichte heute anders aussieht als noch vor 30 Jahren. Er ist in sich stärker differenziert, und er sieht sich erhöhten Anforderungen in der späteren Berufstätigkeit gegenüber.

Die Geschichtswissenschaft selbst befindet sich in einer eigentümlichen Lage. Auf der einen Seite unterliegt ihre Rolle als Schulfach starken Schwankungen. Zwar ist sie nicht mehr in dem Maße gefährdet, wie dies in den 70er Jahren der Fall war; doch darf nicht übersehen werden, dass der alten und der mittelalterlichen Geschichte zunehmend die Berechtigung abgesprochen wird und in der Oberstufe praktisch allein die Neueste Geschichte noch angeboten wird. Auf der anderen Seite unterliegt sie an den Universitäten immer wieder Kürzungsmaßnahmen, die unterschiedlich begründet werden. Darunter leidet vor allem ihre innerfachliche Differenzierung; außerdeutsche oder gar außereuropäische Geschichte finden sich immer seltener im Lehrangebot. In der Öffentlichkeit ist ihre Anziehungskraft freilich ungebrochen. Nicht nur die oft zitierten großen historischen Ausstellungen sprechen dafür, auch der Buchmarkt, die Medienpräsenz, der Museumsbesuch, ihre Freizeitbedeutung, die starke lokale Nachfrage und alle anderen denkbaren Indikatoren weisen in diese Richtung. Das Bedürfnis nach historischer Legitimierung oder Vergewisserung ist in vielen Bereichen spürbar, nicht zuletzt jene „Vergangenheit, die nicht vergehen will" spielt hier eine Rolle. Vor allem scheint sich auch in den Kultur- und Sozialwissenschaften ganz allgemein eine stärkere Tendenz zu genetisch-historischen Analysen durchgesetzt zu haben, die natürlich die professionelle Geschichtswissenschaft in ihrer Bedeutung stärkt. Es hat zudem den Anschein, als ob die epochalen Umbrüche der Jahre 1989/90 das Bedürfnis nach historischer Orientierung noch haben ansteigen lassen. In jedem Fall aber wird man sagen können, dass die Bedeutung von Erinnerung als Grundlage gesellschaftlicher Identitätsbildung zugenommen hat. Daraus erwachsen neue Anforderungen an die Geschichtswissenschaft, hier vor allem für die Neuere Geschichte, die es unter inhaltlichen und methodischen Aspekten zu bedenken gilt.

Es kommt hinzu, dass sich die Geschichtswissenschaft in steigendem Maße neue Fragestellungen erschlossen hat. Längst hat sich die traditionelle Konzentration auf nationale und internationale Politik abgeschwächt, versteht sie Ökonomie nicht nur als Nationalökonomie, betrachtet sie Gesellschaft nicht nur als Agglomeration von Parteien, Gewerkschaften und Verbänden, entdeckt sie den individuellen Menschen in seiner Alltagswelt und versucht sie, sein Verhalten und seine Wahrnehmung historischer Welten zu ergründen. Eine neue Sensibilität gegenüber den Grundfragen menschlicher Existenz wie Angst, Sexualität und Tod ist sichtbar, der Alltag der Menschen und der Wandel der Werte finden Interesse, die Vermischung und gegenseitige Beeinflussung von Hoch- und Volkskultur wird thematisiert. Eine in diesem Ausmaß erstaunliche Erweiterung des Gesichtsfelds der Geschichtswissenschaft hat sich ganz offensichtlich durchgesetzt, hat sich – auf Anregungen und Bedürfnisse höchst unterschiedlicher Art reagierend – inzwischen auch im Themenkanon der universitären Ausbildung etabliert. Einem sehr weiten Verständnis von Kultur folgend, wird eine breite Definition von Geschichte akzeptiert, die alle Aspekte umfasst, die für die historische Existenz des Menschen von Bedeutung sind, und in der Forschungspraxis ihre Früchte schon getragen hat. Über diesen Wandlungen hat sie freilich keineswegs die älteren Themen aufgegeben, es scheint sich kein bloßer Wechsel der Leitfragen, sondern eher eine wirkliche Erweiterung des thematischen Spektrums ergeben zu haben, das sich auch als genügend offen erweist, neuen Herausforderungen wie der einer europäischen Geschichte gerecht zu werden. Nicht zuletzt diese thematische und methodische Variationsfähigkeit verursacht auch eine Unübersichtlichkeit, die den Anfänger überraschen und vielleicht sogar beunruhigen mag. Der Wegfall traditioneller Kanonisierungen kompliziert den Versuch eines umfassenden Überblicks.

Schließlich ist zu bedenken, dass Geschichte am Anfang des 21. Jahrhunderts kaum mehr als zielgerichteter Prozess verstanden wird. Die Sinnhaftigkeit und der Prozesscharakter der Geschichte, ihre charakteristischen Kennzeichen seit der Aufklärung, sind einer zunehmenden Partikularisierung der Geschichte gewichen, einer scheinbaren Beliebigkeit ihrer Abfolgen. Von unmittelbarer Bedeutung scheint nicht mehr das Ineinandergreifen der großen Wirkungsfaktoren der Geschichte, ihrer „Potenzen" (so noch der Schweizer Kulturhistoriker Jacob Burckhardt im späten 19. Jahrhundert), größeres Interesse erregt vielmehr das Nebeneinander von Fortschritt und Regression, die zeitgleiche Überlagerung von Verfallendem und Neuem, die Wiederkehr von Motiven, die Rezeptionsforschung, die kulturelle Aufbereitung jeweiliger Vergangenheiten. Neben die Realgeschichte ist die Wahrnehmung und Wirkung historischer Tatbestände getreten, die zunehmende Beachtung erlangt, so dass man geradezu von einer „doppelten Geschichte" sprechen kann. Diese Differenzierung und die offensichtliche „Dekonstruktion" des historischen Prozesses machen Geschichte auf eine neue – zuweilen riskante Art – verfügbar und erfordern neue Formen der literarischen Verarbeitung und der Präsentation in der Öffentlichkeit. Nicht zuletzt macht diese Analyse eine Diskussion über die Neuorientierung der universitären Ausbildung notwendig.

Um diesen Sachverhalt zu erläutern, soll hier die Geschichte eines Films erzählt werden. 1981 führte der polnische Regisseur Andrzej Wajda seinen Film „Danton" auf der Danziger Werft auf, zu einer Zeit also, als dort die Gewerkschaft Solidarnosc für die Rechte der Arbeiter kämpfte. Wajda führt einen Protagonisten der Französischen Revolution vor, der in der französischen Binnensicht der Großen Revolution höchst umstritten ist. Den sozialistischen Interpreten gilt er als Verräter des wahren Wegs der Revolution, der von Robespierre verkörpert wird. Sein Kampf gegen den Weg in den großen Terror gilt als bürgerliche Abweichung. Es konnte nicht erstaunen, wenn Wajdas in Danzig bejubelter Film 1983 in Paris ein sehr zwiespältiges Echo auslöste. Das linke Lager war erbittert, dass hier ein polnischer Linker scheinbar die Sache des politischen Gegners betrieb, die Rechte freute sich, dass am dominierenden Robespierre-Mythos so eindrucksvoll von links gerüttelt wurde. Was in Polen half, das spätstalinistische Regime zu kritisieren, dessen lügenhafte Verdrehungen der nationalen Geschichte mit dem Filmgeschehen gleichgesetzt wurden, half in Paris den erfreuten bürgerlichen Kritikern des sozialistischen „revolutionären Katechismus".

Der Film selbst beleuchtet nur eine kurze Phase der Revolution zwischen dem Ende des Jahres 1793 und der Hinrichtung Dantons am 5. April 1794. Er verdichtet diese Phase der Radikalisierung der Revolution zu einem Machtkampf zwischen Robespierre und Danton, der ein Kampf um den Weg zur Terrorherrschaft ist, die Frage nach der Legitimation des Terrors steht im Mittelpunkt der Szenenfolgen mit hohen symbolischen Bedeutungen. Dabei geht Wajda mit der historischen Wahrheit sehr locker um, er erfindet Geschichten und verstärkt so die Botschaft seines Films.

Eine Szene des Films beleuchtet dies ganz eindringlich. Robespierre sitzt dem Revolutionsmaler Jacques-Louis David (1748–1825) gerade Modell, unterbricht aber die Sitzung durch ein Gespräch mit dem Chefankläger des Revolutionstribunals, vor dem sich gerade Danton (1759–1794) und Fabre d'Eglantine (1750–1794) verantworten müssen. Gleichzeitig sieht Robespierre (1758–1794), dass David auf dem schon in ersten Skizzen begonnenen Gemälde des Ballhausschwurs vom 20. Juni 1789 gerade den Kopf eben jenes Fabre d'Eglantine gemalt hat, der jetzt unter Anklage steht. Robespierre befiehlt dem Maler, den Kopf wieder wegzuwischen, was David zunächst mit dem Hinweis ablehnt, dass Fabre beim Ballhausschwur dabei war. Robespierre aber beharrt auf seiner Forderung und lässt nicht locker, bis der Maler den Kopf wieder entfernt hat. Jeder polnische Zuschauer musste diese Szene mit den Geschichtsfälschungen der stalinistischen Zeit verbinden, als Personen aus Fotos entfernt wurden, die in Ungnade gefallen waren, als Ereignisse wie der von sowjetischen Truppen 1940 begangene Mord an über 21 000 polnischen Offizieren in Katyn geleugnet wurden, weil sie nicht sein durften. Was die polnischen – und vermutlich auch die meisten französischen Zuschauer – nicht wussten, war, dass diese Szene von Wajda frei erfunden wurde. Diese Szene kann es schon deshalb nicht gegeben haben, weil jener Fabre d'Eglantine nicht am Ballhausschwur teilnehmen konnte, denn er war gar kein Abgeordneter der Generalstände.

Was uns als Historiker an dieser komplexen Geschichte geradezu interessieren muss, ist die Verflechtung der Bedeutungs- und Wirkungsebenen eines historischen Sachverhalts. Grundlage ist die real geschehende, bzw. nicht geschehende Geschichte, die aus den Quellen aller Art zu ermitteln ist. Darüber liegt die zeitgenössische Widerspiegelung dieser Geschichte in kommemorierender Absicht, die Revolutionsmalerei, die schon unmittelbar nach der „Erstürmung" der Bastille einsetzte. David malte ja tatsächlich das Bild des Ballhausschwurs, das noch heute im Entwurf vorliegt und während des Jahres 1989 im Louvre zu sehen war. Darüber liegt wiederum eine zum „Katechismus" geronnene, gleichwohl vielfach umstrittene offizielle Deutung von Geschichte, die im Jahre 1983 durch die öffentliche Auseinandersetzung zwischen dem Sozialisten Mitterand und dem Gaullisten Poniatowski repräsentiert wurde. Sie ist ihrerseits nur die Fortschreibung eines Grunddissenses, der schon zwischen den Historikern Albert Mathiez (1874–1932) und Alphonse Aulard (1849–1928) ausgetragen wurde. Diese drei Deutungsebenen werden noch einmal durch eine alternative Bedeutung von Geschichte überlagert, die sich erst in einem anderen Kontext entfalten kann. Der Tatbestand der fiktiven „Bildfälschung" durch Robespierre, der den französischen Zuschauer an der Person Robespierres zweifeln lässt, erinnert den polnischen Zuschauer aber in der Situation der frühen 80er Jahre an die staatliche Propagandamaschine, unter deren Druck er steht. So wird die erfundene Geschichte, die ihre scheinbare Dignität aus dem gesamten Kontext der Revolutionsgeschichte bezieht, selbst zum Wirkfaktor und befördert die Destabilisierung des polnischen Ancien Régime. Selten einmal geschieht es, dass die vielfältigen Möglichkeiten von Geschichte so auf den Punkt gebracht werden, wie in diesem Fall.

Sehen wir zunächst einmal davon ab, dass diese Geschichte von dem amerikanischen Historiker Robert Darnton, der früher einmal als Journalist gearbeitet hat, in einer deutschen Tageszeitung in einer Reihe berichtet wurde, die den historischen Hintergrund von Filmen aufarbeitet, dann scheint die Geschichte nicht nur ein eindrucksvolles Exempel von Bedeutungsschichten eines historischen Ereignisses zu bieten, sondern geradezu auch ein Lehrbeispiel für eine neue Ausrichtung unseres historischen Studiums abzugeben. Üblicherweise orientiert sich das Studium am Erwerb jener Qualifikationen, die den Historiker befähigen festzustellen, ob, wann und mit welchen Gründen und Motiven Robespierre Danton zur Guillotine befördert hat. Dies hat die Wissenschaft auch mit großer Intensität geleistet. Schon die Frage nach der denkbaren Beeinflussung des Malers Davids durch Robespierre wird der normale Historiker sich nicht stellen, weil dies traditionell die Aufgabe des Kunsthistorikers ist. Dieser Aufgabe hat sich die Kunstgeschichte mit ebenso großer Intensität gewidmet. Noch weniger wird sich der gleiche Historiker üblicherweise die Frage stellen, wie die historische Kontroverse zwischen Robespierre und Danton die französische Innenpolitik seit der Dritten Republik (also seit 1871) beeinflusst hat. Dies wäre normalerweise die Aufgabe der Historiographiespezialisten oder der Fachleute für die politische Kultur der Dritten Republik. Und vermutlich wird es unser Normalhistoriker noch weniger als sein Geschäft betrachten, danach zu fragen, was ein polnischer Regisseur im Jahre 1981 mit dem historischen Stoff in seinem Land anfängt, in dem sich eine unabhängige Gewerkschaftsbewegung gewisse Freiräume gegenüber einem spätkommunistischen Militärregime erkämpft.

Historiker – und damit auch die Studenten dieses Fachs – stehen immer noch unter dem Eindruck jener Aufgabenbestimmung, die Ranke ihnen gestellt hat, nämlich „zu zeigen, wie es eigentlich gewesen ist" (dazu mehr S. 261). Dass dies der eigentliche Kern der Sache ist, steht unzweifelhaft fest und soll auch nicht bestritten werden: Unbekanntes muss ans Licht gebracht werden, Falsches und Gefälschtes muss korrigiert werden, „die nackte Wahrheit und nichts anderes, das übrige Gott befohlen", ganz so wie es Ranke empfohlen hat. Dies gilt gerade in Zeiten, in denen die Vergesslichkeit der einen den idealen Nährboden für die Legendenbildungen der anderen abgibt, und solange noch Dokumentenfälscher und -vernichter ihr Geschäft betreiben. Daneben aber müsste im Studium mehr jene Qualität der Geschichtsschreibung ins Spiel kommen und gefördert werden, die sich in der Wirklichkeit der Berufsarbeit längst durchgesetzt hat. Damit meine ich die Fähigkeit des Historikers, sowohl den Wahrheitsgehalt seiner Geschichte, die Gründe und Nachwirkungen eines Ereignisse, als auch die symbolischen Nutzungen des Ereignisses im kulturellen und politischen Gebrauch von Geschichte kompetent thematisieren zu können.

Auch geht es in der modernen Geschichtsforschung nur noch selten um die pure Tatsächlichkeit. Angesichts der dichten Schichten professioneller Forschung seit mehr als 100 Jahren, deren Ertrag sich inzwischen in vorzüglichen Handbüchern, Lexika und anderen Informationsspeichern angesammelt hat, geht es mehr und mehr um die Geschichte der Renaissancen und Rezeptionen, die tatsächliche oder symbolische Nutzung historischer Ereignisse, Figuren, Prozesse in aktuellen Kontexten, die Zusammenschau ganz unterschiedlicher Teilgeschichten, die Integration von Mikro- und Makroanalyse, die Verbindung von persönlicher Erfahrung mit großer Geschichte. Den Praktikern der Geschichte im Ausstellungsgewerbe, in den Verlagen und Medien, in den politischen Institutionen und Beratungsagenturen, ist dieser neue Kontext der Nutzung von Geschichte längst bewusst geworden, sie praktizieren ihn täglich und blicken mit einer Mischung aus Bewunderung und Mitleid auf den akademischen Betrieb, der es sich immer noch leistet, die Ausbildung nach einem Modell zu organisieren, das in seinen Grundzügen am Beginn der Phase der Professionalisierung entwickelt worden ist. Es orientiert sich letztlich an der philologischen und quellenkritischen Methode, deren Hauptziel zunächst die Erarbeitung und das Verständnis des „rechten" Textes war. Wie gesagt, daran ist festzuhalten, aber zugleich muss gesagt werden, dass dieses Grundmodell nicht mehr ausreicht.

Die stärksten Argumente dafür, dass hier etwas geändert werden muss, liegen darin, dass sich die Praxis der Wissenschaft verändert hat. Sie integriert Nachbarwissenschaften, sie verschafft Bezüge zur Praxis wissenschaftlichen Arbeitens, und sie fragt nach den außerwissenschaftlichen Bedingungen von Wissenschaft ebenso wie nach ihren Konsequenzen. Liest man die interessanteren Publikationen der letzten Jahre, wird ein Problemhorizont erkennbar, der mit der traditionellen Aufgabenstellung der akademischen Grundausbildung nicht mehr zusammenzubringen ist. Daraus folgt die Forderung einer partiellen Neuorientierung der wissenschaftlichen Grundausbildung. Sie müsste der Tatsache Rechnung tragen, dass wir – um in Ranke'schen Termini zu sprechen – heute nicht mehr nur wissen wollen, „wie es eigentlich gewesen ist", sondern wie und warum im Vergleich mit anderem etwas gewesen ist, wie und warum es bislang unterschiedlich interpretiert wurde, wozu es geführt hat, welches seine historische Bedeutung ist und wie und warum die Öffentlichkeit daran interessiert werden sollte. Geschichte ist komplexer geworden, aber auch (noch) spannender.

In dieser Situation veränderter Nachfragebedingungen, gewachsener Bedeutung und Breite des Fachs und sich wandelnder Verwertungsbedingungen will diese Einführung in die Neuere Geschichte einen ersten Kontakt mit dieser Wissenschaft vermitteln. Sie ist gedacht für alle die Studenten und Interessierten, die sich über inhaltliche und methodische Fragen der Beschäftigung mit dieser Epoche in knapper Form informieren wollen. Sie will als Hilfsmittel dienen, wenn in der ersten Phase des Studiums Jahreszahlen und Namen, Buchtitel und Begriffe für Verwirrung sorgen. Sie geht von der tiefen Überzeugung aus, dass die Beschäftigung mit Geschichte eine unverzichtbare Grundlage menschlicher Existenz ist, dass ohne historische Vergegenwärtigung kein Denken über Zukunft möglich ist. Das – wenn auch höchst unvollständige – Wissen um vergangenes Geschehen, nicht realisierte Möglichkeiten, offensichtliche Fehler und menschliche Schuld schafft ein Ordnungspotenzial für die Bewältigung des eigenen Lebens in einer bewegten Zeit. Die Frage nach dem „Was soll sein?" würde ohne die gleichzeitige Frage nach dem „Was ist gewesen?" ins Leere laufen.

Wie kann diese gewiss anspruchsvolle Aufgabe bewältigt werden? Sie kann – wenn überhaupt – vermutlich nur durch einen Verzicht auf eine wie auch immer geartete Kondensierung der gesamten Neueren Geschichte angegangen werden. Vielmehr soll das eben erläuterte Prinzip moderner Geschichtswissenschaft, die Vielfalt ihrer Zugriffe, Themen und Bedeutungen auch zum Bauprinzip dieser Einführung gemacht werden. Die „Einführung" will diese Aufgabe leisten, indem sie im ersten Kapitel zunächst die Frage nach der Definition von Neuzeit stellt, wichtige Teilepochen und Knotenpunkte der historischen Entwicklung beschreibt, die Ergiebigkeit der Quellen für die Geschichte der Neuzeit bespricht und eine knappe Einführung in die Geschichte unserer neuzeitlichen Zeitrechnung gibt.

Im zweiten Kapitel sollen **Schlüsselbegriffe der Neuzeit** vorgestellt werden. Die beispielhaft ausgewählten Begriffe Modernisierung, Globalisierung, Säkularisierung, Revolution, Verrechtlichung und Widerstand sollen die zweifache Bedeutung solcher Begriffe erläutern. Zunächst sind dies umgangssprachlich verwendete, doch bereits interpretierende Begriffe, die uns in ihrer hohen Allgemeinheit gewissermaßen die Tendenz eines Zeitalters oder die Richtung eines historischen Prozesses verständlich machen wollen. Daneben aber haben diese Begriffe eine große Bedeutung als Leitkonzepte der historischen Forschung selbst. Als solche bedürfen sie genauer Definition und präziser Umsetzung auf das historische Quellenmaterial. In dieser Funktion helfen sie dem Historiker dabei, zunächst noch allgemeine Fragen an das historische Material zu adaptieren, denn historische Forschung vollzieht sich weder voraussetzungslos noch ohne Grundlegung durch Quellen. Sie leisten die Verklammerung von Lebenswelt und historischen Gegenständen, sorgen damit für immer erneuerte Lebensnähe historischen Fragens.

Das dritte Kapitel versucht, wesentliche **Vorgänge der Neueren Geschichte** zu bündeln und unter Überschriften vorzustellen, die große Entwicklungen umfassen. Diese Vorgänge schließen sowohl die Geschichte – das heißt vor allem die Veränderung – der biologischen Existenz des Menschen in der Neuzeit ein, als auch die vermutlich vertrauteren Entwicklungsprozesse der Wirtschaft, der staatlichen Ordnung, der Beziehungen zwischen Staaten, der Religion und der Menschenrechte, aber auch der Wissenschaft ein. In diesem Kapitel kann natürlich nicht versucht werden, alle Einzelschritte oder Teilphänomene des jeweiligen Vorgangs zu berücksichtigen. Vielmehr werden bei prinzipieller Beachtung der Gesamtentwicklung einzelne Phasen dieser Entwicklung herausgegriffen und exemplarisch vorgestellt. Dabei sollen möglichst viele und verschiedenartige methodische Ansätze historischen Arbeitens herangezogen werden.

Das vierte Kapitel geht davon aus, dass die im vorhergehenden Kapitel getroffene Problemauswahl, die Art der Darstellung und der Verknüpfung der wirkenden Faktoren zu einer historischen Erklärung Fragen über die Art und Weise produziert haben, wie Geschichte in ihren Teilen und in ihrer Gesamtheit erfasst und wie sie schließlich geschrieben werden kann. Jeder Student der Geschichte lernt schnell, dass diese Fragen zu verschiedenen Zeiten und auch heute von verschiedenen Historikern höchst unterschiedlich beantwortet werden. Das Nachdenken über Problemstellungen dieser Art, also Fragen nach den **Theorien und Methoden der Geschichtswissenschaft**, hat eine heute nur mehr schwer überschaubare, eigene Literaturgattung hervorgebracht. Ihre Kompliziertheit hält viele Studenten bedauerlicherweise davon ab, den hier immer wieder auftretenden Verständnisschwierigkeiten durch eigene Lektüre zu begegnen. Mir erscheinen Fragen nach der Methode historischen Arbeitens, nach der Begründung historischer Aussagen, nach den Differenzen in der Interpretation eines bestimmten historischen Ereignisses unverzichtbar für ein Studium, das ohnehin nur exemplarisch – d. h. auf einzelne Aspekte der Geschichte beschränkt – vorgehen kann. Das Prinzip der Verbindung von exemplarischen Arbeiten im Seminar und übergreifender Wissenserarbeitung durch Vorlesung und eigene Lektüre ist – das sollte selbstverständlich sein – nur sinnvoll, wenn immer wieder nach der Bedeutung des exemplarisch Untersuchten für ein Gesamtbild von Geschichte gefragt wird.

Geschichte wird heute meistens als Spezialgeschichte erfahren – als Wirtschaftsgeschichte der Weimarer Republik, als Verfassungsgeschichte des Kaiserreichs, als Sozialgeschichte des Vormärz, als Geistesgeschichte der Aufklärung, als Sozialgeschichte des Adels oder als Mentalitätsgeschichte von Unterschichten. Diese schon vertrauten Spezialisierungen sind in den letzten Jahren durch neue sektorale Bereiche ergänzt worden; daneben wurde versucht, Konzeptionen von Geschichte zu entwickeln, die einen möglichst umfassenden Begriff von Geschichte vermitteln sollen. Der Traum einer „histoire totale" ist noch nicht ausgeträumt.

Das fünfte und letzte Kapitel soll schließlich auf einige zentrale Probleme der **deutschen und der europäischen Geschichte** der Neuzeit eingehen. Angesichts der immer wieder aufbrechenden Diskussion um einen vermeintlichen „deutschen Sonderweg" in der neueren Geschichte sollen Argumente und Gegenargumente einer solchen Wertung erörtert werden. Die deutsche Geschichte der Neuzeit steht noch für lange Zeit unter dem Verdikt der Jahre von 1933 bis 1945. Insofern ist die Frage nach der historischen Bedingtheit dieser Jahre unentbehrlich. Daneben muss – nicht zuletzt des notwendigen Vergleichs wegen – die europäische Geschichte thematisiert werden. Angesichts immer noch national orientierter politischer Kulturen in den Ländern Europas ist eine europäische Geschichte, die mehr ist als nur eine Sammlung der Nationalgeschichten, ein wichtiges Desiderat für ein neues Europa. Zugleich ist zu fragen, wie sich Nationalgeschichte und europäische Geschichte zu den Versuchen einer Weltgeschichte stellen, die ohne Zweifel erst mit der Neuzeit denkbar wurde.

Mit dieser Grobgliederung der vorliegenden soll zugleich ein Hinweis auf die Komplexität historischen Denkens gegeben werden, das eine materiale (Kap. 3 und 5), eine begriffliche (Kap. 1 und 2) und eine methodologische Ebene (Kap. 4) beinhaltet.

Im Anschluss an die einzelnen Teilkapitel habe ich jeweils die **Literatur** zusammengestellt, die mir für den Gedankengang besonders wichtig erschien, Gegenstand einer diskutierten Kontroverse war oder zur Vertiefung des Themas hilfreich sein könnte. Eine Beschränkung auf ganz wenige Titel erschien mir vertretbar v. a. angesichts der anderen auf dem Markt befindlichen „Einführungen" in das Studium der Geschichte und der dort zusammengestellten Bibliographien. Auch Hinweise auf die sonst übliche Literatur der „Hilfsmittel" habe ich bewusst ausgelassen, ebenso auf Zeitschriften und Fachbibliographien, also auf all die Informationen, die üblicherweise Gegenstand der einführenden Proseminare sind. Ich hatte in den letzten Jahren zuweilen den Eindruck, dass die immer länger werdenden Literaturlisten zu Seminaren und Vorlesungen eher von der weiteren Lektüre abschreckten als dazu ermunterten. Den Vorschlägen einiger engagierter Benutzer der ersten drei Auflagen, diese allgemeinen Informationen doch aus praktischen Gründen in diesen Band aufzunehmen, habe ich auch diesmal widerstanden, weil ich die Zielrichtung dieser Einführung vor allem darin sehe, die inhaltliche und methodische Komplexität der „Neueren Geschichte" zu erfassen. Im übrigen bieten die neuen Informationsmöglichkeiten des Internets so viele Hinweise, dass der normale Nutzer ohnehin überfordert wird. Dem kann u. a. das Münchener Geschichtsportal www.historicum.net entgegenwirken.

Diese Anlage des Bandes hat auch immer wieder eine Reihe von kritischen Bemerkungen studentischer Benutzer provoziert, die mich direkt oder auf Umwegen haben wissen lassen, dass das Buch für den normalen Anfänger zu schwer zu lesen sei, zu viele Voraussetzungen gemacht würden, der Text insgesamt zu schwierig sei. Ich habe diesen Vorwurf sehr ernst genommen und darauf reagiert, indem ich an einer Reihe von Stellen versucht habe, den Text verdeutlichend zu erweitern, kurze Erläuterungen einzuschieben, Begriffe zu erklären, weniger als bekannt vorauszusetzen. Gleichwohl bleibt ganz bewusst der Anspruch bestehen, dass nicht einfach schlichte Sachverhalte mitgeteilt, sondern komplexe Prozesse verständlich gemacht werden sollen, die zudem noch höchst unterschiedlich gedeutet werden können. Ich möchte dazu ermuntern, sich mit einem Text auseinanderzusetzen, ja mit ihm zu arbeiten. Auch dies gehört zu den Kompetenzen, die im Studium der Neueren Geschichte erworben werden müssen, das ohnehin ein Lesestudium par excellence ist. Ich vertraue darauf, dass sich der ernsthafte Benutzer des Buches auf diese Mühe einlassen wird. Seine Bereitschaft, dies zu tun, scheint mir auch ein Indiz dafür zu sein, sich konsequent auf das Studium der Geschichte zu konzentrieren.

1 Die Geschichte der Neuzeit: Definitionen, Epochen, Quellen, Zeit

> „Zeit, (neue) lat. tempus novum, oder modernum,
> wenn dadurch so viel als die heutige oder
> gegenwärtige Zeit verstanden wird."
> (Zedler, Universal-Lexikon Bd. 61, 1749, Sp. 797)

Dieses Kapitel behandelt die Entstehung des Begriffs „Neuzeit" im Rahmen der traditionellen Altertum – Mittelalter – Neuzeit-Gliederung und begründet eine breite Übergangsphase zwischen Mittelalter und Neuzeit 1450–1550 (1), gibt einen knappen Überblick über die Teilepochen und Knotenpunkte der neueren Geschichte (2), diskutiert die Abgrenzung zwischen Neuerer Geschichte und Zeitgeschichte und deren methodische Sonderstellung (3) und gibt eine Übersicht über die wichtigsten Quellenprobleme der Neueren Geschichte (4). Ein abschließender Abschnitt behandelt die Entstehung und Veränderung unseres Kalendersystems seit dem Beginn der Neuzeit und weist auf die unterschiedliche Behandlung der Zeit durch Historiker hin (5). Vorrangiges Lernziel ist dabei, einen Überblick über den Gesamtzusammenhang der Neueren Geschichte zu bekommen, soweit er sich über die Periodisierungsdiskussion, die Teilepochen und die spezifisch neuzeitlichen Quellen erschließen lässt.

1.1 Der Begriff der Neuzeit

Dem schwierigen Problem zu sagen, welche Zeitspanne wir seit wann aus welchem Grunde als Neuzeit bezeichnen, möchte ich mich zunächst durch einen Blick auf die Geschichte dieses Begriffs entziehen. Die Vermutung liegt nahe, dass es eine Parallelität zwischen dem Auftauchen eines Begriffs und dem Sichtbarwerden der Sache selbst gibt. Aus dem begriffsgeschichtlichen Aufsatz, den Reinhart Koselleck über den Begriff der Neuzeit geschrieben hat, ergibt sich jedoch, dass der uns heute so vertraute Begriff der Neuzeit oder der „neuen Zeit" erst relativ spät auftritt, ja, dass er lexikalisch erst – 1838 offensichtlich zum ersten Mal – seit dem Ende des 19. Jahrhunderts greifbar wird. Dies ist ein zunächst verblüffender Befund, der die Frage nach dem Grund dieser „Verspätung" aufwirft.

Bei näherem Hinschauen wird klar, dass der Neuzeit-Begriff als letztes Glied der heute noch üblichen Altertum-Mittelalter-Neuzeit-Einteilung sich als eigener Begriff zwar erst relativ spät etabliert, dass lateinische Synonyma jedoch bereits erheblich früher existieren. Der in allen Lexika üblicherweise gespeicherte Befund lautet, dass der Hallenser Gymnasialrektor **Christoph Cellarius (1638–1707)** 1685 zum ersten Mal die uns vertraute Gliederung der Weltgeschichte in einem Lehrbuch mit dem Titel: „Historia universalis, in antiquam, et medii aevi ac novam divisa" formulierte. Es ist dabei nicht unwesentlich zu wissen, dass ein Schulmann dies für den Schulgebrauch formuliert hat. Der Kirchenhistoriker Karl Heussi (1877–1961) hat aus diesem Grunde bemerkt, dass die Trias Altertum-Mittelalter-Neuzeit „in den Niederungen der historischen Literatur" aufgekommen sei. Ob dies wirklich so zu sehen ist, wird noch zu diskutieren sein.

Gegenüber diesem relativ oberflächlichen Befund ist jedoch darauf zu verweisen, dass die dieser Gliederung zu Grunde liegende Vorstellungsweise und auch die einzelnen verwendeten Begriffe schon lange vor Cellarius bei den humanistischen Gelehrten zu finden waren. Generell wird man sagen können, dass diese Feststellung einer neuen Zeit im Grunde eine Konsequenz der Etablierung des Mittelalters als distinkter Epoche ist. Dies wiederum ist eine Leistung eben der humanistischen Philologen des späteren 15. Jahrhunderts und des 16. Jahrhunderts, die zuerst von „medium aevum" oder „media aetas" – also einem mittleren Zeitalter – sprachen, um eine Zwischenzeit in die evidente Lücke zwischen der römischen Kaiserzeit und der eigenen Wiederentdeckung dieser Zeit einzufügen. Als Zwischenzeit ist der Begriff „medium aevum" übrigens bereits der Antike vertraut. Belege dieser Art häufen sich im späten 15. und im Lauf des 16. Jahrhunderts. 1601 teilt der Historiker und Philologe Justus Lipsius (1547–1606) die römische Geschichte in eine historia romana vetus, eine historia romana media und eine historia romana nova ein. Dies ist insofern wichtig, als damit ein zunächst literaturgeschichtliches Gliederungsschema – das der humanistischen Philologen – auf die allgemeine historische Entwicklung angelegt wurde. Auf ähnliche Zwischenschritte bei anderen Historikern will ich hier verzichten.

Christoph Cellarius (1638–1707), zuerst Rektor der Gymnasien in Zeitz und Merseburg und dann Historiker an der 1694 neugegründeten Universität Halle, war also lediglich der erste Historiker, welcher die längst bekannte Periodisierung der lateinischen Sprache durch die humanistischen Philologen aus didaktischen Gründen auch zur Gliederung der Universalhistorie verwendet hat.

Nun ist dieser Befund natürlich nicht nur begriffsgeschichtlich interessant. Dahinter steht vielmehr die Erkenntnis, dass mit dieser Übernahme der Periodisierungstrias andere traditionelle Einteilungen beiseite gedrängt werden, die als theologische Geschichtskonstruktionen bezeichnet werden können. Ich meine damit vor allem die im 16. Jahrhundert in Deutschland noch eindeutig vorherrschende Gliederung der Weltgeschichte in die so genannten **vier Weltreiche**, wie sie sich etwa bei dem Reformator Philipp Melanchthon (1497–1560) ausgebildet findet. Diese Konstruktion der Weltgeschichte geht davon aus, dass Gott zur Erhaltung des ganzen Schöpfungsgefüges jeweils eine Weltmonarchie für eine bestimmte Zeit mit der Herrschaft betraut hat. Aufbauend auf den Weissagungen des Propheten Daniel werden dabei vier Weltreiche angenommen: die der Chaldäer, der Perser, der Griechen und schließlich der Römer. Besondere Bedeutung gewann diese Auffassung durch die Verbindung des Römischen Reiches mit dem Erscheinen des Messias als Christus. Dadurch wurde das Römische Reich – und folglich das aus ihm im Sinne der so genannten **Translationstheorie** hervorgegangene Heilige Römische Reich Deutscher Nation – zum letzten Reich, dessen Ende auch das Jüngste Gericht bedeuten würde. Man erkennt schnell die historische Funktion dieser Lehre von den vier Weltreichen: Sie überhöhte die Herrschaft des Kaisers und verlieh ihm eine von Gott bestätigte Position als Verteidiger der letzten Monarchie. Diese Lehre hatte im 16. Jahrhundert eine wichtige Funktion, etwa im Abwehrkampf des Reiches gegen die Türken. Die durch die Angriffe des Osmanischen Reiches verunsicherte Bevölkerung suchte Trost in der Tatsache zu finden, dass das Römische Reich als letzte Monarchie eigentlich unüberwindbar sei. Insofern kann es auch nicht verwundern, wenn der Versuch des französischen Juristen und Staatstheoretikers Jean Bodin (1530–1596), den Lauf der Weltgeschichte von dem eben genannten Schema zu befreien, in Deutschland auf heftigen Widerspruch stieß. In seiner „Methodus ad facilem historiarum cognitionem" (1566) unternahm er einen klaren Angriff auf die „Vier-Weltreiche-Lehre", weil er als Franzose natürlich kein Interesse an einer Unterstützung des kaiserlichen Herrschaftsanspruchs hatte, vor allem aber, weil die dahinter stehende Geschichtskonstruktion eines zu erwartenden Weltendes mit seinem **zyklischen Geschichtsbild** nicht zu vereinbaren war, das von Entstehung, Blüte und Vergehen von Kulturen geprägt war. Für Bodin war diese Interpretation ein Beweis deutscher Ruhmsucht; es sei eine lächerliche Behauptung, das Deutsche Reich als Fortsetzung des Imperium Romanum zu bezeichnen. Die spezifisch deutsche Interessenlage wird dadurch charakterisiert, dass deutsche Historiker nach ersten kritischen Stellungnahmen noch bis 1728 die „Monarchienfabel" verteidigten, sich dann jedoch die bereits erwähnte Trias durchsetzte. Bodin unterteilte seinerseits – Melanchthon hier erweiternd – die Geschichte in einzelne sektorale Bereiche, nämlich historia divina, historia naturalis und die historia humana und löste dabei die Betrachtung der Geschichte aus ihrem rein theologischen Geltungsgerüst heraus. Hier vollzieht sich, was in der Forschung als „Säkularisierung des Geschichtsbildes" (A. Klempt) oder als „Rückzug der biblischen Prophetie von der neueren Geschichte" (A. Seifert) bezeichnet worden ist.

Doch kehren wir zurück zum Neuzeitbegriff, denn dieser Ausflug hatte ja nur die Funktion, die noch lange gültige Konkurrenztheorie zu dieser neuen Konzeption der Geschichte zu verdeutlichen. Wenn sich auch im 18. Jahrhundert noch kein ausgeprägter, inhaltlich bestimmter Neuzeitbegriff durchsetzte, so verfügte die Geschichtswissenschaft noch über ein Periodisierungsschema, dessen letztes Glied immer selbstverständlicher die Epochengrenze bei 1500 setzte und seitdem relativ formal von historia nova sprach. Dies gilt vor allem für die protestantische Geschichtsauffassung, die natürlich in der Durchsetzung der Reformation ein besonders wichtige Zäsur sah. Schon Cellarius ließ in der erwähnten „Historia universalis" die historia nova mit der Reformation beginnen, doch das einleitende Zedler-Zitat aus dem Jahre 1749 mag uns die relative Allgemeinheit verdeutlichen, die zunächst mit dem Begriff der neuen Zeit verbunden wurde. Hier findet sich zunächst noch nichts von Neuzeit als inhaltlich bestimmter Epoche, so wie wir den Begriff heute verstehen; er ist zunächst eine relativ formal gehandhabte Unterteilung der Geschichte. Der Göttinger Historiker **Arnold H. L. Heeren (1760–1842)** belegte 1809 die durchgängige Schwierigkeit, inhaltlich gefüllte Epochengrenzen festzusetzen, wenn er sagte:

„Die neueste Zeit von der neueren trennen zu wollen, scheint noch viel zu früh. Es mag den Geschichtsschreibern des 20. Jahrhunderts zustehen, diese Einteilung zu machen; nicht denen im ersten Viertel des 19.; so wenig als es während der Reformation schon passend gewesen wäre, die neue Zeit mit dieser zu beginnen".

Heerens Formulierung bestätigt im Grunde den Vorgang, den wir schon in der Renaissance festgestellt haben: Der Anbruch einer neuen Zeit wird erst in der Rückschau auf die vor der eigenen Zeit liegende Epoche bewusst, eben das Mittelalter, als eine ex-post-Betrachtung also. Trotzdem muss man sagen, dass Heerens grundlegender Einwand sich nicht durchgesetzt hat. Im Nachhinein erwies sich die Französische Revolution als tiefer Bruch der gesamten europäischen Geschichte, der sich im Bewusstsein der Zeitgenossen durch den Anbruch der „Neuesten

Zeit" ankündigte. Vielmehr ergibt sich seit der Französischen Revolution der Eindruck einer relativ distinkten Epoche zwischen der Reformation und der Französischen Revolution, eher noch verstärkt durch den Vergleich zwischen der religiösen „Revolution" des 16. Jahrhunderts und der eben erlebten Französischen Revolution. Diese „drey Jahrhunderte" wurden als eigene Epoche verstanden, ohne dass man für sie damals schon einen eigenen Begriff geprägt hätte. Der neue Begriff „Frühe Neuzeit" – in den 30er Jahren erstmals benutzt – fand erst nach dem Zweiten Weltkrieg breite Anwendung (Werner Näf 1950).

In diesem Zusammenhang will ich auch noch darauf hinweisen, dass sich in der zweiten Hälfte des 18. Jahrhunderts eine beachtliche **Begriffsveränderung der Geschichte** selbst ergibt. Bei näherem Hinsehen stellen wir nämlich fest, dass „die Geschichte" der deutschen Sprache bis weit in das 18. Jahrhundert überwiegend in der Pluralform bekannt war. Zwar gibt es auch frühere Belege für die Singularform, so etwa wenn 1411 Pfalzgraf Ludwig III. den Gegnern des von ihm gewählten König Sigismund (1368–1437) vorwirft, sie bezögen sich auf Gründe, „die sich in der geschicht nit findent und auch in dem rechten nit besten (d. h. bestehen) mogent." Doch ändert dies wenig an dem Gesamtbefund. „Die Geschichte sind", so heißt es noch 1748, „ein Spiegel der Tugend und Laster, darinnen man durch fremde Erfahrung lernen kann, was zu tun oder zu lassen sei", ganz im Sinne der damals gültigen exemplarischen Sichtweise von „Geschichten". Koselleck erkennt in dem Sprung von der Plural- zur Singularform eine „bewusste Leistung", die erst ein Verständnis von Geschichte „als Inbegriff alles in der Welt Geschehenen" möglich machte. Im Adelung'schen Wörterbuch taucht 1775 die neue Form auf: „Die Geschichte, plur. u. sing., eine geschehene Sache. In engerer und gewöhnlicher Bedeutung zielt das Wort auf verschiedene, miteinander verbundene Veränderungen, welche zusammengenommen ein gewisses Ganzes ausmacht. In eben diesem Verstande steht es oft collective und ohne Plural, von mehreren geschehenen Begebenheiten einer Art." 1778 moniert ein Rezensent: „Das Modewort Geschichte ist ein förmlicher Missbrauch der Sprache, weil in den Werken höchstens nur in den Beispielen Erzählungen vorkommen." Er zeigte damit, wie ungewöhnlich das Modewort „Geschichte" in dieser Zeit noch war.

Wir stellen also fest, dass etwa erst seit der Mitte des 18. Jahrhunderts Geschichte als ein **eigenständiger Prozess** verstanden werden kann, der sich scheinbar unabhängig von den handelnden Menschen vollzieht. Selbst wenn Historiker des 15. und 16. Jahrhunderts von historia omnis oder integra sprachen, so war damit eher noch etwas Zusammengesetztes gemeint als ein zusammenhängender Prozess, als „die Vorstellung des allgemeinen Zusammenhangs der Dinge in der Welt", von dem der Historiker Johann Christoph Gatterer (1727–1799) 1776 sprach. Jetzt erst wurde es möglich, von der „Majestät der Geschichte" zu sprechen, wie Thomas Abbt (1738–1766) 1762, oder von der „Verantwortung vor der Geschichte", eine heute noch beliebte Wendung in der politischen Rhetorik: Geschichte wird vorstellbar als zusammenhängend sich ereignender Prozess, der theoretisch universell zu denken ist und der auch eine bestimmte Sinngebung in sich enthält, in sich selbst vernünftig ist, wie es Immanuel Kant formulieren sollte. Wenn der französische Aufklärer **d'Alembert (1717–1783)** 1759 in seinem „Discours préliminaire" zur „Encyclopédie" von der Geschichte als einem „tribunal intègre et terrible" spricht, dann wird damit eine für das aufklärerische Denken charakteristische Personalisierung der Geschichte vorgenommen, die begrifflich schon die Ereignisse der Französischen Revolution vorwegnimmt.

Diese Bemerkungen zum Begriff der Geschichte als einem Produkt der Neuzeit sind eine wesentliche Voraussetzung für unser Verständnis von Neuzeit, das eng damit zusammenhängt. Die ganze begriffsgeschichtliche Erläuterung, die ich hier vorgestellt habe, ist auch ein Beleg für die Leistungsfähigkeit der modernen deutschsprachigen **Begriffsgeschichte**. Dieser von Otto Brunner (1898–1982) und Werner Conze (1910–1990) schon 1957 initiierte Forschungszweig hat erst in den letzten Jahrzehnten bei uns besondere Bedeutung gewonnen und seine beeindruckenden Ergebnisse sind in den sieben Bänden von „**Geschichtliche Grundbegriffe** – Historisches Lexikon zur politisch-sozialen Sprache in Deutschland" vorgelegt worden.

Der von den Humanisten festgestellte Epochenbruch um die **Wende vom 15. zum 16. Jahrhundert** wurde in deren Sicht durch die breite Wiederentdeckung der antiken Schriftsteller, durch die Entdeckungen und technische Erfindungen ausgelöst, und dieser Bruch wurde noch verstärkt durch die als epochale Neuerung verstandene Reformation. Nun wissen wir, dass diese Grenze um 1500 vielfach umdefiniert und neu gefüllt worden ist; an Daten werden dabei üblicherweise genannt: die Eroberung Konstantinopels durch die Türken im Jahre 1453, die Entdeckung Amerikas 1492, der Beginn des französischen Eingreifens in Italien als Beginn des habsburgisch-französischen Dauerkonflikts 1494 und schließlich 1517 als der Beginn der deutschen Reformation.

Gegen diese Epochengrenze, auf die ich nachher noch zurückkommen werde, ist von bedeutenden Historikern Widerspruch eingelegt und zugleich ein konkurrierendes Interpretament vorgelegt worden. Dieses

Modell zieht die Konsequenz aus einer als „**Sattelzeit**" (Koselleck) verstandenen revolutionären Epoche zwischen 1750 und 1850, die durch die Parallelität von bürgerlich-politischen Revolutionen einerseits und der Industriellen Revolution andererseits charakterisiert ist. So hat etwa der deutsch-amerikanische Historiker Dietrich Gerhard (1896–1985) 1954 vorgeschlagen, die gesamte Epoche zwischen dem Hochmittelalter und dem Ende des 18. Jahrhunderts als „Alteuropa" zu bezeichnen und danach erst die Neuzeit beginnen zu lassen.

Erich Hassinger (1907–1992) hat dem im Prinzip zugestimmt, hat die Reformation zu dem mit der Formulierung relativiert, dass sie „wohl eine bedeutende Wandlung, aber keine bis in die letzten Tiefen reichende Veränderung im Abendland" bedeutet habe: „Es scheint uns die Annahme vertretbar, dass von rund 1250/1300 bis rund 1800 der letzte Akt eines Schauspiels abläuft, das im 3./4. Jahrhundert n. Chr. mit dem Einbruch der Germanen in die Mittelmeerwelt und der inneren Umwandlung des Imperium Romanum begonnen hat". Für diese Epoche nimmt nun Hassinger den Terminus „Neuzeit" in Anspruch, und er hat diese These in einem empfehlenswerten Lehrbuch „Das Werden des neuzeitlichen Europa 1300–1600" belegt. Freilich hat diese Umgliederung der europäischen Geschichte der Neuzeit schon bald deutlichen Widerspruch gefunden. Ernst Schulin hat schon 1962 in einer Rezension von Hassingers Buch zu Recht auf dem erheblichen Gewicht all jener Faktoren insistiert, die für eine Beibehaltung der Epochengrenze um 1500 sprechen. Ganz ohne Zweifel hat sich die Forschung in einem erstaunlich breiten Konsens dieser traditionellen Variante der Gliederung der Geschichte angeschlossen. Gerade im Blick auf die internationale Frühneuzeitforschung zeigt sich die Durchsetzung dieses Konzepts.

Wir stellen also fest, dass es keine einheitliche Meinung über die Grenze zwischen Mittelalter und Neuzeit gibt und – als logische Folge davon – auch keinen Konsensus über die wesentlichen Merkmale einer „Neuzeit" zu nennenden Epoche. Uns fehlt heute die Selbstgewissheit eines Heinrich von Treitschke (1834–1896), eines preußisch-deutschen Historikers und Publizisten der zweiten Hälfte des 19. Jahrhunderts, der zur Bedeutung der Reformation für den Beginn der Neuzeit apodiktisch feststellte: „Dabei wird's bleiben, obwohl die Selbstverliebtheit unserer Tage zuweilen, ganz vergeblich, versucht, die Geschichte der neuen Zeit erst mit der Französischen Revolution zu beginnen." Möglicherweise geht es uns eher wie Leopold von Ranke, der sich zwar immer gegen die Einteilung der Geschichte in drei Zeitalter wehrte und meinte, dass „diese Methode keinen Grund in sich hat und keinen Vorteil gewährt", sie aber gleichwohl in seiner eigenen historiographischen Praxis ständig verwandte.

Ich will aber versuchen, in Kürze einige Punkte zu skizzieren, die begründen sollen, warum ich persönlich der Meinung bin, dass es sinnvoll ist, an der **Epochengrenze zwischen Mittelalter und Neuzeit um 1500** festzuhalten. Dabei will ich allerdings für einen breiten Epochenübergang plädieren, der von der Mitte des 15. Jahrhundert bis in die erste Hälfte des 16. Jahrhunderts reichen würde. Ergänzend will ich darauf hinweisen, dass die Historiker der ehemaligen DDR den Zeitraum der so genannten „frühbürgerlichen Revolution" mit den Daten 1476 und 1535 begrenzten, wobei 1476 das Auftreten des Pfeifers von Niklashausen und den ersten Druck der Reformatio Sigismundi bedeutet und 1535 das Ende des Täuferreichs zu Münster. Ich würde insgesamt den Ansatzpunkt für eine Epochentrennung nicht in den eben genannten Daten (1453, 1492, 1494, 1517) sehen, sondern in der Tatsache, dass sich eine Reihe wesentlicher Entwicklungen überlagern und in ihrer Gesamtheit zu einem deutlich erkennbaren Einschnitt führen:

1. Die **Reformation** – Zerbrechen der einheitlichen Christianitas – Zunächst Territorialisierung und letztlich Privatisierung und **Individualisierung der Konfession**
2. Der **Frühkapitalismus** als in seinen Folgewirkungen allgemein wahrnehmbares Phänomen der wirtschaftlichen Entwicklung, die Stadt und Land ergriff.
3. Entstehung des **frühmodernen Staates**, charakterisiert durch Finanzhoheit, Gewaltmonopol und zentrale Verwaltung; er bedient sich des rezipierten römischen Rechts und bricht mit dem traditionellen Rechtsverständnis der Feudalgesellschaft
4. Durchsetzung neuer Formen der **Öffentlichkeit** durch den Buchdruck
5. Als letzter Punkt scheint mir ein formaler, aber wesentlicher Aspekt erwähnenswert, der zwar nicht als Epochengrenze gesehen werden kann, der aber als ein wichtiges Epochenkriterium erscheint. Er betrifft die **Schnelligkeit der Veränderung** der historischen Verhältnisse als Kriterium der Neuzeit. Wiederum ist es Reinhart Koselleck, auf dessen Überlegungen ich hier zurückgreife. Er spricht für das Mittelalter und noch das 16. Jahrhundert von einer statischen Zeiterfahrung, wie sie noch bei Melanchthon beschrieben wird: „Welt bleibt Welt, darumb bleiben auch gleiche hendel in der Welt, ob schon die personen absterben." Doch schon für Luther bedeutet die Erfahrung des Reformationsjahrzehnts einen ersten Bruch dieser Vorstellung,

„dan die welt eilet davon, quia per hoc decennium fere novum saeculum fuit". In einem Brief an Mauvillon (1743–1794) berichtet Graf
Mirabeau (1749–1791) am 11. August 1788, dass die Generalstände
einberufen worden seien, und es scheint ihm, dass „die Nation binnen 24 Stunden um ein Jahrhundert fortgeschritten". Der Fall der
Bastille am 14. Juli 1789 erscheint vielen Zeitgenossen als ein Ereignis, das „drei Jahrhunderte", ja sogar „ein Jahrtausend" aufwiege.
Wenige Jahre später sieht Robespierre (1758–1794) es sogar als Aufgabe eines jeden Franzosen an, die Revolution zu beschleunigen, also
aktiv den Lauf der Dinge zu beeinflussen.

Dieser Eindruck der Beschleunigung der Geschichte verstärkt sich noch
zu Beginn des 19. Jahrhunderts: „Alles ist beweglich geworden oder
wird beweglich gemacht, und in der Absicht, oder unter dem Vorwand,
Alles zu vervollkommnen, wird alles in Frage gezogen, bezweifelt und
geht einer allgemeinen Umwandlung entgegen. Die Liebe zur Bewegung an sich, auch ohne Zweck und ohne ein bestimmtes Ziel, hat sich
aus den Bewegungen der Zeit ergeben und entwickelt" (so der preußische **Friedrich Ancillon (1767–1837)** 1828); 1804 verwundert sich
Professor Luden (1780–1847) „Eine Generation erlebte Friedrich den
Großen, die Französische Revolution und Napoleons Zeit" und 1807
äußert sich Ernst Moritz Arndt (1769–1860): „Was damals im Schritt
ging, geht jetzt in Galopp". Lorenz von Stein (1815–1890) schreibt 1843:
„Die alten Zustände werden umgestoßen, neue treten auf, selbst durch
Neueres bekämpft. … Es ist, als ob die Geschichtsschreibung der Geschichte kaum mehr zu folgen imstande sei." Nehmen wir noch die Fülle
von Beobachtungen der Beschleunigung aus neuester Zeit hinzu, dann
sollte deutlich werden, dass die frühe Neuzeit durch eine beginnende
Verzeitlichung charakterisiert ist. An ihrem Ende steht dann die ungeheure **Beschleunigung der Geschichte**, die seitdem zum Charakteristikum der Moderne geworden ist.
    Die hier in Grundzügen skizzierte Diskussion zum Beginn der Neu-
zeit ist zum guten Teil auch eine Diskussion über die Existenz einer
Frühneuzeit genannten Epoche zwischen dem Ende des Mittelalters
und der Französischen Revolution. Die vollzogene Einfügung dieser
Epoche in die klassische Trias, dokumentiert durch eigens definierte
Lehrstühle, eigene Studienliteratur, eigene Fachzeitschriften, ist ein Ergebnis vor allem der letzten 45 Jahre historischer Forschung. Damit
wäre eigentlich schon die Frage nach dem Beginn der Neuzeit beantwortet. Trotzdem will ich noch einmal auf diese bemerkenswerte Tatsache eingehen.

Die Herausbildung der Frühen Neuzeit, der histoire moderne, der early modern history, lässt sich als Antwort auf die Frage nach dem Übergang in die moderne Welt verstehen. Sie ist die quellenmäßig gut dokumentierbare **Vorlaufphase der Moderne von prototypischer Bedeutung**, eine historische Übergangsphase, von der wir zu lernen hoffen. Die Definition dieser Epoche ist keineswegs eine spezifisch deutsche Antwort auf dieses Problem, vielmehr kann man sagen, dass die Anregungen vor allem aus der westeuropäisch-amerikanischen Forschung gekommen sind. Die Fülle der Fragen nach der Genese des modernen Kapitalismus, der Kirchen und Sekten, des neuzeitlichen Machtstaates, der individualistischen Sozialphilosophie, der empirischen Wissenschaften ließ sich nur einigermaßen zureichend beantworten durch den ständigen Rückgriff auf diese wichtige Formationsphase der europäischen Geschichte. Hier liegt der entscheidende Grund für die Einfügung dieser Zwischenepoche und einer ihr gewidmeten Spezialforschung.

Ein solcher forschungspragmatischer Blickwinkel, dessen Ergiebigkeit in den letzten Jahrzehnten hinreichend unter Beweis gestellt worden ist, braucht nicht den denkbaren Perspektivenwechsel zu scheuen, der den Beginn der Neuzeit in die europäische Sattelzeit 1750–1850 verlegt. Je älter die Neuzeit wird, desto naheliegender wird uns diese Epochengrenze erscheinen. Von Neuzeit können wir nur sprechen – um abschließend noch einmal das Zitat aus dem Zedler'schen Universal-Lexikon aufzunehmen – „wenn dadurch so viel als die heutige oder gegenwärtige Zeit verstanden wird".

All das, was wir in diesem Abschnitt über den schwierigen Beginn der Neuzeit als einer distinkten Epoche gelesen haben, mag den Eindruck verstärkt haben, dass Periodisierungen des historischen Prozesses – wie alle Interpretationen von Geschichte – letztlich umstritten sind und methodisch auf unsicherem Boden stehen. Die Konsequenz kann für den Historiker nur darin bestehen, Periodisierung stärker als ein flexibles Verfahren der Bildung von historischen Sinneinheiten zu begreifen und dem Verfahren damit seine methodische Offenheit zurückzugeben, die durch die scheinbar eherne Unterteilung in Altertum, Mittelalter und Neuzeit verloren gegangen ist. In der Geschichtswissenschaft hat sich deshalb immer stärker der Trend durchgesetzt, zum einen die Jahrhunderte zu bedeutungsreichen Zeiteinheiten (etwa das „lange 16. Jahrhundert oder das „kurze 20. Jahrhundert") zu machen und zum anderen, bestimmte Probleme oder Prozesse unabhängig von tradierten Epochengrenzen in den Mittelpunkt des Interesses zu stellen. Fast alle modernen Forschungskonzepte sind deshalb Prozessbegriffe, wenn wir an Konzepte wie Nationalstaatsbildung, Modernisierung, Industrialisierung, Sozialdisziplinierung, Globalisierung oder Verzeitlichung denken, um nur eine knappe Auswahl zu nennen. Daraus folgt, dass in der konkreten Forschung viel eher vom Problem der **„Prozessualisierung"** als von **„Periodisierung"** gesprochen werden sollte. So ergäbe sich leichter die Chance, Gegenstände in ihrem Zusammenhang und ihrer historischen Veränderung zu erkennen und sich nicht durch tradierte Epochengrenzen ablenken zu lassen.

1.2 Teilepochen und Knotenpunkte der Entwicklung

Die Diskussion um den Beginn der Neuzeit hat die Schwierigkeiten verdeutlicht, die einer aus dem historischen Material selbst begründeten Einteilung der Geschichte gegenüberstehen. So erweist sich die Herausbildung von Teilepochen und Knotenpunkten der Entwicklung letztlich eher als ein Ergebnis der Forschungspragmatik und der Deutungsperspektive. Ein gutes Beispiel bildet dafür die variable Anwendung der Jahrhundertrechnung, die schon seit dem 16. Jahrhundert üblich ist. Sie gibt dem Historiker sowohl die Möglichkeit, vom „langen 16. Jahrhundert" als auch vom „kurzen 20. Jahrhundert" zu sprechen. Während im ersten Fall von der das eigentliche Jahrhundert überschreitenden ökonomisch-demographischen Wachstumsepoche gesprochen wird, reagiert der zweite Begriff auf die „eigentliche" politische Geschichte des 20. Jahrhunderts zwischen den Schlüsseldaten 1917 (Kriegseintritt der USA und Russische Revolution) und 1989. Damit liegt auch die prinzipielle Veränderbarkeit solcher Teilepochen auf der Hand, die der historischen Spezialforschung dienen. In der modernen Neuzeitforschung werden z. B. Zweifel geäußert, ob die klassische Phaseneinteilung der Neuzeit von der Reformation bis zur Zeitgeschichte noch als überzeugende Binnengliederung der Epoche angesehen werden kann. Neue Problemstellungen verdrängen die vertrauten Teilepochen, das Interesse an historischen Ideen (z. B. Liberalismus) und Prozessen (z. B. Protoindustrialisierung, vgl. S. 125!) überlagert oder überschreitet die dazugehörenden chronologischen Bereiche. Die für die Neuzeit charakteristische Beschleunigung historischer Veränderungen, wirkt auf die Strukturierung des historischen Materials selbst zurück, das in erkennbare Prozesse und verständliche Sinneinheiten gegliedert werden muss. Ranke pflegte im Gespräch zu sagen, dass die Geschichte einen ununterbrochenen Strom bilde, gleichwohl müsse man ihn teilen, „um dem betrachtenden Geiste Unterscheidung und Verknüpfung möglich zu machen."

Den Aspekt der Beschleunigung finden wir auch wieder, wenn wir uns jetzt im zweiten Anlauf die wesentlichen Einschnitte der neueren deutschen und europäischen Geschichte vergegenwärtigen wollen. Ich unternehme diesen Versuch nicht, um eine Prospektinformation über die deutsche Geschichte zu geben, wie man sie etwa in einigen kleinformatigen Reiseführern findet, sondern ich will damit kurz einige Daten in Erinnerung rufen und zugleich auf die Problematik solcher eingeschliffenen Unterteilungen hinweisen, die in diesem Fall ja eindeutig von der politischen Geschichte dominiert werden. Die sinnvollste Unterteilung der gesamten Neuzeit in diesem sicher problematischen Sinn gewinnen wir durch die **Französische Revolution als der Mittelachse unseres weiten Neuzeitbegriffs**. Zusammen mit dem amerikanischen Unabhängigkeitskampf (1776–1783) und anderen europäischen Revolutionen ist sie als „Atlantische Revolution" verstanden worden, und mit der parallelen Industriellen Revolution bildet sie die schon erwähnte „Sattelzeit" der europäischen Geschichte, die in einer Reihe von Periodisierungsversuchen einen zentralen Platz einnimmt. Die Unterteilung der „vorrevolutionären" ersten Hälfte ergibt sich aus den schon genannten Daten zum Beginn der Neuzeit. Zum Reformationsauftakt von 1517 ist der Reichstag von 1526 als der Beginn jener konfessionellen Territorialisierung, die im Augsburger Religionsfrieden von 1555 festgeschrieben wird, hinzuzufügen. Mit dem **Westfälischen Frieden** geht 1648 nicht nur ein europäischer Krieg um Deutschland zu Ende, sondern damit werden auch die verschiedenen konfessionell geprägten Territorialstaaten des Reiches in ihrer Existenz bestätigt, das Ausscheiden der Schweiz und der Niederlande aus dem Reichsverband wird endgültig anerkannt. Dieser Frieden gilt zugleich als das Ende des „konfessionellen Zeitalters", ohne dass freilich die Konfession als Antriebsmoment politischer Auseinandersetzungen ganz entfallen wäre.

Damit beginnt auch das Zeitalter des Absolutismus, mit dem Ende des Siebenjährigen Krieges (1763) übergehend in den Aufgeklärten Absolutismus. Unter dem Eindruck der Französischen Revolution und der Napoleonischen Expansion zerfällt das Reich definitiv 1806 und erfordert einen Prozess staatlicher Neuordnung, die im **Wiener Kongress 1814/15** in den Deutschen Bund einmündet, der die staatliche Vielfalt von ca. 200 Herrschaftsgebieten des Reiches in 34 Staaten umformt. Die sich unmittelbar anschließende Restaurationsphase ist charakterisiert durch die Zurückdrängung der in der Wiener Bundesakte gemachten Versprechungen über landständische Verfassungen und der Erwartungen vor allem der studentischen Teilnehmer im Kampf gegen Napoleon. Erst die Französische Julirevolution des Jahres 1830 wird zum Impuls eines neueren Politisierungsprozesses, der im Hinblick auf die bürgerliche Revolution von 1848 Vormärz genannt wird. Der Fehlschlag dieser Revolution ermöglicht eine erneute restaurative Phase, geprägt durch die Auseinandersetzung zwischen Österreich und Preußen einerseits und den Beginn des industriellen Take-off (vgl. S. 129!), der sich schon seit den 40er Jahren angedeutet hatte. Nach der Vorentscheidung der Schlacht von Königgrätz 1866 wird dann der deutsch-französische Krieg zum Anlass für die **Gründung des Zweiten Deutschen Reiches**, der kleindeutschen Lösung der deutschen Frage.

Dieses „Zweite Kaiserreich", die Schöpfung Bismarcks wie der ihm vorausgehende Norddeutsche Bund, ist charakterisiert durch die preußische Vorherrschaft, sein imperialistisches Ausgreifen in die noch nicht verteilte Welt, die Dominanz feudaler Führungsschichten und eine nur formale Teildemokratisierung, zugleich aber auch durch erhebliche Fähigkeit zur „von oben" gelenkten Modernisierung. Die Spannungen zwischen dem „verspäteten" deutschen Nationalstaat (so Helmuth Plessner, vgl. S. 309!) und den europäischen Mächten kulminieren im Ersten Weltkrieg, dessen Ausbruch durch die Logik der Militärbündnisse ebenso gefördert wird wie durch Kriegsziele in Europa und in den Kolonien.

Der eindeutige Verlust dieses Krieges lässt das Reich zusammenbrechen, und in der Novemberrevolution entscheidet sich zumindest die in der Mehrheitssozialdemokratie repräsentierte Arbeiterbewegung für eine bürgerliche Demokratie und die Ablehnung eines rätedemokratischen Modells. Die **Weimarer Verfassung** nimmt liberale Ansätze der Frankfurter Paulskirchenverfassung wieder auf, muss jedoch mit den Vorbelastungen des Friedens von Versailles, wirtschaftlicher Depression und einer tiefgreifenden Ablehnung der Republik existieren. In der parlamentarischen Selbstblockade der Weimarer Parteien entsteht unter den Bedingungen des von Reichspräsident Paul von Hindenburg (1847–1934) missbrauchten Notverordnungsparagraphen 48 WRV die Möglichkeit eines Rechtskabinetts unter Einschluss der Nationalsozialisten. Nachdem die Kommunisten bereits aus dem Reichstag vertrieben wurden, ermöglicht das Ermächtigungsgesetz vom 24. März 1933 dann den Weg in die Diktatur und den Zweiten Weltkrieg. Erst die totale Niederlage Deutschlands wird zur Ausgangsbasis für die Entstehung von zwei politischen Systemen unterschiedlicher gesellschaftlicher und weltpolitischer Orientierung. Deutschland verliert nicht nur seine Ostgebiete jenseits von Oder und Neiße, sondern existiert seit 1949 auch in zwei Staaten, die sich immer weiter voneinander entfernten, bis im Grundlagenvertrag von 1972 wesentliche Voraussetzungen für ein wenigstens in zentralen Fragen geregeltes Verhältnis gelegt werden konnten. Doch stand einem vollen völkerrechtlichen Nebeneinander das Wiedervereinigungsgebot des Grundgesetzes und die daraus resultierende einheitliche deutsche Staatsbürgerschaft entgegen. Der unvermutete Zusammenbruch der DDR im Jahre 1989 als Folge des Zerfalls der Sowjetunion, der Beitritt der DDR zum „Geltungsbereich des Grundgesetzes der Bundesrepublik Deutschland" nach (der alten Fassung von) Art. 23 GG und die Ablösung der alliierten Verantwortlichkeit für ganz Deutschland und Berlin haben die lange politische Geschichte der Nachkriegszeit vermutlich definitiv beendet. Dies gilt um so eher, als die Lösung der deutschen Frage erst im Zusammenhang einer Auflösung der militärischen Blockbildung in Europa möglich geworden ist.

Lassen wir diese knappe Skizze der politischen Geschichte Deutschlands so stehen, zumal in späteren Kapiteln noch wesentliche Aspekte der Verfassungsgeschichte und der sozialen Entwicklung besprochen werden sollen. Für den Zweck dieses Kapitels kam es hier vor allem darauf an, die an Brüchen reiche Geschichte unseres Landes in ihren Kernpunkten festzuhalten, Es gibt keine kontinuierliche, regional einheitliche Entwicklung der nachfolgenden Herrschaftsordnungen. Vor allem das 19. Jahrhundert erweist sich als kritische Phase, weil hier die Probleme der Übergangs von der ständischen zur bürgerlichen Gesellschaft, die neu auftauchende soziale Frage, die Frage der erstrebten nationalen Einheit und der Versuch zur Etablierung der Herrschaft des Bürgertums sich zeitlich überlagerten und eine in dieser Dichte unvergleichbare Problemlage schufen. So stellt sich das **19. Jahrhundert als zentrale Passage der deutschen Geschichte** auf dem Weg von der staatlichen Vielfalt des Alten Reiches zur nationalstaatlich-demokratischen Organisation des Staates dar.

Wenn wir jedoch über die Grenzen Deutschlands hinausblicken, dann ordnet sich diese für die deutsche Geschichte kritische Phase in einen allgemeinen Veränderungsvorgang ein, der heute – nach einem Wort Reinhart Kosellecks – häufig als „Sattelzeit" im europäischen Sinne gleichsam eine Wasserscheide der europäischen Geschichte bezeichnet. Sie ist der „Beginn der modernen Welt" im Sinne dieser Interpretation, die „Morgenstunde der Weltgeschichte", wie es Lorenz von Stein 1850 formulierte.

Daneben wird der Begriff der **Doppelrevolution** gebraucht, um diesen Zeitraum zu charakterisieren. Der englische Sozialhistoriker Eric Hobsbawm hat ihn 1962 erstmals verwendet. Er ging auch schon von dem begriffsgeschichtlichen Befund aus, dass Worte wie Industrie, Fabrik, Mittelstand, liberal, Eisenbahn, Soziologie, Arbeiterklasse in diesem Zeitraum gebildet wurden oder ihre moderne Bedeutung erhielten. Er wollte daran die „ganze Tiefe der Revolution ermessen, die zwischen 1789 und 1848 ausbrach und die größte Wandlung der Menschheitsgeschichte seit jenen lang verflossenen Zeiten bildet, als Landwirtschaft und Metallurgie, das Alphabet, die Stadt, der Staat erfunden wurden". Damit meint Hobsbawm ganz offensichtlich die **neolithische Revolution**, also den Vorgang der Sesshaftwerdung des Menschen, der Entwicklung der Kulturpflanzen und der Haustierhaltung in der Jungsteinzeit zwischen 4000 und 1800 v. Chr. Dieser Einschnitt ist auch von dem italienischen Wirtschaftshistoriker Carlo Cipolla als die erste der beiden entscheidenden Zäsuren der Menschheitsgeschichte bezeichnet worden, wobei den zweiten Einschnitt natürlich die Industrielle Revolution darstellt. Es bedarf kaum noch des Hinweises, dass Hobsbawm mit dem Begriff der „Doppelrevolution" natürlich das zeitliche Nebeneinander von Industrieller Revolution, die seit ihrem Beginn in England die einzelnen Länder Europas veränderte, und die politischen Revolutionen im Gefolge der Französischen Revolution meint.

Neben dieser welthistorischen bedeutsamen Zäsur, deren Folgen für die Welt erst im 20. Jahrhundert völlig klar wurden und der in unserer Übersicht natürlich vorrangige Bedeutung als Dreh- und Angelpunkt der europäischen Neuzeit zukommt, ist noch auf das **Epochenjahr 1917** hinzuweisen. Dieses Jahr galt lange Zeit als Schlüsseljahr der Zeitgeschichte. Mit dem Kriegseintritt der USA und der Russischen Oktoberrevolution treten die beiden Staaten als neue Hegemonialmächte in das bislang europäisch dominierte Mächtekonzert ein, deren Einflussnahme bzw. Auseinandersetzung das weitere 20. Jahrhundert geprägt hat. Das über Jahrhunderte immer neu ausbalancierte Staatensystem Europas zerbricht in der „Urkatastrophe des zwanzigsten Jahrhundert", wie der amerikanische Diplomat und Historiker George F. Kennan den Ersten Weltkrieg genannt hat. Aus der Perspektive der politischen Geschichte Europas und der Welt kann an der Bedeutung dieses Jahres kein Zweifel bestehen, das „Zeitalter der Ideologien" (Karl-Dietrich Bracher) beginnt.

Der letzte der Knotenpunkte der Neueren Geschichte, die hier genannt werden sollen, betrifft wiederum die deutsche Geschichte direkt, aber darüber hinaus die Weltgeschichte. Das **Ende des Zweiten Weltkriegs** 1945 bestätigt nicht nur den sich andeutenden Dualismus der Großmächte, es beginnt damit auch die **Epoche der Dekolonialisierung** und damit eine Phase zunehmender **weltwirtschaftlicher Verflechtung**.

Für die Generation, die heute Geschichte studiert, ist das Jahr 1945 viel eher der Bezugspunkt unserer eigenen Epoche als das Jahr 1917.

Die Ereignisse des 19. und des frühen 20. Jahrhunderts sind für uns relativ weit entfernt. Es leben kaum mehr Menschen, die das Kaiserreich noch erlebt haben. Ereignisse wie die Seeschlacht von Tsushima, wo 1905 die japanische und die russische Flotte aufeinandertrafen, oder die Schlacht zwischen Preußen, Österreichern und Sachsen bei einem böhmischen Städtchen namens Königgrätz im Jahre 1866 sind für uns beinahe so weit entfernt wie die Seeschlacht von Lepanto im Jahre 1571, wo eine christliche Flotte die osmanische Flotte besiegte. Viel bedeutsamer ist für uns das die Nachkriegszeit dominierende Problem zweier deutscher Staaten als unmittelbare Konsequenz der Niederlage des Jahres 1945 bzw. der aus der Wiedervereinigung resultierenden Probleme. In den Vordergrund gerückt ist die Frage nach den Folgewirkungen der berühmten **„Stunde Null"**, an deren realer Existenz zunehmend Zweifel geäußert werden. Hier stehen sich grundverschiedene Konzeptionen gegenüber, die für das Verständnis von Kontinuität und Bruch in der deutschen Geschichte wesentlich sind.

Die erste vertrat schon 1946 der Schriftsteller Hans Werner Richter (1908–1993), der als Initiator und spiritus rector der Gruppe 47 – einer lockeren Gruppierung junger Schriftsteller – bekannt geworden ist. Er schrieb: „Deutschland ist ein Land der halben und niemals beendeten Revolutionen. ... (Nach Kriegsende) ist nicht etwa, wie es doch zu erwarten war, eine Revolution über dieses Land hinweggegangen, sondern es hat lediglich eine behördlich genehmigte Restauration stattgefunden."

Seitdem hatte die Bundesrepublik Deutschland mit dem Restaurationsvorwurf zu leben, in den 50er und 60er Jahren noch allenthalben spürbar, als etwa im Dritten Reich diskreditierte Beamte und Politiker in Spitzenstellungen der Bonner Politik kamen, als ein Bundeskanzler (Kurt-Georg Kiesinger, 1904–1988) amtierte, der Mitglied der NSDAP gewesen war. Wenn auch Werner Conze heftigen Widerspruch gegen den Begriff der **„Restauration"** zur Kennzeichnung der Frühgeschichte der Bundesrepublik eingelegt hat und auf die Herkunft dieser Interpretation aus der DDR-Geschichtsschreibung hingewiesen hat, so bleibt doch unübersehbar eine Diskrepanz zwischen der breiten antifaschistischen und antikapitalistischen Grundströmung der unmittelbaren Nachkriegszeit und der tatsächlichen Entwicklung der Bundesrepublik bestehen, die sich lediglich in einem eher antitotalitär zu nennenden Grundkonsensus zusammenfand.

Die Gegenposition ist u. a. von dem einflussreichen Soziologen Ralf Dahrendorf vertreten worden. Er meinte, dass Hitler-Diktatur, Krieg und Zusammenbruch wie eine teils gewollte, teils ungewollte Revolution gewirkt hätten. Feudale obrigkeitsstaatliche und illiberale Positionen seien durch diese **„Revolution"** vernichtet oder geschwächt worden. Der Politologe Richard Löwenthal (1908–1991) hat sich dieser These im Prinzip angeschlossen, wenn er schrieb:

„In Wirklichkeit waren Staat und Gesellschaft der Bundesrepublik etwas völlig Neues, nicht nur gegenüber der untergegangenen Hitler-Diktatur, sondern auch gegenüber der Weimarer Republik und dem Kaiserreich... Zum ersten Mal entstand auf deutschem Boden auf dem Hintergrund einer liberalen Staats- und Wirtschaftsordnung eine im wesentlichen Sinne bürgerliche Lebensform, gleich weit entfernt vom hierarchischen Untertanengeist der Wilhelminischen Ära und von der formlosen Gärung der Weimarer Zeit."

Tatsächlich hat sich gerade aus der Perspektive des wiedervereinigten Deutschlands und seiner Stellung gegenüber den anderen europäischen Staaten eine Bestätigung dieser These ergeben. Die von den Alliierten gelenkte Neugründung der Bundesrepublik, die kontrollierte Integration in die europäische Wirtschaft und deren Institutionen, ihre eindeutige Zuordnung zum westlich-demokratischen „Wertesystem" hatte definitiv jene Sonderrolle beendet, in der Deutschland als kulturell getrennt von Westeuropa verstanden worden war. Die Position der neuen größeren Bundesrepublik, die wirtschaftlich ohne Zweifel eine Führungsrolle in Europa und in der Welt einnimmt, wird in den Nachbarländern jedoch vor allem unter diesem Aspekt einer möglichen „deutschen Sonderrolle" kritisch verfolgt werden, auch wenn uns neuere Beiträge von Historikern wie Heinrich August Winkler versichern, dass die Bundesrepublik im „Westen" angekommen sei.

Jedes Reflektieren über die „Stunde Null" und über die Entstehung der beiden deutschen Staaten bzw. die Existenz dreier deutschsprachiger Staaten ist zugleich auch eine Infragestellung historischer Identität. Für Franzosen und Engländer ist es keine Frage, dass Identität besteht zwischen dem Frankreich Ludwig XIV. (1638–1715) und dem des Jahres 2002, dass Identität besteht zwischen dem England des Jahres 1649 und dem England von heute. Für uns gibt es keine schnelle und oft sicherlich nicht hinterfragte Identität dieser Art. Deutsche Identitäten sind viel stärker territorialstaatlicher Art, an Volksstämmen orientiert, auf soziale oder konfessionelle Gruppen bezogen und damit komplizierter und gebrochener im Hinblick auf eine nationale Identität, die gleichwohl existiert. Sie sind zudem belastet durch die Erfahrung des Dritten Reiches und eine daraus abgeleitete Diskreditierung. Dass gerade die Neuere Geschichte in einem solchen Land nicht problemlose Identifikationen liefert, sondern oft genau das Gegenteil, scheint mir eine wichtige Voraussetzung unserer Arbeit als Neuzeithistoriker zu sein.

In letzter Zeit ist in der Öffentlichkeit der Vorwurf erhoben worden, dass die deutsche Geschichte nur mehr in unzulässiger Verkürzung auf das 19. und 20. Jahrhundert wahrgenommen werde, dass diesem Land deshalb seine ganze Geschichte abhanden gekommen sei, **„Erinnerungslosigkeit"** (so Karl-Heinz Bohrer) mache sich breit. Zu schnell wird als Beleg für eine solche Sicht jener Satz zitiert, mit dem Thomas Nipperdey 1983 den ersten Band seiner deutschen Geschichte des 19. Jahrhunderts beginnen ließ: **„Am Anfang war Napoleon."** Wenn man so eine Geschichte des 19. Jahrhunderts beginnen lässt, dann bedeutet dies naturgemäß weniger Aufmerksamkeit für die Zeit vor Napoleon, auch wenn diese Formulierung gewiss nicht überinterpretiert werden darf. In jedem Fall scheint es für deutsche Historiker heute sehr viel schwieriger zu sein, die Bedeutung der Epoche etwa zwischen Reformation und Französischer Revolution für die allgemeine neuere Geschichte unseres Landes zu beweisen. Französische, englische, spanische oder niederländische Kollegen tun sich da sehr viel leichter, ihre jeweils „klassischen Zeitalter" absolutistischer Machtentfaltung, parlamentarischer Machtbegrenzung oder kriegerischer Glanztaten als unverzichtbare Grundlage der modernstaatlichen Entwicklung zu deuten. Die neuere deutsche Geschichtsforschung greift i. a. sehr viel kürzer zurück, kaum weiter als bis in das frühe 19. Jahrhundert, die Zeit der Reformen in Preußen und in den Rheinbundstaaten. Heinz Schilling hat deshalb seine Geschichte des 16. und 17. Jahrhunderts ganz bewusst als Versuch bezeichnet, diese **überstarke Zäsur um 1800 aufzuheben** und die Frühe Neuzeit wieder in einen stärkeren Erklärungszusammenhang mit der modernen Geschichte unseres Landes zu stellen. Am ehesten wird dies dann gelingen, wenn unser Bild der neueren deutschen Geschichte sich stärker als bislang **gemeinsamer europäischer Perspektiven** bedient, die – ohne jede Verdrängungsperspektive – über die Fixierung auf die Geschichte des Dritten Reiches hinausweisen: Der Blick auf kulturelle Austauschprozesse wie reformatorisches und Naturrechtsdenken, auf die gemeinsame Teilhabe an ökonomischen und künstlerischen Errungenschaften oder auf bedeutende wissenschaftliche Neuerungen ist dazu am ehesten geeignet.

Mir der kurz erwähnten Kontroverse zwischen Restaurations- und Neubeginn-These könnte auch ein interessanter Gesichtspunkt gewonnen sein für eine Analyse der Frühgeschichte der Bundesrepublik, und wir wollen diese Frage am Schluss auch wieder aufgreifen. Für den Augenblick sollen diese Thesen aber nur den Übergang zu einem weiteren Problembereich bilden, der zu diesem Neuzeit-Kapitel gehört, zum Problem der Zeitgeschichte.

1.3 Zeitgeschichte

Stellen wir die übliche begriffsgeschichtliche Frage. Die erste deutsche Erwähnung des Begriffs Zeitgeschichte finden wir 1657 in einem Lobgedicht auf Kaiser Matthias (1557–1619): „Die Zeitgeschichten bezeugen es (zu beachten ist auch hier die Pluralform!), wie klüglich er allen … Unglücksfällen vorgebeuget", doch sie ist nur von formalem, aber nicht inhaltlichem Interesse. Der Begriff bürgert sich in Deutschland nach der Französischen Revolution ein, hier ergibt sich ein „unzweideutiger Zusammenhang".

1797 gibt es eine Aachener Zeitung, die sich „Zeitgeschichte für Deutschland" nennt, 1805 lässt der Hallenser Professor Voss „die Erzählung der Zeitgeschichte" in seiner Zeitschrift beginnen. 1810 spricht man davon, dass „unsere Zeitgeschichte" eine „Wiederholung der Taten und Ereignisse von einigen Jahrtausenden – in der allerkürzesten Zeitperiode" sei. J. C. Gädicke (1763–1837) schreibt 1815 eine „Chronologische Zeitgeschichte oder Tagebuch der neuesten Begebenheiten". Akademisch wahrgenommen wird der Begriff seit dem Beginn des 20. Jahrhunderts, 1915 schreibt der Historiker Justus Hashagen eine erste Anleitung für „das Studium der Zeitgeschichte". Der Begriff existiert damit zwar, freilich keineswegs in der spezifisch disziplinären Bedeutung, die wir meinen, wenn wir heute das Aufgabengebiet eines Lehrstuhls für Zeitgeschichte bezeichnen wollen. Dieser engere Begriff setzt sich in Deutschland erst mit der Gründung des Instituts für Zeitgeschichte durch, das seit 1950 in München arbeitet und seit 1953 die „Vierteljahrshefte für Zeitgeschichte" herausgibt. Bei der Gründung stand außer Zweifel, dass – wie Eberhard Jäckel gezeigt hat – die eigentliche Aufgabe des Instituts in der Erforschung des Nationalsozialismus liegen sollte. Für die Gründer des Instituts und vor allem für Hans Rothfels (1891–1976), den ersten Herausgeber der Zeitschrift, der Deutschland 1938 aus rassischen Gründen hatte verlassen müssen, war Zeitgeschichte für „die Epoche der Mitlebenden" zuständig. Dieser Begriff von Zeitgeschichte beruhte auf der Ansicht, dass sich etwa in den Jahren 1917/18 eine neue universalgeschichtliche Epoche abzuzeichnen begann. Ich habe oben schon zur Begründung auf die Oktoberevolution und den Kriegseintritt der USA hingewiesen.

Leider ist diese Begrenzung zu oft als festliegend verstanden worden. Sie hat zu lange die deutsche Zeitgeschichte auf Novemberrevolution, Weimar und Nationalsozialismus konzentriert und hat die Frühgeschichte der Bundesrepublik und der DDR zunächst der Politikwissenschaft überlassen. Dies ist freilich inzwischen korrigiert worden, die historische Forschung hat sich in zunehmendem Maße der ersten Phase der Geschichte der Bundesrepublik zugewandt, so dass gerade die Ära Adenauer inzwischen zu einem intensiv beackerten Feld historischer Forschung geworden ist. Insofern kann für uns fast 70 Jahre nach der Machtergreifung sicherlich Zeitgeschichte nurmehr 1945 beginnen, ganz im Sinne der von Jäckel gebrauchten Definition der Zeitgeschichte als der „Zeitgeschichte des sie erforschenden Historikers". Dahinter zeichnet sich schon das Jahr 1989 als neues Epochenjahr ab, das als das Ende der Nachkriegsordnung, ja als Ende des „kurzen 20. Jahrhunderts" bezeichnet wird.

Was ist das Besondere an der Zeitgeschichte? Methodisch-methodologisch lassen sich gar keine bzw. nur graduelle Unterschiede feststellen: Die graduellen Unterschiede liegen in der Quellenproblematik. Einmal ist für den Zeithistoriker üblicherweise nicht das Quellenmaterial verfügbar, auf das der „normale" Historiker zurückgreifen kann. Im Allgemeinen gelten Archivsperrfristen von 30 Jahren, z.T. auch 50 Jahren. Diese Regelung kann für einige Bereiche außer Acht gelassen werden, weil ja bekanntlich das gesamte Quellenmaterial des Dritten Reiches von diesen Sperrfristen ausgenommen worden ist, auch für die Quellenbestände der ehemaligen DDR gelten Sonderregelungen, die die unmittelbare historische Aufarbeitung ermöglichen. Ansonsten aber gilt diese Sperrfrist, vor allem im Hinblick auf das relevante Aktenmaterial der anderen europäischen Staaten. Die verschiedenen nationalen Sperrfristen für Archivgut sind zu differenziert, um sie alle hier aufführen zu können. Wesentlich ist dabei, dass zunächst Großbritannien die Geltung der 30-Jahre-Frist eingeführt hat, wobei sich das Land auf entsprechende internationale Vereinbarungen stützte. Auch das Bundesarchiv in Koblenz und einige Bundesländer haben sich grundsätzlich dieser Regelung angeschlossen, Baden-Württemberg macht hier freilich eine Ausnahme mit einer Sperrfrist von 40 Jahren. Ausgenommen von diesen Sperrfristen sind in vielen Fällen Personalakten, die einer erheblich längeren Benutzungssperre unterliegen. In einzelnen Fällen hat es in jüngster Zeit durch die Überinterpretation von Datenschutzvorschriften ernsthafte Behinderungen der historischen Forschung gegeben, ein Problem, das durch die unterschiedlichen gesetzlichen Vorschriften der Bundesländer noch verstärkt wird. Solche Restriktionen der Forschung fallen um so mehr auf, als durch die von den Alliierten erzwungene Veröffentlichung der Akten des Dritten Reichs die zeitgeschichtliche Forschung erhebliche Fortschritte machen konnte. Für die Frühgeschichte der Bundesrepublik aber gilt wieder die Sperrfrist, nur allmählich werden wichtige Quellenbestände wie etwa die Kabinettsprotokolle der Jahre 1949 ff. kontinuierlich der Forschung zur Verfügung gestellt. Demgegenüber ist für die Benutzung der Akten der ehemaligen DDR durch das Stasiunterlagengesetz die erwähnte Sonderregelung eingeführt worden, die bei Wahrung des Personenschutzes die politisch notwendige historische Bearbeitung dieser jüngsten Vergangenheit ermöglicht.

Der Zeithistoriker muss sich ansonsten auf das normale publizistische Material stützen, das freilich in unserer heutigen Situation der politischen Publizistik beachtliche Forschungsmöglichkeiten eröffnet. Ich erinnere nur an unsere vorzügliche Kenntnis über die Vorgänge, die zum Rücktritt des US-Präsidenten Nixon durch die sog. „Watergate-Affäre" geführt haben. Nicht zuletzt durch die Beteiligten selbst wurde hier der ganze Komplex offengelegt, so dass hier der Archivsperrfrist vermutlich nicht mehr die hohe Bedeutung zukommt, die sie etwa für die diplomatischen Akten der Zwischenkriegszeit hatte. Zu bedenken ist hierbei auch, dass die Sperrfristregelung nur für staatliches Archivgut gilt. Parteien und Verbände geben i. a. ihre Bestände eher für die historische Forschung frei, so dass hier schon beachtliche Informationsquellen erschlossen werden können. Bücher wie Arnulf Barings „Machtwechsel" oder Klaus Hildebrands „Geschichte der Bundesrepublik Deutschland 1963–1969" zeigen, welche Möglichkeiten die hier erwähnten Materialien bieten.

Man kann daraus die Schlussfolgerung ziehen, dass die Arcana staatlicher Politik heute sehr viel gefährdeter sind als noch vor 30 Jahren. Der ungehinderte Zugang des Historikers zum Archiv ist ja ohnehin erst ein Phänomen des 19. Jahrhunderts, bis dahin waren die Archive nur eine Informationsmöglichkeit für staatliche Stellen, auch wenn schon seit dem 18. Jahrhundert immer wieder persönliche Kontakte oder dienstliche Beziehungen die Historiker in die Archive geführt hatten. Der Französischen Revolution verdanken wir ein erstes Archivgesetz (1794), das den Zugang der Bürger zu den ihn interessierenden Akten und Urkunden sicherstellte. Noch 1910 beklagte Gustav Wolf in seiner „Einführung in das Studium der Neueren Geschichte" die Schwierigkeiten für die historische Forschung, „bis man wenigstens für die Zeit vor 1800 den inländischen Gelehrten die Archive in einer für wissenschaftliche Ansprüche genügenden Weise öffnete". Er erwähnte namentlich einige Archivbeamte, die dieser „Geheimniskrämerei" ein Ende bereiteten, darunter Heinrich von Sybel (1817–1895) für Preußen (1875). Nach verschiedenen Anläufen schon in den 30er Jahren kam es 1876 zur Gründung der „Archivalischen Zeitschrift", der noch heute in München erscheinenden Fachzeitschrift, auch dies ein Hinweis auf den Bedeutungswandel der staatlichen Archive für die historische Forschung.

Zu diesen Quellen der Zeitgeschichte kommt eine weitere methodische Möglichkeit, die wir als **„oral history"** bezeichnen. Diese Quellengattung – die einzige Möglichkeit für den Historiker, Quellen selbst „herzustellen" – ist sowohl in der politischen Geschichte des Dritten Reiches, der Erforschung des Widerstandes etwa, der Weimarer Republik und der Revolution 1918 mit Erfolg angewendet worden, sie findet aber auch zunehmend Anwendung in der Alltagsgeschichte des Zweiten Weltkriegs und für die Frühzeit der Bundesrepublik und der DDR. Hans Rothfels hat es 1953 sogar zur Aufgabe der zeitgeschichtlichen Forschung erklärt, durch Befragung von Zeitzeugen zur „Bereicherung des Quellenmaterials" beizutragen, das er „sekundäres" Archivmaterial nannte. In den 50er Jahren wurde diese Methode genutzt, um die vom Bundesvertriebenenministerium veranlasste „Dokumentation über die Vertreibung der Deutschen aus Ostmitteleuropa" erarbeiten zu können. Dachte man zunächst v. a. an die Befragung von Zeugen, um bestimmte diplomatische, militärische oder politische Vorgänge aufklären zu können, so hat sich seit über einem Jahrzehnt auch die Befragung von Zeitzeugen durchgesetzt, um die Wahrnehmung der Brüche der neueren Geschichte in den Köpfen der Menschen erschließen zu können. Diese methodische Richtung hat inzwischen in der Zeitschrift „BIOS" (seit 1988) ein eigenes Organ gefunden.

Mit diesen Überlegungen zur Zeitgeschichte sind wir bei dem Kapitel angekommen, das sich mit den Quellen der Neueren Geschichte befasst, der unverzichtbaren Grundlage aller historischen Arbeit. Gerade angesichts eines immer größer werdenden Bestandes an historischer Literatur und edierten Quellen ist immer wieder auf die Bedeutung der Originalquellen zu verweisen, die den Rahmen historischer Interpretation begrenzen.

1.4 Quellen der Neueren Geschichte

Nicht erst seit Leopold von Ranke bilden Quellen die unverzichtbare Grundlage historischer Forschung. Doch seine Absicht, die Geschichte „aus den Relationen der Augenzeugen und den **echtesten unmittelbarsten Urkunden**" aufzubauen und diese nachprüfbar zu dokumentieren, begründete 1824 geradezu den **Wissenschaftsanspruch** der neuen Geschichtsschreibung. Quellen sind nicht nur die Grundlage und der begrenzende Rahmen unserer Arbeit, sie sind auch ein sinnlich erfahrbarer Weg zurück zu den Menschen und Plätzen der Vergangenheit.

Wenn man in einem Archiv die Formalien der Anmeldung und Beratung überstanden hat, Archivverzeichnis und Findbücher konsultiert wurden und endlich das gewünschte Aktenfaszikel, das Bündel, Büschel oder der Aktenkarton auf dem Tisch liegt, dann beginnt jedes Mal ein neues Abenteuer der Auseinandersetzung mit den Überresten der Vergangenheit. Neben allen Fragen der Echtheit der Aussage, der Einordnung des Textes, der Klärung von Personen, Orten und Datierungen berührt einen die unmittelbare Annäherung an den historischen Gegenstand. Ein Brief trägt noch die Reste des Siegels ebenso wie die Falt- oder Transportspuren, kaum benutzte Akten lassen noch im Schriftbild die feinen Krusten des Löschsandes fühlen, mit dem der Schreiber die feuchte Schrift ablöschte; die nicht zur Sache gehörende Randbemerkung auf einem offiziellen Protokoll erinnert an den unbekannten Kopisten, der stundenlang über diesem Text saß, und die unbeholfene Schrift eines Bauern zeigt uns die Mühen, die ihm das Schreiben bereitete. Man tritt in einen direkten Kontakt mit den Menschen, die die Quellen produziert haben, und solche Eindrücke verstärken sich noch, wenn man die Quellen in einem historischen Gebäude benutzt, das schon im Gebrauch war, als die Quelle entstand. Wenn solche Empfindungen auch in den Anleitungen für die Archivbenutzer keinen Platz finden, so scheint es mir doch wichtig, auf diese Seite der Archivbenutzung hinzuweisen. Die direkte Erfahrbarkeit der Vergangenheit übt einen starken Reiz aus, der „Geschmack des Archives", von dem die französische Historikerin Arlette Farge gesprochen hat, schlägt uns in seinen Bann.

Doch kehren wir wieder zu unserem Problem zurück, den Quellen der Neueren Geschichte. Was Quellen sind, ist schnell definiert: „Quelle ist alles, worauf unsere Kenntnis des Vergangenen ursprünglich zurückgeht." Die Betonung liegt hierbei auf ursprünglich im Sinne von nicht anders erhältlich. Die zweite Betonung liegt auf **alles**, aber auch alles.

Üblich ist die Unterscheidung Johann Gustav Droysens (1808–1884) und Ernst Bernheims (1850–1942) in Tradition und Überreste, wobei als **Tradition** alles bezeichnet wird, was bereits mit dem Ziel der Unterrichtung und damit auch Beeinflussung von Um- und Nachwelt hervorgebracht wurde, während als **Überreste** jene Produkte des Vergangenen bezeichnet werden, die sich ohne den „Gegenwartszweck" der Unterrichtung erhalten haben. Danach wären etwa die Memoiren eines Politikers als Tradition zu bezeichnen, das private geheime Tagebuch wäre in dieser Einteilung aber ein Überrest.

Ich halte diese Unterscheidung für ebenso wenig sinnvoll wie die Unterscheidung willkürlicher und unwillkürlicher Überlieferung. Sie kann sogar gefährlich sein, weil solche Einteilungen möglicherweise die weitere Nutzung präjudizieren können. Vielmehr muss gelten, dass alle Quellen den gleichen kritischen Verfahren unterzogen werden müssen, um sie zum Sprechen zu bringen. Die innere und äußere Kritik muss unbeeinflusst von a priori-Kategorisierungen angewendet werden. Insofern will ich jetzt auch keine Systematik der verschiedenen Quellengruppen entwickeln, wie man sie in den genannten Einführungen nachlesen kann. Halten wir fest, dass für uns – und hierin folgen wir den Bemerkungen von Ahasver von Brandt (1909–1977) und Paul Kirn (1890–1965) in ihren Einführungen – Quellen alle Texte und Gegenstände sind, die uns Auskunft über die Vergangenheit geben können.

Wenn wir von Quellen sprechen, haben wir meist ein festes Bild vor uns. Wir kennen mittelalterliche Kaiserurkunden, eine Stadtchronik des späten Mittelalters, einen Brief Thomas Müntzers (1490–1525), eine Äußerung Martin Luthers (1483–1546) am Mittagstisch, das Testament des Großen Kurfürsten (1620–1688), einen Artikel der Enzyklopädie, einen tadelnden Brief Maria Theresias (1717–1780) an ihre leichtfertige Tochter Marie Antoinette (1755–1793), die Steno-Protokolle des Paulskirchenparlaments, die Memoiren Heinrich Brünings (1885–1970), die Skizzen der technischen Erfindungen Konrad Adenauers (1876–1967). Wir sind schon viel zurückhaltender gegenüber Rechnungsbüchern, Kirchenbüchern und Steuerverzeichnissen, ganz zu schweigen von Quellen wie Denkmälern, Hausinventaren oder gar Sachquellen wie Arbeitsgerät, Kleidung etc. Unbestritten haben **schriftliche Quellen** einen außerordentlich hohen und vorrangigen Aussagewert für den Historiker, aber darüber werden die **Sachquellen** oft vernachlässigt. Hinzuweisen ist hier nicht nur auf Bauwerke oder Denkmäler, sondern auf alle Spuren menschlicher Tätigkeit und historischer Vorgänge.

Auf der griechischen Insel Thassos, wo sich in der Antike ein berühmtes Zentrum des Marmorabbaus befand, lässt sich noch heute auf einer kleinen Halbinsel genau erkennen, wie damals die Marmorblöcke gebrochen wurden, wie die Verladeanlagen ausgesehen haben müssen. Auf einer Wiese unterhalb der Ruine Fluchenstein bei Sonthofen lässt sich heute noch der Platz bestimmen, wo sich im Jahre 1608 aufständische Bauern versammelten, um ihr weiteres Vorgehen zu beraten. Ein Blick vom Kahlenberg bei Wien auf die zur Stadt hin abfallenden Weinberge lässt die Schwierigkeiten des christlichen Heeres beim Entsatz der von den Osmanen belagerten Stadt im Jahre 1683 besser erahnen als die schriftlichen Berichte über den Schlachtverlauf. Das Luftbild einer schwäbischen Landgemeinde vor der Flurbereinigung ergibt ein eindrucksvolleres Bild von der extremen Güterzerstückelung in diesem Realteilungsgebiet als die entsprechende tabellarische Übersicht über die Besitzgrößen auf dem Papier und macht zudem die Probleme der Dreifelderwirtschaft deutlich. Solche Beispiele, die sich noch vermehren ließen, sollen zeigen, dass historische Schauplätze und historische Landschaften für den Historiker eine wichtige Quelle für das Verständnis sein können. Bei den großen Schauplätzen, Schlössern, Städten, ist dies weitgehend anerkannt; kaum akzeptiert ist dies für die weniger spektakulären Vorgänge, den Alltag der Menschen. Auch die Ergebnisse der **Sachkulturforschung**, die im Allgemeinen in den Händen der Volkskunde liegt, müssen in den Prozess der historischen Forschung einbezogen werden. Gerade für die Epochen, die relativ weit vor unserer eigenen Zeit liegen, erbringt die kulturgeschichtliche Analyse von Lebensgewohnheiten, Werkzeug, Mobiliar, Kleidung und Nahrung beachtliche Informationen, die für die Rekonstruktion historischer Prozesse unverzichtbar sind. Der übliche Hochmut gegenüber den Erzeugnissen der Sachkultur und ihrer Aussagefähigkeit über die Lebensbedingungen der Menschen sollte überwunden und der ganze Reichtum der Vergangenheit für unsere Arbeit genutzt werden.

Zunächst sind einige Beobachtungen zur **Quellenlage der Neueren Geschichte** zu machen. Im Unterschied zur Geschichte der Antike und zum größten Teil der Geschichte des Mittelalters, wo wir an Quellenarmut leiden, besteht das Problem der Neueren Geschichte in der Masse der Quellen und im Verhältnis zwischen der Masse der Quellen und der Auswahl, die uns überliefert wurden. Wenn man in ein Archiv kommt, ist es immer wieder faszinierend, in einem relativ kurzen Zeitraum an der Wende vom 15. zum 16. Jahrhundert die Quellenmassen ansteigen zu sehen. Es ist schwer zu sagen, wodurch der große Vorgang der Verschriftlichung angestoßen wurde. Ist er eine Reaktion auf eine an Umfang und Intensität unüberschaubar werdende Verdichtung gesellschaftlichen Lebens, oder ist er schlicht ein Ergebnis der Verfügbarkeit eines relativ preiswerten Beschreibstoffes, des Papiers? In jedem Fall können wir feststellen, dass seit der Mitte des 15. Jahrhunderts die Zahl der schriftlichen Quellen dramatisch ansteigt, jeder einzelne Zweig staatlichen und privaten Lebens zeigt dies. Während etwa die Reichstage des späten 15. und frühen 16. Jahrhunderts in den einzelnen reichsständischen Archiven nur relativ dünne Faszikel ausmachen, so umfasst schon ein normaler Reichstag des späten 16. Jahrhunderts mehrere Faszikel von jeweils 15–20 cm Umfang. Nicht zuletzt daraus erklärt sich, dass das große Unternehmen der sog. „Jüngeren Reihe" der Reichstagsaktenedition bislang nur die Jahre 1521–1530 abdeckt, obwohl seit ca. 100 Jahren daran gearbeitet wird. In wenigen Jahren werden die

Editionen der Reichstage jedoch bis zum Augsburger Reichstag von 1555 reichen, auch Reichstage und Reichsdeputationstage (1567, 1570, 1586) nach diesem Datum sind schon bearbeitet worden.

Dieses Massenproblem nimmt mit der zunehmenden administrativen Verdichtung der Staaten zu, der Berg der Memoiren schwillt an, die Publizistik wächst unaufhörlich. Kurz: Unser Problem besteht nicht darin, möglichst viel Material zu finden, sondern aus der Fülle des Materials zu selektieren. Charakteristisch dafür ist die Notlage der Archive, die längst nicht mehr alles Material archivieren können, das ihnen angeboten wird. Damit ist klar, dass Archive Quellenmaterial „**kassieren**", d. h. bewahrenswerte Bestände auswählen und andere vernichten müssen, weil andernfalls ein sinnvolles Archivwesen nicht mehr möglich wäre.

Um dieses Problem an einem Beispiel zu verdeutlichen, will ich darauf hinweisen, dass den Staatsarchiven des Landes Niedersachsen zwischen 1973 und 1977 theoretisch insgesamt 5308,4 Meter Akten zuwuchsen. Doch wurde davon im Landesdurchschnitt nur 22 % übernommen, im Hauptstaatsarchiv Hannover sogar nur 19 %. Zu bedenken ist dabei, dass damit ohnehin nur Behördenschriftgut gemeint ist, denn privates, kirchliches, städtisches, Verbandsarchivmaterial oder Firmenschriftgut geht ohnehin eigene Wege bei der Archivierung. Hier haben sich in den letzten Jahren v. a. die Wirtschaftsarchive als Sammelstellen von Firmenarchiven bewährt, die für die neuere Wirtschafts- und Sozialgeschichte unverzichtbar geworden sind, zumal immer mehr Firmen die Mühen und Kosten scheuen, ein eigenes Archiv zu erhalten.

Bei dieser Gelegenheit will ich auf ein spezifisches Problem der Archivierung von Quellenmaterial der Neueren Geschichte verweisen, den Streit um die Frage: Wie soll archiviert werden? Heute ist es selbstverständlich, Behördenschrifttum bei seiner Archivierung in der Ordnung zu belassen, wie es entstanden ist, d. h. die Registratur und die Findbehelfe der abgebenden Behörde behalten auch nach der Archivierung ihre Gültigkeit (**Provenienzprinzip**). Nun ist aber dieses Prinzip nicht immer anerkannt worden. Es gibt heute noch große Archivbestände, die nach bestimmten Sachbetreffen geordnet sind, d. h. der Schriftverkehr von bestimmten zentralen Landesbehörden oder eines Reichsklosters wird nach einem festen Schema aufgeteilt, von A – wie Abzugsgeld – bis Z wie Zehntstreitigkeit –. Dieses Verfahren hat Vor- und Nachteile. Ein Nachteil ist, dass der Stellenwert der einzelnen Akte im Verwaltungsprozess nur schwer zu rekonstruieren ist, der Vorteil liegt darin, dass bestimmte Fragen nach diesem **Pertinenzprinzip** leichter zu beantworten sind.

An dieser Stelle soll noch eine Bemerkung zur Lokalisierung der Quellen des Historikers eingeschoben werden. Wo findet der Historiker oder der interessierte Familienforscher die Quellen, die er für seine Dissertation oder für den Stammbaum seiner Familie benötigt? Die Normalfälle brauchen hier nicht behandelt zu werden. Die Bedeutung des Stadtarchivs für Einzelfragen der Stadtgeschichte liegt ebenso auf der Hand wie die Kirchenbücher der jeweiligen Kirchengemeinde für familiengeschichtliche Forschungen. Schwieriger aber wird die Frage bei Archiven, die durch irgendwelche besonderen Umstände verschleppt worden sind. Wer vermutet in der Bibliothek von Leningrad einen Teil des Archivs der Bastille, wer vermutet das Archiv der Grafen Metternich in Prag, wer hätte genügend Phantasie, um im Woiwodschaftsarchiv von Poznan (Posen) das auf Veranlassung Heinrich Himmlers angelegte Archiv des sog. „Hexen-Sonderkommandos" zu vermuten, einer Dienststelle des Reichssicherheitshauptamtes, die sich um statistische Sammlung der in Hexenprozessen angeklagten Personen bemühte.

Ein klassisches Beispiel für die politisch bedingte Aufspaltung eines großen Archivbestandes ist das Schicksal des **Archivs des Reichskammergerichts** nach der Auflösung des Heiligen Römischen Reiches deutscher Nation Reiches im Jahre 1806. Auf Beschluss des Deutschen Bundes wurden die Bestände auf die einzelnen Länder aufgeteilt, aus dem die jeweiligen Kläger stammten. Nur der sog. „Untrennbare Bestand" verblieb in Frankfurt am Main, wo er bis vor wenigen Jahren in einer Außenstelle des Bundesarchivs zu benutzen war, die im Jahr 2000 nach Koblenz verlegt wurde. So ist es heute erforderlich, das Staatsarchiv aufzusuchen, in dessen Sprengel der Kläger lebte. Dieser Umstand hat bislang eine systematische Erforschung der Reichskammergerichtsprozesse erheblich behindert. In den letzten 15 Jahren ist die Verzeichnung dieser Bestände in großem Stil betrieben worden, sie steht jetzt vor dem Abschluss. Dies ist auch deshalb wichtig, weil in den Prozessakten neben den prozessrelevanten Vorgängen ein reiches Quellenmaterial zur Orts-, Personen- und Sozial- und Wirtschaftsgeschichte enthalten ist. Durch die neuere Erforschung der Rechtsprechung des Gerichts auf der Grundlage dieser Quellen lässt sich auch das historische Fehlurteil über die Bedeutung dieses Gerichts korrigieren, das auf den Reichskammergerichtspraktikanten Johann Wolfgang Goethe (1749–1832) zurückgeht, der im Jahre 1772 einige Monate in Wetzlar arbeitete und darauf sein negatives Urteil gründete.

Während die ältere Geschichtsforschung vor allem auf jene Quellen baute, die im Bereich der hohen Politik entstanden waren, hat sich hier ein beachtlicher Wandel vollzogen. Ranke benutzte z. B. die Berichte der venezianischen Gesandten für seine Reformationsgeschichte und entwarf aus dieser Perspektive sein Bild der Reformation. Schon Johann Gustav Droysen forderte demgegenüber die Einbeziehung des normalen **Geschäftsschriftguts** in die Forschung, die Acta Borussica publizierten seit 1892 folglich Material der inneren Staatsverwaltung, was eine bedeutende Erweiterung der Quellenbasis der Historiker darstellte. Heute scheint eine neue Stufe der Nutzung des Archivmaterials erreicht zu sein. Als Beispiel will ich etwa die intensive Nutzung von Unterschriften unter Heiratskontrakten für die Geschichte der Alphabetisierung oder etwa die massenhafte Auswertung von Testamenten und ihrer religiösen Formeln und Inhalte für die Frage der Bewahrung oder Vernachlässigung religiöser Verhaltensformen anführen. Auch die in vielen Gerichtsarchiven gesammelten Zeugenaussagen bilden ein Material, das sowohl für die jeweilige Prozessgeschichte, aber auch für eine Sozial- und Wissensgeschichte der befragten Personen genutzt werden kann. Man könnte diese Nutzung von Quellen ein Lesen gegen den Strich nennen, der normale Begriff aber ist der der **histoire sérielle**. Die Tatsache, dass ich hier den französischen Begriff verwende, deutet darauf hin, dass diese Methode von französischen Historikern entwickelt und verfeinert worden ist. Ein berühmtes Beispiel ist etwa die Nutzung der von Klöstern aufgezeichneten Daten für den Beginn der jährlichen Weinlese für eine Klimageschichte seit dem Hochmittelalter.

Generell lässt sich feststellen, dass die Bereitschaft zur Nutzung auch detaillierter Quellenbestände beachtlich zugenommen hat. Heute finden wir oft mikroskopische Analysen von kleinsten Teileinheiten, also Familien und Dörfern; Untersuchungen, die sich nur auf der Grundlage seriellen Schriftguts (Kirchenbücher, Steuerbücher, Testamente, Katasterunterlagen etc.) durchführen lassen und mit großem Zeitaufwand für die Forschung verbunden sind, und oft gar nicht ohne den Einsatz von EDV möglich sind. So zeigt sich, dass der Begriff der historischen Quelle eine beachtliche Erweiterung erfahren hat. Von der auf Urkunden konzentrierten Geschichtsforschung des 18. Jahrhunderts, über die diplomatischen Relationen der venezianischen Gesandten, die Ranke verwendete, die „Denkmäler" der inneren Staatsverwaltung, wie sie das späte 19. Jahrhundert entdeckte, die Erschließung großer serieller Quellenbestände in der Wirtschafts- und Landesgeschichte des frühen 20. Jahrhunderts bis zur großangelegten Zeitreihenforschung in der Gemeindeforschung, der Historischen Demographie, der historischen Kriminalitätsforschung spannt sich der Bogen in dem Bemühen, unser Wissen über die Menschen vergangener Epochen zu erweitern. Dieser Prozess der **Erweiterung unseres Quellenverständnisses** zeigt, dass es kein unveränderliches Bild der Quellen gibt. Vielmehr lässt sich zeigen, wie bestimmte Zeitströmungen, ein neues Verständnis von Sozial- und Wirtschaftspolitik und Kultur, schlagartig ein neues Bild der Quellen definieren, neue Bestände heranziehen, alte, schon bekannte Bestände auf neue Weisen lesen und dabei erheblichen Erkenntnisgewinn erzielen können. Hier liegt auch die besondere Schwierigkeit für die Archivare, die – ohne die Fragestellungen späterer Historiker zu kennen – für die Auswahl und Erhaltung der Quellenbestände verantwortlich sind, die künftigen Generationen einmal die Möglichkeit der Geschichtsschreibung über unsere heutige Zeit ermöglichen sollen.

1.5 Die neue Zeitrechnung

Der französische Historiker Fernand Braudel (1902–1985), Mitglied jener Gruppe von Historikern, die sich um die 1929 gegründete Zeitschrift „Annales" bildete und die Erforschung langfristiger Strukturen zu ihrem Gegenstand machte, hat einmal versucht, das problematische Verhältnis des Historikers zur Zeit mit einem Bild zu verdeutlichen: „In der Tat tritt der Historiker niemals aus der Dimension der geschichtlichen Zeit heraus; die Zeit klebt an seinem Denken wie die Erde am Spaten des Gärtners. Trotzdem träumt er davon, sich ihr zu entziehen."

Diese Formulierung Braudels, die im Kontext seiner Bemühungen um eine Geschichte von Strukturen langer Dauer entstand und die das Dilemma des Historikers reflektiert, der Zustand und Wandel zugleich erfassen will, lässt sich auch noch in eine andere Richtung deuten. Wir können daraus die Frage nach den Dimensionen der Zeit entwickeln, in denen wir uns als Historiker bewegen. Schon in einem früheren Teil dieses Kapitels wurde darauf hingewiesen, dass die Neuzeit durch eine erhebliche Beschleunigung des Wandels ausgezeichnet ist. Diese beschleunigte Bewegung aber macht die Bewahrung der Ereignisse durch die Geschichte immer notwendiger. Ciceros (106–43 v. Chr.) bekanntes Lob vom fünffachen Nutzen der Historie für den Redner wird im 16. Jahrhundert zur akzeptierten Funktionsbestimmung der Geschichte in einer sich schneller verändernden Welt: „Historien sind ein zeugniß der zeiten/ein Liecht der wahrheit/das Leben des gedechtniß/eine anzeigung des alten wäsens/und Lehrmeisterin und unterweiserin des menschlichen Lebens", heißt es 1574 in einer in Basel erschienenen Widmungsvorrede zu Francesco Guicciardinis (1483–1540) Historien. Eine Generation später schreibt der deutsche Jurist Christoph Besold (1577–1638) in einem juristischen Wörterbuch, dass Platon (427–347

v. Chr.) den Begriff Historie vom Anhalten des Flusses der Erinnerung abgeleitet habe, weil die Historie, die gleitende und wankende Erinnerung, diesen beständigen Strom, anhalte.

Die Vielfalt des Eingreifens der Historiker in den Ablauf der Geschichte, ja ihr Versuch, sich von der Zeit im Sinne des Braudel'schen Vorschlags ganz zu befreien, erfordert natürlich ein festes, unverrückbares Raster für die Datierung der historischen Ereignisse. Dies liefert uns das **tropische Sonnenjahr**, also der Zeitraum, in dem die Erde einmal vollständig um die Sonne herumläuft. Dieser Zeitraum beträgt nach neuesten Berechnungen 365 Tage, 5 Stunden, 48 Minuten und 46,43 Sekunden, also etwas weniger als $365\frac{1}{4}$ Tage, und auf diesem physikalischen Grundmaß baut unsere heutige Zeitrechnung auf. Doch dieses heutige gültige Kalendersystem ist relativ jungen Ursprungs, es entstand am Beginn der Neuzeit, im Jahre 1582, als Papst Gregor XIII. (1502–1585) eine **Kalenderreform** durchführte. Der Grund für diese Kalenderreform, deren Einzelheiten gleich beschrieben werden, bestand darin, dass sich zwischen dem bis 1582 geltenden sog. Julianischen Kalender (eingeführt von Julius Cäsar, 46 v. Chr.) und dem wirklichen Ablauf des Sonnenjahres eine Differenz ergeben hatte. Cäsar (100–44 v. Chr.) hatte seinerzeit ein tropisches Sonnenjahr von $365\frac{1}{4}$ Tagen angenommen, tatsächlich aber ist ein solches Sonnenjahr 11 Minuten und 14 Sekunden kürzer. Diese Differenz bewirkte aber schon nach 128 Jahren einen Unterschied von einem Tag, so dass sich im 16. Jahrhundert bereits eine Differenz von ca. 10 Tagen ergeben hatte. Hierzu kommt, dass der Zyklus der Neumonde – der sog. Metonische Zyklus – kürzer ist als im Julianischen Kalender angenommen. Beide Faktoren bewirkten, dass sich die Nachtgleichen (also Frühlingsanfang) und die Neumonde im Julianischen Kalender immer früher einstellten. 1545 hatte sich der Frühlingsanfang bereits vom 21. auf den 11. März verschoben. Dadurch geriet die seit dem Konzil von Nizäa (325) darauf basierende Osterrechnung und damit das gesamte kirchliche Jahr in Unordnung. Diese Differenzen wurden schon relativ früh (um 1200) festgestellt und auch wissenschaftlich erklärt. Bis auf den heutigen Tag wäre diese Differenz schon auf 13 Tage angewachsen, wenn nicht 1582 die Reform durchgeführt worden wäre. Mehrere Versuche, den Kalendermängeln abzuhelfen (u. a. auf den Reformkonzilien von Konstanz und Basel (durch Nicolaus v. Kues, 1401–1464) scheiterten.

Erst Gregor XIII. gelang es, in dieser Frage einen Fortschritt zu erzielen. 1576 berief er eine internationale Kommission von Experten zusammen, und 1582 verkündete er in einer Bulle das Ergebnis dieser Reformarbeiten. Zwei Probleme mussten dabei gelöst werden: Zum einen mussten die wirklichen Mondphasen mit den kalendarischen Mondphasen in Übereinstimmung gebracht werden, was durch den neuen „Epaktenzyklus" geschah. Zum anderen musste erreicht werden, dass der Frühlingsanfang dauerhaft auf den 21. März gelegt wird. Dies geschah, indem man im Jahre 1582 vom 4. Oktober sofort auf den 15. Oktober sprang und damit die bisher angefallene Differenz beseitigte. In Zukunft sollten in jeweils 400 Jahren drei Schaltjahre ausgelassen werden und zwar so, dass Schaltjahre nur noch diejenigen Säkularjahre sein sollten, die durch 400 teilbar sind (also 1600 und 2000). Durch diese beiden Maßnahmen wurde es erreicht, Sonnenjahr und Kalenderjahr „im wesentlichen" in Einklang zu bringen. Denn noch immer besteht zwischen dem tropischen Sonnenjahr und dem Kalenderjahr eine Differenz von 26 Sekunden, die allerdings erst in weit über 3000 Jahren auf die Differenz eines Tages anwachsen würde.

Abgesehen von diesen und anderen astronomischen Problemen des neuen Kalenders waren es insbesondere die Schwierigkeiten seiner Durchsetzung im damals von konfessionellen Konflikten zerrissenen Europa, die diesen Kalender zu einem historischen Ereignis werden ließen. Die protestantischen Kritiker bezweifelten einmal das Recht des Papstes zur Kalenderreform, weil sie den Kalender für ein Problem der weltlichen Obrigkeiten hielten, zum anderen bezweifelten sie die Richtigkeit der 1582 vorgeschlagenen Reformen. Ein wesentlicher Grund für die Gregorianische Reform muss wohl in der Absicht gesehen werden, die durch das Konzil von Nizäa festgelegte Datierung des Osterfestes (1. Sonntag nach dem Vollmond nach der Frühlingsnachtgleiche) beizubehalten.

Der Kalender wurde zunächst nur in den katholischen Staaten und Territorien Europas und des Heiligen Römischen Reiches eingeführt, während sich die protestantischen Obrigkeiten im Reich bis 1700, z.T. bis in die Mitte des 18. Jahrhunderts weigerten, sich der neuen Zeitrechnung zu bedienen. Das Schlusslicht bildeten Teile des Schweizer Kantons Graubünden im Jahre 1812, doch auch europäische Mächte wie Großbritannien und Schweden vollzogen die Angleichung erst 1752 bzw. 1753. Für die Geschichtsschreibung ergibt sich aus dieser relativ langen parallelen **Verwendung beider Kalender** das Problem der Vermittlung des jeweils gültigen Kalenders (stilus novus oder antiquus) bzw. der Umrechnung evtl. Angaben alten Stils auf den neuen Kalender, sofern die Quellen nicht ohnehin beide Zählweisen in Bruchschreibung verwenden (z.B. 5./15. Oktober 1582).

Dies gilt nicht nur für die protestantisch-katholischen Gebiete, sondern gilt auch für den Bereich der griechisch-orthodoxen Kirche. Albanien ging 1913, Bulgarien 1916, Russland 1918 (Übergang vom 31. 1. auf den 14. 2.), Griechenland 1923, Rumänien 1924 und die Türkei erst 1926 zum neuen Kalender über. Zu ergänzen ist hierbei, dass Russland etwa zum gleichen Zeitpunkt, als sich im Reich die protestantischen Territorien dem neuen Kalender anschlossen (1. März 1700), die Umstellung auf den Julianischen Kalender vornahm (1. Januar 1700), nachdem bislang die byzantinische Zeitrechnung in Geltung gewesen war. Japan und China übernahmen den Gregorianischen Kalender 1873 bzw. 1912.

Eine weitere Schwierigkeit bei der präzisen Ermittlung historischer Daten stellt der höchst unterschiedlich gehandhabte Jahresanfang dar. Der schon im Römischen Kalender gebräuchliche Jahresbeginn zum 1. Januar wurde in Deutschland erst seit dem 16. Jahrhundert allgemein üblich, obwohl dieser sog. Circumcisionsstil (1. Januar = Fest der Beschneidung des Herrn) auch schon im Mittelalter bekannt war. Die Republik Venedig begann ihr Jahr bis zum Jahre 1797 erst am 1. März, in Großbritannien galt bis 1752 der sog. „mos anglicanus", d. h. Jahresanfang am 25. März.

Insgesamt lässt sich also das 16. Jahrhundert als besonders bedeutsam für die neuere Zeitrechnung bezeichnen. Unser heute gültiges kalendarisches System erhält hier seine endgültige Ausprägung, ohne freilich für alle Zukunft unbestritten zu sein. Aus Gründen der evidenten Schwierigkeiten des Gregorianischen Kalenders hat es immer wieder Versuche gegeben, diesen Kalender zu verbessern. Sie haben dazu geführt, dass sich seit dem späten 19. Jahrhundert angesichts wachsender wirtschaftlicher Verflechtung und Industrialisierung wissenschaftliche Institutionen und parlamentarische Körperschaften für eine neuerliche Kalenderreform eingesetzt haben. 1923 hat sich der Völkerbund dieser Aufgabe angenommen und Reformvorschläge erbeten, die auch in großer Zahl eintrafen. Die International Calendar Organization schlug dabei vor, alle 128 Jahre ein Schaltjahr ausfallen zu lassen, um die erwähnte Restdifferenz zwischen Sonnen- und Kalenderjahr auszugleichen. Die anderen Änderungsvorschläge zielten vor allem darauf ab, eine einheitliche Monatseinteilung herbeizuführen.

In gewisser Weise entsprach es dem in allen Religionen üblichen Grundsatz der engen Bindung von Religion und Kalendersystem, wenn im Verlauf der Französischen Revolution ein neues System der Zeitrechnung eingeführt wurde, der sog. **Revolutionskalender**. Die antikirchlichen Tendenzen der Aufklärung hatten schon mehrfach den kirchlichen Festkalender kritisiert und bald nach der Erstürmung der Bastille bzw. nach dem Föderationsfest am 14. Juli 1790 wurden im privaten und öffentlichen Gebrauch neue Datierungen verwendet, die den Anbruch einer neuen Zeit auch kalendarisch verewigt sehen wollten („Jahr der Freiheit" seit 1790 und „Jahr der Gleichheit" seit dem 10. August 1792). Eine Kommission des Konvents hat sich dann im Jahre 1793 der Vorbereitung eines neuen Kalenders gewidmet, der am 5. Oktober 1793 vom Konvent gebilligt, wenig später aber noch einmal von Fabre d'Eglantine geändert wurde und so in Kraft trat. Dieser Revolutionskalender muss in den allgemeinen Prozess der „Dechristianisierung" eingeordnet werden, wie er schon in den vorausgehenden Gesetzen über die Zivilverfassung des Klerus deutlich geworden war. Wenn der zuständige Deputierte in der Debatte vorschlug, den Katalog der Heiligen im christlichen Kalender, dieses „Repertoire der Täuschung und der Scharlatanerie", zu ersetzen, so knüpfte dies an Bemühungen aus dem Jahre 1788 an, den kirchlichen Kalender zu ersetzen, was damals vom Parlament von Paris – einem Gerichtshof – verboten worden war.

Zunächst einmal beendete der Revolutionskalender die sog. dionysische (christliche) Jahreszählung. Der Beginn der neuen Zeitrechnung wurde der 22. September 1792, der Tag der Proklamierung der Republik, der zufällig auch der Tag der Herbstnachtgleiche war. Das Jahr sollte in Zukunft immer um Mitternacht des Tages der „l'équinoxe vrai d'automne pour l'observatoire de Paris" beginnen. Die Jahreseinteilung in 365 bzw. 366 Tage blieb gleich, auch die Einteilung in 12 Monate, wenn auch unter neuen Bezeichnungen, die Naturphänomenen gewidmet waren (z. B. Nivôse, Ventôse, Fructidor = Schnee-, Wind-, Fruchtmonat). Die übliche 7-Tageswoche wurde durch die Dekade ersetzt, und das Dekadensystem wurde auch auf den Tag übertragen (10 Stunden à 100 Minuten à 100 Sekunden). Im Jahre (1802) wurde freilich das alte Wochensystem wieder eingeführt, da die neue Zeiteinteilung, die alle alten Uhren überflüssig gemacht hätte, nie wirklich durchgesetzt werden konnte. Vier Jahre später stellte ein Senatsbeschluss den „vieux style" wieder her (1. Januar 1806). Während der Pariser Commune kam es seit Frühjahr 1871 vorübergehend wieder zur Anwendung dieses Revolutionskalenders.

In diesem Zusammenhang ist noch zu erwähnen, dass das faschistische Italien den Versuch unternahm, mit dem Tag des „Marsches auf Rom" auch eine neue Zeitrechnung zu begründen, so dass der „anno primo" mit dem 28. Oktober 1922 begann. Freilich war dies nur eine Zeitrechnung, die ergänzend zur alten hinzutrat, und wir sehen daran, wie wirksam inzwischen die physikalische Zeiteinteilung allen Versuchen der ideologischen Zeitmessung widersteht.

Neuzeit und Zeit – so können wir abschließend feststellen – ist eine Fragestellung, die uns in vielfacher Weise die Doppeldeutigkeit des Zeitbegriffs verdeutlichen kann. Auf der einen Seite stellen wir eine zunehmende Verwissenschaftlichung des physikalischen Zeitbegriffs und die Durchsetzung einer einheitlichen Weltzeit fest, auf der anderen Seite sehen wir das Bemühen der Historiker, ihre Arbeit durch Zeitvorstellungen zu erleichtern, die der Bewegung ihrer Gegenstände angemessen ist.

Literatur

Allgemeine Einführungen

E. FABER, I. GEISS: Arbeitsbuch zum Geschichtsstudium. Einführung in die Praxis wissenschaftlicher Arbeiten. Wiesbaden 1983.

P. BOROWSKY, B. VOGEL, H. WUNDER: Einführung in die Geschichtswissenschaft, 2 Bde. Opladen [5]1989.

E. BOSHOF, K. DÜWELL, H. KLOFT: Grundlagen des Studiums der Geschichte. Köln/Wien [5]1997.

R. V. DÜLMEN (Hrsg.): Das Fischer-Lexikon Geschichte. Frankfurt am Main 1990 (Neuauflage des 1961 erschienenen Lexikons, die interessante Vergleiche ermöglicht).

A. VON BRANDT: Werkzeug des Historikers. Eine Einführung in die Historischen Hilfswissenschaften. Stuttgart [15]1998.

V. SELLIN: Einführung in die Geschichtswissenschaft, Göttingen 1995.

Einführungen in das Studium speziell der Neueren Geschichte und ihrer Teilbereiche

G. WOLF: Einführung in das Studium der neueren Geschichte. Berlin 1910.

E. OPGENOORTH, G. SCHULZ: Einführung in das Studium der neueren Geschichte. 6., völlig neu überarbeitete Aufl. Paderborn 2001.

W. ZORN: Einführung in die Wirtschafts- und Sozialgeschichte des Mittelalters und der Neuzeit. Probleme und Methoden. 2. Aufl. München 1974.

R. WALTER, Einführung in die Wirtschafts- und Sozialgeschichte, Paderborn 1993.

Was ist Geschichte?

K. G. FABER: Theorie der Geschichtswissenschaft, 3. Aufl. München 1981.

K. BERGMANN u. a. (Hrsg.): Handbuch der Geschichtsdidaktik, 2 Bde. Düsseldorf 1985.

E. M. CARR: Was ist Geschichte? Stuttgart [6]1981.
Weitere Literatur am Ende von Kap. 4!

Beginn der Neuzeit, Periodisierung

R. KOSELLECK (Hrsg.): Studien zum Beginn der modernen Welt. Stuttgart 1977.

–: Vergangene Zukunft. Zur Semantik geschichtlicher Zeiten. Frankfurt am Main 1979.

S. SKALWEIT: Der Beginn der Neuzeit. Epochengrenze und Epochenbegriff. Darmstadt 1982.

E. HASSINGER: Das Werden des neuzeitlichen Europa, 1300–1600. Braunschweig 1964 (vgl. dazu die kritische Rezension von E. Schulin in: Gött. Gelehrte Anzeigen, 214, 1962, S. 63 ff.).

W. SCHULZE: Deutsche Geschichte im 16. Jahrhundert (1500–1618), Frankfurt am Main 1987.

E. WALDER: Zur Geschichte und Problematik des Epochenbegriffs. Neuzeit, in: Festgabe H. von Greyerz, Bern 1967, S. 21–47 (guter Überblick über die ältere und neuere Periodisierungsdiskussion).

U. NEDDERMEYER: Das Mittelalter in der deutschen Historiographie vom 15. zum 18. Jahrhundert. Geschichtsgliederung und Epochenverständnis in der frühen Neuzeit. Köln-Wien 1988 (gründliche Diskussion der frühneuzeitlichen Entstehungsgeschichte der Trias Altertum-Mittelalter-Neuzeit).

A. SEIFERT: Der Rückzug der biblischen Prophetie von der neueren Geschichte, Köln-Wien 1990 (wichtig zur Vier-Reiche-Lehre).

Für alle begriffsgeschichtlichen Fragestellungen sei ein für alle Male hingewiesen auf:

O. BRUNNER, W. CONZE, R. KOSELLECK (Hgg.): Geschichtliche Grundbegriffe. Historisches Lexikon zur politisch-sozialen Sprache in Deutschland, 7 Bde. und 2 Registerbände, Stuttgart 1972–1997.

M. ASENDORF, J. FLEMMING, A. v. MÜLLER, V. ULLRICH: Geschichte. Lexikon der wissenschaftlichen Grundbegriffe, Reinbek bei Hamburg 1994 (knappe einführende Artikel zur allerersten Information).

Zeitgeschichte

H. G. HOCKERTS: Zeitgeschichte in Deutschland. Begriff, Methoden, Themenfelder, in: HJb 113, 1993, S. 98–127.

G. SCHULZ: Einführung in die Zeitgeschichte, Darmstadt 1992.

M. PETER/H.-J. SCHRÖDER: Einführung in das Studium der Zeitgeschichte, Paderborn u. a. 1994

Zeit

A. BRENDECKE: Die Jahrhundertwenden. Eine Geschichte ihrer Wahrnehmung und Wirkung, Frankfurt am Main-New York 1999.

H. GROTEFEND: Taschenbuch der Zeitrechnung des deutschen Mittelalters und der Neuzeit, 13. verb. Auflage Hannover 1991.

B. RICHMOND: Time Measurement and Calendar Construction, Leiden 1956 (für die neuere Kalenderreformdiskussion).

Historiker

H.-U. WEHLER (Hrsg.): Deutsche Historiker I–IX, Göttingen 1971–1982 (bedauerlicherweise nicht fortgeführte Reihe mit Biographien wichtiger Historiker, vor allem der Neueren Geschichte).

R. v. BRUCH, R. A. MÜLLER: Historikerlexikon. Von der Antike bis zum 20. Jahrhundert. München ²2002 (knappe, aber kompetente Artikel zur ersten Information über wichtige Historiker).

2 Schlüsselbegriffe der Neueren Geschichte

In diesem Kapitel sollen **Schlüsselbegriffe der Neuzeit** *vorgestellt werden: Durch ausgewählte Begriffe wie Modernisierung, Globalisierung, Säkularisierung, Revolution, Verrechtlichung, Sozialdisziplinierung und Widerstand soll die zweifache Bedeutung solcher Konzepte erläutert werden. Zunächst sind dies umgangssprachlich verwendete, doch bereits interpretierende Begriffe, die uns in ihrer hohen Allgemeinheit gewissermaßen die* **Tendenz eines Zeitalters** *verständlich machen wollen. Daneben aber haben diese Begriffe eine große Bedeutung als Leitkonzepte der historischen Forschung selbst. Als solche bedürfen sie genauer Definition und präziser Umsetzung auf das historische Quellenmaterial, sie müssen operationalisiert werden. In dieser Funktion helfen sie dem Historiker dabei, zunächst noch allgemeine Fragen an das historische Material zu stellen, denn historische Forschung vollzieht sich weder voraussetzungslos noch ohne Grundlegung durch Quellen. Sie leisten damit die Verklammerung von Lebenswelt und historischen Gegenständen, sorgen damit für eine stets erneuerte, wenn auch nicht risikolose Lebensnähe historischen Fragens.*

Gemeinsam ist den gewählten Begriffen, dass sie **Prozesse der Veränderung** *in einem weiten Sinne beschreiben. Damit ist zugleich ein Tatbestand berührt, der geradezu als zentrale Aussage neuzeitlicher Geschichte angesprochen werden kann. Wie unzutreffend sich auch bei näherer Betrachtung die generelle Vermutung der Statik für die mittelalterliche Welt erweisen mag, so ist unbestritten, dass die neuzeitliche Geschichte durch* **tiefgreifende Veränderungen und deren zunehmende Beschleunigung** *charakterisiert ist, die wesentliche Grundlagen von Wirtschaft, Gesellschaft, politischer Ordnung und Wissensbeständen betreffen. Die Reaktionen auf solche Veränderungen oder gar auf ganze Bündel von Veränderungen, die politische und mentale Bewältigung des Wandels, bilden wichtige Problembereiche der Neueren Geschichte, erinnert sei etwa an die restaurativen Phasen der europäischen Geschichte, die Konsequenzen von paralleler nationaler Einigung und rascher Industrialisierung im Kaiserreich oder die politischen Reaktionen des Mittelstandes auf die Erfahrung von sozialer Deklassierung in der frühen Weimarer Republik.*

Besonders bemerkenswert ist, dass sich im Verlauf der Frühen Neuzeit – im ständigen und strittigen Vergleich mit Antike und Mittelalter – die Einsicht durchsetzte, dass die neueren Erkenntnisfortschritte die älteren Kulturleistungen übertreffen. Damit wurde die Dignität der als Neuzeit verstandenen Epoche gestärkt, und es bereitete sich die Auffassung einer möglichen Machbarkeit und „Perfektibilisierung" der Welt in der Zukunft vor, die als Denkkategorie jetzt erst neu gewonnen wurde. Diese Auffassung kulminierte im emphatischen Fortschrittsbegriff der Aufklärung und des 19. Jahrhunderts. Technologischer Fortschritt wurde schließlich in der immer mehr von wissenschaftlichen Innovationsleistungen abhängigen Industrie- und Wissenschaftsgesellschaft Voraussetzung des Überlebens in einem mehrfachen Sinne.

Geschichtswissenschaft impliziert ein ordnendes Verständnis von historischen Prozessen und Ereignissen. Bei ihrem Verständnis sind wir aber immer mehr oder weniger auf Vorverständnisse angewiesen. Die umfassende historische Entwicklung lässt sich nur im Vorgriff auf ein bestimmtes Sinnverständnis vorstellbar machen. Dieses Vor-Verständnis kann sich entweder auf die großen Wirkungszusammenhänge wie Staat, Kirche, Gesellschaft, Wirtschaft beziehen, aber ebenso auch auf epochale Prozesse. Man kann heute ohne weiteres feststellen, dass die moderne Geschichtswissenschaft sich in stärkerem Maße auf eben diese Begriffe stützt, um historischen Wandel in seiner Gesamtheit verständlich zu machen. Nach der Charakterisierung der Neuzeit als Zeitalter der beschleunigten Entwicklung, wie sie im ersten Kapitel versucht wurde, liegt ein solches Verständnis der Epoche auf der Hand.

*Ohne jetzt schon dem Theoriekapitel vorzugreifen, soll betont werden, dass die im folgenden behandelten Prozessbegriffe und Kategorien – also Modernisierung, Globalisierung, Säkularisierung, Revolution, Verrechtlichung, Sozialdisziplinierung und Widerstand – Begriffe sind, die unter erkenntnistheoretischen Aspekten natürlich nur begriffliche Konstruktionen sind. Sie sind idealtypische Begriffe (dazu mehr auf S. 253) auf einer relativ hohen Abstraktionsebene. In der Forschung werden sie verwendet, um in den Einzelheiten durchaus verschiedene, in ihren Grundformen aber gleichartige Vorgänge oder Zusammenhänge begrifflich zu fixieren. Damit ist klar, dass diese Begriffe nur Arbeitsinstrumente in der Hand des Wissenschaftlers sind, nicht aber schon die historische Wirklichkeit selbst. Mit diesem Charakter der Begriffe hängt es auch zusammen, dass sich diese Begriffe ändern können. Während im 19. Jahrhundert eher klassifizierend-statische Begriffe (z. B. Zeitalter, Epoche) im Vordergrund standen und biologische Vergleiche herangezogen wurden (keimen, wachsen, blühen, absterben), stehen heute eher **Prozessbegriffe** im Vordergrund. Sie dienen also – ganz allgemein gesprochen – dem **Vorverständnis der Geschichte**, erschließen uns neue Themen und machen Geschichte in einer ersten Annäherung für uns überschaubar. Ihre Anwendung im Forschungsprozess bedarf freilich der präzisen Definition, d. h. es muss vorweg geklärt werden, welche Sachverhalte mit dem jeweiligen Begriff erfasst werden sollen.*

*Die Auswahl der Begriffe, die hier vorgestellt werden, ist natürlich unvoll-ständig, von persönlichen Interessen und Wertungen bestimmt, aber gewiss nicht beliebig. Ich hoffe, dass damit zum einen Begriffe gewählt wurden, die zentrale Bedeutung für unser Verständnis der Neuzeit haben und so helfen, die Epoche in ihrer Gesamtheit besser zu verstehen, zum anderen, dass Beispiele ausgesucht wurden, die die **Orientierungsfunktion** solcher Begriffe in der Erforschung und Gliederung der Geschichte erklären können.*

2.1 Modernisierung

Auf den ersten Blick scheint Modernisierung schlechthin der Begriff zu sein, der die Neuzeit in ihrem Kern bezeichnet. Wir sprechen vom modernen Staat, der Modernisierung der Wirtschaft, der modernen Philosophie. Oft genug ersetzt der Begriff der **„Moderne"** sogar den der Neuzeit. Von Ernst Troeltschs (1865–1923) Aufsatz „Die Bedeutung des Protestantismus für den Beginn der modernen Welt" (1906) bis zu Reinhart Kosellecks Sammelband „Der Beginn der modernen Welt" (1977) spannt sich der Bogen, der hier zu betrachten wäre.

Natürlich ist es keine Frage, dass der lateinische Begriff „modernus" den Ausgangspunkt dieser Begriffsbildung darstellt. Schon im 13. Jahrhundert bezeichnete man mit antiquus und modernus verschiedene philosophische Richtungen, modernus bedeutete dabei das gerade Gültige.

Seine inhaltliche Füllung, ja Aufladung erhielt dieser Begriff jedoch erst in der großen Debatte des späten 16. und vor allem des 17. Jahrhunderts, die wir als **„quérelle des anciens et des modernes"** bezeichnen. Damit war die Auseinandersetzung darüber begonnen, ob die wissenschaftlichen und künstlerischen Leistungen der Antike einen nicht mehr erreichten Höhepunkt darstellten oder ob die „neue" Zeit zu einer Weiterentwicklung der Wissenschaft über die antiken Leistungen hinaus fähig sei. Es ging also um das neue Selbstverständnis der modernen Zeit gegenüber der Antike, die von vielen vom Humanismus geprägten Wissenschaftlern als das unüberbietbare Maß aller Dinge betrachtet wurde. Man pflegte diese Inferiorität der Jetztzeit mit einem Wort des Bernhard von Chartres († nach 1124) auszudrücken, wenn man sagte, die heutigen Gelehrten seien bloß Zwerge, die allein deshalb weiter sähen, weil sie auf den Schultern von Riesen stünden. Freilich begann man schon im 16. Jahrhundert, gegen diese Diskriminierung anzugehen. Der spanische, aber in ganz Europa tätige Humanist Juan Luis Vives (1492–1540) stellte 1531 in seinem Werk „De disciplinis libri viginti" die selbstbewusste Frage: „Haben uns denn nicht die Erfindungen früherer Jahrhunderte und eine so langdauernde Erfahrung einen Zugang zum Erlernen aller Disziplinen eröffnet, so daß wir, wenn wir darauf bedacht sind, besser als Aristoteles, Plato oder irgendeiner der ‚Alten' über die Dinge des Lebens und der Natur zu sprechen vermögen?" Diese Auffassung wurde zur Grundüberzeugung der „modernes", und sie ist für uns auch ein zusätzlicher Beleg für das Selbstbewusstsein der beginnenden Neuzeit, das noch durch den Eindruck der Entdeckungsreisen verstärkt wurde. Das gleiche Grundproblem bestimmt auch die seit 1687 andauernde klassische „quérelle des anciens et des modernes", die durch den Versuch des französischen Naturwissenschaftlers Charles Perrault (1628–1703) ausgelöst wurde, mit Hinweis auf die Leistungen der neuen Naturwissenschaften auch einen höheren Grad künstlerischer Perfektibilität zu belegen.

Doch führt uns dieser Blick eher zum Begriff der Moderne als zu dem der Modernisierung. Letzterer setzte sich seit Beginn der 60er Jahre in den Sozialwissenschaften durch, um den Vorgang der Industrialisierung der Länder der "Dritten Welt" zu bezeichnen. Das Buch des amerikanischen Politikwissenschaftlers David Lerner (The Passing of Traditional Society. Modernizing the Middle East, 1958) wirkte hier namengebend. Der Begriff trat damit die Nachfolge des alten Entwicklungsbegriffs an, wie er vor allem von den sich formierenden Sozialwissenschaften verwendet wurde.

Modernisierung bedeutete zunächst einmal den Vorgang der **Europäisierung der Welt**, wie er vor allem seit 1960 die Länder der "Dritten Welt" prägte; sie ist in dieser Hinsicht gegenwärtig von der **Globalisierung** abgelöst worden, die deshalb weiter unten als neuester Schlüsselbegriff behandelt wird. Der Modernisierungsbegriff bedurfte der Präzisierung und der genauen Angabe der sich verändernden Faktoren wie z. B. Bevölkerungswachstum, Urbanisierung, Alphabetisierung, Schulbesuch, wirtschaftliches Wachstum, Entwicklung von Sozialpolitik, Bürokratisierung, Kommunikationszuwachs, politische Partizipation etc. Für den konkreten Forschungsprozess bedeutet diese „Operationalisierung" des Begriffs – d. h. Umsetzung auf konkrete Probleme –, dass jetzt **Skalen der Modernität** aufgestellt und möglicherweise Leitsektoren der Modernisierung festgestellt werden können.

Eine solche Detailanalyse von Modernisierungsvorgängen ist heute freilich nicht mehr ohne Analyse der sozialen Kosten durchzuführen, die damit verbunden sind. Modernisierung bedeutet eben auch Auflösung traditioneller Sozialverbände, Zerstörung von Ressourcen der Natur, Verlust kultureller Orientierungen etc. Von daher kann heute Modernisierung nicht mehr nur bedingungslose Anpassung an den europäisch/amerikanischen Standard der Industrialisierung bedeuten, sondern eher einen in spezifischer Weise auf die nationalen Voraussetzungen und Traditionen abhebenden Prozess der behutsamen wirtschaftlichen und sozialen Erneuerung unter Hinnahme partieller Rückstände.

Der Ertrag dieses Begriffs liegt also in verschiedenen Gebieten: Zum einen ist damit der historische Wandel präziser definierbar geworden, zum anderen ist das Bewusstsein für die sozialen Kosten solcher Prozesse gewachsen und schließlich verschafft die Arbeit mit diesem Begriff eine spezifische Einsicht in Zustände, die man die **„Gleichzeitigkeit des Ungleichzeitigen"** genannt hat. Damit sind gemeint das Nebeneinanderexistieren z. B. von wirtschaftlicher Modernisierung und sozialer und politischer Rückständigkeit, das Nebeneinander z. B. von industrieller Produktion und Stammesgesellschaften. Dieses Instrument hat seine Ergiebigkeit nicht nur bei den komprimierten Veränderungen der Entwicklungsländer bewiesen – wo diese Disparitäten besonders auffällig sind –, sondern auch bei der Analyse historischer Gesellschaften, etwa des sozialen Wandels der europäischen Länder seit dem späten 18. Jahrhundert. Insofern erscheint die Arbeit mit diesem Begriff als ein Musterbeispiel für jene Richtung historischer Interpretation, die in der neuen Diskussion als Gesellschaftsgeschichte bezeichnet wird (mehr darüber S. 274).

Eine besondere Bedeutung hat der Modernisierungsbegriff auch in der Auseinandersetzung zwischen den Richtungen der Makro- und der Mikrohistorie (mehr darüber S. 276) erhalten. In dieser Debatte ist der Begriff geradezu zum inhaltlichen Kennzeichen der neueren deutschen Sozialgeschichtsforschung gemacht worden, der damit zugleich auch ihr Insistieren auf dem gesamtgesellschaftlichen Blickwinkel zum Vorwurf gemacht wurde. „Modernisierung" bedeutet in diesem Zusammenhang den direkten Vorwurf, die historische Stellung der Neuzeit zu einem Maßstab historischer Entwicklung zu machen.

2.2 Globalisierung

Kein anderer Begriff hat in den letzten Jahren die öffentliche Diskussion so stark geprägt wie der Begriff der Globalisierung. Vor allem seit der Neuordnung der Welt in den Jahren 1989/90 und der damit verbundenen Auflösung der großen politischen Blöcke hat sich eine **neue weltwirtschaftliche Dynamik** entfaltet, die sehr viel deutlicher erkennbar geworden ist als jener große langfristige Entwicklungsstrang, den die Historiker seit der vollständigen Entdeckung der Erdteile im sog. „Zeitalter der Entdeckungen" ausgemacht haben. Aus diesem Grunde erstaunt es nicht, wenn der Globalisierungsbegriff in der Geschichtswissenschaft bislang noch keine breite Akzeptanz gefunden hat; er gilt gerade in den letzten Jahren eher als politischer Kampfbegriff denn als analytische Kategorie, zumal seit dem Beginn auch gewaltsamer Auseinandersetzungen gegen den Trend zur Globalisierung der Weltwirtschaft. Dieser erste Befund darf jedoch nicht dazu führen, der dem Begriff – wie es Jürgen Osterhammel formuliert hat – „zugrundeliegenden Problemwahrnehmung ihre Berechtigung abzusprechen". Verstehen wir Globalisierung in einer ersten Annäherung mit der OECD als jenen Prozess, „durch den Märkte und Produktion in verschiedenen Ländern immer mehr von einander abhängig werden – dank der Dynamik des Handels mit Gütern und Dienstleistungen und durch die Bewegungen von Kapital und Technologie", dann wird auf der einen Seite sichtbar, dass dieser Vorgang schon seit langem andauern muss, zum anderen wird damit notwendig, ihn historisch zu spezifizieren. Es scheint nicht unwichtig zu sein, dass der Begriff vermutlich 1961 – im gleichen Jahr, in dem die OECD gegründet wurde – zum ersten Mal in einem englischsprachigen Lexikon verwendet wurde, ohne freilich schon jenen „Globalisierungsrummel" auszulösen, der bis heute anhält. Das verweist auf die Tatsache, dass die gesamte Entwicklung der Weltwirtschaft seit den Entdeckungen, vor allem aber seit der Industrialisierung Europas und Nordamerikas kaum sinnvoll als Globalsierung begriffen werden kann, bestenfalls als Abfolge präzise zu definierender Vorstufen.

Zunächst muss auf die ernüchternde Tatsache hingewiesen werden, dass wirtschaftliche Verflechtungen von Teilen der Weltbevölkerung ein altbekanntes Phänomen sind, das für die Antike und das Mittelalter auch hinreichend untersucht wurde. Gleichwohl wird man sich darauf verständigen können, dass mit dem **Zeitalter der Entdeckungen** ein neuer Zusammenhang wirtschaftlichen Austauschs gebildet wurde, der – unbeschadet vieler noch nicht einbezogener Teile der Welt – einen **globalen Zusammenhang des Austauschs** schuf. Der Kreislauf des amerikanischen Silbers nach Europa und nach Asien oder der **atlantische Dreieckshandel im 18. Jahrhundert** – also der Austausch von Rohbaumwolle, Fertigwaren und Sklaven zwischen den nordamerikanischen Kolonien, England und Afrika – und schließlich die Exportbeziehungen zwischen den europäischen Industriestaaten und den Kolonialgebieten, all dies sind Vorstufen des Globalisierungsprozesses. Der amerikanische Sozialwissenschaftler Immanuel Wallerstein (*1930) hat davon gesprochen, dass sich seit dem 16. Jahrhundert ein in seiner Qualität neuartiges, deshalb modernes **„kapitalistisches Weltsystem"** mit Zentren und Peripherien herausbildete, das wir gewiss als Grundlage der neueren wirtschaftlichen Austauschbeziehungen betrachten können. In einer solchen Perspektive ergibt sich durch die neueste Entwicklung wenig Neues. Diese eher globalisierungskritische Position ist noch durch den englischen Historiker Eric Hobsbawm verstärkt worden, der feststellte:

> „Die Geschichte der Weltwirtschaft seit der Industriellen Revolution ist die Geschichte eines immer schnelleren technologischen Fortschritts, eines ständigen, wenn auch ungleichen Wirtschaftswachstums, und einer zunehmenden „Globalisierung" – also die Geschichte einer zunehmend komplizierteren weltweiten Arbeitsteilung und eines immer dichter werdenden Netzwerks aus Güterströmen und Tauschbeziehungen, das jeden einzelnen Bereich der Weltwirtschaft zu einem globalen System verband."

Auch von anderen Kritikern ist dem Globalisierungskonzept seine empirische Berechtigung abgesprochen worden. Hirst/Thompson bezweifeln – um nur eines ihrer Argumente herauszugreifen – die vermutete neue Quantität grenzüberschreitender Kapitalströme mit dem Hinweis auf die erheblich höheren Auslandsinvestitionen der „belle époque" im späten 19. Jahrhundert. Sie weisen auch auf die **ungleichen Steigerungsraten des Welthandels** hin, die die angenommene Besonderheit der letzten Jahre relativieren: So wuchs der Welthandel zwischen 1870 und 1913 um durchschnittlich 3,4 Prozent pro Jahr, zwischen 1913 und 1950 um weniger als 1 Prozent pro Jahr, zwischen 1950 und 1973 um mehr als 9 Prozent pro Jahr, während das Wachstum nach 1973 wieder deutlich zurückging.

Gleichwohl bedarf es einer genaueren Bestimmung jener Faktoren, die die traditionellen und sich intensivierenden Austauschprozesse des 18., 19. und des frühen 20. Jahrhunderts von jener neuen Dynamik unterscheiden, die seit etwa zwei Jahrzehnten zu beobachten ist. Nicht unwichtig erscheint hier vor allem, dass unabhängig von der Höhe der Auslandsinvestitionen die neueste Entwicklung durch eine bemerkenswerte **Überlagerung verschiedener Entwicklungen** gekennzeichnet ist, die als solche eine neue Qualität impliziert: Zum einen ist dies die **Erweiterung des Weltmarktes** durch den Hinzutritt der ehemals kommunistischen Länder. Nicht zuletzt die Öffnung des chinesischen Marktes ist hervorzuheben. Dazu gehört die Tatsache, dass sich die gesamte Weltproduktion von 1985 bis 1995 etwa verdoppelt hat, während der

Welthandel im gleichen Zeitraum um das zweieinhalbfache zunahm. Zum andern ist dies die Verbindung großer Firmen zu weltweit arbeitenden **joint ventures**, etwa im Automobilbereich oder in der Telekommunikation. Damit werden Investitionsentscheidungen immer stärker von den Rentabilitätserwartungen bestimmt und nicht von einer nationalen Standortpolitik. Diese **„Entnationalisierung"** zeigt sich vermehrt in der Rekrutierung von Führungspersonal und wirkt sich auch bereits im Bereich der tertiären Bildung aus, die ihre nationale Orientierung zunehmend verliert. Schließlich ist es die **Digitalisierung der weltweiten Kommunikation**, die den anderen Trends noch einmal ein neues Momentum hinzugefügt hat.

Während also die historische Analyse des Globalisierungsvorgangs eher dazu neigt, ihn als einen historisch langfristig verankerten Prozess zu deuten, zeigt sich in der politikwissenschaftlichen Analyse die Neigung, dem Begriff seine vermeintlich neue Qualität zu nehmen und damit den Eindruck der Unvermeidbarkeit jener Effekte abzuschwächen, die mit Globalisierung verbunden werden. Dies mag noch einmal die ambivalente Rolle jener Schlüsselbegriffe unterstreichen, die in diesem Kapitel im Mittelpunkt standen. Sie sind zum einen Kategorien der Interpretation, zum anderen aber sind sie politisch-soziale Kampfbegriffe, die ihrerseits politische Entscheidungen beeinflussen.

2.3 Säkularisierung

Mit dem Begriff der Säkularisierung betreten wir einen Bereich der Neuzeit, der diese Epoche vor allem geistesgeschichtlich interpretiert. In der Alltagssprache gilt Säkularisierung als übergreifender Begriff für einen Vorgang, der als **Verweltlichung** oder als Entfernung von einer Daseinsbestimmung durch das System der Kirche bestimmt wird. Die Wissenschaft begreift die Kultur der Moderne zumindest seit der Aufklärung als durch diesen Basisvorgang – den Säkularisationsprozess im Sinne Max Webers – langfristig geprägt. In der philosophischen Diskussion des 20. Jahrhunderts verbindet sich mit dem Begriff eine intensive Diskussion um die „Legitimität der Neuzeit", um den Titel eines wichtigen Buches des Philosophen Hans Blumenberg von 1966 aufzunehmen. Mit dieser Thematik wird die Frage gestellt, ob die Neuzeit und die sie prägende Entfernung von der christlichen Heilsidee als ein Unrechtsvorgang oder als eine aus eigenem Recht vertretbare Entwicklung zu verstehen ist. Eng damit verbunden ist auch die Frage, ob die aufklärerische Idee des Fortschritts und der damit einhergehende Beginn der modernen Geschichtsphilosophie nicht als Ersatz der bis dahin gültigen Idee der christlichen Vorsehung zu verstehen ist, eine These, die vor allem von dem Geschichtsphilosophen Karl Löwith (1897–1973) vertreten worden ist. In jedem Fall ist festzuhalten, dass nach dem Urteil des politischen Philosophen Carl Schmitt „ohne den Begriff einer Säkularisierung ein Verständnis der letzten Jahrhunderte unserer Geschichte überhaupt nicht möglich ist."

Der Ansatzpunkt all dieser Diskussionen ist die Frage nach der **Bedeutung der Reformation für den Beginn der modernen Welt**, eine Frage, die – wie wir schon gesehen haben – zuerst von dem Religionshistoriker Ernst Troeltsch und in anderer Form – zeitlich ungefähr parallel – auch von dem Soziologen Max Weber (1864–1920) gestellt wurde. Gemeint ist damit in beiden Fällen die schwierige Frage, ob und in welchem Ausmaß die Reformation und die durch sie verursachte Bildung von Kirchen und Sekten der Beginn einer neuen, diesseitig orientierten Lebensauffassung gewesen sei. In diesem Zusammenhang brauchen jetzt nicht die einzelnen Thesen entwickelt zu werden; für uns ist vielmehr entscheidend, dass in der historisch-soziologischen Diskussion des 20. Jahrhunderts diese Suche nach dem Beginn der Neuzeit eine wesentliche Rolle spielte und dass davon ein starker Impuls ausging, immer wieder den Charakter der Reformation als Beginn von Verweltlichung zu überprüfen. Für unsere Arbeit als Historiker bedeutet die Last dieser alten Diskussion auch zu prüfen, inwiefern wir die Geschichte des „konfessionellen Zeitalters" nur aus der **Perspektive der Konfession** untersuchen dürfen oder ob Interpretationsversuche angemessen sind, Konfession lediglich als einen unter mehreren gesellschaftsprägenden Faktoren zu betrachten. Die erste Position hat zuletzt der Frühneuzeithistoriker Heinz Schilling mit Nachdruck vertreten. Es liegt auf der Hand, dass ein stärkeres Verständnis der Reformation als Beginn von Säkularisierung zugleich bedeuten würde, jene Aspekte zu betonen, die in dieser Epoche konfessionell geprägtes Denken überwinden, also Themen wie Toleranz, libertinäres Denken oder die allgemeine Zurückdrängung konfessioneller Streitfragen zu Gunsten einer säkularisierenden Friedensidee oder Staatsvorstellung.

Mir erscheint es notwendig, auf dieses weitausgreifende Umfeld unseres Themas hinzuweisen, um seine möglichen Auswirkungen in den Griff zu bekommen. Zunächst aber soll nach dem Ausgangspunkt des Säkularisationsbegriffs gefragt werden. Er ist ein klassisches Beispiel für die Erweiterung eines Begriffs aus dem kanonischen Recht zum umfassenden Schlüsselbegriff mit epochaler Deutungsqualität. Er beginnt als

Bezeichnung für den Übertritt von Regularklerikern in den weltlichen Stand, also einen Vorgang des Kirchenrechts, richtungsweisend aber insofern, als damit eine erste Form der **„Verweltlichung"** gemeint ist. Bedeutsam für die spätere Verwendung sind jedoch die Regelungen geworden, die im Westfälischen Frieden 1648 definitiv den Entzug kirchlicher Güter aus den Händen der Kirche festlegten. Für diesen Vorgang verwendete der französische Gesandte zum ersten Mal am 8. Mai 1648 den Begriff „séculariser". Die seit der Reformation der katholischen Kirche entzogenen Güter waren bislang nicht mit diesem Begriff belegt worden. Nach 1648 verbreitete sich der Begriff sehr schnell in der juristischen Fachsprache; das Zedler'sche Universal-Lexikon kanonisiert diesen Begriff und meint damit, „gewisse Sachen oder Güter so erst geistlich gewesen, weltlich machen". Die ausführliche juristische Diskussion dieser Vorgänge und die sich schon im 18. Jahrhundert verstärkende Kritik an den geistlichen Staaten des Reiches bereiteten den großen Säkularisationsvorgang vor, der bekanntlich mit der Durchführung des **Reichsdeputationshauptschlusses von 1803** verbunden war und die Reichskirche zur Dispositionsmasse für die linksrheinisch enteigneten weltlichen Fürsten machte. Dieses Dokument spricht direkt von **„Säkularisation"**.

Damit war natürlich nur der juristische Vorgang gemeint, der noch nicht jene Tiefe und Weite ausweist, die heute dem Begriff zugemessen wird, wenn wir damit den allgemeinen Prozess der Verweltlichung meinen. Bei Joseph v. Eichendorff (1788–1857) findet sich zum ersten Mal eine Verwendung des Begriffs, die weiter zielt, wenn er von Säkularisation als dem Abfall „der Klöster" vom „Heiligen Geist" spricht oder wenn Novalis (1772–1801) die Alternative von „Christenheit oder Europa" diskutiert, wobei der Europabegriff für ihn zum Synonym für den Abfall vom Christentum wurde. Damit erreichen wir jene Linie, die von Karl Marx und anderen Philosophen und Historikern des 19. Jahrhunderts wieder aufgenommen wird und zu jenem am Anfang schon angesprochenen universalen Verweltlichungsbegriff führt.

Über diese relativ abstrakten Bestimmungen abendländischer Geistesgeschichte hinaus ist der Begriff Säkularisation natürlich auch zur Herausarbeitung jener Vielzahl von Brüchen geeignet, die religiös bestimmte Welt des Mittelalters und des konfessionellen Zeitalters von der modernen Welt trennen. Damit lassen sich z. T. auch erhebliche Differenzierungen gegenüber jenen am Anfang erwähnten Vorstellungen erzielen, die im modernen Fortschrittsdenken seit dem späten 18. Jahrhundert nur eine Transformation der christlichen Heilserwartung sehen.

Wenn man z. B. die Entwicklung der Geschichtsschreibung des 16. Jahrhunderts verfolgt, so lässt sich zeigen, dass schon hier eine deutliche Abwendung von heilsgeschichtlichen Vorstellungen erkennbar wird. Der Ansatzpunkt dazu liegt in der Entwicklung einer Konzeption von Geschichte, die als universalgeschichtlich zu bezeichnen ist, insofern, als zunehmend neben die exempla der Bibel die exempla der Geschichte gestellt werden, um Lebensorientierung zu gewinnen. Dass die Geschichte als selbständiges Lehrfach neben die Theologie gestellt wird, ist vor allem Philipp Melanchthons (1497–1560) Verdienst. Daneben hat der Historiker Reiner Reineccius (1541–1595) eine deutliche Unterscheidung von historia ecclesiastica und historia profana vorgenommen, als er bei seinem Amtsantritt in Helmstedt (das damals eine bedeutende protestantische Universität hatte) eine Vorlesung mit dem Titel „Methodus legendi cognoscendique historiam tam sacram quam profanam" vortrug. Zwar wurde auch von den deutschen protestantischen Historikern dieser Zeit noch die bereits erwähnte Einteilung der Geschichte in die vier Weltmonarchien (vgl. S. 24) beibehalten, aber mehr und mehr erwies sich das Festhalten an diesem Schema eher als eine Rücksicht auf die politische Rolle des Heiligen Römischen Reiches in Europa als auf den damit implizierten Weissagungscharakter christlicher Prägung. Dass natürlich die Kritik des französischen Staatstheoretikers Jean Bodin an diesem Schema der vier Weltreiche zu einer Säkularisierung beitrug, braucht kaum betont zu werden. Ebenso nahm in der Konzeption von Cellarius, der bekanntlich die Einteilung in Alte, Mittlere und Neuere Geschichte zum ersten Mal vornahm, die historia ecclesiastica nur einen marginalen Platz ein und berichtete über institutionelle Veränderungen der Kirchen. Ferner lässt sich zeigen, dass die Erweiterung des Weltbildes schon im 17. Jahrhundert auch die Konzeptionen der Geschichtsbücher beeinflusst und so in immer stärkerem Maße das Schwergewicht der Historia auf die räumliche und stoffliche Ausdehnung ihrer Gegenstände gelegt wird: „Historia universalis" ist der zeitgenössische Begriff für diese Konzeptionen, die die Vielzahl der Völker und Reiche dieser Welt in ihrer gegenseitigen Abhängigkeit und Beeinflussung erforschen. Hier beginnt letztlich die Bemühung um eine umfassende „Weltgeschichte".

Diese Bemerkungen zur **Säkularisierung der historischen Auffassung** des 16. und 17. Jahrhunderts geben uns einen Hinweis darauf, dass die eigentliche historische Bedeutung des konfessionellen Zeitalters darin liegt, die konfessionelle Bedingtheit menschlicher Existenz zu überwinden und in zentralen Fragen des politischen Zusammenlebens säkularisierte Lebensformen zu entwickeln.

Ein letzter und wesentlicher Aspekt von Säkularisierung soll noch erwähnt werden, weil seiner Wirkung in den letzten Jahren die empirische Erforschung von **Entchristianisierung** zu verdanken ist. Dabei muss gesehen werden, dass der langandauernde Vorgang der Abschwächung kirchlicher Normen, wie er u. a. in den seit dem späten 18. Jahrhundert ansteigenden Kurven illegitimer Geburten sichtbar zu werden beginnt, in der Forschung zumeist durch das Quellenmaterial aus kirchlichen Beobachtungen belegt worden bzw. an bestimmten spektakulären Vorgängen wie der Vertreibung des Jesuitenordens seit 1772, der Klosteraufhebung in Österreich seit 1782 oder der Zivilverfassung des Klerus in der Französischen Revolution festgemacht worden ist. Besonderes Interesse erwecken natürlich jene Beiträge der Geschichtswissenschaft, in denen der Versuch unternommen wurde, den epochalen Begriff der Säkularisierung auf das historische Material anzuwenden und nach konkreten Belegen für das Eindringen neuer weltlicher Lebensnormen zu suchen. Im Rahmen der französischen Forschungen zur Mentalitätsgeschichte des Ancien Régime und der Revolution hat der Historiker Michel Vovelle eine empirische Untersuchung von „déchristianisation" in der Provence zwischen 1680 und 1780 vorgenommen. Er wertete vor allem Testamente aus und hat aus deren sich verändernder religiöser Formelsprache und den Stiftungen für fromme Zwecke den langfristigen Vorgang einer Entchristlichung der Bevölkerung belegen können. Während es im Ancien Régime um relativ langfristige Veränderungen ging, zeigen Vovelles spätere Untersuchungen über die „Dechristianisierung" während der Französischen Revolution wichtige Einschnitte in der Zerstörung christlicher Denkinhalte und Symbole auf. Hier ist etwa an die Ablösung der christlichen Zeitrechnung durch den Revolutionskalender zu erinnern (vgl. S. 53) oder an die radikale Phase der Revolution, in der der „Kult der Vernunft" einen Ersatz für die bislang gültigen Normen des Christentums zu bieten versuchte. Diese von Vovelle so bezeichnete „andere Dechristianisierung" hat freilich auch die starken Kontinuitäten religiöser Orientierungen in Frankreich belegt. Ihre Erforschung hat wichtige Erkenntnisse für die politische Kultur Frankreichs im 19. und 20. Jahrhundert geliefert, so etwa, wenn Vovelle bemerkenswerte Übereinstimmungen zwischen einer Karte der revolutionären Namensänderungen des Jahres II und der Karte der auf den sozialistischen Präsidentschaftskandidaten F. Mitterand (1981) entfallenen Stimmen hinweisen kann. Hier werden langwirkende Prägungen politischer Einstellungen erkennbar. Säkularisierung – so zeigt es sich – ist ein außerordentlich weitgespannter Begriff, der in höchst unterschiedlicher Weise genutzt werden kann.

2.4 Revolution

Die deutsch-amerikanische Publizistin Hannah Arendt (1906–1975) schrieb 1963 in ihrem Buch „Über die Revolution" den folgenden Satz, der für uns der Ausgangspunkt unserer Beschäftigung mit dem Phänomen „Revolution" sein kann: „Vor den beiden großen Revolutionen am Ende des 18. Jahrhunderts gab es einen eigentlichen Revolutionsbegriff nicht. Denn dieser ist unlösbar mit der Vorstellung verhaftet, daß sich innerhalb der weltlichen Geschichte etwas ganz und gar Neues ereignet, daß eine neue Geschichte anhebt."

Dieser Satz ist richtig und falsch zugleich. Falsch ist er zunächst einmal, weil es schon lange vor der Französischen Revolution einen Begriff von Revolution gibt, der eine fundamentale politisch-soziale Umwälzung bedeutet, richtig ist er, weil tatsächlich erst mit dem Erlebnis der Französischen Revolution der Begriff jene für uns charakteristische Sinngebung erhält, die den völligen Neubeginn bezeichnet. Gehen wir genauer der Wortgeschichte nach, so steht am Beginn **„revolutio"** als kreisförmige Drehung, wie er etwa im berühmten Buchtitel des Nikolaus Kopernikus (1473–1543) „De revolutionibus orbium coelestium libri sex" (1543) verwendet wird. Genaue Nachforschungen haben ergeben, dass diese Urbedeutung nicht erst mit der Französischen Revolution oder mit der „Glorreichen Revolution" Englands von 1688 aufgegeben wird, sondern „daß das Wort Revolution bereits vier Jahrhunderte vor der Französischen Revolution Eingang in den Bereich der Politik gefunden hat". 1372 nutzt der französische Bischof und Gelehrte Nicolaus v. Oresme (1320–1382) den Begriff, um damit die Dauer von Städten oder Reichen zu bezeichnen. Etwa gleichzeitig verwendet der Dichter und Diplomat Eustache Deschampes (1346–1407) das Wort im Sinne von „La révolucion de ce monde" und spielt damit auf die immerwährende Veränderung der politischen Welt an. Der früheste deutsche Beleg für diese Übertragung in den politischen Bereich stammt – wenn ich es recht sehe – aus dem Jahre 1490. In der lateinischen Chronik der Stadt Ulm des Felix Fabri (1441/2–1502) heißt es, dass die Herrschaft Helfenstein „post multas revolutiones et vertigines" an die Stadt Ulm gefallen sei, wobei aus dem Kontext ganz klar hervorgeht, dass hier politische Wechselfälle und Veränderungen gemeint sind, hier also der ursprüngliche Wortgebrauch erweitert wird.

1577 spricht dann der französische Humanist Louis Le Roy (1510–1577) von „la révolution naturelle des polices" und davon, dass die Städte ihre „révolutions" hätten, aber dies ist wie im deutschen Beispiel immer noch ein zum Ausgangsbegriff paralleler Wortgebrauch. Folglich heißt in einem deutsch-französischen Wörterbuch von 1596 „révolution": Einmal „umbfang u. lauff der Sonnen", und zum andern schon „révolution des choses, umbkehrung, verenderung der ding". 1615 findet sich schon ein Beleg für „certains révolutions des Estats", 1637 notiert ein Wörterbuch für diese **„révolution d'estat"** den lateinischen Begriff der „commutatio rei publicae" und 1638 spricht ein französischer Autor – Henri de Rohan (1579–1638) – von der „révolution", die sich in den Niederlanden ereignet habe, der Loslösung der Niederlande von Spanien also. Hier wird zum ersten Mal ein konkreter historischer Vorgang mit dem Begriff belegt.

Die machtpolitischen Erschütterungen Europas im konfessionellen Zeitalter machten also einen neuen Begriff für politische Umwälzungen notwendig, der in seiner Sinnhaftigkeit über die älteren Begriffe der Revolte, der Sedition, der mutatio, der conversio hinausreichte, die bislang dazu benutzt worden waren. Mit dem Ausspruch, „Das ist eine Revolution", wurde z. B. der Übertritt Heinrichs IV. (1553–1610) zum Katholizismus kommentiert, der seine bisherigen Gegner dazu bewog, zu ihm überzugehen, und es schwingt dabei jene Unveränderbarkeit der Entscheidungen mit, die ein solches Ereignis offenbar von einem bloßen „changement" unterschied. Diese neue Begrifflichkeit wurde verstärkt durch die großen Revolten in der Mitte des 17. Jahrhunderts in Portugal (1640) und Neapel (1648), die in der historischen Literatur der Zeit schon als Revolutionen bezeichnet wurden. Gleiches gilt auch für die Benennung der Vorgänge, die wir in England als „puritan rebellion" seit 1642 bezeichnen, die charakteristischerweise seit 1660 – also seit der Restauration des Königtums – als Revolution gedeutet werden, ein Nachwirken der alten zyklischen Grundbedeutung des Wortes Revolution. Trotzdem setzt sich jetzt eine Singularisierung des Begriffs durch, man meint mit „Revolution" nicht mehr eine Sequenz von Ereignissen zurück zum Ausgangspunkt der Entwicklung, sondern einen einmaligen Vorgang.

Ganz deutlich wird dies mit der **Glorious Revolution von 1688**, einem Ereignis, das – wie Karl Griewank (1900–1953) feststellte – „mit wesentlich geringeren inneren Unruhen einen dauerhaften politischen Umschwung begründete" und den historischen Revolutionsbegriff fest etablierte. Damit ist der Thronverlust des letzten Königs aus dem Hause Stuart gemeint – Jakob II. (1633–1701) –, der vom Parlament des Hochverrats und der Verletzung der Grundrechte angeklagt worden war. Die Etablierung einer neuen Dynastie unter bestimmten vom Parlament gesetzten Bedingungen, die die Macht des Parlaments bestätigen, wird mit dem Begriff der Glorreichen, weil unblutigen Revolution belegt. Diese Bezeichnung darf nicht verdecken, dass der Anfang jener Ereigniskette im Aufstand eines Teils des Unterhauses gegen König Karl I. (1600–1649) seit 1642 lag, der schließlich 1649 vom Parlament zum Tode verurteilt worden war.

Mit diesem Ereignis ist der politische Revolutionsbegriff fest in Europa verankert. Kein Wunder also, wenn er nicht nur der europäischen Publizistik des 18. Jahrhunderts zur Bezeichnung von politischen Umstürzen dient, sondern zunehmend auch Anwendung auf den gesamten politisch-sozialen Bereich findet und in Verbindung mit einem neuen Denken über Geschichte zum neuen Thema sozialphilosophischen Räsonnements wird. So liegen inzwischen Spezialstudien über die Verwendung des Revolutionsbegriffs für Montesquieu (1689–1755), Rousseau (1712–1778), Diderot (1713–1784), d'Alembert (1717–1783), Turgot (1727–1781), d'Holbach (1723–1789), Condorcet (1743–1794) u. a. vor. Es kann deshalb eigentlich auch nicht verwundern, wenn die Alltäglichkeit des Begriffs diesen kalkulierbar und antizipierbar machte, wenn also Überlegungen über die Wahrscheinlichkeit von Revolutionen angestellt werden. Ja, man kann sagen, dass gerade das nun intensiv einsetzende Nachdenken über Möglichkeit und Wahrscheinlichkeit von Revolutionen mit zum Signum dieser vorrevolutionären Krisenzeit in Europa wird. So kann man auf ein Diderot-Zitat aus dem Jahre 1771 hinweisen, in dem er die Situation seiner Zeit als offen in jede Richtung ansieht: „Nous touchons à une crise qui aboutira à l'éclairage ou à liberté." Die liberté wird so zur einzig wahren Alternative, die dazu notwendige Revolution zum einzig denkbaren Weg dorthin und damit geschichtsphilosophisch überhöht als Ausweg aus der Krisenhaftigkeit der Zeit. Sie wird zum Fixpunkt all derer, die auf Freiheit hoffen.

Der erste, der konkret einen Zusammenhang zwischen den Unterdrückungen des Ancien Régime und einer drohenden Revolution gesehen hat, war Marc Pierre d'Argenson (1696–1764), der diese Prognose seit 1731 mehrfach wiederholte. Geschah dies bei ihm noch im Hinblick auf konkrete Unruhen, so findet sich bei Rousseau seit 1760 der Begriff der politischen Krise und der notwendigerweise daraus folgenden Revolution. Im „Emile" – seinem Erziehungsroman von 1762 – schreibt er: „Wir nähern uns dem Zustand der Krise und dem Jahrhunderts der Revolutionen." Er sieht die alte Ordnung unvermeidlichen Revolutionen unterworfen, denen man nicht ausweichen könne. Der Schriftsteller Antoine R. de la Chapotte de Mopinot schreibt 1762 sogar, „weit davon entfernt, Revolution zu fürchten, wünscht man sie sich herbei, einige ganz direkt, andere im Grunde ihres Herzens".

Die Kategorie Revolution wurde im späten 18. Jahrhundert also in zwei Varianten gesehen, einer optimistisch-befreienden Version und einer bedrückenden, furchtbaren Interpretation. Für die erstere lässt sich Voltaire (1694–1778) selbst anführen, der von der **„belle révolution"** sprach, d. h. einer Form der unblutigen Revolution à l'anglaise, dem auf unblutige Weise vom Despotismus befreienden Ereignis. Ein weiteres Beispiel dieser Richtung ist Christoph Martin Wieland (1733–1813), der ein Jahr vor Ausbruch der Französischen Revolution schrieb:

> „... der gegenwärtige Zustand in Europa (scheint sich) einer wohltätigen Revolution zu nähern, die nicht durch wilde Empörungen und Bürgerkriege ... nicht durch das verderbliche Ringen der Gewalt mit der Gewalt bewirkt werden wird", sie werde das Werk der Moral und der Aufklärung sein, „ohne Europa mit Menschenblut zu überschwemmen und in Feuer und Flammen zu setzen."

Als Beispiel für die andere, die Schreckensversion, will ich zunächst den Abbé Raynal (1713–1796) zitieren, der schrieb: „Hüten wir uns, den Widerstand, den die englischen Kolonien dem Mutterland entgegensetzen mussten, mit der Wut eines Volkes zu verbinden, das sich gegen seinen Souverän wegen der Auswüchse einer langen Bedrückung erhebt. Sobald der Sklave einmal seine Ketten zerbrochen hat ... wird er gezwungen sein, seinen Tyrannen umzubringen, dessen Haus auszulöschen, die Regierungsform zu verändern, deren Opfer er seit Jahrhunderten war." Die Zwangsläufigkeit der Radikalität dieses Vorgehens begründet der Abbé damit, dass „wenn er weniger wagte, er früher oder später dafür bestraft würde, nur den kalten Mut gezeigt zu haben".

Noch deutlicher sah der Schriftsteller Louis Sébastien Mercier (1740–1814) in seinem Zukunftsroman „Das Jahr 2440" von 1771 die revolutionäre Entwicklung voraus:

> „Gewissen Staaten steht eine Epoche bevor, die unausbleiblich kommen muß, eine schreckliche, blutige Epoche, die aber den Beginn der Freiheit anzeigen wird. Ich spreche vom Bürgerkrieg ... Der Bürgerkrieg wird den verborgensten Talenten Gelegenheit geben, sich zu entfalten. Außerordentliche Männer werden auftreten und sich würdig zeigen, über Menschen zu gebieten. Das Ganze ist ein schmerzhaftes Heilmittel, es wird aber nicht zu vermeiden sein, wenn der Staat in hilfloser Lähmung und die Seelen der Menschen in Betäubung versunken daliegen."

Doch Voraussagen solcher Art finden wir nicht nur im Kreis der sog. „philosophes", sie beschäftigen auch die Fürsten dieser Epoche selbst.

Friedrich der Große (1712–1786) hatte um dieselbe Zeit schon Frankreich eine Revolution vorausgesagt: „Sollten die verstiegenen Ideen unserer Philosophen in Erfüllung gehen, so müßten zuvor die Regierungsformen sämtlicher Staaten Europas umgestaltet werden". Folglich sehe er den König abgesetzt, sein Haus „totalement exstirpé", immer neue Männer an die Spitze neuer politischer Gruppierungen treten, einen sich perpetuierenden Machtkampf entstehen. Während Friedrich diese kluge Voraussage aus seiner Kenntnis der philosophischen Zeitkritik heraus entwickelte – die ihm wohl vertraut war –, war es beim Markgrafen Karl Friedrich von Baden (1728–1811) die Beobachtung konkreter Missstände in Frankreich, die ihn vom Herannahen einer Revolution ebenso überzeugte wie von der Richtigkeit seiner eigenen aufgeklärt-absolutistischen Reformpolitik.

Was an all diesen Zitaten bemerkenswert erscheint, ist die Intensität, mit der die Revolution diskutiert, herbeigewünscht, gefürchtet, letztlich aber doch vorausgesehen wurde. Dies geschah sogar im engsten Umkreis des französischen Königs Ludwig XVI. (1754–1793) selbst, der von seinem später gescheiterten Reformminister Turgot (1727–1781) auf das Schicksal des englischen Königs Karls I. (Tod auf dem Schafott 1649) hingewiesen wurde, ein historisches Exempel, das auch in Gesprächen zwischen Ludwig XVI. und seinem liberalen Minister Malesherbes (1721–1794) diskutiert wurde. Malesherbes war freilich feinfühlig genug, um dem schwachen Ludwig zu versichern, dass die „sanfteren Sitten" des französischen Volkes ihn vor „Exzessen jener Art" schützen würden. Von besonderer Aussagekraft ist schließlich jenes Gespräch zwischen eben diesem König und seinem Kammerherrn, dem Grafen von La Rochefoucauld-Liancourt (1747–1827), der seinem königlichen Herrn in der Nacht vom 14. auf den 15. Juli 1789 die Nachricht vom Fall der Bastille überbrachte, zumindest aber mit ihm darüber sprach. Ludwig sagte darauf: „C'est une révolte", worauf der philosophisch interessierte La Rochefoucauld antwortete: „Non Sire, c'est une révolution."

Dieses Zitat, dessen Überlieferung freilich unsicher ist, ist oft genug als Beleg dafür herangezogen worden, dass mit diesem Ereignis des 14. Juli gewissermaßen der alte Begriff Revolte seine Bedeutung zu Gunsten des neuen, der Revolution, aufgab. Wenn man einmal davon absieht, dass diese Episode vorzüglich die welthistorische Bedeutung des Bastillesturms – eines unter militärischen Aspekten eher unbedeutenden Ereignisses – belegen kann, müssen wir nach den eben erbrachten Belegen für den Revolutionsbegriff vor allem des 18. Jahrhunderts feststellen, dass diese Interpretation nicht stimmen kann. Vielmehr könnte man sagen, dass das Ereignis der Französischen Revolution eigentlich nur noch die begriffliche Form, die vielen Voraussagen auszufüllen brauchte, die schon vorher vorausschauend geschrieben worden waren.

Insofern lässt sich dann auch sagen – um damit wieder zu Hannah Arendts Aussagen zurückzukommen –, dass es vor der Französischen Revolution keinen eigentlichen Revolutionsbegriff gegeben habe. Was es gegeben hat, ist vielmehr eine große Fülle von Formeln, um die erhöhte und evidente Veränderungsfähigkeit der Welt zu beschreiben, bzw. ihre Veränderungen vorauszusagen. Erst mit der Französischen Revolution schließen sich Begriff und neuer Inhalt zusammen und werden zu einem der Leitbegriffe der Neueren Geschichte; einerseits zur Zielvorstellung der gesellschaftlichen Entwicklung, zum anderen zu dem Phänomen, das zu verhindern ist. Die Revolutionen des 19. Jahrhunderts gehören ebenso wie die des 20. Jahrhunderts zu den bevorzugten Themen der Neueren Geschichte. Dies hängt natürlich auch damit zusammen, dass der Verlauf der Französischen Revolution, zumal ihre radikale Phase, es nicht mehr zuließ, an die erhoffte „belle révolution" der Aufklärer zu glauben. Revolution wird zu einem parteipolitischen Streit provozierenden Begriff, der Revolutionsbegriff führt die moderne Konstellation der politischen Parteien vom konservativen bis zum radikalen Flügel herbei. Er ist auch der Impuls für eine neue intensivierte Politik der Revolution „von oben", deren Gedanken der deutsche Philosoph Immanuel Kant (1724–1804) zum ersten Mal ausspricht, wenn er 1798 fragt, wie der „Fortschritt zum besseren" erwartet werden könne: „Nicht durch den Gang der Dinge von unten hinaus, sondern von oben herab", „nach einem wohlüberlegten Plane" müsse gehandelt werden. Kants Auffassungen haben dann auch das Werk der preußischen Reformer beeinflusst (vgl. S. 149!). Die Ereignisse der Französischen Revolution, die „dem kurzsichtigen Auge als fürchterliche Übel erscheinen, hängen mit dem großen Weltplan einer weisen Vorsehung zusammen." Der Staat muss sich folglich in diesen Weltplan „ruhig hineinarbeiten", denn – so formuliert es der preußische Staatskanzler Hardenberg (1750–1822) 1807:

> „Der Wahn, daß man der Revolution am stärksten durch Festhalten am Alten und durch strenge Verfolgung der durch solche geltend gemachten Grundsätze entgegenstreben könne, hat besonders dazu beigetragen, die Revolution zu befördern und derselben eine stets wachsende Ausdehnung zu geben. Die Gewalt dieser Grundsätze ist so groß, sie sind so allgemein anerkannt und verbreitet, daß der Staat, der sie nicht annimmt, entweder seinem Untergange oder der

erzwungenen Annahme derselben entgegensehen muß... Also eine **Revolution im guten Sinne**, geradehin führend zu dem großen Zwecke der Veredelung der Menschheit, durch Weisheit der Regierung und nicht durch gewaltsame Implosion von innen oder außen, – das ist unser Ziel, unser leitendes Princip. Demokratische Grundsätze in einer monarchischen Regierung, dieses scheint mir die angemessene Form für den gegenwärtigen Zeitgeist. Die reine Demokratie müssen wir noch dem Jahre 2440 überlassen, wenn sie anders je für den Menschen gemacht ist."

Mit dieser Gegenüberstellung von Revolution und Reform war zugleich das Thema geliefert, das die künftige Diskussion des Revolutionsbegriffs prägen sollte. Es hat in unserer Zeit zu der Vermutung geführt, dass Revolution durch den Begriff der Evolution zu ersetzen sei, jedenfalls für den Bereich der europäisch-atlantischen Welt. Überlegungen in dieser Richtung zeigen, dass der Revolutionsbegriff nach einer über zweihundertjährigen Geschichte davor steht, zu einem bloß historischen Begriff zu werden.

Der französische Historiker François Furet (1927–1999) hat diesen Gedanken in einem Essay über die historische Behandlung der Französischen Revolution entwickelt und vorgeschlagen, die Französische Revolution endlich zu einem Ereignis der Geschichte werden zu lassen, wie etwa die merowingischen Könige. Man mag diese Äußerung als verständliche Gegenreaktion gegen eine zuweilen lähmende **politische Aufladung der Revolutionsforschung** durch ideologische Positionen hinnehmen und erklären. Problematisch erscheint dabei jedoch, ob damit nicht auch die notwendige Beziehung zwischen Gegenwart und historischem Gegenstand eliminiert wird. Wie sollte sich der republikanische Grundkonsens der französischen Gesellschaft ohne den ständigen Rekurs auf die Revolution erhalten lassen? Es ist nur ein symbolischer, aber charakteristischer Tatbestand, dass diese republikanische Idee in Frankreich von einer **Frauengestalt namens Marianne** verkörpert wird. Dabei ist bemerkenswert, dass der Name Marianne vor der Revolution eine verächtliche Bezeichnung für das gemeine Volk war. Während der Revolution wurde damit die Republik verspottet. Erst nach 1848 wurde Marianne zunehmend zum Symbol des republikanischen Gedankens selbst, zur Schutzpatronin der Republik vor allem seit den 70er Jahren des 19. Jahrhunderts. Solange Marianne in allen Rathäusern Frankreichs die phrygische Mütze der Jakobiner trägt, wird die Revolution in Frankreich mehr sein als ein schlichtes historisches Ereignis.

Noch eine letzte Beobachtung zum Revolutionsbegriff: Revolution impliziert zunächst immer die Vorstellung eines vollständigen Bruchs mit der Vergangenheit, der radikalen Zertrümmerung eines alten Systems, des Glaubens an eine neue Stufe der menschlichen Gesellschaft und des „Abschieds von der bisherigen Geschichte", um einen Buchtitel des Kulturhistorikers Alfred Weber (1868–1958) von 1947 aufzugreifen. Gerade die Französische Revolution bietet eine Fülle von Belegen für dieses Selbstverständnis der Revolutionäre, das natürlich auch die Historiker beeinflusst hat. Der französische Revolutionshistoriker Albert Soboul hat die Revolution „unser aller Mutter" und „die Matrix unserer Geschichte" genannt, sie wird ihm zum „Ausgangspunkt" der kapitalistischen Gesellschaft und des Repräsentativsystems: Marx hat diese Auffassung die **„Zäsurideologie"** der Französischen Revolution genannt.

Es ist geradezu ein Charakteristikum der modernen Geschichtswissenschaft, dass sie Vorstellungen dieser Art entschlossen zu Leibe rückt und durch eine genaue Analyse von Brüchen und Kontinuitäten, von Vergehendem und Bestehendem den Begriff der Revolution relativiert. Dies ist vor allem für die Französische Revolution geleistet worden. Die penible Durchmusterung der wesentlichen Lebensbereiche hat hier ein beachtliches Ausmaß an Kontinuität vor allem im sozialökonomischen Bereich ergeben. Revolutionäre Qualität wird man danach am ehesten dem politisch-ideologischen und institutionellen Bereich zumessen dürfen, gewiss auch dem Bereich der sozialen Strukturveränderungen beim Klerus und Teilen des Bürgertums.

Ein solches Verfahren der abwägenden Betrachtung von Bewahrung und Zerstörung hat natürlich wesentliche Impulse aus der Abwehr marxistischer Revolutionsinterpretation gewonnen. Die Deutung der Revolution als sprunghafter Anpassungsprozess der Überbauphänomene an eine sich schon lange anbahnende Veränderung der Produktionsweise tendierte in der Umsetzung auf konkrete historische Prozesse zu einer Überbetonung des Neuen. Verlässt man freilich diese Kontroverse, dann liegt es auf der Hand, dass ein revolutionärer Vorgang – meist also der gewaltsame Austausch einer politischen Führungsschicht, der Sturz eines Regimes – keine Veränderung von sozialen Basisvorgängen wie Reproduktion, Produktion und Konsumption bedeuten muss.

In der neueren Geschichte stützen sich solche Kontinuitätsdiskussionen meist auf das Werk des französischen Juristen und Historikers **Alexis de Tocqueville** (1805–1859), der 1856 ein Buch mit dem Titel „Der Alte Staat und die Revolution" veröffentlichte. Dieses Werk unterschied sich von der bisherigen Revolutionsgeschichtsschreibung vor allem dadurch, dass es den Versuch unternahm, den Ausbruch der Revolution aus der langen Geschichte des Ancien Régime her verständlich zu machen. Tocqueville ist der Überzeugung, dass die Revolution „nur die Vollendung der langwierigsten Arbeit, der plötzliche gewaltsame Abschluss eines Werkes war, an dem zehn Menschenalter gearbeitet hatten. Wäre sie nicht eingetreten, so würde das alte Gebäude trotzdem, hier früher, dort später, überall zusammengestürzt sein". Die so gewonnene Perspektive befruchtete langfristig die Revolutionsursachenforschung ganz erheblich. Mehr und mehr traten die zunächst dominierenden Verschwörertheorien (der Freimaurer, der Juden, der Aufklärer etc.) zurück, gewannen strukturelle Argumente an Gewicht, ergab sich ein neues Bild von langfristigen Ursachen der Revolution, aber auch von konstanten Faktoren, wie etwa der Zentralisierung des französischen Staates seit dem späten Mittelalter. Tocqueville stellte diesen Gedanken besonders heraus, weil hier die Revolution nur das Ancien Régime fortgesetzt habe: „Die Zentralisation der Verwaltung ist eine Institution des alten Staates und nicht das Werk der Revolution oder des Kaisertums, wie heute behauptet wird."

Man kann feststellen, dass Tocqueville auf diese Weise auch zum Anreger vergleichbarer Studien für andere revolutionäre Prozesse geworden ist. So verwundert es nicht, wenn der Tübinger Russlandhistoriker Dietrich Geyer seine Analyse der Russischen Revolution mit dem Satz beginnen lässt, dass die **Russische Revolution** noch nicht ihren Tocqueville gefunden habe, der die Kontinuität der geschichtlichen Entwicklung Russlands durch den gewaltsamen Bruch der Revolution hindurch in gültiger Form erfasst hätte. Diese Feststellung belegt einmal mehr das in der modernen Geschichtswissenschaft vorherrschende Interesse zur adäquaten Erfassung der Komplexität aller historischer Vorgänge, damit auch der potentiellen Widersprüchlichkeit von Kontinuität und Diskontinuität. Man muss sich freilich darüber im klaren sein, dass mit dem Zugewinn an Komplexität und Totalerfassung unvermeidlich auch ein Verlust an Eindeutigkeit, an schneller Verwendbarkeit, an prägnanten Thesen und Wertungen verbunden ist.

2.5 Verrechtlichung – Sozialdisziplinierung – Widerstand

In vielen Fragestellungen und „großen" Interpretationen ist die Geschichtswissenschaft heute noch auf das Werk **Max Webers (1864– 1920)** angewiesen, der als Historiker, Nationalökonom, Soziologe und Wissenschaftstheoretiker fachlich nur schwer einzuordnen ist. Dies gilt sowohl für die methodologischen Grundfragen – etwa die Bildung des Idealtypus (darüber mehr S. 253) – als auch für die von ihm entwickelten Makrointerpretationen der abendländischen Gesellschaften. Nicht zuletzt aus diesem Grunde ist Max Webers Werk, zumindest aber die Teile, die für die Methodendiskussion der Geschichtswissenschaft wichtig sind, eine unverzichtbare Grundlage des Studiums der Geschichte. Er ist einer der Klassiker, „die noch zählen", wie es Jürgen Kocka einmal formuliert hat.

Einer dieser von Weber entwickelten Leitbegriffe ist der Begriff der **„okzidentalen Rationalisierung"** als Bezeichnung für die der europäischen Neuzeit eigenen Vorgänge der Herstellung von Berechenbarkeit im wirtschaftlichen und politischen Handeln, Vorgänge, die wie eine „revolutionäre Macht" wirken. So angemessen ein solcher Begriff für die großflächige Deutung von epochalen Prozessen auch sein mag, so hat sich doch in der Praxis der Forschung gezeigt, dass aus diesem umfassenden Vorgang der Rationalisierung bestimmte Teilvorgänge herausgefiltert werden müssen, die näher an die historischen Gegebenheiten heranführen. Es ist dies keine prinzipielle Kritik an dieser Ebene der Begriffsbildung, vielmehr eine den Gegenständen angemessene Anpassung der Forschungsmethoden, die Weber selbst ausdrücklich begrüßt hat. Die im folgenden zu erörternden Begriffe nehmen zudem implizit oder explizit ihren Ausgangspunkt von Max Webers Anregungen.

Überschauen wir die gesamte neuzeitliche Geschichte im Hinblick auf die rechtliche Regelung menschlichen Zusammenlebens, so ergeben sich faszinierende Unterschiede. An ihrem Beginn stehen noch Ereignisse, die dem Fehdewesen zuzurechnen sind – einem Verfahren der privaten Rechtssuche also. Wir erleben noch Adelige, die im 16. Jahrhundert gegen die neuen Vorschriften der Landfriedensordnung von 1495 ihre Ansprüche durch militärische Aktionen durchsetzen wollen. Doch dieser Landfrieden, der auf einer ganzen Reihe von zeitlich und räumlich begrenzten Versuchen der Kaiser des späten Mittelalters aufbaute, legte endgültig die adeligen Gewalttäter an die Kette der Gerichte; Wilhelm von Grumbach (1503–1567), dessen Burg im Jahre 1567 dem Erdboden gleichgemacht wurde, ist das letzte Exemplar dieser Spezies rebellischer Reichsritter, der es am schwersten fallen mochte, sich in die neue Ordnung der Territorialstaaten zu fügen. Auch sie musste sich einem mächtigen Prozess unterwerfen, der das Gewaltmonopol in die Hände des Staates legte und Interessenkollisionen zwischen Individuen durch Rechtsprechung löste. Eine adelige Sondergerichtsbarkeit – das Recht der sog. Austräge, eine Art Schiedsverhandlung unter sozial

Gleichen – sollte dem besonders betroffenen Adel das Sich-Einfügen in die neuen Verhältnisse erleichtern. Diesen Vorgang will ich als Teil einer umfassenden Bewegung verstehen, die ich als „**Verrechtlichung**" bezeichne. Damit ist freilich nicht nur die Unterwerfung ehemaliger adeliger Autonomie unter staatliches Gewaltmonopol gemeint, sondern ein umfassender Prozess der Regelung sozialen, wirtschaftlichen und politischen Verhaltens durch Normierung und Rechtssetzung. Dieser Vorgang fällt natürlich am ehesten im 15. und 16. Jahrhundert ins Auge, als diese Entwicklung noch neu ist und den stärksten Widerstand hervorruft. Sie ist aber über diesen Zeitraum hinaus eine grundlegende Tendenz, die keineswegs nur für die deutsche Entwicklung prägend geworden ist. Ihr Charakteristikum scheint darin zu bestehen, nicht nur im Bereich der Zivil- und Kriminalsachen durch entsprechende Gesetzbücher einzugreifen, sondern sich zunehmend neue Bereiche der gesellschaftlichen Beziehungen zu unterwerfen: Der Prozess umfasst – so könnte man im Überblick feststellen – sowohl die Regelung des Verhältnisses von Obrigkeit und Untertanen nach dem deutschen Bauernkrieg als auch die Regelung der Beziehungen zwischen den Tarifpartnern in der modernen Industriegesellschaft. Er erschließt sich immer neue Bereiche, wie man etwa im Schul- und Hochschulrecht oder an den rechtlichen Regelungen für den Urlaub feststellen kann.

Einige Beispiele sollen diese allgemeinen Beobachtungen unterstreichen. Ich greife zunächst ein Problem aus meiner eigenen Forschungsarbeit auf, die Konflikte zwischen bäuerlichen Untertanen und ihren jeweiligen Obrigkeiten seit dem deutschen Bauernkrieg. Die genauere Untersuchung dieses Verhältnisses über die üblichen, aber unzutreffenden und pauschalen Urteile hinaus ergab, dass mit dem Bauernkrieg und der eindeutigen Niederlage der Bauern keineswegs ein Ende aller denkbaren Konflikte verbunden war. Es gab weiterhin eine große Fülle von z.T. sehr langwierigen Auseinandersetzungen um Frondienste, Naturalabgaben oder Steuerbelastungen, in manchen Fällen sogar um die Wiedererlangung von Privilegien, die einzelne Gemeinden im Zuge des Bauernkriegs verloren hatten. Es gab aber keinen Konflikt mehr, der die Ausmaße des Bauernkrieges angenommen hätte, und es ergab sich vor allem, dass die bäuerlichen Gemeinden sich auf den Klageweg einließen. D.h., sie nutzten in zunehmendem Maße die Möglichkeiten des Beschwerderechts an höhere Instanzen, aber auch der Klage an den Reichsgerichten. Dies ist eine erstaunliche Beobachtung insofern, als wir noch im Bauernkrieg eine Fülle von Beschwerden gegen Juristen feststellen können, die als Diener der Landesherren und Vertreter einer schwer durchschaubaren Zunft verschrieen waren. Nach dem Bauernkrieg finden wir – hierin sicher ältere Formen der Schiedsgerichtsbarkeit aufgreifend –, dass Bauern sowohl an territorialen Gerichten als auch an den Reichsgerichten in zunehmendem Maße Klage führen, sowohl als Individuen wie als Gemeinden. Gerade die in letzter Zeit erarbeiteten Zahlen über die Frequentierung des Reichskammergerichts in Speyer bestätigen diese Angaben. Auch haben wir vereinzelte Nachrichten darüber, dass bäuerliche Gemeinden direkten Kontakt mit Advokaten oder juristischen Fakultäten aufnahmen und sich beraten ließen, so dass sich ein deutlicher Unterschied zu der im Bauernkrieg feststellbaren Aversion gegen die Juristen ergibt. Auf der anderen Seite stellen wir fest, dass auch Reich und Territorialstaaten zunehmend Möglichkeiten schufen, diese Beschwerden bzw. Klagen zu ermöglichen und abzusichern. Das Klagerecht gegen den eigenen Landesherrn wird sogar in der Reichskammergerichtsordnung definitiv verankert, und dieses Recht schafft eine wichtige Grundlage für den Prozess der „Verrechtlichung" der sozialen Konflikte. Es entsteht sogar die neue Literaturgattung des „teutschen Bauernrechts", in dem die vielen möglichen rechtlichen Streitfälle zwischen Grundherren und Untertanen systematisch analysiert werden.

Damit soll etwa nicht behauptet werden, dass diese Entwicklung zu einer Eindämmung oder gar einer Abschaffung solcher Konflikte geführt hätte. Vielmehr ergab sich eine Veränderung ihrer Qualität insofern, als jetzt die Palette der Reaktionsmöglichkeiten um diese rechtlichen Wege erweitert wurde. Es spricht einiges dafür, dass diese Klagemöglichkeiten eine wichtige Funktion für die Entwicklung des Verhältnisses von Untertanen und Obrigkeiten hatten, denn es ist charakteristisch, dass diese Untertanenkonflikte in Prozessform mit einer insgesamt reduzierten Gewaltanwendung auch die Französische Revolution und die damit verbundene ideologische Aufladung überstanden.

Wir brauchen freilich die Beobachtung von Verrechtlichungstendenzen nicht auf die Frühe Neuzeit zu beschränken, obwohl hier die so genannten „Policeyordnungen" und die sie bald tragende „Policeywissenschaft" diese Beobachtung besonders nahelegen. Wir stellen vergleichbare Prozesse im 19. Jahrhundert fest, wenn etwa in Preußen der Bereich des industriellen Produzierens schon in den 40er Jahren einer kontrollierenden Gesetzgebung unterworfen wird. Gerade in jüngster Zeit ist der Begriff der Verrechtlichung zunehmend auf die Folgewirkungen angewandt worden, die sich aus der Verbindung des Rechtsund des Sozialstaatlichkeitsgebots des Grundgesetzes ergeben. Für die Frühgeschichte der Bundesrepublik hat zuletzt Hans Günter Hockerts festgestellt, dass die Sozialpolitik dieser Zeit von einer **„Ökonomisie-**

rung und Verrechtlichung" geprägt war. Gleiches wurde allgemein für die Sozialbeziehungen festgestellt (Tarifpartner), aber auch für die Kontrolle der Politik durch die Rechtsprechung des Bundesverfassungsgerichts. Es hat den Anschein, als ob „Verrechtlichung" ein neuer Schlüsselbegriff für die Entwicklungstendenz von Staat und Gesellschaft geworden ist.

Es ist natürlich zu fragen, wie ein solcher Vorgang, den Rechtshistoriker aus ihrer fachlichen Perspektive durchaus bestätigen, zu bewerten ist. Bedeutet „Verrechtlichung" im Zusammenhang des Ancien Régime nicht viel mehr eine neue Stufe der Herrschaft über Untertanen, einen höheren Grad der Ausbeutung? Man muss zunächst davon ausgehen, dass die Frühe Neuzeit natürlich die Durchsetzung des modernen Finanz-, Militär- und Wirtschaftsstaats bedeutet und insofern ein Vorgang ist, der die Untertanen in erhöhtem Maße beansprucht. Gleichwohl zeigen die Steuerforderungen, die gerade im 16. Jahrhundert sowohl auf territorialer als auch auf Reichsebene erheblich anstiegen, dass bei den Untertanen erheblich größere Geldmengen zur Verfügung standen, die sowohl Steuerzahlungen als auch gesteigerten privaten Verbrauch ermöglichten. Dies zeigen u. a. die Veränderungen der Wohnkultur im ländlichen Bereich gerade seit dem späten 16. Jahrhundert. So als wolle er den verborgenen Wohlstand seiner Untertanen belegen, stellte 1635 Kurfürst Maximilian I. von Bayern (1573–1651) erstaunt fest, welche unerhörten und früher für unmöglich gehaltenen Summen man im Verlauf des Krieges aus den Untertanen herausgeholt habe.

Zum anderen muss betont werden, dass „Verrechtlichung" ein Vorgang ist, der beide Seiten mit bestimmten Verfahrensgarantien ausstattet. Zwar ist das Rechtssystem des 16. bis 18. Jahrhunderts oder das preußische Fabrikrecht des 19. Jahrhunderts kein Recht allein zu Gunsten der Untertanen, es bleibt ein Recht, das vom monarchischen Staat durchgesetzt wird. Gleichwohl ist jedes Rechtssystem ein ambivalentes System von Verfahrensregeln und materialen Rechtssätzen, das die konfligierenden Parteien gleichstellt und mit bestimmten Grundannahmen arbeitet, die eine Dynamik wachsender Ansprüche freisetzen. Insofern erweist sich das Betreten des Weges rechtlicher Regelungen als ein Vorgang, der eine enorme Schwungkraft gewinnt und der das deutsche Staatsverständnis erheblich geprägt hat.

Es konnte nicht ausbleiben, dass der in der Frühneuzeit begonnene Prozess der Verrechtlichung besonders in seiner Erscheinungsform des 20. Jahrhunderts Kritik auf sich gezogen hat. Der Jurist und Politologe Ernst Fraenkel (1898–1975) sah schon 1932 in der Verrechtlichung der Beziehungen zwischen Arbeitgebern und Arbeitnehmern die Gefahr einer „Versteinerung" der sozialen Beziehungen, und Otto Kirchheimer (1905–1965) hat 1933 die Tendenz des Arbeitsrechts der Weimarer Republik kritisiert, zu einer **Entpolitisierung** von Klassenkonflikten beizutragen. Von konservativer Seite ist Kritik an der Verrechtlichung der Entwicklungsmöglichkeiten der Wirtschaft (etwa im Kartellrecht) von Nationalökonomen wie Milton Friedman (*1912) und Friedrich A. von Hayek (1899–1992) formuliert worden, was noch einmal die ambivalente Funktion dieses Vorgangs unterstreichen mag. Die neuere, vorwiegend juristisch-politikwissenschaftliche Diskussion des Verrechtlichungskonzepts hat auf diese Kritik reagiert und sucht Strategien zu entwickeln, um dem Dilemma von Verrechtlichungsprozessen für moderne Gesellschaften zu entgehen.

In jedem Fall wird sich als durchgehende Beobachtung für die Neuzeit die Feststellung verantworten lassen, dass die Durchsetzung rechtlicher Regelungen zur Lösung sozialer Konflikte im weitesten Sinne ein unverzichtbares Instrument des Interessenausgleichs wurde und weiterhin als ein solches angesehen wird. Der darin verborgene Zivilisierungs- oder Disziplinierungseffekt ist gerade in den letzten Jahrzehnten intensiv erforscht worden. Unter dem programmatischen Titel „Der Prozeß der Zivilisation" hat der Soziologe Norbert Elias (1897–1990) die „andere" Seite der Staatsbildung der Frühen Neuzeit beschrieben. Er verstand darunter den notwendigen „Umbau des menschlichen Bewusstseins- und Triebhaushalts", der mit der Entstehung des absolutistischen Staates verbunden war. Ich erwähne hier nur diesen Aspekt der **Soziogenese des modernen Staates**, um auf die Anregungen hinzuweisen, die von dem Buch von Elias ausgegangen sind. Eine Beobachtung des englischen Sozialhistorikers Lawrence Stone über die Verfeinerung der Duelltechnik in England seit 1560, als der Übergang vom Breitschwert zum Degen vollzogen wurde und dessen Gebrauch Vorschriften von „theologischer Rigidität" unterworfen wurde, belegt diese Zivilisierungsthese. Seine Bewertung, dass die „Gewalt in Wort und Tat so reguliert, kodifiziert, begrenzt und sterilisiert wurde", unterstreicht an einer relativ marginalen Stelle gesellschaftlicher Beziehungen, dass die Art und Weise des Zusammenlebens der Menschen verändert wurde. Es mag die Tiefe dieses Vorgangs der **Zivilisierung des Menschen** im Sinne einer zunehmenden Abdrängung menschlicher Regungen in die Intimität oder einer wachsenden Kontrolle öffentlich gezeigter Gemütsbewegung belegen, wenn man eine Untersuchung des englischen Historikers Keith Thomas heranzieht, der 1977 den „Stellenwert des Lachens im Tudor- und Stuart-England" untersucht hat und dort die wachsende Neigung höherer Kreise zur Kontrolle dieser Regung beobachtete.

Unter einem anderen Aspekt hat der deutsche Historiker Gerhard Oestreich (1910–1978) den gleichen Sachverhalt thematisiert. Er hat die Tendenz zur zunehmenden Überwachung und Kontrolle in allen gesellschaftlichen Bereichen unter dem Begriff **Sozialdisziplinierung** zusammengefasst. Dieser Prozess wird für ihn auf verschiedenen Beobachtungsebenen sichtbar. Auf der geistesgeschichtlichen Ebene, wo der Begriff der „disciplina" ein tragender Begriff des sozialphilosophischen Denkens wird, in der Neuformierung des Militärs, der Kontrolle des wirtschaftlichen Produzierens, der Tendenz zu verstärkter Kirchenzucht, aber auch im Abbau adeliger Privilegien und in den Eingriffen in ehemals autonome Bereiche. In einer gewissen Weise ist dieser Begriff zu einer sozialgeschichtlich gewendeten Variante des Absolutismus geworden. Diese Rezeption des Begriffes in der Geschichts- und Literaturwissenschaft zeigt uns, dass offensichtlich ein hoher Bedarf an ordnender Begrifflichkeit besteht, die eine Vielzahl zunächst divergierender, gleichwohl tendenziell paralleler Einzelbeobachtungen zusammenfasst. Erinnern wir uns an dieser Stelle noch einmal der Absicht Max Webers, mit dem Instrument des Idealtypus eine rationale Erfassung der chaotischen Fülle der realen Welt zu erreichen.

Vor einer Reihe von Jahren wurden 2000 Bundesbürgern vom Institut für Demoskopie in Allensbach verschiedene Verfassungstexte vorgelesen und dabei die Frage gestellt, ob diese Texte Teile des Grundgesetzes oder der DDR-Verfassung seien. Einer der vorgelesenen Texte lautete folgendermaßen:

„Gegen jeden, der es unternimmt, diese Ordnung zu beseitigen, haben alle Deutsche das Recht zum Widerstand, wenn andere Abhilfe nicht möglich ist."

Diesen Text, den Art. 20.4 des Grundgesetzes der Bundesrepublik Deutschland, hielten bei der erwähnten Umfrage im Jahre 1979 freilich 39 % der befragten Bundesbürger für einen Artikel der DDR-Verfassung, nur 25 % der Befragten ordneten den Artikel richtig dem Grundgesetz zu. Die gleiche Schwierigkeit bereitete den befragten Bürgern auch die Sozialverpflichtung des Eigentums und die Vergesellschaftungsklausel (Art. 14.2 und 15 GG). Man kann daraus den vorsichtigen Schluss ziehen, der sich durch eine Fülle anderer Beobachtungen erhärten ließe, dass wir Deutsche Schwierigkeiten mit dem Begriff des Widerstandes haben. Die aktuellen Assoziationen wie „Widerstand gegen die Staatsgewalt" sind wenig geeignet, Anknüpfungspunkte für positive Konnotationen zu bilden, sogar die Erinnerung an den Widerstand gegen den Nationalsozialismus wird beeinträchtigt durch höchst unterschiedliche

Bewertungen. Da gibt es den akzeptierten Widerstand bürgerlicher Gruppen, den nicht anerkannten kommunistischer Gruppen und den für viele noch problematischen Widerstand der Offiziere gegen Hitler, ganz zu schweigen von den Kontroversen um den Widerstand der Männer des „Nationalkomitees Freies Deutschland". Der „neue" Widerstand im Verfassungsrang kann sich gegen solche Reminiszenzen nur schwer durchsetzen.

In der früheren Phase deutscher historischer Wissenschaft hat man sich damit beholfen, das Widerstandsrecht zu einem strikt historischen Problem zu erklären. Kurt Wolzendorff (1882–1921) fragte sich 1916, woher es denn komme, „daß die durch die Monarchomachen (d. h. die Theoretiker des Tyrannenmordes – WS) im 16. Jahrhundert plötzlich in den Vordergrund des staatswissenschaftlichen Denkens gestellte Frage nach dem Widerstandsrecht des Volkes von da an durch drei Jahrhunderte hindurch in der Staatslehre diesen Platz behaupten konnte, um dann, ebenso plötzlich, wieder völlig aus ihr zu verschwinden". Er ließ keinen Zweifel daran, dass der Ausbau des Rechtsstaates auf konstitutioneller Grundlage die Lehre vom Widerstandsrecht „zur Erledigung" brachte. Der Historiker Hans Fehr (1847–1961) hielt das Widerstandsrecht für „rechtslogisch unmöglich" und „institutionell überflüssig" geworden. „Das Widerstandsrecht hat sich mit dem ständischen Staat selbst überlebt".

Heute fehlt uns solche Selbstgewissheit über die Vollendung der Geschichte im vielberufenen freiesten deutschen Staatswesen. Nicht nur die Diskussion um die Verankerung des eben erwähnten Widerstandsrechts im Grundgesetz, sondern auch die neu aufgebrochene Debatte um die Berechtigung des sog. **„zivilen Ungehorsams"** verbieten wohl ein solches rechtspolitisches Endzeitdenken. Der Sozialphilosoph Jürgen Habermas hat die Duldung von „zivilem Ungehorsam" – freilich unter scharfen Bedingungen für beide Seiten – zur Nagelprobe für die Reife eines demokratischen System erklärt, und er hat damit zugleich die Frage aufgeworfen, wo die Grenzen der Mehrheitsdemokratie gegenüber Minderheiten liegen, die ihrerseits die Verletzung sittlicher Normen beklagen.

Debatten dieser Art verdeutlichen uns, dass die alte Frage um die Abgrenzung der Rechte von Individuum und Staat eine aktuelle Frage bleibt und hoffentlich bleiben wird. Für den Historiker ergibt sich an diesem Punkt die Möglichkeit, seine Arbeitsergebnisse in diese öffentliche Diskussion einzubringen und mit seiner spezifischen Kompetenz die Erinnerung daran wach zu halten, dass die heute erreichten und zu Recht positiv gewürdigten Verfassungsverhältnisse das Ergebnis von langandauernden Konflikten sind. Sie sind Ergebnisse von **„Widerstand und Ungehorsam"**, einem zeitlich und sozial stark differenzierten, gleichwohl zentralen Phänomen der europäischen und der deutschen Geschichte, das sich offensichtlich nicht ohne Probleme in unser modernes Bild rechtsstaatlicher Verhaltensnormen einpassen lässt. Mir scheint, dass wichtige Teile unserer Öffentlichkeit heute dazu neigen, unsere eigene Geschichte, aber auch die Geschichte anderer Völker, etwa der Dritten Welt, aus dem Blickwinkel heutiger demokratischer Verfassungsverhältnisse zu beurteilen. Damit werden Konflikte und Widerstände zu Rebellionsakten gegen eine Ordnung, an deren Legalität keine Zweifel mehr erlaubt sein können. Wenn auch die Geschichte gerade der Weimarer Republik uns immer wieder daran erinnert, das Gut des Rechtsfriedens nicht gering zu achten, so darf dies andererseits nicht zu einer Haltung führen, die Jürgen Habermas – in Anlehnung an den englischen Staatstheoretiker Thomas Hobbes (1588–1679) – den „deutschen Hobbismus" genannt hat: eine „brüske Grenzziehung zwischen Recht und Gewalt", die die Frage nach der Legitimation einer Rechtsordnung nicht mehr stellt.

Es ist unbestreitbar, dass Grundsatzfragen dieser Art auch auf die Richtung historischen Fragens zurückwirken, und dass andererseits die Ergebnisse der historischen Analyse von Widerstand unser Argumentationspotential in den aktuellen Diskussionen beeinflussen. Insofern liegt es nahe, einmal der Frage nachzugehen, ob Widerstand als historisches Phänomen nur jenes Urteil verdient, das oben schon mit den Zitaten von Wolzendorff und Fehr angedeutet wurde. Ist Widerstand also ein vormodernes Phänomen, das nicht mehr in die Neuzeit passt, oder erweist sich Widerstand nicht vielmehr als ein dauerhaftes Prinzip in der historischen Gestaltung des Verhältnisses von Individuum und Staat?

Dabei liegt es auf der Hand, dass Widerstand nicht als konstantes Phänomen der neuzeitlichen Geschichte angesehen werden kann. Der Widerstand des Vasallen gegen seinen Lehnsherrn, des bäuerlichen Untertanen gegen seinen Grundherrn kann nicht ohne weiteres mit dem Widerstand vormärzlicher Radikaler, dem Widerstand gegen den Nationalsozialismus oder dem Widerstand kirchlicher Gruppen gegen den SED-Staat gleichgestellt werden. Es ist die Gefahr vieler populärer oder politisch argumentierender Geschichten des Widerstands, dass alle Handlungen gegen Herrschaft als Widerstand glorifiziert werden und damit Traditionslinien gezogen werden, in der der „Edelweißpirat" des Dritten Reichs dem Bauernführer von 1525 die Hand reicht und der Eindruck erweckt wird, als sei dies die einzige mögliche Form der Reaktion auf ungerechte Herrschaftsausübung.

Wenn man solche Traditionslinien vermeiden will, bieten sich zwei andere Möglichkeiten an, Widerstand vergleichend zu untersuchen und so zu einem historischen Gegenstand zu machen. Zum einen ergibt die Frage nach der Legitimation des Widerstands ein in sich zusammenhängendes Problem. Hierbei ist vor allem daran zu denken, dass in dem Versuch der moralischen Bewältigung der NS-Herrschaft und in der Diskussion um die Berechtigung des Attentats auf Hitler immer wieder auf die Obrigkeitsauffassung des deutschen Protestantismus verwiesen wurde. Bekanntlich spielte diese Frage für die Teilnehmer des Widerstands gegen Hitler eine entscheidende Rolle. Gleiches gilt für die besondere Problematik der Offiziere, die sich durch den persönlichen Eid an Hitler gebunden sahen und nach einer Legitimation ihres Handelns fragten. Durch diesen kurzen Rückblick auf die Genese des modernen Widerstandsproblems ergibt sich eine innere Einheit der Fragen, die es erlaubt, Widerstand als übergreifendes Problem zu behandeln.

Die wichtigste Differenz scheint mir dabei in der Tatsache zu liegen, dass die europäische **Tradition des Widerstands** ihren Ausgangspunkt aus einem Verhältnis zwischen zwei Personen nimmt, dem Verhältnis von **Lehnsmann** und **Lehnsherr**. In dieser komplizierten Verbindung römischer, keltischer und germanischer Traditionen spielt der Widerstand eine Rolle als Ausdruck der fehlenden Ausgewogenheit des Verhältnisses von „**Schutz und Schirm**" des Herrn und „**Rat und Hilfe**" des Lehnsmannes. Der schöne Satz des Schwabenspiegels – einer Rechtsaufzeichnung aus dem 12. Jahrhundert – „Wir suln den herren dar umbe dienen. daz si uns beschirmen. unde beschirment si uns nüt. so sin wir in nüt dienestes schuldig nach rechte" belegt die grundsätzliche Möglichkeit des Widerstands.

Es ist die Übertragung dieser Grundauffassung, deren Existenz sich im 15. und 16. Jahrhundert noch nachweisen lässt, auf die neuen Verhältnisse „staatlicher" Herrschaft, die den Widerstand in ein neues Licht rückt. Während dieses Prinzip auf der Ebene des Verhältnisses von adeligen Landständen und Landesherren noch weiter gilt und hier die Grundlage der sog. landständischen Verfassung abgibt, wird auf der Ebene der Untertanen versucht, deren Widerstand zu kriminalisieren. Damit beginnt die lange Kette von Auseinandersetzungen zwischen Bauern, Grundherren und Landesherren um den Zugriff auf den Ertrag der agrarischen Produktion, wobei ich hier nur den Leitsektor Landwirtschaft herausgreife. Ein Überblick über diese Auseinandersetzungen bis zu jenen Maßnahmen, die wir traditionellerweise als „Bauernbefreiung" bezeichnen, kann nun zeigen, dass die agrarische Welt von Konflikten um das Ausmaß der herrschaftlichen Abschöpfung geprägt war. Bäuerlicher Widerstand spielte eine erhebliche Rolle dabei, bäuerliches Eigentum zu erhalten, zurückzugewinnen bzw. bereitete die Einsicht vor, dass eine Befreiung des Bauernstandes auch ökonomisch vorteilhaft sei. Beim relativem Erfolg dieses Widerstands spielte der frühmoderne Staat eine erhebliche Rolle, da er als kontrollierende Macht in die Grundherrschaft eingriff und seine eigenen Interessen an innerer Ruhe, steuerfähigen Untertanen und äußerer Sicherheit durchsetzte.

Die Auflösung der Grundherrschaften bedeutete für den Widerstand eine erhebliche Veränderung. Jetzt konnte der Staat nicht mehr als quasi Unbeteiligter einer Auseinandersetzung zwischen Grundherren und Bauern zusehen, um erst im Notfall einzugreifen. Die Auflösung der feudalen Beziehungen schuf eine direkte Konfrontation zwischen Staatsbürger und staatlicher Macht. Diese unmittelbare Konfrontation wurde zwar abgemildert durch einen tendenziell steigenden Grad politischer Partizipation, Rechtsstaatlichkeit und auch Grundrechtsgarantien, doch erhöhte sich damit zugleich die Sensibilität des Staates gegen Widerstand. Es trat jener Zustand ein, der Widerstand – wie Fehr sagte – „rechtslogisch unmöglich macht".

In dieser Situation war die Schwelle für Widerstandshandlungen natürlich erheblich höher angesetzt. Unter den Bedingungen des Rechtsstaates, der neuen Grundrechtsgarantien, der beginnenden Sozialpolitik, aber noch defizitärer politischer Partizipationsmöglichkeiten (Dreiklassenwahlrecht) und Überprivilegierung kleiner gesellschaftlicher Gruppen (Adel, Wirtschafts- und Bildungsbürgertum), mangelnder sozialer Sicherung musste Widerstand zu einer besonders risikoreichen Auseinandersetzung mit dem Staat werden, der jetzt über neue Mittel der Kontrolle und der Disziplinierung verfügte. Die Geschichte der Arbeiterbewegung im Kaiserreich, aber auch anderer „Reichsfeinde" wie der Katholiken mag diese schwierige Situation belegen.

Die andere Konstellation für Widerstand ist der klassische Fall des Widerstands gegen den „Tyrannen". Es handelt sich hier darum – wie Philipp Melanchthon formulierte –, dass der Herrscher durch seine **tyrannische Herrschaft** sein herrscherliches Amt verliert und damit zum Privatmann wird. Damit aber tritt der Fall ein, dass sich jeder Mensch – legitimiert durch sein naturrechtlich verbürgtes Recht auf Selbsterhaltung – verteidigen kann: „vim vi repellere licet" (Gewalt darf durch Gewalt abgewendet werden). Es ist dies freilich ein Sonderfall, dessen Risiken schon im 16. Jahrhundert so deutlich gesehen werden, dass das Recht zum Widerstand selbst von den bereits erwähnten **Monarchomachen** nur den unteren Magistraten zugebilligt wurde, also an eine hervorragende soziale und administrative Position gebunden wurde. Gleichwohl bleibt dieser naturrechtliche Satz die entscheidende Formulierung, die ihre Bedeutung bis in das 20. Jahrhundert nicht verloren hat. Sie kann den Widerstand des Einzelnen auch unter den Bedingungen des modernen Staates für den Fall legitimieren, dass durch einen Fall der Pervertierung von Herrschaft rechtliche Möglichkeiten der Abhilfe nicht mehr existieren. Darauf gründet sich auch der eingangs zitierte Art. 20.4 des Grundgesetzes, der insofern tatsächlich als überflüssige Bestimmung angesehen werden kann, weil er ein vorstaatliches Recht zum Widerstand positiviert hat. Freilich beachtet diese Kritik zu wenig die spezifische Funktion dieses Artikels, der bekanntlich im Kontext der Diskussion um die **Notstandsverfassung** in das Grundgesetz eingefügt wurde, und dessen besondere Bedeutung im Hinblick auf die Erfahrung des Dritten Reiches und den dort sichtbar gewordenen Legitimationsbedarf für Widerstand.

Der Begriff des Widerstands erinnert uns immer wieder daran, dass der historische Weg in unsere Gegenwart des Rechts- und Sozialstaats kein naturgesetzlich festgeschriebener Weg war. Es war vielmehr ein von Konflikten und Auseinandersetzungen geprägter Weg, der immer wieder Verletzungen des jeweils geltenden Normensystems implizierte. Der Historiker wird sich nach dieser Feststellung mit dem oben zitierten Urteil, dass der Widerstand im modernen Staat „rechtslogisch unmöglich" sei und sich „überlebt" habe, nicht zufrieden geben können. Auch die Vorgänge und Ideen, die zur Auflösung der SED-Herrschaft in der ehemaligen DDR geführt haben, belegen diese Bedeutung.

Literatur

Modernisierung

H.-U. Wehler: Modernisierungstheorie und Geschichte. Göttingen 1975.

R. M. Lepsius: Soziologische Theoreme über die Sozialstruktur der „Moderne" und die „Modernisierung", in: R. Koselleck (Hrsg.), Studien zum Beginn der Modernen Welt. Stuttgart 1977. Auch die weiteren Beiträge des Bandes sind für die Fragestellung wichtig.

P. Flora: Modernisierungsforschung. Zur empirischen Analyse der gesellschaftlichen Entwicklung. Opladen 1974.

W. Zapf (Hrsg.): Theorien des sozialen Wandels. Köln-Berlin 1969.

Als Beispiel für die Anwendung des Begriffs für die Frühe Neuzeit vgl. die Beiträge von H. C. Schröder über England in: R. Koselleck (s. o.), S. 30–65 und H. Schilling: Die Geschichte der nördlichen Niederlande und die Modernisierungstheorie, in: Geschichte und Gesellschaft 8, 1982, S. 475–517.

Globalisierung

W. Reinhardt: Geschichte der europäischen Expansion, 4 Bde. Stuttgart 1983–90 (breite Übersicht über die Entdeckungen und ihre Folgewirkungen bis zum Ende des 19. Jahrhunderts).

U. Beck: Was ist Globalisierung? Irrtümer des Globalismus – Antworten auf Globalisierung. Frankfurt am Main 1997.

I. M. Wallerstein: Das moderne Weltsystem. Kapitalistische Landwirtschaft und die Entstehung der europäischen Weltwirtschaft im 16. Jahrhundert. Frankfurt am Main 1986.

P. Hirst, G. Thompson: Globalization in Question. The International Economy and the Possibilities of Governance. Cambridge 1996.

E. J. Hobsbawm: Zeitalter der Extreme. Weltgeschichte des 20. Jahrhunderts. München-Wien 1995.

Säkularisierung

H. Lübbe: Säkularisierung. Geschichte eines ideenpolitischen Begriffs. 2. Aufl. Freiburg-München 1975.

G. Marramao: Die Säkularisierung der westlichen Welt. Frankfurt am Main 1996.

H. Blumenberg: Die Legitimität der Neuzeit. Frankfurt am Main 1966.

K. Löwith: Weltgeschichte und Heilsgeschehen. Stuttgart 1953.

A. Klempt: Die Säkularisierung der universalhistorischen Auffassung. Zum Wandel des Geschichtsdenkens im 16. und 17. Jahrhundert. Göttingen 1960.

M. Vovelle: Piété baroque et déchristianisation en Provence au XVIIIème siècle. Les attitudes devant la mort d'après les clauses des testaments. Paris 1973.

–: Vom Vendémiaire zum Fructidor des Jahres II. Die andere Entchristianisierung, in: Gumbrecht u. a. (Hgg.): Sozialgeschichte der Aufklärung in Frankreich, Bd. 2. München 1981, S. 201 ff. (über Entchristianisierung während der Französischen Revolution).

Revolution

H. Arendt: Über die Revolution. München 1983.

R. Koselleck: Art. Revolution, Rebellion, Aufruhr, Bürgerkrieg in: Geschichtliche Grundbegriffe Bd. 5. Stuttgart 1984, S. 653 ff.

K. Griewank: Der neuzeitliche Revolutionsbegriff. Entstehung und Entwicklung, 2. Aufl. Frankfurt am Main 1973.

K. H. Bender: Revolutionen. Die Entstehung des politischen Revolutionsbegriffs in Frankreich zwischen Mittelalter und Aufklärung. München 1977.

A. De Tocqueville: Der alte Staat und die Revolution. München 1978 (dtv-Taschenbuch).

D. Geyer: Die russische Revolution. Historische Probleme und Perspektiven, 2. Aufl. Göttingen 1977.

R. Reichardt, E. Schmitt: Die französische Revolution. Umbruch oder Kontinuität? In: ZHF 7, 1980, S. 257–320.

Verrechtlichung – Sozialdisziplinierung – Widerstand

Zu Max Weber ist sein Hauptwerk: Wirtschaft und Gesellschaft. Grundriß der verstehenden Soziologie. Tübingen 1956, bes. S. 495 ff. heranzuziehen. Eine vorzügliche Übersicht über die breite Wirkung seines Werks bietet A. Zingerle: Max Webers historische Soziologie. Aspekte und Materialien zur Wirkungsgeschichte. Darmstadt 1981.

N. Elias: Über den Prozeß der Zivilisation. Frankfurt am Main 1976.

G. Oestreich: Strukturprobleme des Absolutismus, in: ders. Geist und Gestalt des frühmodernen Staates. Berlin 1969, S. 179 ff. (dazu W. Schulze: Gerhard Oestreichs Begriff der Sozialdisziplinierung, in: ZHF 14, 1987, S. 265–302).

L. Stone: The Crisis of the Aristocracy, 1558–1641. Oxford 1967.

K. Thomas: The Place of Laughter in Tudor and Stuart England, in: Times Literary Supplement v. 21. 1. 1977, S. 77–81.

W. Schulze: Bäuerlicher Widerstand und feudale Herrschaft. Stuttgart-Bad Cannstatt 1980, bes. S. 73 ff.

F. Kübler (Hrsg.): Verrechtlichung von Wirtschaft, Arbeit und sozialer Solidarität. Vergleichende Analysen. Frankfurt am Main 1985.

Zu Art. 20.4. GG

J. Isensee: Das legalisierte Widerstandsrecht. Bad Homburg v. d. H. 1969.

J. Habermas: Ziviler Ungehorsam – Testfall für den demokratischen Rechtsstaat, in: ders., Die neue Unübersichtlichkeit. Frankfurt am Main 1985, S. 79–88.

H. Fehr: Deutsche Rechtsgeschichte. 6. verb. Aufl. Berlin 1962.

K. Wolzendorff: Staatsrecht und Naturrecht in der Lehre vom Widerstandsrecht des Volkes gegen rechtswidrige Ausübung der Staatsgewalt. Breslau 1916 (Zitat S. 533).

3 Prozesse und Probleme der Neueren Geschichte

Dieses zentrale Kapitel versucht, wichtige Entwicklungen der Neuzeit in ihren wesentlichen Etappen oder Problemzusammenhängen darzustellen. Das Spektrum der Themen reicht dabei von der Geschichte unserer in der Neuzeit gewachsenen Lebenschancen über die historische Entwicklung von Wirtschaft, Wissenschaft, Gesellschaft und Staat bis zur Durchsetzung der Menschen- und Grundrechte. Wenn ich dabei überzeugt bin, dass es sich hier um „wichtige" Entwicklungen handelt, so geht eine solche Auffassung von der vermuteten __„Kulturbedeutung"__ der hier aufgeführten Prozesse aus, ohne damit andere denkbare Schwerpunkte ausschließen zu wollen. Die Durchführung der einzelnen Kapitel zielt deshalb nicht darauf ab, Vollständigkeit zu erreichen, sondern an einleuchtenden Beispielen sowohl „wichtige" (s. o.) Inhalte als auch wesentliche methodische Verfahren vorzustellen.

Die hier getroffene Entscheidung für bestimmte Prozesse und Probleme kann nicht zwingend begründet werden, wenn auch ein relativ weit reichender Konsensus der Wissenschaft über die Bedeutung von Staat, Wirtschaft, Gesellschaft und Kultur zu bestehen scheint. Dass das nicht immer so war, lehrt ein Blick auf die drei __„Potenzen"__ des Schweizer Kulturhistorikers __Jacob Burckhardt (1818–1897)__, worunter er Staat, Religion und Kultur (im Sinne von Gesellschaft) verstand. Für __Johann Gustav Droysen (1808–1884)__ waren es die sog. __„sittlichen Gemeinsamkeiten"__ in ihrer natürlichen, idealen und praktischen Form, die die gleiche Funktion erfüllten. Die neuere Forschung unterscheidet „drei gleichberechtigte, kontinuierlich durchlaufende Dimensionen von Gesellschaft": Herrschaft, Wirtschaft und Kultur, die etwa Hans-Ulrich Wehler in Anlehnung an Max Weber seiner „Deutschen Gesellschaftsgeschichte" von 1987 zugrundegelegt hat. Eine solche Vorgliederung der Makrohistorie liegt freilich in einem notwendigen Konflikt mit neueren Konzeptionen der Mikrohistorie, die es ablehnt, ihre Gegenstände durch eine solche Vorauswahl strukturieren zu lassen.

3.1 Die demographische Entwicklung als Grundlage einer Geschichte der Neuzeit

Ungeachtet einer Vielzahl von Differenzen über den Umfang einer europäischen Sozialgeschichte besteht inzwischen ein relativ breiter Konsens darüber, dass eine ernstzunehmende Analyse der gesamtgesellschaftlichen Entwicklung in einem Land oder in mehreren Ländern mit einer Analyse der demographischen Entwicklung zu beginnen hat. Das Wissen um Größe und Struktur der jeweiligen Bevölkerung gilt als unverzichtbarer Rahmen aller weiterführenden Untersuchungen, und dies gilt vor allem für die europäische Geschichte der frühen Neuzeit und des frühen 19. Jahrhunderts, d. h. einer Epoche, in der eine wesentliche Veränderung im Verhältnis von Bevölkerungsentwicklung und ökonomischen Rahmenbedingungen stattgefunden hat. Es gilt dies aber inzwischen auch wieder für die aktuelle Diskussion sowohl der Bevölkerungsentwicklung in den hochindustriellen Ländern Europas, aber besonders natürlich für die Geschichte der Länder der Dritten Welt, die sich in einem ständigen Wettlauf zwischen Bevölkerungswachstum und industrieller Entwicklung befinden. Ich erwähne für die erste Diskussion nur aktuelle Schlagworte wie „Sterben die Deutschen aus?", mit den jeweiligen Schuldzuweisungen wie Pille, Verstädterung, Emanzipation der Frau, Entchristianisierung, für die letztere etwa Begriffe wie „Bevölkerungsbombe" oder „Bevölkerungsexplosion".

Ein weiterer Aspekt kommt hinzu, der unser Interesse an der Geschichte von Bevölkerungsentwicklungen begründen mag. Während wir uns von der politischen Geschichte noch mit dem Hinweis verabschieden mögen „Was geht mich das an, was die da oben machen?", so greift ein solches Argument beim Thema Bevölkerungsgeschichte überhaupt nicht. Es ist dies der existenzielle Kern von Geschichte, an der wir alle selbst mitwirken, gleichgültig ob wir wollen oder nicht. Indem wir nur leben, uns an der Produktion von Nachwuchs beteiligen oder nicht beteiligen, machen wir Geschichte, beeinflussen wir die Statistik der nächsten Generation, stärken wir das soziale Sicherungssystem, schaffen wir Aufgaben für das Bildungssystem der nächsten Jahre oder nicht. Wir können uns hier unmittelbar in der Geschichte wiederfinden. Wir brauchen schließlich nur auf die Konsequenzen zu sehen, die der Generation der heute Zwanzigjährigen daraus erwachsen wird, dass die zwischen 1940 und 1960 Geborenen sehr viel weniger Nachwuchs produzierten als die zwischen 1920 und 1940 Geborenen, um die Bedeutung dessen zu ermessen, was die Demographiehistoriker ganz abstrakt **„generatives Verhalten"** nennen.

Thematisiert werden die damit verbundenen Fragen mittlerweile von einer hochentwickelten **Spezialdisziplin der Geschichtswissenschaft**, der sog. Historischen Demographie. Ihr Gegenstand ist die Geschichte der Bevölkerungsentwicklung in quantitativer wie in qualitativer Hinsicht. Ich will vorausschicken, dass es mir in diesem Kapitel weniger darauf ankommt, einen Abriss aus dem nützlichen „Bevölkerungs-Ploetz" zu geben und den Leser mit Belegen für den Prozess der Verstädterung, Überbevölkerung etc. zu belasten. Ich will insgesamt vielmehr mit einer relativ jungen Teildisziplin unserer Geschichtswissenschaft vertraut machen, die mir besonders bedeutsam erscheint, weil sie uns klarmacht, wie anders wir heute existieren im Vergleich zu unseren Vorfahren vor 200, aber auch noch vor 100 Jahren. Gerade angesichts einer um sich greifenden Lust am Rekurs auf vergangene Lebensstile und Ernährungsweisen liegt mir daran, den enormen Wandel aufzuzeigen, der zwischen dem Existieren um 1800 und dem Leben um 2000 herum besteht. Darüber hinaus scheinen mir die Ergebnisse dieser Wissenschaftsrichtung besonders geeignet zu sein, sich fundiert und kritisch an den laufenden Diskussionen über die Bevölkerungsentwicklung unseres Landes und der Welt insgesamt, die Rolle der Familie und das Verhältnis der Geschlechter zueinander zu beteiligen. Immer wieder stellt sich bei der Beschäftigung mit den hier behandelten Fragen jene elementare Betroffenheit ein, die immer noch den besten Grund für wissenschaftliches Fragen darstellt.

Beginnen wir mit den quantitativen Aspekten, indem wir uns einfach nur die Zahlen der **Gesamtbevölkerung Europas** zwischen 1750 und 1970 vergegenwärtigen, wobei der Ausgangspunkt 1750 deshalb gewählt wird, weil ungefähr mit der Mitte des 18. Jahrhunderts jener atemberaubende Anstieg der Bevölkerungszahlen beginnt, der als grundlegender Vorgang der europäischen Sozialgeschichte der Neuzeit verstanden werden muss, als der demographische Beginn der modernen Welt:

1500	81 Mio.
1750	140 Mio.
1800	187 Mio.
1850	266 Mio.
1900	401 Mio.
1950	576 Mio.
1960	641 Mio.
1970	704 Mio.

Diese Zahlenreihe bedeutet, dass heute vermutlich neunmal so viele Menschen in Europa leben wie vor 500 Jahren.

Welche **Verdichtung der Bevölkerung** und der Besiedlung damit stattgefunden hat, verdeutlicht nicht nur die heute erreichte Einwohnerzahl von 93,7 Ew/pro km^2, sondern noch eher ein praktisches Beispiel. Im Jahre 1590 finden sich in Niederösterreich genau 92 000 Häuser, während 1971 $4^1/_2$ mal so viele, nämlich 433 000 Häuser gezählt wurden. Mir scheint diese ältere Relation von Natur und Besiedlung oder menschlicher **Bewältigung von Natur** nicht nur wichtig als Zahlenverhältnis, sondern zugleich auch als notwendiger Hintergrund für die Einsicht in ein völlig anderes Verhältnis der Menschen zur Macht der Natur, ausgedrückt etwa in Aberglauben und Zauber, Ausdruck also der unbewältigten Natur.

Betrachten wir nun die Gesamtentwicklung der Bevölkerung in dem eben definierten Zeitraum, so fällt neben dem schon erwähnten sprunghaften Anstieg seit der Mitte des 18. Jahrhunderts bei der Betrachtung der Gesamtentwicklung vom 18. bis ins 20. Jahrhundert vor allem ein Vorgang auf, der von der historischen Demographie inzwischen als **„demographic transition"**, als demographischer Übergang bezeichnet worden ist.

Darunter versteht man ganz allgemein den Entwicklungsprozess einer Population mit hoher Geburtenrate (Nativität) und hoher Sterblichkeit (Mortalität) zu einer Bevölkerung mit relativ niedriger Nativität und relativ niedriger Mortalität. Dieser Übergangsprozess, wie wir ihn in den europäischen Ländern in der Übergangsphase zwischen agrarischer und industrieller Gesellschaft beobachten können, sieht schematisch folgendermaßen aus:

Im allgemeinen setzt ein solcher demographischer Übergang mit einem Rückgang der Mortalität ein, während die Geburtenrate vorläufig hoch bleibt und erst nach einer gewissen Zeit zurückgeht. Die Folge ist eine erhebliche Bevölkerungsvermehrung in der Zeit vor der Wiederannäherung der Geburtenrate an die gesunkene Mortalität. In den meisten europäischen Ländern liegt der Beginn dieses Vorgangs – wie erwähnt – etwa in der zweiten Hälfte des 18. Jahrhunderts, z.T. kurz vorher, und er dauert fast 200 Jahre, wie die graphische Darstellung solcher Vorgänge deutlich macht (vgl. Abb. 1!). In Dänemark z. B. beginnt der „Bruch" der Kurven kurz vor 1800 und er endet mit der erneuten Parallelisierung der Kurven erst in der Mitte der 70er Jahre dieses Jahrhunderts.

Der hier beobachtbare Übergang ist in seinem ganzen Umfang noch nicht endgültig geklärt worden. Natürlich kann man auf ein ganzes Bündel von Faktoren verweisen: Verbesserung der Nahrungsmittel (quantitativ und qualitativ), bessere medizinische Vorsorge, erfolgrei-

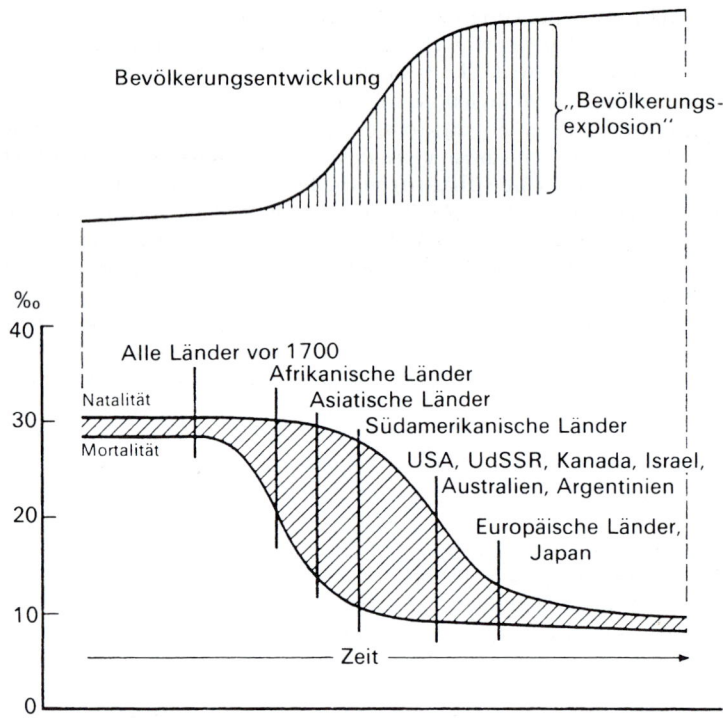

Abb. 1. Demographische Transition, schematisch (aus: A. E. Imhof, Die gewonnenen Jahre. München 1981, S. 18).

cher Kampf gegen die Seuchen, all dies führt zu einer Verlängerung der Lebenserwartung, dem offensichtlichen Auslöser des Vorgangs. Wie jedoch das mit Verzögerung einsetzende Absinken der Geburtenziffer zu erklären ist, bedarf noch genauerer Untersuchung. Zu vermuten ist jedenfalls ein gewisser Zusammenhang zwischen dem wirtschaftlichen Entwicklungsstand einer Gesellschaft und dem gesamten generativen Verhalten, für den ich nachher noch Beispiele anführen will.

Besondere Bedeutung hat diese Theorie vom demographischen Übergang natürlich für die Bevölkerungsentwicklung in den Ländern der Dritten Welt, so dass man vermuten kann, dass ein guter Teil des neueren Interesses an der historischen Demographie Europas im

18./19. Jahrhundert durch die Probleme ausgelöst worden ist, in die diese unter Überbevölkerung leidenden Nationen nach dem Zweiten Weltkrieg geraten sind. Beeinflusst von der Erfahrung der europäischen Länder hat deshalb z. B. der französische Demograph Roland Pressot eine optimistische Voraussage über die Bevölkerungsentwicklung in diesen Ländern riskiert. Er prognostizierte einen entscheidenden Rückgang der Fruchtbarkeit und damit eine Stabilisierung der Bevölkerung für die Jahre ab 1985/90. Nach seiner Auffassung spricht relativ wenig für die Vermutung, dass die Demographen die Werte der letzten 30 Jahre nur festzuschreiben brauchen, um die Weltbevölkerung für das Jahr 2050 zu ermitteln.

Auf einen allgemeinen Nenner gebracht, könnten wir zusammenfassend sagen: Der wesentliche Unterschied zwischen vorindustriellen und industriellen Gesellschaften besteht im höheren „Umsatz" von Menschen. Die längere Lebensdauer ist der entscheidende Ansatzpunkt für die Vermehrung der Menschenzahl, die für die Neuere Geschichte entscheidend geworden ist.

Diese Erklärung wäre jedoch kaum ausreichend für die demographische Entwicklung und vor allem für die damit – wie zunächst zu vermuten – zusammenhängende wirtschaftliche Entwicklung. Der natürlichste Zusammenhang zwischen Wirtschaftsentwicklung und generativem Verhalten ist ja zunächst die sog. demographische Krise, d. h. weniger Nahrungsmittel bzw. Hungersnöte bedeuten in der vorindustriellen Gesellschaft weniger oder spätere Heiraten und damit weniger Kinder. Man kann diesen Mechanismus vorzüglich an den sog. **Subsistenzkrisen** im Frankreich des 17. Jahrhunderts belegen, manchmal auch als „Krisen vom Typ Ancien Régime" bezeichnet, die inzwischen in einer Fülle von Einzelstudien belegt sind. Sie sind für den vorindustriellen Zusammenhang von Nahrungsmittelspielraum und menschlichem Leben als exemplarisch anzusehen. Was ist damit gemeint?

Den Grund für diese Krisen müssen wir ganz allgemein darin sehen, dass in normalen Zeiten – also ohne Krieg, Seuche oder Missernte – die Bevölkerung auf Grund ihrer hohen Geburtenzahl (40 pro 1000 Ew) sehr schnell anwuchs, dass diesem Anstieg jedoch die eigentlich notwendige Zunahme der Nahrungsmittel nicht folgte, da die agrarische Produktion in dieser Epoche nur sehr unflexibel reagieren konnte. So kam es zu den sog. **„malthusianischen checks"**, d. h. Bevölkerungsreduktionen durch Seuchen und/oder Missernten, sofern nicht äußere Ereignisse wie Kriege oder Kriegsfolgen diese Funktion vorher ausübten. Warum diese Eingriffe „malthusianische checks" genannt wurden, will ich gleich erklären. Der englische Bevölkerungwissenschaftler

Robert T. Malthus (1766–1834), zunächst Pfarrer, ab 1805 Professor für Geschichte und politische Ökonomie, formulierte in seiner Schrift „An Essay on the Principle of Population" 1798 die von ihm als Gesetz formulierte Beobachtung, dass sich die Grundlagen der materiellen Existenz in arithmetischer Reihe, die Bevölkerung aber in geometrischer Reihe vermehren. Die Konsequenz dieser divergierenden Kurven seien unvermeidliche Hungersnöte, wenn nicht durch „preventive checks" für eine Anpassung der Bevölkerung an den Rahmen der wirtschaftlichen Verhältnisse gesorgt würde. Zur Einordnung des Malthusianismus sollen die folgenden Bemerkungen dienen. Seine Entstehung fällt zusammen mit dem Beginn der durch die Industrielle Revolution ausgelösten gesellschaftlichen Umwälzungen und ist letztlich durch diese bedingt. In der arbeitsintensiven agrarischen Gesellschaft musste dem grundbesitzenden Adel und dem Königtum an hohen Geburtszahlen gelegen sein, da dadurch der hohe Arbeitsbedarf und der Ersatz von Bevölkerungsverlusten gedeckt werden konnte. Dies ist der Inhalt merkantilistischer Politik, die besagt: Reichtum des Staates ist zunächst Reichtum an Volk. Malthus' Theorie scheint nun die erste Reaktion auf das Anwachsen der städtischen Unterschichten (vor allem in England) zu sein, die in neuer Weise Politik beeinflussten und ein in zunehmendem Maße unkontrollierbares Element darstellten. Insofern ist Malthus' antinativistische Orientierung und seine Stellungnahme gegen Sozialreformen auch interpretierbar als Reaktion auf eine neue politische Bedeutung der Unterschichten. Darüber hinaus muss man jedoch auch die Malthusianische Theorie in den allgemeinen Diskurs der Frühen Neuzeit über die Vermehrung der Bevölkerung einordnen. Schon das 16. Jahrhundert kennt die Furcht vor einer drohenden Überbevölkerung und die Empfehlung zur Auswanderung oder gar zum Krieg, um damit die Bevölkerung zu reduzieren. Auf der anderen Seite aber gibt es im 16. Jahrhundert auch schon eine wachstumsorientierte Bevölkerungspolitik, die Bevölkerungswachstum als unverzichtbare Grundlage wirtschaftlichen Wohlergehens und damit auch der politisch-ökonomischen Macht eines Staates ansieht.

Doch zurück in das Frankreich des 17. Jahrhunderts. Ich zitiere aus einer Regionaluntersuchung, die Pierre Goubert über das Beauvaisis (eine Getreidelandschaft bei Paris) vorgelegt hat:

„Das Mortalitätsphänomen beginnt im September 1693. Äußerst drastisch nimmt die Zahl der Beerdigungen zu. 1694 erreicht sie das vierfache des Durchschnitts der vorhergehenden Jahre. Gleichzeitig geht die Zahl der Hochzeiten gegen Null. Die Geburten gehen mit der natürlichen Verzögerung um die Hälfte zurück, die meisten Neugeborenen sterben schon nach kurzer Zeit. Diese Zeit im Zeichen des Todes dauert ein Jahr. Nach etwa zehn Jahren ist dann der normale Stand der Bevölkerung wieder erreicht."

Wie erklären sich nun die so beschriebenen Krisen, die inzwischen in einer Fülle von Einzelstudien belegt sind? Vor allem sind diese Krisen Hungersnöte! Sie resultieren aus einer Abfolge meist klimatisch bedingter Missernten. Dadurch steigen die auf Getreide basierenden Lebensmittelpreise oft auf das 3–4fache des Normalpreises. Da kein Geld vorhanden ist, weichen die Menschen auf minderwertige Lebensmittel aus, höhere Sterberaten sind die natürliche Folge. Damit wird klar, dass diese Krisen nur in einem spezifischen sozio-ökonomischen Kontext ausgelöst werden konnten, nämlich

– ein Großteil der Bevölkerung verfügte nur über einen schmalen Nahrungsmittelspielraum;
– die Versorgungslage wurde durch mangelnde Transportmöglichkeiten verschärft. Begrenzte Märkte führen schneller zu Preissteigerungen als weiträumige Marktbeziehungen;
– starke Getreideabhängigkeit der menschlichen Ernährung;
– Unfähigkeit der privaten und öffentlichen Vorsorge, diese Krisen abzuwenden.

Wir erkennen damit, dass das vorindustrielle Europa in seinem Bevölkerungswachstum ganz eindeutig von den verfügbaren Nahrungsmitteln abhängig war. Es war eine Gesellschaft unter dem elementaren Druck der guten Ernte, was wir uns heute angesichts möglicher Transporte über Kontinente hinweg kaum mehr vorstellen können. Der deutsche Agrarhistoriker Wilhelm Abel hat deshalb sehr treffend diese vorindustrielle Epoche folgendermaßen beschrieben:

„Es zeigt sich, dass die Geschichte des Abendlandes auf weite Strecken hin eine **Geschichte der Not, des Hungers** und des Elends war. Das ist in unser Geschichtsbewusstsein noch kaum eingedrungen, Vorstellungen eines schiedlich-friedlichen Ausgleichs, einer Harmonie zwischen Stadt und Land, einer befriedeten Gesellschaft beherrschen noch das Bild, das vom vorindustriellen Zeitalter in unsere Geschichtsbücher einging. Aber das Bild ist falsch."

In der Tat, das Bild ist falsch, grundfalsch. Wir dürfen die Bilder von Bauernfesten und -hochzeiten, wie wir sie von Pieter Bruegel d. Ä. (ca. 1525–1569) kennen, nicht für die Normalität der Epoche halten. Vielmehr lässt sich die allenthalben beobachtbare Freude am Essen, ja Fressen, eher interpretieren als Ausgleichs des Wissens um die Not, die auch zuweilen Kannibalismus hervorbrachte.

Dass auch im 20. Jahrhundert noch ein deutlich erkennbarer Zusammenhang zwischen wirtschaftlichen Krisen und Geburtenzahlen besteht, kann man mit dem Hinweis auf die Weltwirtschaftskrise 1928/29 belegen. Die um 1,3 Mio. liegende Geburtzahl der Jahre 1923–1925 (in Deutschland) ging bis zum Ende des Jahrzehnts auf etwas über 1 Mio. zurück und sank in den Jahren der größten Arbeitslosigkeit unter 1 Mio., 1933 war sie bei 970 000 angelangt. Auch die stark gesunkenen Geburtenzahlen in der ehemaligen DDR belegen diesen Mechanismus.

Noch ein Blick auf die **Lebenserwartung**, die manchmal nur ein Drittel der uns heute zugemessenen Frist betrug. Sie lag im 16./17. Jahrhundert zwischen 25 und 30 Jahren, doch verfälschen solche groben statistischen Werte die tatsächlichen kritischen Altersstufen. Die entscheidenden Klippen im menschlichen Leben waren das Säuglings- und Kindesalter mit ihrer Gefährdung durch Ernährungs- und Hygienemängel und vor allem durch die Pocken. Zwischen 35 und 50 % aller Todesfälle in dieser Zeit betreffen Säuglinge und Kinder, nur ca. 60–70 % aller lebendgeborenen Kinder erreichen ein zeugungsfähiges Alter. In Nürnberg z. B. können wir dies genau verfolgen, noch zwischen 1725 und 1843 pendelt der Anteil der Todesfälle von Kindern unter 12 Jahren zwischen 40–50 % aller Todesfälle, Spitzen von über 50 % sind nicht selten und verlieren sich erst nach dem Einsetzen der Pockenschutzimpfung. War endlich das Säuglingsalter überstanden und die Gefahr der Pockenerkrankungen vorüber, dann bestand in Nürnberg 1725 die gute statistische Aussicht, 61–62 Jahre alt zu werden.

Bemerkenswert sind in diesem Zusammenhang auch die Beobachtungen über erheblich divergierende Lebenserwartungen in den verschiedenen sozialen Schichten. Dies ist einmal am Beispiel der Stadt Genf nachgewiesen worden, wo im 17. Jahrhundert in der untersten Schicht der Handwerker die Säuglingssterblichkeit fast doppelt so hoch war wie in der oberen Mittelschicht. Aufbauend darauf ergaben sich naturgemäß signifikant unterschiedliche Lebenserwartungen von 18,3 bzw. 39,9 Jahren. Im London des 17. Jahrhunderts unterschieden sich die Lebenserwartungen von Mittel- und Unterschichten um ca. 7 Jahre (36–29 Jahre). Die Lebenserwartung männlicher Angehöriger des britischen Hochadels lag im 16. Jahrhundert bei 27,7 Jahren, die der Angehörigen europäischer Herrscherhäuser bei 31,2 Jahren, wobei hier freilich die standesbedingten Kriegsverluste zu bedenken sind. Der Historiker der Bevölkerung der Stadt Genf, Alfred Perrenoud, hat zu Recht von einer **„inégalité devant la mort"** in dieser Epoche gesprochen.

Die statistische Lebenserwartung, die sich für das letzte Viertel des 16. Jahrhunderts – bei starken regionalen Schwankungen – noch zwischen 25 und 30 Jahren bewegte – dabei lagen die Werte für Frauen etwa 2 Jahre unter denen der Männer – stieg zunächst nur sehr langsam an. Erst zwischen 1901–1910 überschritt sie für Männer die lange gültige Grenze von 37 Jahren und stieg auf 45 Jahre. Zwischen 1924–26 erreichte sie 55 Jahre, zwischen 1932–34 60 Jahre und zwischen 1949–51 wurden 65 Jahre erreicht. Heute liegen die Zahlen für die statistische Lebenserwartung für Männer bei 73 und für Frauen bei 77 Jahren. Parallel zu dieser hier in groben Umrissen skizzierten Entwicklung der Lebenserwartung, deren wirklich entscheidende Veränderung erst gegen Ende des 19. Jahrhunderts erreicht wurde, verlief auch der Rückgang der weiblichen Übersterblichkeit, die noch für das 16. und 17. Jahrhundert charakteristisch gewesen war.

Zahlen dieser Art zeigen uns den elementaren Wandel unserer Existenz in einem relativ überschaubaren Zeitraum an. Um dies noch an einem Beispiel zu verdeutlichen, will ich den statistischen Lebenslauf einer Frau aus dem 17./18. Jahrhundert und einer Frau der Jahre 1972/74 vergleichen, den man in Form einer Lebensuhr darstellen kann (siehe hierzu die Abbildung 2!).

Hier werden eindrucksvoll die Verkürzung von Kindheit und Jugend sowie die Minimierung der genutzten fruchtbaren Jahre vor Augen geführt. Hatte eine Frau bei der letzten Geburt früher bereits mehr als $^2/_3$ ihres Lebens hinter sich (69,3 %), so hat sie heute noch fast ebenso viel – 69,2 % – vor sich. Auch die einzelnen Lebensphasen haben sich erheblich verschoben. Zur Verdeutlichung greifen wir den Lebensabschnitt zwischen Menarche und Menopause heraus. Heute wird dieser für die Geburt von Kindern nutzbare Zeitraum nur noch zu 11,5 % genutzt, während es im 17. Jahrhundert 45,9 % waren. Wichtig daran erscheint vor allem, dass auch in der traditionalen Gesellschaft dieser Zeitraum zwischen Menarche und Menopause keineswegs voll für ständige Geburten genutzt wurde, wie man überhaupt manche Mythen von der Größe vorindustrieller Familien zurückweisen muss; darauf wird noch einzugehen sein.

Zunächst muss aber darauf verwiesen werden, dass der Hauptgrund für die eben erwähnte Nichtausnutzung der weiblichen Gebährfähigkeit in zwei schlichten Tatsachen gesehen werden muss. Einmal nämlich dem **relativ hohen Heiratsalter in vorindustrieller Zeit**, das zwischen 25 und 29 Jahren liegt. Pierre Chaunu hat deshalb davon gesprochen, dass das eigentliche Verhütungsmittel des Ancien Régime in der späten Heirat bestanden habe. Hinzu kommen zweitens die relativ langen Intervalle zwischen den einzelnen Geburten, die keineswegs in jährlicher Folge eintreffen, sondern im Schnitt zwischen 24 und 32 Monate auseinander liegen.

Damit haben wir schon wesentliche Charakteristika des europäischen Heiratsverhaltens und damit auch der traditionellen alteuropäischen Bevölkerungsentwicklung erwähnt.

Wenn wir einmal vom frühen oder späten Heiratsalter absehen, das freilich deshalb so wichtig war, weil zwischen 20 und 30 i. a. die höchste Frequenz der Geburten erreicht wurde, dann müssen wir bei der

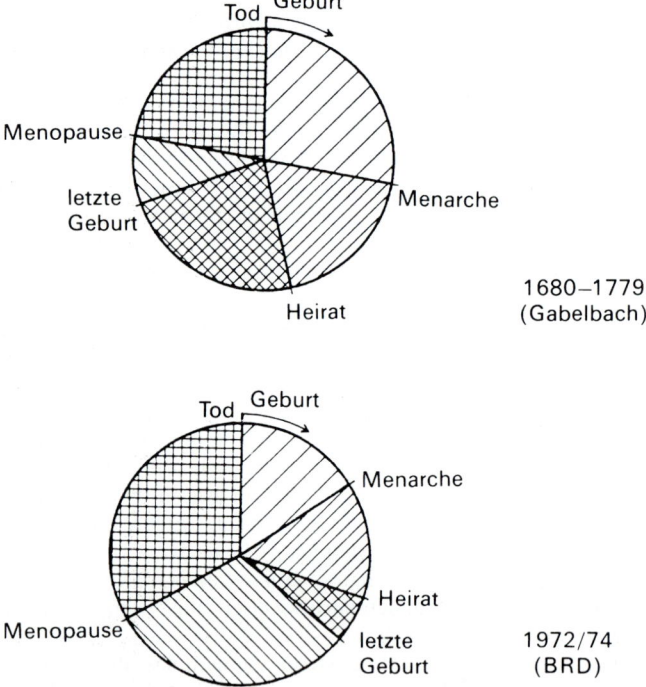

1680–1779
(Gabelbach)

1972/74
(BRD)

Abb. 2. Grundlegende Veränderungen in der „Lebensuhr" heiratender Frauen während der letzten 300 Jahre (aus: A. E. Imhof, Die gewonnenen Jahre. München 1981, S. 175).

Klärung der erwähnten langen intergenetischen Intervalle (die Abstände zwischen den Geburten) zunächst berücksichtigen, dass die Kinder relativ lange gestillt wurden. Dies verursachte die sog. Laktationsamenorrhöe, die den Müttern, solange sie stillten, einen gewissen Schutz vor einer erneuten Konzeption gab. Der Beweis dafür ist durch den Vergleich zwischen Gruppen selbststillender und nichtstillender Frauen geführt worden, bzw. durch die i. a. veränderte Intervalldauer nach dem frühen Tod eines Säuglings.

Freilich kann man mit dieser Art natürlicher Kontrazeption nicht alle Fragen beantworten, die durch unterschiedliche Geburtshäufigkeit in räumlicher und zeitlicher Differenzierung entstehen. Nach relativ intensiven Forschungen zu diesem Problem dürfte heute feststehen, dass auch schon in vorindustrieller Zeit die Kenntnisse über antikonzeptionelle und abortive Methoden und Techniken weit verbreitet waren. Die Beichtspiegel der Kirche, die diese Praktiken verweigerten, belegen sie besser als andere Quellen. Sie reichten vom coitus interruptus und anderen, Konzeptionen ganz sicher verhindernde Formen der körperlichen Vereinigung über die verschiedensten abortiven Präparate und Kräuter bis hin zu Vorformen der heutigen mechanischen Verhütungsmittel. Eine relativ lange Zeit des vorehelichen Wartens bzw. eine relativ niedrige illegitime Geburtenzahl – jedenfalls bis ins späte 18. Jahrhundert – und relativ ausgedehnte Abstände zwischen den einzelnen Geburten machen die Kenntnis dieser Techniken zudem sehr wahrscheinlich.

Noch bis 1974 war es allgemeine Annahme, dass bewusste Familienplanung im Ancien Régime überwiegend eine Angelegenheit der Oberschichten gewesen sei, seitdem man für den französischen Adel und für Genfer Bürger seit dem Ende des 17. Jahrhunderts eine sinkende Nativität nachgewiesen hatte. Doch weiterführende Untersuchungen zu den Genfer Unterschichten zeigten dann, dass auch hier die Geburtenziffer sank, so dass hier ebenfalls eine bewusste Familienplanung angenommen werden muss.

Die Frage ist nun, wie dieser sehr gut belegbare Vorgang der **Geburtenverminderung**, der ja auch in unserem eingangs erwähnten Modell des demographischen Übergangs eine wichtige Rolle spielt, zu erklären ist. Selbst wenn wir in der Lage sind zu sagen, dass die Menschen Geburtenplanung betrieben haben müssen, wollen wir doch wissen, warum sie das getan haben. Wir wissen ja, welch unterschiedliche Gründe heute für die Reduktion unserer Geburtenzahl angegeben werden, die bekanntlich bei 12 % angekommen ist. Die ersten Auskünfte der einschlägigen Untersuchungen sagen uns deutlich, dass Geburtenzahlen zunächst einmal auf beginnende Überbevölkerung reagieren, d. h., wird in agrarischen Gesellschaften das Land übersetzt und knapp, sinken die Geburtenziffern. David Sabean hat dies in seiner Arbeit über Oberschwaben am Vorabend des Bauernkrieges schon nachweisen können, als er im Jahrhundert vor dem Bauernkrieg eine Verminderung der durchschnittlichen Kinderzahl von 5,5 auf 4,5 pro Familie feststellte. Gerade wenn wir die Ergebnisse verschiedener regionaler Detailstudien über die Entwicklung der Geburtsabstände und damit natürlich auch der Gesamtkinderzahl miteinander vergleichen, ergibt sich der relativ eindeutige Befund, dass sich dieser bemerkenswerte Prozess der Reduktion der Nachkommenschaft zwischen der Mitte des 17. und der zweiten Hälfte des 19. Jahrhunderts durchsetzte. Er vollog sich im protestantischen Genf in einem Zeitraum von ca. 120 Jahren seit der Mitte des 17. Jahrhunderts, im Pariser Becken in ca. 80 Jahren seit der Mitte des 18. Jahrhunderts, in einem hessischen Dorf bei Kassel (Höringhausen) binnen einer Generation zwischen 1870 und 1899, er ist also insgesamt ein sozial und regional höchst unterschiedlich verlaufender Vorgang.

Daneben lässt sich eine Entwicklung ausmachen, die man als die „Entdeckung der Kindheit" bezeichnen kann. Bis in das 18. Jahrhundert waren die Eltern gewöhnt, über die Hälfte der geborenen Kinder im Säuglingsalter wieder zu verlieren. Am Ende dieses Jahrhunderts waren die Familien nicht mehr bereit, dies hinzunehmen. Dies gilt für Frankreich, für das Genfer Bürgertum glaubte Perrenoud schon im 16. Jahrhundert einen „Wertwandel" feststellen zu können, der das Kind nicht länger zum wichtigsten Zweck der Ehe macht, sondern zu deren geplantem Ergebnis. Die Fortpflanzung wird nicht mehr Gottes Hand überlassen, sondern der Verantwortung, also **Planung der Ehepartner**. Denn weniger Kinder hieß: besser erzogene, besser geschulte Kinder mit größeren Lebenschancen. Doch J. L. Flandrin, ein französischer Familienhistoriker, glaubte, in der Bewusstwerdung der Kindheit den auslösenden Impuls zu sehen, ausgelöst vor allem durch die fatalen Ergebnisse der in Frankreich verbreiteten Fremdstillung. Er schreibt:

> „Weil man den Tod der Neugeborenen nicht länger akzeptieren wollte, hat sich die Geburtenbeschränkung zuerst in Frankreich ausgebreitet, denn zweifellos war hier die Säuglings- und Kindersterblichkeit wegen der Fremdstillung höher als in jedem anderen europäischen Land. Der zunehmend wahrhaft mörderische Aspekt dieser Praxis hat den Eltern wie den Ammen die Augen geöffnet. War ihnen erst einmal ihre eigene Verantwortung am Tod der Kinder bewusst

geworden, begannen sie sich gegen den Tod zu wehren, indem sie sich gegen die Entstehung des Lebens wehrten."

Gerade bei den eben erwähnten Problemen wird man sich fragen, woher wir all dieses wissen, zumal über einen Bereich des menschlichen Daseins, den wir i. a. als den Intimbereich bezeichnen, und dies bei Menschen, die sich gewiss nicht über ihr generatives Verhalten in Denkschriften oder Briefen geäußert haben, von Befragungen ganz zu schweigen. Prinzipiell unterscheiden wir in der Historischen Demographie zwei Verfahren, die aggregative Methode und die Methode der Familienrekonstitution. Die so gewonnenen Ergebnisse sind vielfach zu nutzen.

Die **aggregative Methode** tut nichts anderes, als auf der für das vorstatistische Zeitalter unverzichtbaren Grundlage der Kirchenbücher Geburts- und Sterbedaten zu erfassen und errechnet daraus die Gesamtbevölkerung eines Dorfes, einer Region, meist unter Zuhilfenahme anderer Quellengattungen wie Steuerregister, Häuserverzeichnisse, Kommunikantenzahlen. Sie ermittelt rasche oder langsame Vermehrung, Seucheneinbrüche oder die erwähnten Subsistenzkrisen, ja sogar die bevorzugten Monate für die Zeugung des Nachwuchses, denn in jeder agrarischen Gesellschaft werden die meisten Kinder im Januar-Februar-März geboren, so dass man die Zeugung auf die Monate April-Mai-Juni verlegen kann. Die aggregative Methode vermag uns also nur relativ allgemeine Ergebnisse über die demographische Entwicklung zu vermitteln.

So faszinierend diese Ergebnisse der aggregativen Methode auch schon sein können, so bleiben doch für die Forschung noch eine Fülle von Fragen offen, an denen die Demographiehistoriker vor allem interessiert waren und sind. Vor allem von der französischen Forschung wurde deshalb eine verfeinerte Methode der Quellenanalyse entwickelt, die man die **Familienrekonstitutionsmethode** nennt. Hierbei werden aus den gleichen Quellen der Kirchenbücher ganze Familien wiederhergestellt, also rekonstituiert, unter Aufnahme der Daten der Verheiratung, Geburten, Todesfälle, evtl. Wiederverheiratung. Mit dieser Methode lassen sich vor allem Fragen nach der Zahl der vorehelichen Konzeptionen, der Geburtenintervalle, der altersspezifischen Fruchtbarkeit, des Normenwandels im generativen Verhalten beantworten. Sinnvoll lassen sich natürlich solche Datenmengen nur auswerten, wenn dies mit EDV-Techniken geschieht. Von daher ist es auch klar, dass Forschungen dieser Art nur von relativ aufwendigen Forschungsgruppen unternommen werden können und sehr kostspielig sind.

Es ist bislang hoffentlich deutlich geworden, dass die Historische Demographie in den letzten Jahrzehnten beachtliche Ergebnisse erzielt hat, wobei man darauf hinweisen muss, dass in der Bundesrepublik Deutschland noch ein erkennbarer Rückstand besteht. Zu bedenken ist dabei, dass die Bevölkerungswissenschaft hierzulande während des Nationalsozialismus vor allem als Rassenkunde diskreditiert worden ist. Gleichwohl sind damals sog. **Ortssippenbücher** erstellt worden, die z. B. für die Berliner Arbeitsgruppe von Arthur E. Imhof in den 70er Jahren eine wichtige Arbeitsgrundlage bildeten. Dass der direkte Hintergrund dieser Orstssippenbucharbeit vor allem der seit 1933 erforderliche Nachweis „arischer" Abstammung war, will ich hier nur am Rande erwähnen. Insgesamt sollten die hier von der neueren Forschung erarbeiteten Ergebnisse zu einer gewissen Vorsicht derjenigen führen, die in Fragen der menschlichen Vermehrung immer gerne von einer natürlichen Ordnung der Dinge reden, die dann kritisch gegen neuere Entwicklungen auf diesem Gebiet ins Feld geführt werden. Ein gutes Beispiel dafür scheinen mir die Ergebnisse zu sein, die in der Frage erzielt worden sind, wie groß denn die vorindustrielle Großfamilie wirklich gewesen ist, wobei zugleich angenommen wird, dass sich die neue Kleinfamilie oder Kernfamilie erst unter dem Einfluss der Hochindustrialisierung gleichsam zurückentwickelt habe. Meist wird dabei angenommen, dass der Umfang der alten Großfamilie durch das Zusammenleben von drei Generationen und anderer Familienmitglieder in einem Hause verursacht worden sei. Was zuweilen mit Bildern aus dem frühen 19. Jahrhundert belegt wird, wo Großmütter einer Vielzahl von Kindern vorlesen, ist für den österreichischen Historiker Michael Mitterauer schlicht und einfach der **„Mythos der vorindustriellen Großfamilie."**

Basis dieses Urteils sind die erwähnten Untersuchungen nach der Familienrekonstitutionsmethode. In England z. B. hat die Forschung ergeben, dass vom 16.–18. Jahrhundert die Mittelwerte der in einem Haushalt zusammenlebenden Personen beinahe gleichbleibend bei 4,75 Personen liegen während sie für die Gegenwart bei 3,04 Personen liegen. Von einer **vorindustriellen Großfamilie** wird sich bei solchen Werten kaum reden lassen, zumal sich die Werte erst zu Beginn des 20. Jahrhunderts entscheidend nach unten veränderten.

Darüber hinaus ergab ein europäischer Vergleich für die Jahre zwischen 1599 und 1851, dass die 3-Generationen-Familien in Mittel- und Westeuropa nie mehr als 14 % aller Familien ausmachten, in England zwischen dem 16. und 18. Jahrhundert sogar nur 5,8 % 3-Generationen-Familien, in Österreich im 18. Jahrhundert 7 %. Genauere Untersuchungen haben nun auch den Grund für diese relativ seltenen 3-Generationen-Familien ergeben. Bei einer relativ niedrigen Lebenserwartung von 45–50 Jahren und einem relativ hohen Heiratsalter von 25–30 Jahren bei Männern ergab sich nur eine relativ geringe rechnerische Spanne für ein mögliches Leben in 3-Generationen-Familien. Dass auch die durchschnittliche Kinderzahl von 6–8 Kindern, von denen 3–4 überlebten, nicht gerade für das immer wieder auftauchende Idealbild der Großfamilie spricht, habe ich schon erwähnt, passt aber hier noch einmal in die revisionistische Funktion der Historischen Demographie.

Zur Erklärung dieses Bildes von der vorindustriellen 3-Generationen-Großfamilie hat Peter Marschalck folgende Vermutung formuliert. Der Rückgang der Sterblichkeit hat schon im frühen 19. Jahrhundert zu einer Vergrößerung der Familien geführt. Die nun durch das längere Leben der Großeltern vermehrte Möglichkeit zur Bildung von 3-Generationen-Familien lässt sich auch empirisch belegen. Solange nun aber die zusätzlichen Alten nicht außerfamiliär untergebracht werden konnte, weil ein modernes Sozialversicherungssystem noch nicht existierte, blieben die Großeltern – wohl eher notwendig als freiwillig – in die Familien integriert. Als sich die Geburtlichkeit um die Wende vom 19./20. Jahrhundert wieder reduzierte, sank auch die Durchschnittsgröße von 4,7 auf 4,53 (1910), eine Entwicklung, die schon 1926 als „Zerschlagung des älteren, reicher besetzten Familienhaushalts" beklagt wurde. D. h., die 3-Generationen-Familie ist kein Phänomen der vorgeblich heilen Welt vorindustriell-agrarischen Zuschnitts, sondern ein Übergangsprodukt einer Zeit sich schnell wandelnder Bevölkerungsstrukturen, das dann die frühe Familiensoziologie hochstilisiert hat.

Ein anderer Komplex ist vorzüglich geeignet, um zu zeigen, wie eine auf demographischer Grundlage betriebene Geschichte der Sexualität ganz neue Erklärungen für Phänomene liefern kann, die früher nur unter dem Gesichtspunkt einer sich – natürlich zum Schlechteren – verändernden Moral gesehen wurden. Es ist die Frage der illegitimen, also der **vorehelichen Geburten** bzw. Konzeptionen.

Versuchen wir einen Überblick über die historische Entwicklung dieses Problems zu bekommen, so zeigen langfristig angelegte Untersuchungen, dass sich hier in der Tat beträchtliche Veränderungen ergaben. Während z. B. im oberhessischen Dorf Heuchelheim bei Gießen im Zeitraum von 1691–1800 gar keine bzw. nur ganz wenige voreheliche Konzeptionen festzustellen sind, nehmen diese vor allem seit dem Ende des 18. Jahrhunderts und im 19. Jahrhundert zu. Der europäische Spitzenwert wird in Kärnten (St. Veit) zwischen 1870/74 erreicht, wo 68,1 % der Geburten als vorehelich zu bezeichnen sind. Diese exorbitante Zahl fordert geradezu einen komplexen Erklärungsversuch heraus, denn man wird kaum davon ausgehen dürfen, dass im katholischen Kärntner Bistum Gurk lauter Bauern und Waldarbeiter mit modernen, sexualrevolutionären Auffassungen lebten. Für den amerikanischen Historiker Edward Shorter bildet der Anstieg der illegitimen Geburten seit dem späten 18. Jahrhundert die erste von zwei sog. sexuellen Revolutionen, deren zweite er sich seit den 60er Jahren des 20. Jahrhunderts vollziehen sieht. Er betrachtet diese Zunahme im wesentlichen als „Folgeerscheinung eines nicht mehr umkehrbaren Wandels in der Geschichte des westlichen Menschen, nämlich der Modernisierung". Zur Erklärung dieser erstaunlichen Befunde sind nun höchst verschiedene Theorien entwickelt worden, die zunächst sehr stark auf die unterschiedliche Internalisierung kirchlicher Normen seit der Gegenreformation abhoben. Dieses Argument gilt vor allem für Tirol, wo Michael Mitterauer extrem niedrige Illegitimitätsquoten ermittelt hat. Dazu ist für Kärnten – also unser Beispiel – festzustellen, dass hier die kirchliche Normierung des Sexualverhaltens offensichtlich weniger gut gelungen war, ein Ergebnis auch der schlechten innerkirchlichen Organisation. Hinzu kommt freilich noch die Feststellung einer spezifischen Wirtschaftsstruktur, nämlich der Milchwirtschaft, d. h. einer außerordentlich personal-, also gesindeintensiven Form der Landwirtschaft. Diese bildete eine gute Voraussetzung für eine hohe Unehelichkeitsquote. Wichtig ist daneben auch noch die Feststellung, dass es sich in Kärnten um ein sog. Anerbengebiet handelte, d. h. die Höfe wurden dem jeweils ältesten Sohn ungeteilt übergeben. Es liegt auf der Hand, dass in Realteilungsgebieten mit kleineren Besitzgrößen und kleineren Gesindeanteilen und entsprechend höherem Anteil selbständig wirtschaftender Kleinfamilien weniger Anlass für voreheliche Geburten bestand, während sich in einem Anerbengebiet mit gesindeintensiver Bewirtschaftungsform und damit schlechten Möglichkeiten der Familiengründung die Bevölkerung eine diesen Bedingungen angepasste Form der notwendigerweise außerehelichen Sexualität schuf. Auch hier sollte freilich bedacht werden, dass eine Erklärung für solche Befunde kaum monokausal formuliert werden kann, sondern verschiedene Faktoren sich wechselseitig beeinflussen konnten.

Ist an diesen Beispielen der Wert der Historischen Demographie für die Kritik und Revision einer bestimmten Familienideologie erbracht worden, so will ich mit einem weiteren Anwendungsbeispiel deutlich machen, welche Zusammenhänge uns diese Richtung erschließen kann. Wir haben das Beispiel der französischen Subsistenzkrisen erwähnt, um zu zeigen, wie ein „malthusianischer check" hingenommen wurde – ja hingenommen werden musste –, um den gegebenen Nahrungsmittelspielraum nicht zu überdehnen. Nun ist allerdings diese Art des Checks nicht die einzige denkbare Reaktion auf Überbevölkerung. Eine für die europäische Wirtschaftsgeschichte sehr bedeutsame Erscheinung bestand nämlich in der Entwicklung einer nebenerwerblich betriebenen Tuchproduktion, etwa der oberschwäbischen Baumwollverarbeitung oder der flandrischen Leinenindustrie. Einige Regionen nutzten diese Gewerbe, um damit durch Nahrungsmitteleinfuhr aus anderen europäischen Regionen ihre wachsende Bevölkerung zu ernähren. Der ökonomische Spielraum wurde auf diese Weise bestimmt durch das Preisverhältnis von angebotenem Leinen und nachgefragten Nahrungsmitteln. Die Untersuchung, die der amerikanische Wirtschaftshistoriker Franklin F. Mendels hier durchführte, bestätigte, dass die Heiratshäufigkeit sich veränderte in allgemeiner Abhängigkeit von dem gesamten ökonomischen Spielraum. Die Bevölkerung reagierte aber auf Verteuerung des Getreides nicht mit einer Verminderung der Heiratszahlen, sondern sie produzierte mehr Leinen, um gleichviel Getreide kaufen zu können. Langfristig führte nun dieses Aufschaukeln von Bevölkerung und Leinenproduktion zum Ausbau einer bedeutenden **ländlichen Nebenerwerbsindustrie**, d. h. zu einer bemerkenswerten Alternative gegenüber der vor allem in Frankreich erkennbaren Reaktion, die wir unter dem Begriff der Subsistenzkrise kennengelernt haben, wobei allerdings auch für einzelne französische Regionen derartige ländliche Nebenerwerbsindustrien nachweisbar sind. Diese Beobachtungen über einzelne gewerbliche Verdichtungen sollen im nächsten Kapitel noch einmal aufgegriffen werden.

Fassen wir die Beobachtungen dieses Kapitels zusammen, so zeigt sich, dass die Historische Demographie nicht nur erstaunliche Ergebnisse in der Revision absoluter Bevölkerungszahlen auch im vorstatistischen Zeitalter erzielt hat (so wurden z. B. die Bevölkerungszahlen für das Frankreich des Jahres 1789 von 24–25 Mio. auf 27,9 Mio. heraufkorrigiert). Ebenso hat sie im Verfahren „Familienrekonstitution" eine Arbeitsmethode entwickelt, die erheblich genauere Einsichten in die menschliche Reproduktion, ihre biologischen und sozialen Bedingungen und Konsequenzen ermöglicht.

Dazu ist die Historische Demographie mit diesen Ergebnissen auch zum Auslöser von historischen Fragestellungen geworden, die weit über den engeren biologisch-sozialen Kontext hinausführen. Es lässt sich zeigen, dass durch die Zahlen über Familiengrößen die alten Vorstellungen über die vorindustrielle Großfamilie revidiert worden sind, und dass sich im Anschluss daran weiterreichende Fragen nach den funktionalen Veränderungen der Familie, dem Haushalt der Emotionen, also der emotionalen Bindung der Familienmitglieder untereinander, ergeben haben. Es lässt sich leicht belegen, dass die Forschungen zur Bedeutung von Familie und Sexualität ohne die Vorarbeit der Historischen Demographie nicht möglich gewesen wären.

Dieser Verlauf der Forschung ist zugleich auch ein Hinweis darauf, dass in vielen Bereichen der Geschichtswissenschaft die Grenzen quantifizierender Verfahren erkannt worden sind. Gerade diese Methode ist zunächst von der Historischen Demographie stark gefördert worden. Sie hat sich freilich auch auf anderen Gebieten etabliert, etwa der quantitativen Sozialstrukturanalyse auf der Grundlage von Steuerbüchern, der Prosopographie (also der Analyse von bestimmten Personengruppen wie z. B. von Mitgliedern eines Geheimen Rates oder eines Parlaments) oder auch der Inhaltsanalyse von Texten. Eigene Publikationsreihen, Periodika und Handbücher beweisen den Erfolg dieser Forschungsrichtung.

Freilich hat sich gezeigt, dass Untersuchungen dieser Art mit enorm hohen Material- und Personalkosten verbunden sind, die nicht immer durch den erzielten Ertrag zu rechtfertigen sind. Diese Zweifel betreffen am wenigsten die Bereiche der quantitativen Wirtschaftsgeschichte oder der Demographie, sondern eher jene Versuche, die – im Anschluss an den oben verwendeten Begriff der „Familienrekonstitution" – auf eine „total reconstruction" etwa eines Dorfes für längere Zeiträume abzielen. Der englische Spezialist für eine so betriebene **local history**, Alan Macfarlane, hat errechnet, dass unter normalen Bedingungen die Rekonstruktion eines Dorfes in seinen demographischen, wirtschaftlichen, politischen und Mentalitätsstrukturen auf ca. 20 „Mannjahre" zu veranschlagen sei, eine Schätzung, die natürlich die Frage nach dem Verhältnis von Aufwand und Ertrag dieser Studien nahelegt.

Noch eine andere Fragestellung hat eine erhebliche Förderung durch die Ergebnisse der Historischen Demographie erfahren, die Frage nach der Veränderung der Einstellung der Menschen zum Tod. Es liegt auf der Hand, dass der Tod in der Zeit vor dem entscheidenden Anstieg der Lebenserwartung im 19. Jahrhundert eine ganz andere Bedeutung gehabt hat. Eine Zeit, die der Stadt Nürnberg im Jahre 1634 den Tod von 11 125 Mitbürgern abverlangte, in der in normalen Zeiten 35–50 % aller Sterbefälle Kleinkinder betrafen, baute vor dem Tod nicht jene emotionalen Sperren auf, wie sie heute üblich geworden sind. Es finden sich auch Anzeichen dafür, dass ein Zusammenhang zwischen der hohen Kindersterblichkeit und unerwünschten Geburten bestand, oft vermischen sich die Hinweise auf mangelnde oder falsche Pflege oder sozial bedingte Vernachlässigung der Kinder.

Unsere Informationen über Vorgänge dieser Art, über das **Hinnehmen des Todes**, sind selten genug und verdienen es, festgehalten zu werden. Ein erstes Beispiel betrifft die Familienchronik des schwäbischen Schusters Hans Heberle, der ein „Zeytregister" – also eine Art Familienchronik – führte und hier zum Jahre 1634 – einem Kriegs- und Pestjahr – folgende Eintragung vornahm.

„Den 7. Weinmonat (Oktober) ist mir mein Sohn Thomas gestorben, zu Jungingen in der Flucht, zu Nacht zwischen 11 und 12 Uhr und am Morgen daselbst begraben worden. Got der Almechtige wele ihm geben am Jungsten Tag ein fröhliche Auferstehung und das Ewige Leben ... Den 30. Wintermonat (November) ist mein Stiefmutter gestorben auf dem Abend zwischen 5 und 6 Uhr. Den ersten Tag Christmonat (Dezember) morgens gegen Tag zwischen 4 und 5 ist mein Schwester Babel gestorben u. gleich darauf den 2. Tag Christmonat ist mir mein Schwester Dorothea gestorben morgens zwischen 6 und 7 Uhr. Den 18. Tag Christmonat ist mir mein Schwester Uschel gestorben, zu Mittag zwischen 11 und 12. Got der Almechtige wolle Ihnen allesamt am Jungsten tag ein fröhliche Auferstehung und das Ewige Leben geben."

Ein zweites Beispiel findet sich in der Autobiographie des Bartholomäus Sastrow († 1603), eines Greifswalder Bürgers des 16. Jahrhunderts, der folgende Begebenheit aus einer Pestepidemie berichtet. Sastrows Schwester Magdalena hatte binnen weniger Tage den Tod ihrer Mutter und ihrer Schwester Gertrud erlebt. Die schon todkranke Magdalena stand gleichwohl auf, zog sich das Totenhemd an und befahl, „wenn Gertrud begraben, nur das Grab offenzulassen, mit Erde etwas zu bedecken" und sie nach ihrem Tode neben ihre Schwester zu legen. Der Tod erscheint hier als Fortsetzung des Lebens, er wird offensichtlich hingenommen. Heberle wie Magdalena hadern nicht mit ihrem Schicksal. Die Gedanken des überlebenden Heberle gelten dem Seelenheil der Angehörigen.

Ganz offensichtlich ändert sich diese Haltung dem Tode gegenüber. Das Verschwinden der Pest aus Europa, der sich andeutende Sieg gegen die Pocken dank der Inokulation, führte zu einer neuen Kampfhaltung gegenüber dem Tod. Ein wichtiger Indikator dafür ist die heftige Debatte um das Problem des Scheintodes in den letzten Jahrzehnten des 18. Jahrhunderts. Es ist nicht untypisch, wenn Rudolf Zacharias Becker (1752–1822), der Verfasser des über hunderttausendmal gedruckten „Noth- und Hülfs-Büchleins für Bauersleute" von 1788, das Buch mit einer Geschichte eröffnete, die dem **Scheintod** gewidmet ist. Der Herr des Dorfes Mildheim war gestorben und man wollte ihn in der Gruft bestatten, wo vor einem halben Jahr schon seine Frau begraben worden war. Als man die Gruft öffnete, stellte sich heraus, dass man die Frau als Scheintote begraben hatte. Sie saß – so der schauerliche Bericht – im Totenhemd auf ihrem Sarg. Der schreckliche Fund diente nun dem jungen Herrn von Mildheim und dem Dorfpfarrer als Anlass für neue Maßregeln gegen die Bestattung Scheintoter. In den Zusammenhang dieser Geschichte, die die Nützlichkeit des „Noth- und Hülfs-Büchleins" belegen sollte, passt auch eine ganze Fülle von Beobachtungen aus dieser Zeit über testamentarische Bestimmungen zur Verhinderung der Bestattung Scheintoter, aber auch von gesetzlichen Bestimmungen, die das gleiche Ziel verfolgten. All dies zeigt, wie mit der Erfahrung des erfolgreichen Kampfs gegen Krankheiten auch ein neues Verhältnis zum Tod entstand. Die **„gewonnenen Jahre"** – so hat Arthur Imhof die Tatsache der drastischen Erhöhung unserer Lebenserwartung genannt – haben auch unser Verhältnis zum Tode grundlegend verändert.

3.2 Von der Agrarwirtschaft zur Industrialisierung

Schon im letzten Kapitel haben wir uns am Beispiel der ländlichen Textilproduktion vergegenwärtigen können, welch direkter Zusammenhang zwischen demographischer Entwicklung und Wirtschaftsentwicklung und umgekehrt bestand. Überspitzt ließe sich sagen, die Bevölkerungsentwicklung der vorindustriellen Welt steht unter dem Druck knapper und begrenzter Ressourcen, und erst der Vorgang der Industrialisierung durchbricht diesen alteuropäischen Teufelskreis aus Nahrungsmittelspielraum und Bevölkerungsvermehrung. Insofern kann an der entscheidenden Schwelle der Industrialisierung und der mit ihr verbundenen strukturellen Änderungen überhaupt kein Zweifel bestehen. Dabei ist die Industrialisierung nicht nur für die europäische Geschichte ein entscheidender Prozess, sondern auch ein Vorgang, der die gesamte Weltgeschichte maßgeblich beeinflusst hat, zur Zeit beeinflusst und noch beeinflussen wird. Diese Bedeutungszuschreibung „für die gesamte Welt" ist dabei nicht nur eine rhetorische Floskel, sondern eine relativ einfach nachweisbare Tatsache. Der Beweis kann vor allen Dingen mit der Argumentation geführt werden, dass Industrialisierung nicht nur verstanden werden darf als Technisierung der Produktion. Sie muss vielmehr – ohne hier einer Definition vorzugreifen – verstanden werden als umfassende Bezeichnung sowohl für den Technisierungsvorgang als auch für die damit verbundenen Folgewirkungen auf gesamtwirtschaftlichem und sozialem Gebiet. Interpretiert man sie so, dann wird deutlich, dass mit der gemeinhin so bezeichneten **Industriellen Revolution** auch jener historische Vorgang angesprochen ist, den wir als die Überwindung des malthusianischen Dilemmas bezeichnen können, d.h. die Realisierung eines Auswegs aus der Schere zwischen rapide steigenden Bevölkerungszahlen und scheinbar zurückbleibenden Nahrungsressourcen. Wir hatten ja an der französischen Bevölkerungsgeschichte des Ancien Régime gesehen, welche unüberwindlichen Grenzen dieser Nahrungsmittelspielraum dem Anstieg der Bevölkerung gesetzt hatte. Wenn wir die Überwindung dieses Dilemmas mit der Industrialisierung verbinden, dann wird kaum mehr Streit über deren welthistorische Bedeutung aufkommen können. Wenn ich hier zunächst bewusst den tradierten Begriff der Industriellen Revolution vermeide, dann folge ich damit einer verbreiteten Kritik an dem freilich nicht auszurottenden Begriff, wie sie zuletzt von Fernand Braudel geübt wurde, die Revolutionen als schnelle Bewegungen betrachtet, die auch schnell wieder aufhören:

„Die Industrielle Revolution ist dagegen das Beispiel einer **langsamen** Bewegung par excellence, die am Anfang kaum zu spüren war. Adam Smith (1723–1790), zum Beispiel, lebte inmitten der ersten Anzeichen dieser Revolution und hat sie dennoch nicht bemerkt."

Die Überwindung des malthusianischen Denkens und der für die vorindustrielle Epoche typischen Schere zwischen Einkommen und Nahrungsmittelpreisen lässt sich nun relativ eindeutig beweisen, wenn man die prozentuale jährliche Entwicklung von Bevölkerung und Volkseinkommen über den entscheidenden Zeitraum von der Mitte des 19. Jahrhunderts bis zum Beginn der 50er Jahre dieses Jahrhunderts vergleicht. Für die wichtigsten Industrienationen ergeben sich folgende Werte:

Land	Zeitraum	Bevölkerung	Volkseinkommen
Frankreich	1845–1950	0,1 %	1,5 %
Deutschland	1865–1952	1,0 %	2,7 %
Italien	1865–1952	0,7 %	1,8 %
Großbritannien	1865–1950	0,8 %	2,2 %
USA	1875–1952	1,7 %	4,1 %
Schweiz	1865–1952	0,7 %	3,6 %
Japan	1885–1952	1,3 %	4,2 %

Vergleichen wir noch die englischen Zahlen für das Jahrzehnt von 1770 bis 1780 mit denen des Zeitraums von 1850 bis 1900, so wird die Tendenz ganz deutlich: Vorher 0,3 % jährliche Steigerung des Pro-Kopf-Einkommens, in der späten Phase über 2 % pro Jahr.

Ein anderer interessanter Beweis kann über den Vergleich zwischen Preisen und Löhnen geführt werden. Ein zentrales Dilemma der vorindustriellen Wirtschaftspolitik liegt offensichtlich in der sich öffnenden Schere zwischen den Löhnen für gewerbliche Arbeit und den Preisen für Brotgetreide. Dieses Phänomen ist ein Ergebnis der europäischen Wirtschaftsgeschichte im **„langen 16. Jahrhundert"**, jener vom späten 15. bis in das frühe 17. Jahrhundert reichenden Wachstumsphase. Es wurde durch das Missverhältnis zwischen der relativ schnell wachsenden Bevölkerung des 16. Jahrhunderts und der insgesamt unflexiblen Reaktion der Nahrungsmittelproduktion verursacht. Da eine Erhöhung der Getreideproduktion angesichts der geringen Ernteerträge an Neulandgewinnung und Grenzbodennutzung gebunden war, wurden hier schnell die Grenzen der Produktionssteigerung erreicht. Die Folge war ein säkularer Preisanstieg für Getreide bei relativ zurückbleibenden Preisen für gewerbliche Produkte und sinkenden Löhnen.

Vergleicht man nun, wie das Abb. 3 tut, die Kurven für Weizen, Eisen und Löhne in den Epochen 1400–1850 und 1850–1960, dann wird deutlich, dass hier zwei Zeitalter voneinander getrennt werden können. Der Beginn der modernen industriellen Welt bedeutet – prinzipiell jedenfalls – auch den Sieg über den Hunger. Natürlich darf in einer solchen Globalbetrachtung, die auf die Herausarbeitung von säkularen Tendenzen abzielt, nicht vergessen werden, dass die Umkehr dieser Tendenz noch mit erheblichen sozialen Problemen verbunden war. Es soll mit dieser Feststellung keine Marginalisierung der Armutsproblematik gerade der ersten Hälfte des 19. Jahrhunderts versucht werden. Es wird damit aber klar, dass der Pauperismus dieser Epoche ein Folgeproblem des „Ancien Régime" ist und weniger ein neues Phänomen des Industriezeitalters.

Aus einer anderen Perspektive – nämlich der der Lebenshaltungskosten – kann der gleiche Vorgang noch einmal beleuchtet werden: Während um 1800 für eine 5köpfige Berliner Maurerfamilie 72,7 % des Einkommens für Lebensmittel ausgegeben werden mussten, gab ein mittlerer Arbeitnehmerhaushalt 1965 nur noch 31,8 % für Lebensmittel aus. Es ist dies die gleiche Relation, die im 16./17. Jahrhundert für adelige und wohlhabende Kaufmannshaushalte nachgewiesen werden kann.

Im Hauptteil dieses Kapitels will ich folgende Auswahl von Problemen behandeln: Einmal will ich an den Begriffen Frühkapitalismus und

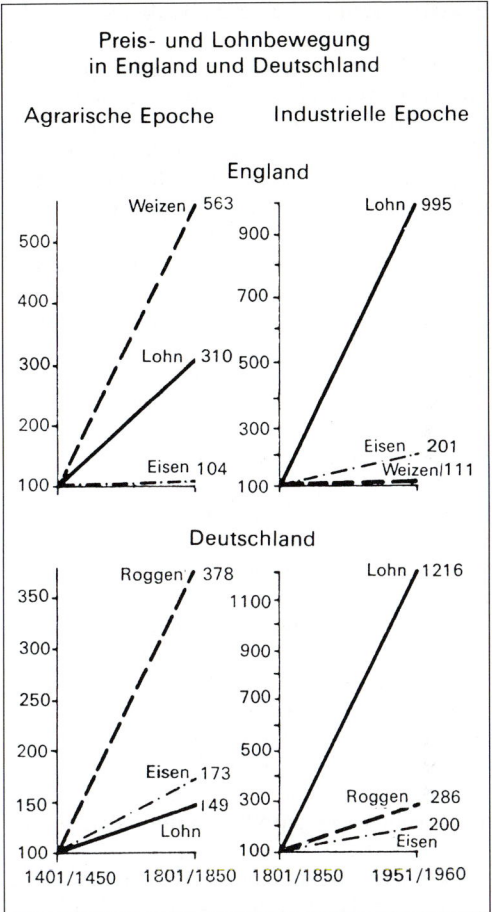

Abb. 3. Aus: Wilhelm Abel, Massenarmut und Hungerkrisen im vorindustriellen Deutschland, Göttingen 1972, S. 75.

Protoindustrialisierung zeigen, dass das, was wir i. a. als Industrielle Revolution bezeichnen, kein völlig unerwartetes Ereignis ist, sondern ein zu revolutionärem Ausmaß beschleunigter Vorgang wirtschaftlichen Wachstums, der notwendigerweise historische Ursachen haben muss, die je nach Erkenntnisinteresse weiter oder kürzer zurückverfolgt werden können.

Zweitens will ich mit der wohl wirksamsten theoretischen Gliederung des Industrialisierungsprozesses durch den amerikanischen Wirtschaftshistoriker Walt W. Rostow bekannt machen, dessen berühmtes Buch „The Stages of Economic Growth. A Noncommunist Manifesto" von 1960, eine 5-Stufen-Lehre des wirtschaftlichen Wachstums entwickelt, die die gesamte neuere Diskussion über dieses Thema bestimmt hat.

Drittens möchte ich dann einige Grundzüge der Geschichte der Industriellen Revolution in England, dem wohl berühmtesten der Industrialisierungsprozesse, herausstellen und damit die deutsche Entwicklung vergleichen.

Diese Auswahl kann jedoch nur die Funktion haben, bestimmte zentrale Probleme aufzuzeigen. Dies geschieht weniger in der Absicht, die spezifischen Möglichkeiten wirtschaftsgeschichtlicher Forschung darzustellen, sondern eher im Zuge der Überlegung, dass die Wirtschaftsentwicklung eine unverzichtbare Grundlage jeder historischen Entwicklung darstellt. Das bedeutet keineswegs, dass das Aufzeigen einer bestimmten Wirtschaftsweise dem Historiker schon den Schlüssel zur Erklärung aller letztlich davon abhängigen Probleme bieten würde, wie dies zuweilen von bestimmten marxistischen Positionen behauptet wurde. Vielmehr ist damit eine elementare Definition von Existenzmöglichkeiten gegeben, die den Historiker davor bewahren kann, grundfalsche Urteile über historische Epochen abzugeben. So hat der französische Historiker Pierre Goubert in seinem Buch über das Frankreich zur Zeit Ludwigs XIV. gründlich mit der Paraphrasierung dieser Epoche als „grand siècle" aufgeräumt. Er hat die materielle Not, die Allgegenwart von Krankheit, Mangel und Tod nachgewiesen und damit den Charakter des Zeitalters wohl besser getroffen als unter der Perspektive des „roi soleil".

In einem allgemeineren Sinne prägt die Wirtschaft auch den Erwartungshorizont der Menschen in den jeweiligen Epochen. Es lässt sich z. B. zeigen, dass das Bild der Ökonomie der vorindustriellen Gesellschaft noch in einem starken Maße durch die **Vorstellung begrenzter Ressourcen** geprägt war. Die Güter der Welt schienen nicht beliebig vermehrbar, Wachstum war kein sozialpolitisches Allheilmittel. Die wirtschaftliche Entwicklung der Neuzeit bietet uns das beeindruckende Bild einer allmählichen Überwindung dieser statischen Vorstellung von Wirtschaft. Was wir oben an den Graphiken als Epochenbruch festgestellt haben, vollzieht sich in den Köpfen der Menschen als ein langgestreckter, komplizierter und widerspruchsvoller Prozess. Gleichwohl zeigt er uns die elementare Beziehung zwischen dem wirtschaftlichen und dem allgemeinen Handlungsspielraum der Menschen auf.

Über dieser eher allgemeinen Fragestellung darf nicht die Fülle von Forschungsleistungen der speziellen Wirtschaftsgeschichte vergessen werden. Wenn wir an Forschungen zur Entwicklung des Sozialprodukts im 16. Jahrhundert, der bäuerlichen Erträge im 17./18. Jahrhundert, an die Frage des Kapitalmangels im deutschen Vormärz, die Konjunkturzyklenforschung des späten 19. Jahrhunderts, die Analyse der deutschen Hyperinflation seit 1924 oder die Arbeiten zu den wirtschaftlichen Auswirkungen der Reparationsleistungen in den Westzonen (nach 1945) denken, so zeigt sich auch hier eine hochspezialisierte Einzelforschung, die in ihrer Summe nur noch schwer in das allgemeine Bild historischer Entwicklung zu integrieren ist. Als Ausnahme von der leider oft festzustellenden Trennung zwischen Wirtschaftsgeschichte und politischer Geschichte soll hier auf die Ergebnisse der Bochumer Konferenz von Politologen, Nationalökonomen und Historikern im Jahre 1973 hingewiesen werden, die dem „Industriellen System und der politischen Entwicklung in der Weimarer Republik" gewidmet war. Der Erfolg dieses Versuchs der Koordinierung wirtschaftshistorischer und politikhistorischer Fragestellungen hat sich u. a. darin gezeigt, dass die 1973 als defizitär angemeldeten Fragen inzwischen intensiv erforscht worden sind (Schwerindustrie, agrarische Interessenverbände, Gewerkschaftsgeschichte u. a. m.).

Beginnen wir also mit dem Problemkreis **Frühkapitalismus**. In einer ersten, durchaus naheliegenden Annäherung soll darunter jene Ansammlung von Kaufmannskapital in den oberdeutschen Reichsstädten des späten Mittelalters und des 16. Jahrhunderts verstanden werden, die einen Höhepunkt der Entfaltung wirtschaftlicher Macht des Bürgertums dieser Städte darstellt. Hier werden schnell Namen wie Fugger und Welser assoziiert, die politische Funktion dieser Kapitalien (etwa bei der Wahl Karls V.) wird beschworen, und die Augsburger Gesellschaften werden geradezu zum Mittelpunkt der damaligen Wirtschaftswelt. Max Weber sprach vermutlich deshalb vom „Heldenzeitalter des Frühkapitalismus".

In diesem Zusammenhang muss zunächst darauf hingewiesen werden, dass Handel und Gewerbe schon immer die **Tauschbedürfnisse der feudalen Gesellschaft** befriedigt haben. Es wäre irreführend, in der Existenz von Städten oder in der dort auszumachenden Warenproduktion, d. h. der Produktion von Gütern für den Markt und nicht für den Eigengebrauch, selbst schon Elemente einer antifeudalen Entwicklung zu sehen. Es gehört zu den frühesten Charakteristika der feudalen Gesellschaft im europäischen Raum, dass die Städte Zentren von Handel (auch Fernhandel) und Gewerbe waren und auch in dieser Funktion von Königen und Fürsten gefördert wurden. Die mittelalterliche Stadt entstand ja, wenn sie nicht altrömische civitas war, im Prinzip als „Agglomeration einer Handels- und Gewerbevorstadt an einem einzelnen verkehrsgünstig gelegenen Herrensitz", dessen Grundherr die rechtliche Organisation dieses Orts in die Hand nehmen und die notwendige Sicherheit gewährleisten konnte. Solange der Kaufmann freilich noch fahrender Kaufmann war, blieb diese „Agglomeration" nicht mehr als eine vorübergehende Niederlassung. Erst die Ortsansässigkeit des Kaufmanns, die ständige Marktfunktion der Stadt für einen weiteren Umkreis machte sie zur festen Stadt, deren tätiger Kern die kaufmännische Genossenschaft war, die ihre Interessen bald auch gegen die bischöflichen oder adeligen Stadtherren durchzusetzen wusste. Dies geschah um so leichter, als sich in der Stadt oft kaufmännische und adelige Elemente miteinander verbanden. In jedem Falle muss betont werden – und allein dies ist die Funktion dieses kleinen Exkurses –, dass der spätere extrafeudale und antifeudale Partikel „Stadt" aus der feudalen Ordnung heraus und mit deren Hilfe entstand.

Der Beginn des **Konzentrationsprozesses von Kaufmannskapital**, der zu der Epochenbezeichnung Frühkapitalismus geführt hat, liegt schon im 14. Jahrhundert. Vor allem die Tucherzeugung wird zu einem für die wirtschaftliche Entwicklung bedeutsamen Faktor, weil sie sich aus der früheren Eigenproduktion der Haushalte immer stärker auf die spezifisch gewerbliche Produktion verlagert, so dass „Industrie" im vorindustriellen Europa zunächst einfach immer Tuchindustrie bedeutet. Sie prägte die bekannten, gewerblich verdichteten Landschaften Europas wie Flandern, Norditalien, Oberschwaben oder Mittelengland. Es ergab sich auch eine qualitative Veränderung der Produktion dadurch, dass jetzt spezialisierte Produzenten auftraten. Klassisches Beispiel für diese Entwicklung ist die Landschaft um Isny, Ravensburg und Memmingen, deren Produktion seit 1380 von der „Ravensburger Gesellschaft" vertrieben wurde. Durch die weitgehende Monopolisierung des Vertriebs der Produkte ließ sich auch leicht eine Kontrolle aller Produktionsstufen des Spinnens, Webens und Färbens durchsetzen. Das heißt, die für den Frühkapitalismus typische Konstellation ergab sich durch die **Kontrolle von Produktion und Vertrieb** innerhalb einer Stadt oder einer Region durch die Gesellschaft, die damit erhebliche Gewinne erzielen konnte. Das so erworbene Kapital ließ sich zur Ausdehnung der Produktion und damit zur Beherrschung eines Teilmarktes für ein bestimmtes Produkt benutzen. Es ließ sich aber auch nutzen, um damit Investitionen im Bergbau vorzunehmen, der vor allem seit der zweiten Hälfte des 15. Jahrhunderts durch die erhöhte Nachfrage nach Silber, Kupfer und Eisen eine attraktive Anlagemöglichkeit wurde. Er erforderte angesichts der technischen Schwierigkeiten und der hohen Marktrisiken große Kapitalinvestitionen, die durch befristete Monopolstellungen abgesichert wurden.

Der nächste, oft auch parallele Schritt in dieser Entwicklung war dann der Einstieg dieser Gesellschaften ins Kreditgeschäft, sowohl gegenüber kleineren Produzenten als auch gegenüber weltlichen Machthabern. Über die erstaunlichen Möglichkeiten dieser Entwicklungslinie, die hier nur schematisch beschrieben wird, gibt nichts besser Auskunft als die Tatsache, dass in Augsburg, dem **Zentrum der oberdeutschen Kapitalbildung**, zwischen 1467 und 1540 die Besitzer von Großvermögen (über 2400 fl.) von 39 auf 278 anstiegen. Während die Steuerbevölkerung dieser Stadt zwischen 1509 und 1540 um 35,8 % wuchs, vermehrten sich die eben definierten Großvermögen um 128 %.

Das klassische Beispiel für diesen Prozess ist natürlich die **Familie Fugger**. Ein Hans Fugger wandert im Jahre 1367 aus einem Dorf am Lechfeld nach Augsburg ein und tritt dort in die Weberzunft ein. Er kauft in Venedig in großen Mengen Baumwolle ein und baut damit ein Verlagsgeschäft im oberschwäbischen Raum auf, das den Grundstein des späteren Familienvermögens darstellen sollte. Der bekannte Jacob Fugger (1495–1525) (der Reiche) gehörte bereits der dritten Generation an, als er 1514 nach dem Erwerb einer Reichsherrschaft Mitglied des Reichsgrafenstandes wurde. Unter seiner Führung trat die Firma aus dem reinen Verlagsgeschäft über das Geldgeschäft den Weg in den Metallhandel und schließlich in die Metallförderung und -produktion an. Zugleich wurde Fugger der Finanzier des Hauses Habsburg – wie sein Kapitaleinsatz für die Königswahl Karls V. (1500–1558) zeigt –, und die dadurch erworbenen Schürfrechte in den habsburgischen Ländern verstärkten die Position der Firma. Es soll hier der Weg dieser Familie nicht weiter verfolgt werden, obwohl gerade der Rückzug der Familie aus ihren Unternehmungen und die Kapitalanlage in Landbesitz ein bezeichnendes Licht auf die wirtschaftlichen Perspektiven und die Verhaltensnormen dieser Zeit wirft. Wichtiger für unseren Zusammenhang ist vielmehr die Frage, wie denn die Wirtschaftsgeschichte die Bildung dieser großen Kapitalvermögen erklärt und eingeordnet hat. Hier lassen sich vier Hauptrichtungen erkennen:

1. Karl Marx' Theorie der **„ursprünglichen Akkumulation"** verdankt ihre Entstehung der Einsicht in die Trennung des Arbeiters

vom Eigentum an seinen Arbeitsbedingungen, die Trennung von Produzent und Produktionsmitteln. Marx (1818–1883) belegt diesen Prozess mit dem englischen Beispiel der „enclosures", also der Vertreibung selbständiger Bauern von ihren Bauernstellen, weil die Grundherren dieses Land für die ertragreichere Schafzucht brauchten.

Bei dem marxistischen Theoretiker Ernest Mandel (1923–1995) findet sich diese Theorie noch allgemeiner formuliert: „Das Aufkommen einer autochthonen Klasse von Händlern im Schoße einer Naturalwirtschaft setzt eine ursprüngliche Akkumulation von Geldkapital voraus. Diese hat zwei Hauptquellen: den Raub und die Plünderung einerseits; die Aneignung eines Teils des landwirtschaftlichen Mehrprodukts oder selbst des naturalwirtschaftlichen Produkts der Bauern andererseits." Überträgt man diese abstrakte Bestimmung wiederum auf deutsche Verhältnisse, so liefert uns die marxistische Analyse folgendes Ergebnis: „Die Gesamtsumme des in den Städten akkumulierten Geldkapitals war so angewachsen, dass seine Besitzer über den traditionellen Verwendungszweck hinaus – Fernhandel, Konsumption, Rentenkauf, Erwerb von Grundeigentum und Wucher – nach immer neuen profitbringenden Anlagemöglichkeiten suchten." (Illustrierte Geschichte der frühbürgerlichen Revolution, 1974, S. 10).

2. Der deutsche Kapitalismusforscher Werner Sombart (1863–1941) sah die Entstehung des Kaufmannskapitals in den **städtischen Bodenrenten** begründet. Für ihn sind es die Kaufleute, die mit ansehnlichen Kapitalien in den Handel einsteigen, Angehörige des städtischen Patriziats oder des Landadels, die aus der Grundrente das notwendige Kapital angesammelt haben und „plötzlich" in den Kreis der Handelsleute einsteigen. (Der moderne Kapitalismus, Bd. I, Leipzig 1902).

3. Dieser Auffassung wurde widersprochen durch den Historiker der Augsburger Kapitalvermögen, Jakob Strieder (1877–1936). In seiner Arbeit „Zur Genesis des modernen Kapitalismus" (Leipzig 1903) führte er am Augsburger Quellenmaterial den Nachweis, dass im Augsburg des frühen 16. Jahrhunderts eine ganze Anzahl reicher Handelsleute und Geldleute zu finden sind, die eindeutig **aus dem Kreis der Kaufleute, der Handwerker** (hier vor allem der Weber) und aus den verarmten Patriziern hervorgegangen sind. Als Quelle ihrer Vermögen kommt für Strieder nur der Handel selbst in Frage, „**freilich nicht jener alte, handwerksmäßige** Handel, wie er durch Jahrhunderte städtischer Wirtschaft bestanden hatte, aber doch, wie

wir glauben, eine Fortentwicklung dieses Handels", der aus zunächst handwerklichen Betrieben ein stärker kaufmännisch orientiertes Unternehmen schuf. Eben dabei hat die speziell in Augsburg beheimatete Barchent-Weberei (ein spezielles Baumwoll-Leinen-Mischgewebe) eine Rolle gespielt, weil der Rohstoff von weither beschafft werden und das Produkt weiträumig vertrieben werden musste. Aus alledem wird erklärlich, warum Strieder seine Theorie für den Kapitalgeneseprozess die **„kollektive Akkumulation"** nannte.

4. Die Erwähnung dieser rein wirtschaftsgeschichtlichen Theorien zur Entwicklung des Kapitalismus erfordert zumindest ein kurzes Eingehen auf den bedeutendsten bürgerlichen Kontrahenten zu Karl Marx, den Wirtschaftshistoriker und Soziologen Max Weber (1864–1920). Dies vor allem, weil es kaum eine so häufig zitierte und diskutierte Theorie gibt wie Webers Theorie vom Zusammenhang zwischen der „Protestantischen Ethik und dem Geist des Kapitalismus". Man wird anmerken müssen, dass diese Theorie inzwischen zum Allgemeinbildungsgut geworden und gerade deshalb hier zu erwähnen und kritisch zu überprüfen ist.

Zunächst muss – um Missverständnissen vorzubeugen – betont werden, dass Webers Studien zur Entwicklung eines spezifisch kapitalistischen Geistes kein Versuch waren, die Marx'sche Theorie der „ursprünglichen Akkumulation" zu widerlegen, wie er selbst richtigstellte: „. . . es soll nur festgestellt werden: ob und wieweit religiöse Einflüsse bei der qualitativen Prägung und quantitativen Expansion jenes „Geistes" über die Welt hin mitbeteiligt gewesen sind." Ihm ging es vor allem darum, die für den okzidentalen Teil der Welt spezifische Entwicklung des Kapitalismus, den er als **die Organisation von formal freier Arbeit in methodischer, rationeller und disziplinierter Form** definierte, von ihren psychologischen Voraussetzungen her zu erklären. Er ging dabei in seiner immer wieder zitierten Arbeit **„Die protestantische Ethik und der Geist des Kapitalismus"** von 1905 davon aus, dass der Protestantismus, speziell in seiner calvinistischen Variante, eine Religion war, die ihre Anhänger davon überzeugte, dass jeder Mensch selbst an seiner Erlösung dadurch mitarbeiten könne, dass er sich der göttlichen Gnade als würdig und so die göttliche Prädestination als wahr erweise. Dieser Impuls bedeutete für den Menschen einen dauernden Ansporn zu **„äußeren", also beruflichen und sozialen Aktivitäten**. Er fand nicht mehr den Trost der Ohrenbeichte, die den katholischen Christen periodisch mit seinem Gott versöhnte, sondern er fand den notwendigen Trost in seiner gesellschaftlichen Position. Hieraus leitete

Weber eine spezifische Form der **Erwerbsaskese** ab, die für die weitere Entwicklung des Kapitalismus große Bedeutung gewinnen sollte. Kernpunkt der Aussage ist also: Die Reformation bedeutete die Säkularisierung, die Verweltlichung der Askese, die bislang den Mönchen vorbehalten gewesen war und machte sie – so umgelenkt – zur Grundlage der alltäglichen Lebensführung.

Es kann jetzt in unserem Zusammenhang nicht darauf ankommen, alle Thesen, die sich auch nicht alle vollständig widersprechen, gegeneinander abzuwägen. Für unseren Zweck soll festgehalten werden, dass sich bei der langfristigen Entstehung der großen Kapitalvermögen eine andere Herkunft als die aus den Erträgen des agrarischen Bereichs sinnvoll kaum denken lässt. Das Land war der bedeutendste Produktionsfaktor, nur hier konnten die Werte geschaffen werden, um gewerbliche Produkte oder Luxusgüter zu bezahlen. Das gilt gleichermaßen für den adeligen wie den bäuerlichen Bedarf. Diese sehr allgemeine Feststellung sagt freilich noch nicht viel aus; die Frage der aktuellen Herkunft der Kapitalakkumulationen seit dem Beginn des 15. Jahrhunderts relativiert sich dadurch jedoch. Strieders These (Herkunft aus dem Handwerk) trifft sicher die aktuelle, weniger seine langfristige Herkunft, so dass die Theorie der **„kollektiven Akkumulation"** generell als durchaus sinnvoller Begriff erscheint. In jedem Falle scheint ebenfalls bedeutsam das für den Kapitalismus typische rationale ökonomische Verhalten, das auf **Gewinnmaximierung** gerichtet ist. Ihre klassische Formulierung, die auch von Max Weber aufgegriffen wurde, fand diese Haltung durch Jacob Fugger, und sie ist seitdem immer wieder als Beispiel für jene neue unternehmerische, auf Gewinnmaximierung abzielende Haltung zitiert worden. Als Jacob Fuggers Schwager und Geschäftsfreund Thurzo ihm in seinen Sorgen um das ungarische Geschäft den Rat gab, sich zurückzuziehen und das Erworbene zu genießen, gab ihm Fugger zur Antwort: er habe ganz anderes im Sinn, „wollte gewinnen, dieweil er könnte".

Mit dieser Bemerkung Fuggers ist ein außerordentlich interessantes sachliches und methodisches Problem angesprochen. Natürlich ist unter wirtschaftshistorischen Aspekten wichtig, aus welchen Bereichen das Kapital für die frühkapitalistischen Unternehmen gekommen ist. Doch für uns ist die Frage nach dem Verhalten der Menschen wichtiger, nach ihrer Bewältigung der Diskrepanz zwischen den Moralvorschriften der Kirche und dem realen **Verhalten der Kaufleute**, ihrem schmalen Weg zwischen Verlust und Gewinn, zwischen Ehrlichkeit und Betrug.

Denn es kann kein Zweifel daran bestehen, dass der kirchliche Moralkodex der kaufmännischen Betätigung gegenüber restriktiv war.

Noch im 16. Jahrhundert wird darauf verwiesen, dass der Gewinn nur so hoch sein dürfe, um dem Kaufmann ein Auskommen zu gewähren und seine wirtschaftlichen Unkosten zu decken. Die Mechanismen des Marktes spielten für diese moralischen Normen keine Rolle. Ermentrude von Ranke (1892–1931) hat aus Kölner Kaufmannsakten die folgenden Betrügereien zusammengestellt:

> „Man mengte faule Heringe in die Mitte der Tonnen, man panschte den Wein, man füllte die Weinfässer zu einem Viertel mit Kirschkernen, man nässte die Rohseide, um ihr Gewicht schwerer erscheinen zu lassen, man fälschte Maß und Gewicht. Man verkaufte englische Laken als „uffrichtig kaufmannsgut", von denen man genau wusste, dass sie die auf den Bleiplomben angegebene Länge nicht erreichten, man gab den Hanf in Zentnern ab, die doch in Wirklichkeit nur 97 Pf. wogen, den gemahlenen Ingwer und Pfeffer vermischte man gewohnheitsmäßig mit Mehl, Sand und Mäusedreck, man verkaufte Drahtrollen, von denen einem nur zu wohl bekannt war, dass der feine Draht nur draußen herumgewickelt war, während im Innern der starke Draht darauf wartete, den Abnehmer zu überraschen."

Die gleiche Historikerin stellte übrigens im 16. Jahrhundert bei den Kölner Kaufleuten erstaunliche Unterschiede fest, wenn es darum ging, im Testament die Bilanz eines notwendigerweise nicht immer ehrlichen Berufslebens zu ziehen. Während Katholiken ihren Seelenfrieden durch die reiche Ausstattung frommer Stiftungen für karitative Zwecke zu finden hofften, bedachten protestantische Kaufleute die potentiellen Opfer ihres beruflichen Gewinnstrebens mit Geldzuwendungen. Insgesamt muss freilich festgehalten werden, dass sich die Zahl derer verminderte, die durch testamentarische Legate (Verfügungen) an die Kirchen ihr schlechtes Gewissen zu beruhigen suchten, sicher auch ein Hinweis auf einen Relativierungsprozess der kirchlichen Normen, die bislang eher für das schlechte Gewissen als für ihre Durchsetzung gesorgt hatten.

Es ist ein außerordentlich komplizierter Prozess, der im Lauf des 16. und 17. Jahrhunderts zu einer Neuformulierung von Normen in diesem Bereich führte. Während beide Konfessionen das wirtschaftliche Gewinnstreben scharf verurteilten und darin von einer breiten Strömung in der Publizistik unterstützt wurden, war es die Realität der steigenden Bedeutung kapitalistischer Erwerbsformen, die hier für neue Normierungen sorgte. Ein interessanter Beleg dafür sind die Gutachten des Augsburger Patriziers Konrad Peutinger (1465–1547), der im Verlauf der sog. **Monopoldebatte** der 1520er Jahre mehrfach die Position der Stadt Augsburg und ihrer großen Handelsgesellschaften vertrat. In seinem berühmten Gutachten von 1530 schrieb Peutinger, dass es neben allen rechtlichen Argumenten vor allem eines sei, da für die großen Gesellschaften spreche: Durch ihre Tätigkeit, ihr Gewinnstreben, ihre Risiken, ergebe sich vielfältiger Gewinn für das ganze Gemeinwesen, und – im Unterschied zu den expliziten Normen seiner Zeit – sah er im **Eigennutz** ein gesellschaftlich durchaus wohltätiges Verhalten: „Es ist ehrenhaft, dem eigenen Nutzen zu dienen, denn es befördert in allen Reichen und Provinzen den öffentlichen und privaten Vorteil, und auch der Staat hat ein Interesse an reichen Untertanen." Gesichtspunkte dieser Art finden auch Eingang in die Steuerdiskussion dieser Zeit, die zunehmend von der Verbindung von commodum privatum und commodum publicum bestimmt wird. Schließlich kommt es auch im Bereich der problematischen Zinstheorie zu einer Aufweichung der Normen, nachdem die Realität schon lange davon abwich. Gegen Ende des 16. Jahrhunderts stellte der Jurist Christoph Besold (1577–1638) fest, dass, wenn Zinsnehmen wichtig und unverzichtbar und nützlich für die Wirtschaft sei, man natürlich das Zinsnehmen gestatten müsse. So ist es ein sehr langsamer Prozess der Anpassung der Normen an eine veränderte ökonomische Realität, der schließlich mit großen Verzögerungen zu neuen Normen führt. Es ist wichtig zu sehen, dass dieser Gedanke des sozial nützlichen wirtschaftlichen Eigennutzes nicht erst von dem schottischen Nationalökonomen Adam Smith (1723–1790) in seinem „Reichtum der Nationen" (1776) formuliert wird, sondern auf einer viel älteren Diskussion aufbaut. Diese ist ihrerseits eng verbunden mit der langsamen **Herausbildung einer Marktwirtschaft**, der Erkenntnis der dort geltenden Prinzipien und der Internalisierung dieser neuen nützlichen Verhaltensweisen. Mir erscheint eine solche Koppelung von realhistorischer Entwicklung und Normanpassung viel ergiebiger zu sein, als die kaum eindeutig zu beantwortende Frage nach der Herkunft des Kapitals und des „kapitalistischen Geistes".

Dieser Frühkapitalismus – das muss man abschließend feststellen – bleibt merkwürdig folgenlos – so scheint es jedenfalls. Sein äußerliches Zeichen, die Blüte der oberdeutschen Städtekultur in Nürnberg, Augsburg oder Straßburg vergeht eigentlich schon im frühen 17. Jahrhundert, der Dreißigjährige Krieg bedeutet ihr definitives Ende. Die Silber- und Kupferproduktion sinkt unter dem Druck der überseeischen Konkurrenz bzw. durch Kaufkraftmangel. Die führenden Geschlechter der Reichsstädte tun das, was noch Jacob Fugger abgelehnt hatte, sie „genießen das Erworbene", „nobilitieren" ihr Geld durch den Erwerb adliger Güter. Natürlich bleibt diese Etappe nicht folgenlos, was die allgemeine Durchdringung des Wirtschaftskreislaufs mit Ware-Geld-Beziehungen angeht, die sich sogar auf den Kriegsdienst ausweiten und dort den adligen Krieger in Konkurrenz zum bezahlten Söldner setzen konnte, der eben nicht Adliger war. Doch dieser **Frühkapitalismus** gab kein Signal, löste noch keine Kettenreaktion aus, setzte keine neuen Kräfte frei, überschritt noch nicht die Grenzen, die der Wirtschaftsweise i. a. gesetzt waren, kurz, er **blieb letztlich systemkonform**.

Beim nächsten Problemkreis, der hier zu behandeln ist, der sog. **Protoindustrialisierung** oder der **„Industrialisierung vor der Industrialisierung"** – so der Titel des einschlägigen Buches der Göttinger Historiker Peter Kriedte, Hans Medick und Jürgen Schlumbohm – können wir an schon Bekanntes anknüpfen. Es handelt sich dabei im Unterschied zum Frühkapitalismus, der vor allem seit der Jahrhundertwende intensiv erforscht wurde, um ein erst in den letzten Jahren heftig diskutiertes Thema. Erinnern wir uns, dass wir im letzten Kapitel über die Forschungen des amerikanischen Wirtschaftshistorikers Franklin Mendels gesprochen haben, der am Beispiel Flanderns eine demographische Entwicklung ausmachen konnte, die erheblich von dem traditionellen Modell abwich, wonach eine agrarische Bevölkerung in Krisenzeiten weniger heiratet und weniger Nachwuchs produziert. In Flandern reagierte die Bevölkerung anders: sie nutzte vielmehr die bestehenden Möglichkeiten der gewerblichen Produktion im Nebenerwerb aus, d. h. sie beteiligte sich an der Produktion von Leinen und reagierte in Krisenzeiten durch eine vermehrte Leinenproduktion, um ihre notwendigen Lebensmittel kaufen zu können. So entwickelte sich eine gewerblich verdichtete Landschaft, die im Sinne des Autors als „protoindustrialisiert" gelten kann.

Im Unterschied etwa zu dem eben erwähnten Frühkapitalismus-Phänomen geht es hier jedoch nicht um die großen Kapitalvermögen, sondern um Entwicklungen wie die erwähnte Barchentproduktion in oberschwäbischen Landgebieten, die im definierten Sinne auch als protoindustrielle Region zu bezeichnen wären. Es geht dabei auch nicht um Phänomene wie die weitentfernten Vorläufer der späteren Industrialisierung, wie sie der amerikanische Wirtschaftshistoriker John U. Nef (1862–1915) im 16./17. Jahrhundert in England zu erblicken glaubte, weil er im England dieser Jahre schon eine erstaunliche Steigerung der Kohleproduktion (zwischen 1550 und 1680 von 170 000 auf 2,5 Mio. t) und andere „industrielle" Phänomene feststellte.

Gemeint ist mit der Protoindustrialisierung die in einigen Regionen der europäischen Frühneuzeit feststellbare gewerbliche Warenproduktion auf dem Lande, d. h. Tuchproduktion von Landwebern im dörflichen Kontext unter Wahrung der agrarischen Lebensverhältnisse und in der Organisationsform des Verlagssystems, jedoch für den Export. Doch auch bei diesem System sind die Grenzen noch erkennbar. Es war nützlich, solange es die Vorteile des Landhandwerks mit seinen niedrigen Löhnen ausnutzen konnte. Doch geriet das System im 18. Jahrhundert an seine Grenzen, seine Kontrolle wurde schwieriger. Technische Verbesserungen waren so kaum durchzuführen. Den entscheidenden Schritt stellte deshalb erst die Einführung mechanischer Spinn- und Webmaschinen dar, die aber eine zentrale Aufstellung in Fabrikgebäuden erforderlich machten. Diese **fabrikmäßigen Produktionsstätten** wurden dann zum später noch zu beschreibenden Ansatzpunkt der Industrialisierung in England.

Natürlich sind die Tatbestände, die mit dem Begriff „Protoindustrialisierung" bezeichnet werden, der historischen Forschung bislang nicht unbekannt geblieben. Die „ländliche Leinenproduktion" war immer schon Gegenstand wirtschaftshistorischer Forschungen. Dieser Tatbestand ist ebenso kritisch angemerkt worden wie die Tatsache, dass die als Protoindustrialisierung bezeichneten Vorgänge nur einen Teil des jeweiligen Wirtschaftssystems zwischen dem 14. und 18. Jahrhundert ausmachen. Ländliches und städtisches Handwerk, auch die Manufakturbetriebe werden durch den Begriff ebensowenig erfasst wie Tendenzen in der Landwirtschaft, die auf eine Erhöhung der Marktproduktion hinauslaufen. Insofern darf Protoindustrialisierung keinesfalls als **die** allgemein zu beobachtende Vorstufe der Industrialisierung gesehen werden. Die Leistung des Begriffs besteht vielmehr darin, die ländlichen Exportgewerbe in ihrer gesellschaftlichen und demographischen Bedeutung schärfer zu fassen. Natürlich – so müsste man sagen – sind sie nicht schon die gesamte Vorgeschichte des modernen Kapitalismus.

Wenn wir jetzt zum dritten thematischen Komplex dieses Kapitels kommen, der **Industrialisierung**, dann sollte inzwischen deutlich geworden sein, dass nicht jede historisch vorfindbare Kombination von gewerblicher Produktion, Lohnarbeit, Ansammlung großer Kapitalvermögen oder der Steigerung etwa der Steinkohleförderung schon jenen Vorgang auslösen konnte, der gemeinhin als **„Industrielle Revolution"** angesprochen wird. Vielmehr bedurfte es eines komplizierten Übergangs der gesamten Bedingungen gewerblichen Produzierens, so dass nicht nur ein technologischer Entwicklungssprung, eine neue Form fabrikmäßigen Produzierens oder einfach nur größere Mengen industrieller Produkte als Voraussetzungen von Industrialisierung zu verstehen sind.

Wenn wir es in einer knappen Definition zusammendrängen wollen, dann können wir – in Anlehnung an den Wirtschaftshistoriker Knut

Borchardt – unter „Industrieller Revolution" eine historische Entwicklungsphase begreifen, die durch die Durchsetzung neuer Techniken im Bereich der Produktion von Energie und der Bearbeitung von Material, die massenhafte Nutzung von Kohle und Eisen, die Einrichtung des Fabriksystems als Organisationsform gewerblichen Produzierens und freie Lohnarbeit charakterisiert ist.

Diese Definition zeigt deutlich, dass eine ganze Reihe wesentlicher Rahmenbedingungen geschaffen sein mussten. Dies kann an zwei Beispielen belegt werden. Die nur begrenzte Produktion von Energie hat sich in der ersten Industrialisierungsphase der Metallgewinnung und -verarbeitung im 15. und 16. Jahrhundert als Schallmauer einer denkbaren Weiterentwicklung erwiesen. Die erforderlichen Mengen an Holzkohle für Verhüttungsprozesse und die Glasherstellung oder die Begrenzung des Bergbaus durch die für Entwässerung und Bewetterung erforderlichen „Wasserkünste" waren unüberschreitbare Begrenzungen für die einschlägige Produktion. Eine andere Voraussetzung betrifft die Verfügbarkeit freier Lohnarbeiter, die erst zu dem Zeitpunkt in größerem Umfang gegeben war, als mit der Auflösung des grundherrschaftlichen Systems Arbeitskräfte für die Industrialisierung freigesetzt wurden. Dies konnte entweder durch einen langsamen Aushöhlungsprozess der individuell wirtschaftenden Bauernschaft geschehen wie in England, es konnte aber auch durch staatliche Reformmaßnahmen geschehen wie in den deutschen Staaten seit Beginn des 19. Jahrhunderts.

Doch kehren wir zurück zum Vorgang der Industrialisierung oder der „Industriellen Revolution". Diesem Begriff kann sich der Historiker trotz aller geschilderter Bedenken schon deshalb schwer entziehen, weil bereits die Entstehung des Begriffs erhebliche Aussagekraft für die Sache selbst hat. Es wird nämlich schnell deutlich, dass der Epochenbegriff „Industrielle Revolution" seine Entstehung einer Analogie verdankt: dem Vergleich der politischen Umwälzungen in Frankreich nach 1789 mit der als ebenso grundsätzlich empfundenen Umwälzung der gewerblichen Produktionsformen im gleichen Zeitraum in England. In Frankreich ist erstmals 1815 die Bezeichnung dieses Wandels als **révolution** nachzuweisen und damit die Übertragung des politischen Begriffs auf die wirtschaftliche Entwicklung, wobei im folgenden Zitat die „freundliche" Revolution der Industrie der „blutigen" Revolution in Frankreich entgegengesetzt wird:

„Malgré les fureurs d'une guerre universelle, qui sembloit devoir tant détruire, malgré le malheur des circonstances, le perfectionnement des procédés industriels a été tel, qu'il s'est opéré dans toutes les fabriques une révolution presque complète: heureuse et paisible révolution qui n'a rien de commun avec celles qui ont ensanglanté le monde."

Und 1827 lautet in einer Zeitschrift schon eine Überschrift: **„Grande révolution industrielle"**, und sie liefert damit den bislang frühesten Beleg dieses Ausdrucks. Zum Epochenbegriff wird der Ausdruck allerdings erst ein Jahrzehnt später, als der Kommunist Louis Auguste Blanqui (1805–1881) die gewaltsame Entwicklung Frankreichs mit der friedlichen Entwicklung Englands vergleicht (im Kontext der Parlamentswahlreform von 1832).

Der schon erwähnte (S. 77) französische Jurist und Historiker Alexis de Tocqueville spricht 1851 von Industrieller Revolution, um damit die Voraussetzungen der Pariser Februarrevolution von 1848 zu erklären.

In Deutschland ist der Begriff erstmals 1843 bei dem Sozialisten Wilhelm Schulz (1792–1860) nachzuweisen, Friedrich Engels (1820–1895) übernimmt ihn 1845. Er spricht dabei von den Erfindungen der Dampfmaschine und der Maschinen zur Verarbeitung der Baumwolle und meint, „diese Erfindungen gaben bekanntlich den Anstoß zu einer industriellen Revolution, einer Revolution, die zugleich die ganze bürgerliche Gesellschaft umwandelte und deren weltgeschichtliche Bedeutung erst jetzt anfängt, bekannt zu werden".

Der Beginn der wissenschaftlichen Verwendung des Begriffs ist jedoch erst in den „Lectures on the Industrial Revolution" von Arnold Toynbee (1852–1883) – nicht zu verwechseln mit dem Geschichtsphilosophen Arnold Joseph Toynbee (1889–1975) – zu sehen. Seitdem ist der Begriff – trotz aller vorgebrachter Bedenken – nicht mehr aus der Umgangs- und Wissenschaftssprache fortzudenken. Er ist auch zur Grundlage einer neuen welthistorischen Epochenteilung geworden, etwa wenn Carlo Cipolla von den zwei weltgeschichtlichen Revolutionen der Sesshaftwerdung und der Industriellen Revolution spricht, wenn Reinhart Koselleck die Epoche 1750 bis 1850 zur „Sattelzeit" der europäischen Geschichte erklärt, oder wenn Eric Hobsbawm von Industrieller und Französischer Revolution als der „Doppelrevolution" spricht.

Den nächsten Schritt soll nun die Beschäftigung mit einem der Versuche bilden, nicht nur die Industrielle Revolution in England, Belgien, Frankreich oder Deutschland als einzelne Vorgänge zu beschreiben, sondern sie als einen Prozess zu begreifen, der in jeweils anderen Zeiträumen überall ablaufen und folglich in bestimmte Stufen gegliedert werden kann. Die bedeutendste und am weitesten rezipierte Leistung auf diesem Gebiet hat der amerikanische Wirtschaftshistoriker **Walt Whitman Rostow** vollbracht, der 1960 sein Buch **„The Stages of Economic Growth"** schrieb, das er im Untertitel „a non-communist manifesto" nannte. Dass man Rostows „Stages" auch als Beitrag zur Periodisierungsdiskussion der Neuzeit und als strategisches Konzept für die Entwicklungspolitik der 60er und 70er Jahre lesen kann, braucht hier nicht eigens betont zu werden. Rostows Ausgangspunkt war die Überlegung, dass es möglich sein müsse, die wirtschaftliche Entwicklung von Nationen systematisch in einer 5-Stufen-Abfolge zu erfassen, die er folgendermaßen benannte:

1. Traditionale Gesellschaft
2. Die Vorbedingungen des take-off
3. Der take-off
4. Die Entwicklung zur Reife (The drive to maturity)
5. Das Zeitalter hohen Massenverbrauchs (Age of high-mass-consumption)

Die **traditionale Gesellschaft** ist für Rostow keineswegs statisch, aber ihre Entwicklung verläuft in engen Grenzen. Output-Erhöhungen waren möglich, auch einzelne technische Verbesserungen. „But the central fact about traditional society was that a ceiling existed on the level of attainable output per head." Diese „Decke" wird für Rostow durch die begrenzten Möglichkeiten moderner Wissenschaft und Technik gebildet, die noch nicht oder noch nicht regelmäßig angewendet bzw. verfügbar waren.

Traditionale Gesellschaften sind natürlich agrarische Gesellschaften mit einer hierarchischen Sozialstruktur und begrenzter Mobilität. Dies alles ist für uns nicht überraschend oder neu.

Die Stufe der **„preconditions"** umfasst Gesellschaften im Übergang wie Westeuropa im späten 17. und frühen 18. Jahrhundert. Neue Produktionsmethoden im agrarischen und industriellen Bereich entstehen, der Weltmarkt und der Kampf um die Weltmacht bilden sich heraus.

Der **„take-off"** ist der entscheidende Abschnitt dieser Stufenfolge. Dieser Begriff ist heute fast selbstverständlich auch für deutschsprachige Darstellungen des industriellen Zeitalters geworden.

Die Periode des „take-off" ist für Rostow dadurch gekennzeichnet, dass in ihr der Anteil der Ersparnisse und der effektiven Investitionen von ungefähr 5 % des Volkseinkommens auf 10 % und mehr stieg, also eine rein quantitative Bestimmung. Wie kommt diese Steigerung der Investitionsquote aber zu Stande? Während des Anstiegs breiten sich sehr schnell neue Industrien aus, die Gewinne erwirtschaften, von denen wieder ein großer Teil in neue Fabriken investiert wird. Und diese neuen Industrien führen ihrerseits durch die schnell wachsende Nachfrage nach neuen Arbeitskräften und den notwendigen Dienstleistungen sowie nach anderen industriellen Fertigwaren zu einer weiteren Ausdehnung städtischer Bezirke und zum Aufbau neuer Industrien. Wie in der Industrie werden neue Techniken auch in die Landwirtschaft eingeführt, wodurch diese stärker kommerzialisiert wird, und eine wachsende Anzahl von Produzenten ist bereit, die neuen Methoden anzuwenden und auch tiefe Veränderungen in ihrem Lebensstil zu akzeptieren. Rostow beschränkt den „take-off" auf eine relativ kurze Periode von 2–3 Jahrzehnten in jedem Land, für England auf die beiden Jahrzehnte nach 1783, für Frankreich und die Vereinigten Staaten auf die Jahrzehnte nach 1860, für Deutschland auf das dritte Viertel, für Japan auf das letzte Viertel des 19. Jahrhunderts, für Russland und Kanada auf die drei Jahrzehnte vor 1914, für Indien und China auf die Gegenwart seit 1950.

Auf den Absprung in das wirtschaftliche Wachstum folgt als viertes Stadium der **„drive to maturity"**, jeweils etwa 40 Jahre umfassend. Die bleibend hohe Investitionsrate von 10–20 % ist charakteristisch für diese Phase, die Industrialisierung erfasst die gesamte Gesellschaft, die Gesamtproduktivität erlaubt weiteres Bevölkerungswachstum.

Auf den Prozess der Reife folgt das **Stadium hoher Massenkonsumption**. Gemeint ist damit, dass die industrialisierten Länder im 20. Jahrhundert den Punkt ihrer Entwicklung erreicht haben, wo die Konsumption die zentralen Bedürfnisse von Nahrung, Kleidung und Wohnung überschritt und auf hochwertige Konsumgüter umgelenkt wurde. Zusätzlich ist diese Stufe charakterisiert durch die Entstehung und das Streben nach einem Wohlfahrtsstaat und der von ihm initiierten Sicherungssysteme. Als Beispiel für diese Phase kann die massenhafte Verbreitung des Automobils gelten, folglich setzt Rostow auch die Erfindung des Fließbandes durch Henry Ford (1863–1947) als Wendepunkt zu diesem Zeitalter an (1913/14). Es liegt auf der Hand, dass ein solcher Versuch intensiv diskutiert worden ist. Diese Diskussionen betrafen vor allem die Abgrenzungen zwischen traditionaler Gesellschaft – preconditions – und take-off-Phase, die sich nur schwerlich in allen Ländern in der durch die Stufenfolge implizierten Klarheit finden ließen. Auch muss beachtet werden, dass der Industrialisierungsprozess eines Landes an 5. oder 6. Stelle der Gesamtentwicklung natürlich anders verlaufen muss als die Industrialisierung im ersten Land. Insofern ist zu unterscheiden zwischen einer „autochthonen" Entwicklung in England

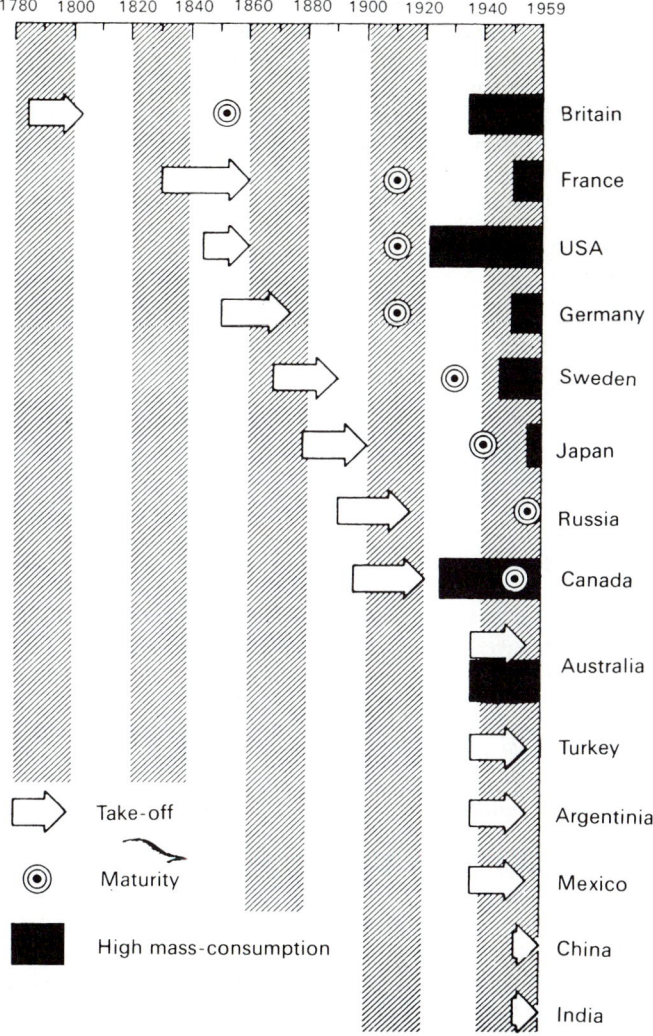

Abb. 4. Darstellung der Stufen wirtschaftlichen Wachstums in ausgewählten Ländern nach Rostow (aus: W. W. Rostow, The Stages of Economic Growth, a Non-communist Manifesto. Cambridge, 2. Auflage 1971, S. XX).

und der Vielzahl „abgeleiteter" Prozesse, die natürlich alle von den Erfahrungen vorhergehender Länder profitieren konnten. Diese Dynamik geht in das Rostowsche Modell nicht ein. Gleichwohl liefert das Modell ein nützliches Orientierungssystem für den weltweiten historischen Vorgang der Industrialisierung, auch wenn seine implizite Voraussetzung – der Wachstumsbegriff – heute anders gesehen wird als zum Zeitpunkt der Publikation des Buches.

Ich will nun zum vierten Problemkreis dieses Kapitels kommen, zur „Industriellen Revolution" in England, dem Mutterland aller Industrialisierungsprozesse. Aus der Fülle denkbarer Fragen soll vor allem ein Fragenkomplex behandelt werden. Es soll gefragt werden, warum dieser weltweite Prozess gerade in England seinen Anfang nahm und nicht etwa in den gewerblich und handelspolitisch hochentwickelten Niederlanden oder warum nicht in Frankreich, dem bevölkerungsreichsten Land Europas im 18. Jahrhundert. Warum also übernahm das an Bevölkerungszahl (1780 ca. 8,5 Mio. Ew.) relativ kleine, am Rande Europas gelegene Vereinigte Königreich auf dem Gebiet der Industrialisierung eine Pilotfunktion?

Sichtet man die einschlägigen Analysen der Geschichte der Industriellen Revolution in England, dann findet man Hinweise auf fast alle wichtigeren **Faktoren der englischen Geschichte**: die Produktion von Wolle, die schon seit dem Mittelalter das wichtigste Exportgut war, die Existenz von Steinkohlevorkommen und deren frühe Verwendung für industrielle Zwecke, die Bedeutung des Puritanismus im Sinne Max Webers. Es werden aber auch politisch-juristische Faktoren erwähnt wie die relativ frühe Rechtssicherheit seit der Glorious Revolution, die frühe Abschaffung der königlichen Monopole in der Revolution, die Neigung des Adels zur wirtschaftlichen Betätigung, die erfolgreiche Gewinnung von Kolonien seit dem 16. Jahrhundert, die Insellage und die damit verbundene Entwicklung einer starken Handelsflotte. Wie gesagt, kaum ein wesentlicher Faktor der englischen Geschichte, der hier nicht sein Scherflein beitragen könnte zur verwickelten Geschichte des Industrialisierungsprozesses.

Erwähnt werden dann noch eine Reihe wichtiger **technischer Innovationen** seit den 30er Jahren des 18. Jahrhunderts im Bereich der Technik des Spinnens und Webens von Baumwolle. 1733 erfand John Kay das fliegende Weberschiffchen und schuf so erst die Nachfrage für Maschinen zum Spinnen von Garn, die den erhöhten Garnverbrauch decken sollten. Gemeint ist hiermit der Bedarf an festen, webfähigen Garnen aus Baumwolle. Dieser die bisherige Baumwollproduktion völlig verändernde Schritt gelang James Hargreaves mit seiner „Spinning

Jenny" von 1768, einer Maschine für 8 Spindeln und dann – weit besser – Richard Arkwright (1732–1792) 1769 mit einer wassergetriebenen Spinnmaschine. Jetzt erst wurden Gewebe aus feiner Baumwolle möglich, die bislang aus technischen Gründen nicht herstellbar waren, da Baumwolle zu weiche Fäden hatte und deshalb mit Leinen zusammen verarbeitet werden musste. 1778 endlich erfand Samuel Crompton (1753–1827) die große Spinnmaschine für 20–50 Spindeln. Erst damit waren die Voraussetzungen für die massenhafte Verarbeitung von Baumwolle gegeben, denn – und das mag überraschen – die Industrialisierung in England begann nicht mit der Eisenproduktion, sondern mit der rasch ansteigenden **Produktion von Baumwollfabrikaten**. 1786 kam der mechanische Webstuhl Edmund Cartwrights (1743–1823) hinzu. Zusammen mit dem Dampfantrieb, der hier natürlich nicht vergessen werden darf, waren damit jene Einzelfaktoren vorhanden, die bewirkten, dass Spinnen und Weben nicht mehr als Hausproduktion betrieben werden konnten. Die Anlagen mussten vielmehr in einem Fabrikgebäude mit zentraler Dampfkraftversorgung konzentriert werden: Das ist die **Geburt der modernen Fabrik**. 1806 entsteht die erste dampfbetriebene Fabrik mit mechanischen Webstühlen, 1818 gibt es bereits 18 solcher mechanischen Baumwollwebereien. 1833 standen dann schon 85 000 mechanische Webstühle in englischen Betrieben, 1850 waren es 224 000. 1781 wurden 2,5 Mio. kg Baumwolle verarbeitet, 1831 waren es bereits 125 Mio. kg. Eine Fernwirkung dieser Entwicklung war, dass die Baumwollproduktion im Süden der Vereinigten Staaten, die 1791 bei 190 000 Ballen lag, auf 41 Mio. Ballen im Jahre 1803 stieg. **„Wer Industrielle Revolution sagt, meint Baumwolle"**, so beginnt der englische Wirtschaftshistoriker Eric J. Hobsbawm sein Kapitel über die Industrielle Revolution 1780–1840 und er schließt dann:

> „Keine andere Industrie ließ sich während der ersten Phase der britischen Industrialisierung an Wichtigkeit mit der Baumwollindustrie vergleichen. Zwar war ihr quantitativer Beitrag zum Volkseinkommen nicht sehr groß – etwa 7–8 % um 1815 –, obgleich er über dem anderer Industrien lag. Aber sie begann früher zu expandieren und wuchs rascher als die übrige Industrie, sie bestimmte das Tempo der Wirtschaft. Dies zeigt sich auch daran, dass die gesamte britische Industrie ihr Volumen steigert, wenn die Baumwollindustrie zulegt. Sie stagniert im letzten Viertel des 19. Jahrhunderts bzw. wächst nur noch 0,7 % p. a. und damit stagniert auch die gesamte britische Industrie."

Noch außergewöhnlicher war ihr Beitrag zum englischen Außenhandel. Ungefähr die Hälfte aller Warenwerte des britischen Exports bestanden in der ersten Hälfte des 19. Jahrhunderts aus Baumwollwaren und in der Mitte der 30er Jahre machte die Rohbaumwolle aus den Westindischen Inseln und den amerikanischen Südstaaten ca. 20 % aller Importe aus. Die britische Zahlungsbilanz, die Schiffahrt und der Überseehandel hingen natürlich von dem Schicksal dieser Industrie ab.

Wenn man mit ein paar schnellen Strichen die Bedeutung der **Baumwollindustrie als „Leitindustrie"** der ersten Industrialisierungsphase andeutet, dann darf doch nicht der Eindruck erweckt werden, als sei hier ein schneller, die bisherige Produktionsweise völlig umwälzender Prozess vor sich gegangen. Die völlige Mechanisierung auch der Baumwollindustrie dauert ca. 100 Jahre, die Durchsetzung der Dampfenergie vollzieht sich in kleinen Schritten, die Investitionstätigkeit hält sich noch in überschaubaren Grenzen. Trotzdem demonstriert die Mechanisierung der Baumwollproduktion in der dampfkraftversorgten Fabrik die Möglichkeiten, die jetzt neu zur Verfügung stehen, die nur noch auf ihre Anwendung in anderen Produktionsbereichen warten.

Bevor wir versuchen, den Sprung von der „Leitindustrie" Baumwolle zu Kohle und Eisen zu finden, die wir normalerweise mit der Industriellen Revolution verbinden, soll aber noch einmal die Frage aufgeworfen werden, warum gerade England zum Ursprungsland der Industriellen Revolution wurde. Wenn wir einmal von dem oben schon erwähnten Bündel von relevanten Faktoren von der Insellage bis zur „Glorious Revolution" absehen, scheint einiges dafür zu sprechen, dass es die nachweisbare Erhöhung der **Produktivität der englischen Landwirtschaft** war, die den entscheidenden Impuls gab und unter den gegebenen Umständen zum Durchbruch der Industrialisierung führte. Für England lässt sich zeigen, dass die Weizenerträge in der zweiten Hälfte des 17. Jahrhunderts gegenüber den vorhergehenden Jahrhunderten um das Dreifache stiegen. Die Produktionsüberschüsse erlaubten schon seit dem frühen 18. Jahrhundert den Export von Weizen, 1750 wurden schon 13 % mehr Nahrungsmittel produziert als das Land selbst brauchte. Mit dem jetzt einsetzenden Bevölkerungswachstum wird die Produktivität der Landwirtschaft weiter angeregt, ab 1760 steigt sie vor allem auch durch die Politik der vom Parlament gebilligten Einhegungen, die somit auf den Anstieg der Getreidepreise reagierte.

Mit diesem Hinweis auf die im 18. Jahrhundert zunehmend vom Parlament bewilligten **Einhegungsmaßnahmen** – also Maßnahmen zur individuellen Nutzung von Land, das bislang genossenschaftlich bewirtschaftet worden war, ist eine wesentliche Voraussetzung der englischen Agrarentwicklung der gesamten frühen Neuzeit angesprochen. Schon seit dem frühen 16. Jahrhundert prägen enclosure-Maßnahmen die englische Agrarlandschaft, und dies bedeutet, dass in England schon sehr lange eine intensive Orientierung der Landwirtschaft an den Erfordernissen des Marktes bestand. Dies bewirkte nicht nur Spezialisierung der Produkte und erhöhte Produktivität, sondern diese Marktorientierung setzte auch eine soziale **Umstrukturierung der Landwirtschaft** durch. Die mit enclosure-Maßnahmen verbundene Schwächung der kleinen Bauern, die Vertreibung von ihren Höfen konzentriert auf der einen Seite das Land in den Händen adeliger und großbäuerlicher Produzenten mit hoher **Marktorientierung**; auf der anderen Seite bewirkt dieser Prozess die Vertreibung von Menschen aus dem agrarischen in den gewerblichen Bereich. Dieser Prozess, der von Historikern entweder als Enteignungsprozess oder als langfristig erfolgreiche Umorientierung bezeichnet worden ist, schafft jedenfalls die Voraussetzungen für ein großes Angebot an freier, d. h. nicht grundherrschaftlich gebundener Lohnarbeit.

Damit aber weist der durch die landwirtschaftliche Produktivität bewirkte Impuls für die Industrialisierung sehr weit in die englische Geschichte zurück, nämlich in jene Entwicklungsstufe, die eine marktorientierte Produktion der Bauern bewirkte und damit für jene Erhöhung der landwirtschaftlichen Produktivität verantwortlich war, die England schon im 16. Jahrhundert deutlich vom europäischen Kontinent unterschied. Diese hohe Produktivität bedeutete zugleich auch die Möglichkeit der Förderung des inneren Marktes, d. h. sie bewirkte Inlandsnachfrage nach gewerblich gefertigten Gütern. Diese war freilich angesichts einer Bevölkerung von ca. 10–11 Mio. im Jahre 1800 notwendigerweise relativ begrenzt, während Frankreich schon 28 Mio. und Deutschland geringfügig mehr Einwohner zählte; es bedurfte also noch der Zusatzwirkung des Exports.

Der enge Zusammenhang zwischen agrarischem Fortschritt im 18. Jahrhundert – erst Karl Marx spricht von einer „Agrarrevolution" – und Industrialisierung ist vor allem von dem belgischen Wirtschaftshistoriker Paul Bairoch (1930–1999) herausgearbeitet worden. Er hat den hier angedeuteten Zusammenhang nicht nur für England (Agrarrevolution beginnt 1700, Industrielle Revolution 1760) belegt, sondern er hat für eine Reihe europäischer Länder den kausalen Zusammenhang von agrarischer Produktivitätssteigerung und Industrialisierung plausibel gemacht. Dabei geht es nicht nur um die bemerkenswerte **Verdoppelung der Produktivität** jedes in der englischen Landwirtschaft Tätigen zwischen 1700 und 1800 und die dadurch ausgelöste demographische Aufwärtsentwicklung, sondern auch um die Nachfrageimpulse aus der Landwirtschaft etwa für den Bereich der Eisen- und Stahlproduktion. Schon zwischen 1720 und 1760 steigt der englische Eisenverbrauch um 50 %, obwohl sich die Bevölkerung in diesem Zeitraum nur um ca. 10 % vermehrte. Dies lässt auf einen erhöhten strukturellen Bedarf an Produkten der Eisenindustrie schließen, an dem die in ihrer Produktivität gesteigerte Landwirtschaft sicherlich erheblichen Anteil hatte.

Nehmen wir jetzt noch die hoch entwickelte Kohleproduktion in England hinzu, die vor allem durch die Verwendung der Kohle als Hausbrand in den großen Städten bewirkt wurde, ein sich im 18. Jahrhundert regional verbesserndes Transportsystem – Flüsse, Kanäle, Straßen –, dazu die hohe Exportquote der britischen Industrie, die schon zwischen 1750 und 1770 um 80 % stieg, dann wird deutlich, dass in England nicht nur die allgemeinen Rahmenbedingungen gegeben waren, sondern auch die spezifischen Faktoren verfügbar waren, die den Erstimpuls in ein dauerhaftes Wachstum einmünden lassen konnten. Gerade Hobsbawm betont die besondere **Bedeutung des Außenhandelsfaktors**. Ein exportorientiertes Land wie England war im 18. Jahrhundert eben nicht nur auf die noch relativ bescheidene Binnenmarktnachfrage angewiesen, sondern es konnte neue Exportmärkte für sich erobern, ja sogar monopolisieren. Man wird schließlich auch noch auf die besondere Rolle des Staates in diesem Prozess hinweisen müssen. In der Mitte des 17. Jahrhunderts hatten die Navigationsgesetze, die den Import von Kolonialgütern englischen Schiffen vorbehielten, die holländische Konkurrenz entscheidend geschwächt. Schon seit dem späten 16. Jahrhundert war in England jede Regierung von der Bedeutung des Außenhandels für das wirtschaftliche Wachstum des Landes überzeugt und handelte entsprechend.

So zeigt sich, dass die Geschichte der Industrialisierung in England zugleich ein Musterbeispiel für das Problem der Erklärung eines komplexen historischen Prozesses darstellt. Technologische, demographische, agrarische, handelspolitische Hypothesen über diesen Prozess lassen sich zwar an bestimmten Datenserien belegen, doch reichen diese zumeist nicht aus, um den komplexen Zusammenhang der einzelnen Faktoren zu gewichten. So bleibt dem Historiker hier die Aufgabe einer überzeugenden Verknüpfung der einzelnen Entwicklungsstränge.

Gegen Ende des 18. Jahrhunderts war der allgemeine **Mechanisierungsgrad** so hoch entwickelt, dass er auch Konsequenzen für die **Eisen- und Stahlproduktion** haben musste. Auf diesem wichtigen Gebiet gelang es, durch die Verkokung von Kohle den elementaren Energiemangel zu überwinden, der bislang die Stahlproduktion behindert hatte. Dampfbetriebene Pumpen erlaubten größere Förderkapazitäten für Kohlebergwerke. Der Transport von Eisen und Kohle machte neue Transportmittel erforderlich, und damit – d. h. mit der neuen Technik der **dampfbetriebenen Eisenbahn** – beginnt **der entscheidende Abschnitt der Industrialisierung**, der vor allen Dingen den europäischen Kontinent prägen sollte. Zwischen 1835 und 1870 verdichtete sich das europäische Eisenbahnnetz, wie einige Zahlen aus der deutschen Entwicklung belegen können. Bis 1840 werden in Deutschland 549 km Eisenbahn gebaut, 1845 waren es 2131 km, 1850 schon 6044 km und 1875 sind 27 795 km erreicht. Allein die Menge der für dieses Vorhaben notwendigen Kapitalien zeigt, dass hier eine bedeutende Stufe des Wirtschaftens erreicht war.

Brechen wir hier ab und blicken kurz zurück: In Europa hatte sich zwischen 1780 und 1850 eine elementare Veränderung des Produzierens in quantitativer und qualitativer Hinsicht vollzogen. Damit verbunden waren aber auch tiefgreifende Veränderungen in der Sozialstruktur der betroffenen Länder. Die Reaktionen sowohl der gesellschaftlichen Elite als auch der wachsenden Klasse der Arbeiter auf diese Veränderungen sollten den Weg dieser Länder in das 20. Jahrhundert bestimmen.

Freilich ist mit dieser Skizze des wichtigen Übergangs von der alteuropäischen gewerblichen Produktion zum modernen Industriesystem nur ein Segment des gesamten wirtschaftshistorischen Problemkreises diskutiert. Grundlegende Prozesse wie die weltwirtschaftliche Verflechtung, der zunehmende Konzentrationsgrad der wirtschaftlichen Unternehmungen, die zunehmende Verflechtung privater und staatlicher Wirtschaftsunternehmen, die staatliche Lenkung der Wirtschaft, all dies gehört mit zu einer Strukturgeschichte der Wirtschaft in der Neuzeit. Überblickt man freilich aus der Perspektive von heute die Entwicklung der Wirtschaft seit ca. 400 Jahren, so fällt die Tatsache ins Auge, dass aus den Gesellschaften begrenzter Ressourcen, den Nullwachstumsgesellschaften des 16. und 17. Jahrhunderts vor allem im 19. Jahrhundert **Wachstumsgesellschaften** geworden sind. Eine Analyse der wirtschaftlichen Entwicklung der Neuzeit unter dem Gesichtspunkt des Wachstums kann bislang nur in Umrissen gegeben werden. Zweifellos steigt im 16. Jahrhundert – um Wilhelm Abels Versuch einer Sozialproduktberechnung zu zitieren – „das Gesamterzeugnis deutscher Wirtschaft", doch ist dabei zu bedenken, dass „von dem mächtigen Strom der ‚Grundrente' (d. h. der dem Landbesitzer zustehenden Beträge für die Nutzung des Bodens) in den gewerblich-kommerziellen Überbau ... nur ein bescheidenes Rinnsal" abgezweigt wurde. Die **Grundrente** war trotz einiger Ansätze adeligen Unternehmertums überwiegend für den **Verbrauch** bestimmt und brachte so **keine Wachstumsimpulse**. So verwundert es nicht, wenn alle theoretischen Analysen des Wirtschaftsprozesses dieser Zeit von statischen Modellen ausgingen. Erst die Lehre von den Physiokraten bedeutet einen grundsätzlichen Wandel insofern, als sie sich die Frage stellen, wie durch die Investition von Überschüssen aus der Landwirtschaft wirtschaftliches Wachstum erreicht werden könne. Der schottische Moralphilosoph Adam Smith hat dann 1776 in seinem „Wealth of Nations" zum ersten Mal eine Analyse der Ursachen wirtschaftlichen Wachstums vorgelegt, worunter er den Anstieg des realen Volkseinkommens pro Kopf der Bevölkerung verstand. Damit war der Begriff des Wachstums als feste Kategorie in die Nationalökonomie eingeführt.

Das Bewusstsein der **beschleunigten Wachstumsmöglichkeit** hat vor allem die Wiederaufbauphase nach dem Zweiten Weltkrieg bestimmt, die für das Gebiet der Bundesrepublik Deutschland nicht nur den Wiederaufbau zerstörten Industriepotentials bedeutete, sondern vielfach auch einen Ausgleich des Rückstands zur europäischen Entwicklung seit dem Ersten Weltkrieg. Hatte die jährliche Wachstumsrate des realen Sozialprodukts zwischen 1870 und 1913 bei 2,7 % gelegen, konnte das Bruttosozialprodukt in der Bundesrepublik zwischen 1950 und 1973 durchschnittliche Wachstumsraten von über 6 % verzeichnen. Für den Historiker ist neben der Frage nach den Gründen für das beschleunigte Wachstum nach dem Zweiten Weltkrieg vor allem die Tatsache bemerkenswert, dass Wachstum zum Symbol moderner Wirtschaftätigkeit geworden ist. Wirtschaftliches Wachstum hat in besonderem Maße dazu geführt, dass soziale Konflikte abgemildert wurden, Anpassungsprozesse erleichtert und soziale Integrationsprozesse (z. B. die Vertriebenenfrage nach dem Zweiten Weltkrieg) entschärft wurden.

Seit etwa 30 Jahren sind freilich Zweifel an der Wirksamkeit und an der Sozialverträglichkeit des Wachstums aufgekommen. **„Die Grenzen des Wachstums"** wurden nicht nur wissenschaftlich-publizistisch abgesteckt, sondern sie wurden auch in neuer und bedrohlicher Weise erfahrbar gemacht. So stand die Wirtschaftsgeschichte der 90er Jahre erstaunlicherweise nicht vor der Frage, zu welchen Gipfeln des Wachstums wir noch gelangen können, sondern vor der drängenden Frage, ob Wachstum vor dem Hintergrund schwindender Ressourcen und eines gefährdeten Weltklimasystems zum einen noch vertretbar und zum andern unverzichtbar für das politische und soziale System der westlichen Industriegesellschaften ist. Die Einsicht in die historische Bedingtheit von Statik und Wachstum kann die Antwort auf diese Frage erleichtern, und der Nachweis eines historisch extraordinären Wachstumsschubs nach dem Zweiten Weltkrieg kann gewiss die Anpassung an bescheidenere Wachstumsziffern erleichtern.

3.3 Von der ständischen zur bürgerlichen Gesellschaft

Nachdem wir in den beiden letzten Kapiteln, die grundlegende Fragen der demographischen und ökonomischen Entwicklung behandelten, schon häufig die gesellschaftlichen Folgewirkungen dieser Prozesse angesprochen haben, soll in diesem Kapitel ein Überblick über die Entwicklung der gesellschaftlichen Strukturen in der Neueren Geschichte gegeben werden. Der Titel des Kapitels „Von der ständischen zur bürgerlichen Gesellschaft" versucht dabei, zwei Begriffe in eine Beziehung zu bringen, die gemeinhin als scheinbar eindeutige Begriffe, als Beginn bzw. vorläufiger Endpunkt der Entwicklung von Gesellschaft in der Neueren Geschichte begriffen werden. Dass diese Entwicklung in vieler Hinsicht für uns beeindruckend verlaufen ist und weiter verläuft, braucht nicht eigens betont zu werden. Gerade wenn wir Vergleiche zwischen der Gesellschaft des 16. Jahrhunderts, die sich noch in den durch Geburts- und Privilegienordnung gezogenen Bahnen bewegt, und der heutigen Gesellschaft ziehen, wird die Differenz deutlich: Auf der einen Seite im 16. Jahrhundert die Einordnung jedes Menschen in seinen „**Stand**", die allgemeine Diskriminierung von sozialer Mobilität als Faktor der Unruhe, der Glaube an eine besondere „**qualité de race**" – wie das etwa im französischen Adel wortreich formuliert wurde –, auf der anderen Seite eine Gesellschaft, die sich ihre **Mobilität**, ihre **Chancengleichheit**, ihren Ausgleich von ungleichen Startchancen, z. B. ihren Anteil von Arbeiterkindern in akademischen Ausbildungsgängen, zugute hält und darin einen besonderen Wert erkennt.

Natürlich sind diese Charakterisierungen keine völlig zutreffenden Zustandsbeschreibungen der jeweiligen Gesellschaften. Dies gilt sowohl für die ständische Gesellschaft, wo wir im 17. Jahrhundert einen Tagelöhnersohn als bayerischen Kriegskanzleidirektor wiederfinden (Korbinian v. Prielmaier, 1643–1707), wo wir unter bürgerlichen Aufsteigern des 16./17. Jahrhunderts beachtliche Mobilität feststellen können. Dies gilt aber auch vor allem für unsere Gesellschaft, wo nicht nur eine Fülle realer Schwierigkeiten Chancengleichheit verhindern, sondern auch noch beachtliche Reste der alten Feudalgesellschaft zu entdecken sind, also das **„ancien régime entre nous"**, wie es der französische Historiker Pierre Goubert formuliert hat. Zu erinnern wäre etwa an die Position einiger feudaler Landbesitzer, die Dominanz von Angehörigen des Adels in bestimmten Berufen, an die besondere Bedeutung akademischer Titel in unserer Gesellschaft. Methodisch folgt daraus, dass uns neben den tatsächlichen Strukturänderungen der Gesellschaft und ihrem Normenwandel vor allem die untypische Erscheinung, die schon erwähnte **„Gleichzeitigkeit des Ungleichzeitigen"** interessieren muss. Wenn die neuere Sozialgeschichtsforschung ein Ziel erreicht hat, dann könnte man sagen, dass sie zu größerer Vorsicht gegenüber der Vermutung eines jeweils umfassenden Wandels geführt hat. In zunehmendem Maße hat sie sich darauf konzentriert, die Widersprüche der Entwicklung, die Gegenläufigkeit von Modernem und Traditionellem, die Konstanz von alten Strukturen gegenüber revolutionären Bereichen herauszuarbeiten. In vielen Fällen bedeutet solche Forschung, dass man Abschied nehmen muss von vertrauten „einfachen" Interpretationsmustern und sich mit einem erheblich komplizierteren Bild auseinanderzusetzen hat.

Zu klären sind vorweg unsere beiden Leitbegriffe „Ständische Gesellschaft" und „Bürgerliche Gesellschaft". Hier taucht sofort ein grundlegendes methodisches Problem auf. Es besteht darin, dass der Begriff der Gesellschaft von uns heute fast selbstverständlich auf alle Phasen menschlicher Vergesellschaftung angewendet wird – gleich ob Urgesellschaft, griechische Polis oder die bürgerliche Gesellschaft des 19. Jahrhunderts. Die Schwierigkeit liegt nun darin, dass der Begriff in seiner heute üblichen Bezeichnung der Gesamtheit aller in einem politischen Verband zusammenlebenden Menschen erst relativ spät auftaucht, nämlich in der zweiten Hälfte des 18. Jahrhunderts. Dieser Vorgang wird in der historischen Forschung normalerweise als **„Trennung von Staat und Gesellschaft"** charakterisiert, und es soll kurz gefragt werden, was darunter zu verstehen ist. Diese Frage ist keineswegs von einem bloß begriffsgeschichtlichen Interesse bestimmt. Ihre Diskussion vor allem in der Staats- und Gesellschaftslehre seit dem Ersten Weltkrieg zeigt, dass die neuen Wechselwirkungen von Staat und Gesellschaft – etwa in der Form der Kriegswirtschaft und der neuen Sozialpolitik – auch ein neues historisch-theoretisches Interesse provozierten. Inzwischen ist die Diskussion und die ihr zu Grunde liegende kategoriale Trennung von Staat und Gesellschaft fast ein Gemeinplatz der wissenschaftlichen Diskussion geworden.

Der schon den Theoretikern des Mittelalters vertraute Begriff zur Kennzeichnung gesellschaftlicher Verhältnisse war der auf Aristoteles zurückgehende Begriff der **societas civilis**, der den begrifflichen Rahmen für das europäische politische Denken bis ans Ende des 18. Jahrhunderts abgab. Grundlage dieses Konzepts von Gesellschaft war eine weitgehende Verschränkung der Bereiche von Politik und Ökonomie deshalb, weil die Bedürfnisbefriedigung der Menschen nicht durch die staatlich organisierte Gesamtgesellschaft, sondern durch die tradierten gesellschaftlichen Teileinheiten, das Haus, den sog. **oikos**, gedeckt wird. Damit wird der oikos zum Kern der polis, die polis baut sich im Prinzip aus vielen einzelnen Häusern auf. Polis und oikos werden damit in ihrer Verbindung zur Grundlage der abendländischen Sozialverfassung, vor allem deshalb, weil auch die ständische Gesellschaft am Prinzip des **ganzen Hauses** als der Keimzelle von Vergesellschaftung festhält. Ständische Gesellschaft bildet sich nicht aus Individuen, sondern konstituiert sich aus der Zahl der Hausväter, d. h. der Personen, die einem Hauswesen vorstehen. Der Mediävist Otto Brunner hat dieses Sozialmodell in seinem Aufsatz über „Das 'ganze Haus' und die alteuropäische Ökonomik" beschrieben und sich dabei vor allem auf die spezielle Gattung der sog. **„Hausväterliteratur"** gestützt. Diese alteuropäische Ökonomik, d. h. das auf das Haus bezogene Wirtschaftsdenken, bricht erst mit den zunehmenden Interventionen des Staates in die Wirtschaft zusammen und schafft damit Raum für das, was wir heute die **politische Ökonomie** nennen, d. h. ein auf die gesamte Volkswirtschaft bezogenes Wirtschaftsdenken.

Doch bleiben wir noch einen Augenblick bei dem aristotelischen Verständnis von Gesellschaft, beim Begriff der societas civilis. Das Denken der Reformatoren, vor allem Luthers und Melanchthons, passt sich diesem Sozialmodell an, wenn auch deren Vorstellung von Gesellschaft nicht auf naturrechtlicher, sondern auf theologischer Grundlage entwickelt wird. Der Ursprung von Gesellschaft und Herrschaft wird nicht in einem Urzustand der Menschen gesehen, sondern als von Gott unmittelbar gesetzt (Luther: **„Deus vult discrimina ordinum"**). Ziel aller Gesellschaft ist die „tranquilitas vel incolumitas publici status" (Melanchthon). Von Gott gegeben ist damit auch die Obrigkeit, die nicht als Ergebnis eines Vertrages gesehen wird, sondern unmittelbar von Gott gesetzt ist. Ihre Aufgabe wird in der Bestrafung des Bösen gesehen, sie legitimiert sich damit.

Der Begriff der societas civilis sive republica findet nach vorübergehendem Gebrauch von **Civilis societät** oder **Civil Gemeind** im Begriff der „bürgerlichen Gesellschaft" seine Entsprechung, worunter ein Autor des 17. Jahrhunderts versteht, „dass mit dem öfters vorkommenden Worte bürgerliche Gesellschaft nicht anders zu verstehen gegeben und gemeinet sei, als die zusammen verbundenen Obrigkeiten und Unterta-

nen, welche ein gewisses Reich, Republic oder dergleichen ausmachen".
Für unser modernes Begriffsverständnis ist dabei wichtig, dass hier die
Kategorie „bürgerlich" noch nichts mit dem rechtlichen oder ökonomischen Status des Stadtbürgers zu tun hat, genauso wie der Bourgeois
der vorrevolutionären französischen Gesellschaft nichts mit der Bourgeoisie des 19. Jahrhunderts zu tun hat. **Bürgerlich** heißt hier vielmehr
Teilhabe am gemeinen Wesen in Abgrenzung vom oikos, dem häus-
lichen Wesen, der ehelichen oder väterlichen Gesellschaft. Diese Trennung liegt z. B. auch dem bekannten Buch des Naturrechtsphilosophen
Christian Wolff (1679–1754), „Vernünftige Gedanken von dem Gesellschaftlichen Leben der Menschen" (1721), zugrunde, der die Kriterien
zur Lenkung eines Staatswesens, also einer im eben definierten Sinne
„bürgerlichen Gesellschaft", aus den Normen gewann, die für eine Familie und für den Hausvater gelten. Er sagt: „Was also von den Pflichten der Eltern gegen ihre Kinder und der Kinder gegen ihre Eltern auf-
geführet worden, das lässt sich auch mit notwendiger Veränderung auf
die Pflichten der Obrigkeiten oder regierender Personen und der Untertanen deuten. Und also dient das Bild des Vaters, die Beschaffenheit
eines Regenten, hingegen das Bild der Kinder die Beschaffenheit der
Untertanen zu finden."

Halten wir also fest: Im älteren klassischen Verständnis von bürgerlicher Gesellschaft im Sinne von societas civilis sive respublica heißt bürgerlich, dass damit die in dieser Gesellschaft Bevorrechtigten, d. h. an der
Herrschaftsgestaltung im weitesten Sinne beteiligten Personen und
Stände gemeint sind. Bürgerliche Gesellschaft in diesem Sinne heißt,
dass Gesellschaft noch nicht als Gegensatz zum Staat verstanden werden
darf, auch keine getrennte Wirtschaftsgesellschaft gesehen werden
kann, sondern verstanden werden muss als das **Handlungsgefüge der
durch Herrschaft über ein Haus Privilegierten**.

Nun aber zum Begriff der bürgerlichen Gesellschaft, wie er uns heute vertraut ist oder – besser gesagt – vertraut zu sein scheint. Der Begriff
ist natürlich nur möglich durch eine Umdeutung oder Begriffsveren-
gung dessen, was bislang relativ umfassend als „bürgerliche Gesellschaft" verstanden wurde. Gegen Ende des 18. Jahrhunderts fällt den
Zeitbeobachtern etwas auf, was man die begriffliche **Trennung von
Staat und Gesellschaft** nennen kann, also die Aufspaltung der alten
societas civilis-Vorstellung. So schreibt der Aufklärer Schlözer (1735–
1809), der Herausgeber der absolutismuskritischen „Staatsanzeigen":
„Alle bisher bekannt gewordenen Menschenhaufen alter, mittlerer und
neuer Zeiten leben in den 3 Arten häuslicher Gesellschaft. Alle ohne
Ausnahme leben in bürgerlicher Gesellschaft. Und bei weitem die aller-

meisten, wenngleich nicht alle, leben in Staats-Gesellschaft." Zur Unterscheidung dieser beiden Begriffe **„bürgerliche Gesellschaft"** und **„Staats-Gesellschaft"** zieht Schlözer natürlich die alten Begriffe heran und unterscheidet folglich zwischen societas civilis cum imperio und der bürgerlichen societas civilis.

Drei weitere Begriffsbelege sollen diesen Prozess während des 19. Jahrhunderts verdeutlichen:

Der Philosoph **Georg Wilhelm Friedrich Hegel (1770–1831)** bestreitet die Verschränkung von Haus und Staat, wie sie bislang als societas civilis üblich war, und diagnostiziert: „Die bürgerliche Gesellschaft ist die Differenz, welche zwischen die Familie und den Staat tritt, wenn auch die Ausbildung derselben (d.h. der bürgerlichen Gesellschaft) später als die des Staates erfolgt; denn als die Differenz setzt sie den Staat voraus, den sie als Selbständiges vor sich haben muss, um zu bestehen." D. h., Hegel begreift Gesellschaft als **„System der Bedürfnisse"**, als Interessenwahrnehmung der Privatleute durch Arbeit, Eigentum und Tausch, freilich dem politischen System nachgeordnet, das die widerstrebenden Interessen der Privatleute wieder integriert.

Das zweite Zitat stammt von dem Volkskundler **Wilhelm Heinrich Riehl (1825–1897)**, der 1851 in seinem Buch „Die bürgerliche Gesellschaft" schrieb:

> „Jedes Zeitalter findet ein paar große Weisheiten, ein paar allgemeine Sätze, mit denen es sich seine eigene Welt erobert. Ein solcher Satz (…) ist für unsere Epoche darin gefunden, dass die bürgerliche Gesellschaft durchaus nicht gleichbedeutend sei mit der politischen Gesellschaft, dass der Begriff der Gesellschaft in engerem Sinne, so oft er tatsächlich hinüberleiten mag zum Begriff des Staates, **doch theoretisch von demselben zu trennen sei."**

Lorenz von Stein, einer der bemerkenswertesten Analytiker der nachrevolutionären Gesellschaftsentwicklung, unterschied 1856 in seiner **„Gesellschaftslehre"**, einem Buch, das am Beginn der modernen Sozialwissenschaften steht, „Gesellschaft" und „Staat" auf folgende Weise: „So nun scheiden sich die Gesellschaft und der Staat. Die Gesellschaft ist derjenige Organismus unter den Menschen, der durch das Interesse erzeugt wird, dessen Zweck die höchste Entwicklung des Einzelnen ist …". „Der Staat dagegen ist als selbständige Persönlichkeit von dem Willen und Interesse der Einzelnen unabhängig …". Stein glaubte – so ein Interpret – im „'direkten Widerspruch' zwischen dem 'Prinzip des Staates' (die formale Garantie der allgemeinen Freiheit) und dem 'Prinzip der Gesellschaft' (die formal freigesetzte Expansion des jeweils herr-

schenden Klasseninteresses)" das Bewegungsgesetz der modernen Industriegesellschaft gefunden zu haben. Man hat Steins Analyse zu Recht
„eine systematische, aus Gründen entwickelte Prognose" genannt, die
„in ihrem strukturellen Kern paradigmatisch für das moderne Europa
überhaupt geworden ist" (E. W. Böckenförde).

So richtig nun eine solche Diagnose ist, die eine Trennung der Begriffe „Staat" und „Gesellschaft" konstatiert, so trifft es doch nicht zu,
diesen Vorgang in der bislang üblichen Eindeutigkeit auf das späte
18. Jahrhundert festzulegen. Schon in der politischen Wissenschaft des
späten 16. und frühen 17. Jahrhunderts wird präzise unterschieden zwischen **„civitas"** und **„republica"**. Respublica wurde als ordo und for-
ma bezeichnet, civitas aber als materia. Die civitas müsse man sich ohne
Gesetze und Rechtsprechung vorstellen, sie sei „ad bene vivendum" aus
Haushalten und Familien gebildet. Zitate dieser Art – wie hier von dem
Gießener Professor Christian Liebenthal (1586–1647) (1619) – belegen,
dass die kategoriale Differenzierung zwischen Gesellschaft und politischer Ordnung erheblich älter ist. Sie wird freilich erst Gegenstand einer
intensiveren Betrachtung, als sich Gesellschaft und Staat in stärker be-
obachtbarer Weise voneinander trennen.

Doch soll uns diese begriffshistorische Abschweifung nicht vom
Hauptproblem ablenken. Es kam zunächst darauf an, den Wandel der
vertrauten Begriffe zu zeigen, mit denen wir als Historiker operieren.
Hier war es der Wandel von der societas civilis mit ihrer Identität von
Gesellschaft und Staat zu einer Unterscheidung von Staat und Gesellschaft, die in der Frühen Neuzeit ansetzt. Wir sahen, wie bürgerliche
Gesellschaft zur Organisationsform der mit gleichen Rechten ausgestat-
teten bürgerlichen Rechtssubjekte wurde, die ihre Interessen formulieren, Verbindungen eingehen, wie soziale Bewegungen sich formieren,
auch dies ein Begriff der neuen „Gesellschaftslehre" des 19. Jahrhunderts.

In einem zweiten Anlauf wollen wir fragen, wie es zum Wandel von
der ständischen zur bürgerlichen Gesellschaft kommt und worin die historischen Charakteristika dieser beiden Typen von Vergesellschaftung
bestehen. Wir müssen zunächst davon ausgehen, dass die Vorstellung einer nach Ständen gegliederten Gesellschaft Kernbestand des tradierten
christlich-abendländischen Weltbildes ist, das die Menschen in einem
ihnen von Gott zugeteilten Stand sieht und daraus die Verpflichtung für
den Einzelnen ableitet, sich den Normen seines Standes entsprechend
zu verhalten. Die Feudalgesellschaft unterschied dabei in ihrem Selbstverständnis zwischen drei Ständen, dem **Adel, der Geistlichkeit und
den Bauern**: „Got hat drei leben geschaffen: gebure, ritter und pfaffen",

heißt es in der mittelalterlichen Dichtung. Dabei wäre es falsch, der christlichen Vorstellung schon eine Rangordnung zuzuschreiben, denn von Natur aus wurden alle Menschen als gleich verstanden. „Pfaffen, ritter und gebure sind alle Gesippe von Nature und suln gar brüderlich leben." Problematisch wurde diese Ordnung dadurch, dass diesen drei Ständen bestimmte, gesellschaftlich notwendige Funktionen zugewiesen wurden. Es ist die aus der Antike überlieferte Vorstellung von **Wehr-, Lehr- und Nährstand**, die sich in den Schriften des Mittelalters und noch des 18. Jahrhunderts findet. Als Beispiel schauen wir uns einmal die Verse des brandenburgischen Theologen Erasmus Alber (1500–1553) an, die er 1534 schrieb:

> „Fein ordentlich hat Gott die Welt
> mit dreien Ständen wohl bestellt:
> Ein Stand muß lehrn, der andre nähren,
> der dritt muß bösen Buben wehren.
> Der erst Stand heißt die Priesterschaft,
> der zweit Stand heißt die Bauernschaft,
> der dritt, das ist die Obrigkeit.
> Ein jeder Stand hat sein Bescheid'.
> Und keiner sei so unverschampt,
> daß er dem andern greif ins Amt,
> kein Stand den anderen veracht,
> Gott hat sie alle drei gemacht.
> Und lebten wir in solcher Weis,
> wir hätten hier das Paradeis.
> Do wer will gut sein hier auf Erden?
> Nach dieser Welt wird's besser werden."

Die sozialen Konsequenzen einer solchen Funktionszuweisung werden klarer, wenn man Texte liest, die die Untertanen ermahnen, fleißig die Äcker zu bebauen und die Steuern zu bezahlen und warnen: „Ihr sollt Euch auch in kein aufrur oder auch abfal von eurer angeborenen obrigkeit begehen."

Das **statische Element der ständischen Ordnung** lag dabei in der Zuweisung eines „standesgemäßen" Tätigkeitsbereichs, wie dies aus der Grundregel des „Suum cuique" (Jedem das Seine) und etwa dem folgenden Zitat deutlich wird:

> „Wann aber der Baur ein Baur bleibt, und nimmt ein Baur Ross, spannt dasselbig in Pflug und arbeitet das Feld damit. Hergegen der Fürst bleibet und ist ein Fürst, so hat jedweder sein **proportz** und

sind beyd zu **loben** weil sich nemlich ein jeglicher **nach seinem Stand und Wesen hält**: Dann der Bauersmann ist von Got verordnet, dass er den Acker und das Feld soll bauen, zu derselben arbeyt hat Got ihm auch ein Ross erschaffen. Der Fürst aber ist von Gott verordnet, dass er soll Land und Leut regieren, denselbigen mit aller Sorgfältigkeit vorstehen, vor Feinden und aller Gefahr beschützen und beschirmen."

Wichtig erscheint bei einer Analyse der ständischen Gesellschaft auch, dass diese keine theoretische Möglichkeit für soziale Konflikte einräumt. Konflikte haben keinen Platz in der Selbstinterpretation dieser Gesellschaft, und daraus folgt, dass die Konfrontation dieser **ordo-Konzeption** mit realen Konflikten auch den Beginn des Vorgangs darstellt, den wir die Überwindung der ständischen Gesellschaft nennen können. Dabei können wir beginnen mit der im 16. Jahrhundert beobachtbaren Parallelität von weiterhin wirksamer ordo-Vorstellung einerseits und einigen gesellschaftlichen Phänomenen, die sich nicht mehr in diese Vorstellung integrieren lassen, wie etwa die reale gesellschaftliche Mobilität – z. B. der Aufstieg reicher Bürgerfamilien in den Adel, der evidente und sich verschärfende Gegensatz von Reich und Arm in den Städten, das Monopolwesen der großen Handelsgesellschaften, der sog. „Fürkauf" u. a. heftig kritisierte Erscheinungen des frühkapitalistischen Wirtschaftslebens. Als z. B. Jacob Fugger (der Reiche) 1507 die Reichsherrschaft Kirchberg (in der Nähe von Ulm) erworben hatte und er 1511 in den Adelsstand erhoben worden war, ergab sich aus dieser Tatsache, dass einige kleine Adelsfamilien in Zukunft Lehensträger eines geadelten Bürgers sein sollten, für diese Adeligen ein unvorstellbarer Vorgang. Obwohl Fugger in seinen Ansprüchen gegenüber diesen renitenten Adeligen vom Kaiser immer geschützt wurde, dauerte es ca. zwei Jahrzehnte, bis sie ihren Widerstand dagegen aufgaben, Fugger die Huldigung zu leisten. Erst 1524 kam ein Vertrag zu Stande, mit dem die Adeligen Fugger als ihren Lehnsherrn endlich anerkannten, ein durchaus typisches Beispiel für die neue soziale Mobilität dieser Zeit mit ihrer zerstörerischen Wirkung auf die tradierten gesellschaftlichen Rangordnungen.

Man könnte argumentieren, dass es gerade die noch existente ordo-Orientierung war, die diese neuen Phänomene so bedrückend erscheinen ließ, denn der Unterschied zwischen den neuen, kritisierten Phänomenen und der Ständeordnung war nicht zu übersehen. Gerade das erste Drittel des 16. Jahrhunderts bietet eine charakteristische Häufung von latenten und manifesten Konflikten zwischen den Ständen. Das betrifft das Verhältnis zwischen Adel und Geistlichkeit, von Adel und Bürgertum, das Aufbegehren der Reichsritterschaft vor allem gegen die geistlichen Fürsten und den erstarkenden Territorialstaat, die Kritik breiter Schichten gegen die Monopolgesellschaften und anderen Missbrauch wirtschaftlicher Macht, nicht zuletzt den Bauernkrieg als Ausdruck der Spannungen zwischen Adel und Bauern.

Belege für die Tatsache dieser aus den Fugen geratenden ständischen Ordnung, die **„Erschütterung der Ständeordnung",** bieten nicht zuletzt die jetzt überall einsetzenden „Stabilisierungsversuche" durch die Polizeiordnungen. „Die **gute Policey**" als Inbegriff obrigkeitlicher Sorge für die Wohlfahrt der Untertanen ist die Reaktion auf die Krise der ständischen Gesellschaft, in die jetzt der Fürstenstaat korrigierend und stabilisierend eingreift, oft auch unter Umgehung bestehender Privilegien.

Diese Neigung des Staates zur **Intervention** in die Problembereiche von **Wirtschaft** und **Gesellschaft**, die in Deutschland nach dem Dreißigjährigen Krieg zunimmt, äußert sich auch in den einschlägigen Formulierungen der zeitgenössischen Politikwissenschaft. Ich will hier eine Formulierung herausgreifen, die dies besonders klar zeigt. So spricht ein Jurist davon, dass die Politik die Untertanen nicht so sehr unter dem Aspekt ihres Standes, sondern unter einem gewissermaßen „äußeren" Aspekt betrachte, der Art und Weise nämlich, inwieweit sie dem Nutzen des Gemeinwesens dienen und der Obrigkeit untertan sind. Denn es sei letztlich die „multitudo" der Bürger, die den Inhalt (materia) des Gemeinwesens darstelle.

Die im letzten Teil des Zitats erwähnte „multitudo" macht zudem deutlich, dass der Staat am Volksreichtum interessiert war, er war der wirkliche Reichtum eines Staates, so jedenfalls die merkantilistische Theorie, der entsprechende Maßnahmen zur „Peuplierung" (d. h. Bevölkerungsvermehrung durch Neuansiedelung) folgten. Schon in der Diskussion des 16. Jahrhunderts stellte sich heraus, dass die **„potentia"** eines Staates in engem Zusammenhang stand mit der Zahl der Bürger, und man plädierte auf Seiten der Politikwissenschaftler einhellig für eine Bevölkerungsvermehrung, sei es durch Förderung der Familiengründung oder sei es durch Einwanderung. Diese Position ist deshalb bemerkenswert, weil die im „langen 16. Jahrhundert" ohnehin beobachtbare **Bevölkerungsvermehrung** vielen Beobachtern Sorge bereitete. Man fürchtete die Übersetzung der Dörfer, kein Wunder angesichts deutlich zunehmender sog. unterbäuerlicher Schichten im Dorf, die nicht mehr alleine von der Landwirtschaft leben konnten. So zeigt sich, dass der Anstoß für eine aktive Bevölkerungspolitik aus dem Bereich der Politik erfolgte, also eine Folge staatlichen Machtstrebens war, für das Bevölkerungsreichtum eine unverzichtbare Grundlage darstellte. Diese angestrebte Bevölkerungsvermehrung aber musste zugleich die tradierte, eher statisch orientierte soziale Ordnung gefährden, denn Vermehrung der Bevölkerung bedeutete notwendigerweise Differenzierung der sozialen Strukturen und Relativierung der bisherigen ordo-Vorstellung.

Damit wird deutlich, dass mit der neuen funktionalen, merkantilistischen Politikwissenschaft weitere Schneisen in die Privilegiengesellschaft geschlagen wurden. Plötzlich wurden neue gesellschaftliche Zusammenhänge entdeckt, die sich über die bislang gültige tradierte Dreiteilung legten und diese relativ unwichtig machten. Ich will dies zeigen an Überlegungen des östereichischen Kameralisten **Johann Joachim Becher (1635–1682)**, der 1668 in seinem „Politischen Diskurs" eine völlig neue Ständeordnung konstruierte, nämlich eine funktionale Ordnung der wirtschaftlich tätigen Bevölkerungsgruppen. Er unterscheidet zunächst zwei Arten von Menschen in der Gemeinde, nämlich eine kleine Gruppe von Dienern der Gemeinde „in obrigkeitlicher Funktion", also Bürgermeister, Beamte, Adelige, Soldaten etc., und dann jene Menschen, von denen er sagt, dass sie die **„societatem civilem essentialiter** constituiren". Davon ist wiederum der erste Stand „der größte, nemlich der Bauern-Stand, der andere der Handwerks-Stand und der dritte der Kaufmanns-Stand". Der Zusammenhang dieser Gruppen der „wirklichen" Gesellschaft ergibt sich für Becher aus dem natürlichen Zusammenhang des Produzierens und Konsumierens. Er schreibt: „Ist derhalben eine unfehlbare Regel, wo kein Bauer ist, da hat der Handwerksmann nichts zu verarbeiten und wo nichts gearbeitetes da ist, da kann auch der Kaufmann nichts verkaufen." Und an anderer Stelle sagt er:

> „Mit einem Wort, die **Consumption** erhält diese drei Ständ, die **Consumption ist ihre Seel**, die Consumption ist der einzige **Bindeschlüssel**, welcher die Stände aneinander bindet und heftet, auch voneinander leben macht."

Für unseren Zusammenhang scheint besonders wichtig, dass Becher hier ein Bild der **Gesellschaft als Wirtschaftsgesellschaft** entwickelte, einer Waren produzierenden und konsumierenden Gesellschaft, mit völlig neuen Gliederungskriterien gegenüber jenen Merkmalen, die der ständischen Gesellschaft eigen waren. Entgegen der ständischen Konzeption, dass jeder sich standesgemäß seine Nahrung sucht und keine Innovationen versucht, bietet sich in der Becher'schen Warengesellschaft – auch wenn er diesen Begriff nicht verwendet – ein deutlicher Ansatz für ein neues Modell von Gesellschaft und damit auch von neuen Normen. Verleger etwa – also Organisatoren von Arbeitsvorgängen im Textilgewerbe u. a. auf dem Lande – hält Becher für **„Grundsäulen der Gemeinde"** und „nützliche Glieder der Gemeinde". Er entwickelte damit eine neue Werteskala, die der der ständischen Gesellschaft mit ihrem adeligen Normensystem entgegengesetzt ist. Becher schrieb dies vor dem realhistorischen Hintergrund der deutschen Territorialstaaten, die sich nach den Zerstörungen und Hemmnissen des Dreißigjährigen Krieges um die Reorganisation der territorialen Wirtschaft bemühten. Er verarbeitete sowohl die Einsichten, die aus der Wirtschaftspraxis des florierenden 16. Jahrhunderts erwachsen waren, aber auch Anregungen, die ihm die ökonomisch fortschrittlichen Niederlande boten.

Becher vereinigte in seiner Betrachtung der neuen Wirtschaftsgesellschaft – auch sie ein reales Beispiel für die oben diskutierte frühe Trennung von Staat und Gesellschaft – diejenigen Momente, die die Übergangsepoche der Frühen Neuzeit ausmachen: Ein langfristig wirkendes Nebeneinander von eher traditionalen und modernen Faktoren, das es beinahe unmöglich macht, gesellschaftlichen Wandel präzise an Jahreszahlen festzumachen. Es gibt **keinen abrupten Übergang zwischen ständischer und bürgerlicher Gesellschaft.** Zu vielfältig sind die Überlagerungsmöglichkeiten, vor allem, wenn wir die sich verändernden ökonomischen Grundlagen und die Wirtschaftsweise mit den politischen Institutionen und Normen vergleichen. Gerade der Zeitraum zwischen 1750 und 1850 ist hierfür besonders ergiebig. Sammeln wir einige Belege des Übergangs von der ständischen zur bürgerlichen Gesellschaft. Zwar schafft einerseits die preußische **Bauernbefreiung seit 1807** die bislang bestehenden Beschränkungen des Güterverkehrs ab, freie Rechtssubjekte können jedes Stück Land kaufen, dürfen das Gewerbe ausüben, das sie ausüben wollen, andererseits aber ändert sich kaum etwas an der Position des Adels vor allem auf dem Lande, wo er die Patrimonialgerichtsbarkeit behält und sich große Mengen des Landes verschafft, das zu verkaufen die Bauern jetzt **„die Freiheit"** haben.

Gleichwohl stellten die Maßnahmen der preußischen Reformer wie Hardenberg (1750–1822), Stein (1757–1831), Scharnhorst (1755–1813) für den betroffenen brandenburgisch-preußischen Adel Zumutungen dar. Es gibt eine Szene, wo der Konflikt zwischen der alten Welt ständischer Privilegien und der neuen bürgerlichen Gleichheit sich in exemplarischer Weise dokumentiert. Es ist dies eine Szene, die sich im Frühjahr 1798 im sog. „Weißen Saal" des Berliner Schlosses abspielte, als die Stände dem neuen König Friedrich Wilhelm III. (1770–1840) die Huldigung leisteten. In diese adelsstolze, wohlfrisierte und gepuderte

Gesellschaft in glänzenden Uniformen trat ein Mann im einfachen Rock eines Bürgers, geschmückt mit einer breiten Schärpe in den Farben blau-weiß-rot: Es war dies ausgerechnet der Abbé Sieyès (1748–1836), der zu dieser Zeit französischer Gesandter in Berlin war. Er hatte am Vorabend der Französischen Revolution seine bekannte Schrift „Qu'est-ce que le tiers état?" veröffentlicht, eine unbarmherzige Abrechnung mit der französischen Adelsgesellschaft des Ancien Régime. Kein Wunder also, wenn der konservative Adelige Friedrich Ludwig v. d. Marwitz (1777–1837), der diese Szene für uns aufgeschrieben hat und zugleich einer der heftigsten Verteidiger der adeligen Privilegien war, diesen Auftritt voller Abscheu beschreibt und von Sieyès sagt, er habe ein Kanaillengesicht und schwarze, d. h. ungepuderte Haare.

Um diesen hier vom Abbé Sieyès und v. d. Marwitz personalisierten Konflikt zwischen zwei Grundprinzipien gesellschaftlicher Ordnung noch stärker zu verdeutlichen, soll eine andere Quelle herangezogen werden. Sie offenbart wie kaum eine zweite die große Kontroverse zwischen den genannten preußischen Reformern, die für eine **„Revolution von oben"** plädierten, und den betroffenen brandenburgischen Adeligen, die vor allem die leitenden Prinzipien der Reformer attackierten. Im Jahre 1811 überreichten die adeligen Stände des Kreises Lebus König Friedrich Wilhelm III. eine von eben diesem Marwitz verfasste Eingabe, die sich in grundsätzlicher Weise gegen die reformerischen Eingriffe wandte. Die Schrift verdient auch deshalb besondere Aufmerksamkeit, weil Graf Hardenberg, der verantwortliche Staatsminister, die von ihm kritisierten Passagen der Schrift unterstrich und mit Marginalkommentaren bedachte, die wiederum die Position der Reformer klären. So bietet diese Quelle einen vorzüglichen Einblick in den großen Konflikt über die Rolle des Staates gegenüber der Gesellschaft, auch wenn hier nur ein Teil abgedruckt werden kann. In der rechten Spalte findet sich der Text der Eingabe v. d. Marwitz', links die Marginalien Hardenbergs. Unterstreichungen durch Marwitz sind durch Sperrung gekennzeichnet, die Hardenbergs sind kursiv gedruckt:

	… Aber wir sind es Ew. K. M., wir sind es diesem Lande, uns und unsern Nachkommen schuldig, zu erklären:
Wie ist diese Erklärung an den Souverän zu betrachten?	*daß* wir n u r *diesem Zwange weichen,* daß wir unserer wohlerworbenen und festgegründeten Gerechtsame *uns* nicht *begeben haben,* sondern sie so lange *als*

Die hier unterstrichenen Stellen sind höchst anmaßend und unverschämt. Sie beleidigen in dem Minister die höchste Person des Königs und greifen diese an, da nur von dieser jener seine Autorität hat, die durchaus aufrechterhalten werden muss, wenn er wirken soll.

noch bestehend betrachten, bis es Ew. K. M. gefallen wird, über diejenigen unter denselben, die dem allgemeinen Wohl zuwiderlaufend erscheinen möchten, *Verträge mit uns abzuschließen* und sie solchergestalt auf gesetzmäßigem Wege zu lösen. *Daß wir uns lossagen von den Folgen, die die Einführung der fremdartigen Grundsätze der Willkür und der Gewalt für dieses Land und für diesen Herrscherstamm notwendig haben müssen, indem wir sie eingesehen haben*, aber mit unsern Warnungen nicht gehört worden sind.

. . . . .

Allerdings ist die Gleichmachung aller Stände vor dem Gesetz und in Rücksicht auf Abgaben die gerechte Tendenz. Wer nimmt sonst dem Edelmann seinen Adel? Er bewähre ihn durch vorzügliche Bildung, durch Patriotismus, durch edle Taten! Dann werden ihm immer Vorzüge genug bleiben. Der hier als notwendig geschilderte Mittelstand wird sich von selbst bilden. Es bedarf dazu keiner Exemtionen. Sind diese in England, das oben als Muster aufgestellt ist, dem Adel eigen? Bin ich weniger Edelmann, wenn ich mit meinen Mitbürgern gleiche Lasten trage, wenn ich über diese keinen schädlichen Druck ausüben darf?

So wie der Grundsatz, auf welchem diese Theorien gebaut sind, die *Willkür* ist und das *Bedürfnis des Augenblicks*, so ist ihre Tendenz:

1. *Gleichmachung aller Stände.* Wir glauben aber, daß eine Monarchie ohne einen Mittelstand zwischen König und Volk nicht bestehen kann, weil dieser Mittelstand die Masse teilt, ihre Beherrschung also erleichtert und sie fester an den Staat knüpft. Eine Unzufriedenheit, sei sie jetzt in diesem Mittelstande oder beim Volke, kann keinem Regenten Sorge machen. – Man wage es aber einmal, wenn n u r e i n e große, ungeteilte Masse dem Throne gegenüberstehen wird, Unzufriedenheit in ihr zu erregen!

2. Ist die Tendenz: *Mobilisierung des Grundeigentums.* Alles soll gekauft und verkauft werden und in den Handel und Wandel kommen. Und dennoch ist es grade Grundbesitz, der am festesten an den Staat kettet, der Kaufmann aber ist der, der sich in allen Staaten gleichwohl befindet.

Wird denn das Grundeigentum nicht ferner fest an den Staat knüpfen? Wird es nicht mobilisiert durch die Verschuldung, durch den gerichtlichen Verkauf etc.? Über das Irrige in den hier angedeuteten Grundsätzen ist es hier der Ort nicht, sich auszulassen.

Wer sind die Ungebildeten? Könnte man den Rittergutsbesitzer, die Anstifter dieser Vorstellung waren, nicht die Beschuldigung machen, dass sie nur sich und den Wert ihrer Personen und ihrer Genossen sehen!
Dem Wechseln der Systeme soll eben vorgebeugt werden. Hiervon gilt, was schon über mehrere Äußerungen in diesem Aufsatz gesagt ist.

Diese doppelte Tendenz leuchtet aus allen *Verordnungen* und Schriften *derjenigen* hervor, *die Ew. K. M. Minister umgeben.* Schon gibt man uns und unsern Besitzungen den Namen nicht mehr, der uns zukommt, weil man ihn z u g u t für uns hält.

. . . .

Die Gleichmachung aller Stände macht die unteren, *ungebildeten* trotzig, *sie sehen nur sich und den Wert ihrer Person*, niemand über sich, denn der König steht ihnen zu fern; dazu das notwendige *Wechseln der Systeme* in der Administration, da k e i n e s m e h r durch Grundgesetze f e s t g e h a l t e n und das entgegengesetzte n i c h t a u s g e s c h l o s s e n w i r d; alles dieses muß notwendig einen solchen bürgerlichen Egoismus, eine solche politische Irreligiosität erzeugen, die den Staat wie eine bloße Zwangsanstalt betrachtet und den ersten Anlaß ergreift, sich von ihm loszureißen, um lieber die Gewalt selbst zu üben, als sie zu erdulden.“

Es entstünde freilich ein falscher Eindruck, wenn die kräftige Sprache der Randbemerkungen Hardenbergs als Indiz für die Durchsetzung des Prinzips der **„Gleichmachung der Stände"** interpretiert würde. Das schon oben geschilderte Nebeneinander von Tradition und Modernität prägt die ganze erste Hälfte des 19. Jahrhunderts in seiner eigentümlichen Verbindung von restaurativen und fortschrittlichen Elementen.

Dies wird auch wieder deutlich in der Frage der **Wahlberechtigung** im 19. und frühen 20. Jahrhundert. Die Wahlrechtsfrage ist ein vorzüglicher Indikator für den konstanten Widerspruch zwischen dem prinzipiellen Anspruch der freien und gleichen Bürger auf politische Partizipation und dem obrigkeitlichen Misstrauen gegenüber der vollen politischen Partizipation auch für die sozialen Unterschichten.

Auf der einen Seite wurde vom Frankfurter Vorparlament, das Ende März 1848 nach den Märzrevolutionen seine Arbeit aufnahm, für die

Wahl zum Paulskirchenparlament bestimmt, dass die „Wahlberechtigung und Wählbarkeit nicht beschränkt werden darf durch einen Wahlcensus oder durch eine Wahl nach Ständen": „Jeder volljährige selbständige Staatsangehörige ist wahlberechtigt und wählbar." Andererseits aber wurde dieser Widerspruch von Censusverbot und Selbständigkeitsbegrenzung zur Grundlage einer erheblichen Minderung der Zahl der Wahlberechtigten. Während etwa in Preußen nur jene ausgeschlossen wurden, die öffentliche Armenunterstützung bezogen, wurden in Österreich, Württemberg, Hannover und Kurhessen alle Tagelöhner, Dienstboten und Handwerksgesellen von der Wahl ausgeschlossen, und in Bayern durften gar nur die wählen, die eine direkte Staatssteuer bezahlten. Diese hier sichtbar werdende Diskriminierung der unteren Einkommensschichten blieb ein prägendes Element der Wahlgesetzgebung bis zum Ersten Weltkrieg. Im zweiten Kaiserreich bestanden unterschiedliche Wahlverfahren insofern, als der Reichstag nach einem allgemeinen gleichen Wahlrecht gewählt wurde, während in den einzelnen Ländern noch Zensuswahlsysteme galten, in Preußen das sog. **Dreiklassenwahlrecht**. Um die politischen Resultate dieser Differenz zu veranschaulichen, will ich aus einer Reichstagsrede des Abgeordneten der SPD, Eduard Bernstein (1850–1932), im Jahre 1906 zitieren, der die sächsischen Verhältnisse folgendermaßen kritisierte:

„Wie dieses neue Wahlsystem (von 1895/1906) die Meinung des Volkes fälscht, ja meine Herren, sehen Sie sich hier einmal die Vertretung Sachsens im Reichstag und diejenige im sächsischen Landtag an. Sachsen hat von 23 Abgeordneten für den Reichstag 22 Sozialdemokraten gewählt. Im sächsischen Landtag aber sitzt unter 82 Abgeordneten ein einziger Sozialdemokrat, der in einem kleinen Wahlkreis durch die Gunst des Zufalls durchgedrungen ist. 330 000 sächsische Landtagswähler haben im Landtag 81 Abgeordnete, und 440 000 Landtags-Wähler, also anderthalb mal soviel, nur einen einzigen."

Dann kam Bernstein auf das preußische Dreiklassenwahlrecht zu sprechen und sagte:

„Meine Herren, eine kleine Minderheit der Bevölkerung, $2^1/_2$% bildet die erste Klasse, etwa 11–12 % die 2. Klasse und mehr als 85 % die dritte Klasse. 1903 hatten wir in Preußen 239 000 Wähler 1. Klasse, 856 000 Wähler 2. Klasse und 6 Mio. Wähler 3. Klasse. 'Hört, hört' bei den Sozialdemokraten."

Schließlich erwähnte Bernstein noch die **ungerechte Wahlkreiseinteilung**, die dazu führte, dass es städtische Regionen gab, wo 340–370 000 Wähler einen Abgeordneten wählten, während in ländlichen Bezirken 40 000 Wähler einen Abgeordneten nach Berlin schickten. Kein Wunder, wenn 1883 der Minister v. Puttkamer (1828–1900) im Preußischen Abgeordnetenhaus erklärte, das Dreiklassenwahlrecht **„sei ein kostbares Gut, das die Regierung aufzugeben nicht gesonnen sei"**. Denn dieses Wahlrecht bewirkte, dass bei den preußischen Landtagswahlen 1908

die Konservativen mit 14,2 % aller Stimmen	152 Abgeordnete,
die Freikonservativen mit 2,2 %	60 Abgeordnete,
die Sozialdemokraten mit 23,87 %	1 Abgeordneten
stellen konnten.	

Die hier zutage tretende Tendenz der Gesellschaft des deutschen Kaiserreichs zur Bewahrung von Privilegien eines ständischen Verständnisses von Gesellschaft ist von der historischen Forschung als gravierender Strukturdefekt dieser Phase der deutschen Geschichte interpretiert worden. Hans-Ulrich Wehler hat argumentiert, dass der preußische Adel gestärkt aus der Agrarrevolution, d. h. der sog. Bauernbefreiung hervorgegangen sei, und dass die Hochkonjunktur im agrarischen Bereich auch der Grund dafür gewesen sei, dass die gesellschaftliche Bedeutung des Adels als einer feudalen Führungsschicht trotz der Durchsetzung der Industriellen Revolution so lange erhalten blieb.

Die adelige Kernschicht – so Wehler – bildete aber weiterhin zugleich einen exklusiven feudalen Berufsstand, der auch nach der Revolution von 1848/49 unverändert bevorzugt Staatshilfe genoss: 1852 wurde ein adelsfreundliches Fideikommissrecht (also ein Gesetz, das die Unteilbarkeit der adeligen Güter sicherte) eingeführt, 1853 wurde das preußische Herrenhaus zur Adelsdomäne, 1856 wurde das Polizeirecht des Gutsherrn erneuert. Erst 1927 erfolgte bekanntlich die endgültige Zerstörung der Reste der administrativen Gutsherrschaft durch die Auflösung der Rittergüter als selbständige Kommunal- und Ortspolizeibehörden. Von den 12 339 ritter- und kreistagsfähigen Gütern (also ab ca. 500 ha) waren noch 7023 in adeligem Besitz, die großen Güter von über 5000 ha waren sogar vollständig in adeliger Hand. Mochte sich auch die allmähliche Umwandlung der adeligen Bodenbesitzer in eine moderne Unternehmerklasse von landwirtschaftlichen Geschäftsleuten schon schleichend durchsetzen, so verteidigte doch die traditionelle Herrenschicht der adeligen Landbesitzer, des Offiziers- und Beamtenadels vehement und effektiv ihre gesellschaftlichen und politischen Privilegien. Sie be-

saß direkten Zugang zum Hof als einem der wichtigen Entscheidungszentren, sie kontrollierte dank ihres Übergewichts in der Ministerialbürokratie, Diplomatie und im Heer die Grundsäulen dieses Staatswesens. Und wenn auch ein bürgerlicher Liberaler wie der Historiker
Theodor Mommsen (1817–1903) erklärte, mit einem Kopf wie dem
des sozialdemokratischen Führers August Bebel (1840–1913) seien elf
preußische Junker so auszustatten, dass sie in ihrer Umgebung noch besonders auffielen, so änderte dies nichts an der Präponderanz dieser
Junkerköpfe, d. h. dem Übergewicht einer gesellschaftlichen Schicht, die
ihre Legitimation aus feudaler Zeit herleitete. Damit – so Wehlers
Schluss – ergab sich eine charakteristische Diskrepanz zwischen einer
sich rasch entwickelnden industriellen Gesellschaft und den diesen Prozess tragenden bürgerlichen Schichten. Wenn überhaupt, so kommt es
nur zu einer **„Pseudodemokratisierung"** dieser adeligen Führungsschichten, wie Hans Rosenberg formuliert hat. Und er meinte damit,
dass sich diese Schichten zwar widerwillig in die Machtverluste fügten,
die sie nun einmal hinnehmen mussten, dass sie aber aggressiv und um
so eher die noch verbliebenen sozialen Privilegien ausnutzten und
politisch nutzbar zu machen versuchten. So konstatiert etwa Rosenberg
keineswegs eine eigentlich zu erwartende Verbürgerlichung des Adels,
sondern spricht von einer **Refeudalisierung** des Kaiserreichs.

Ich hoffe, dass damit die enge Verschränkung von ständischer und
bürgerlicher Gesellschaft in der neueren deutschen Geschichte deutlich
geworden ist. Die Ausformung der bürgerlichen Gesellschaft, ihre Ausrichtung an bestimmten zentralen Normen ist abhängig von der Art und
Weise, wie die ständische Gesellschaft überwunden wurde. Dass dies in
Deutschland auf dem Wege einer Veränderung der Gesellschaft **von
oben** geschah, d. h. immer auch in der Absicht, vom Besitzstand der
Privilegierten möglichst viel zu bewahren und den andrängenden Kräften von Bürgertum und Arbeiterbewegung immer nur soweit nachzugeben, wie gerade nötig war, dies hat die gesellschaftliche Entwicklung
Deutschlands eigentlich bis zur nationalsozialistischen Machtergreifung
und ihren Folgen bestimmt, die erst durch den weitgehenden Austausch
der Eliten die Überreste jener ständischen Gesellschaft beseitigten.

Wir sind damit bei einem der interessantesten Kapitel der Diskussion
über den Nationalsozialismus angelangt, der Frage nämlich, was denn
der **Nationalsozialismus in sozialgeschichtlicher Hinsicht** für eine
Bedeutung gehabt habe. Nachdem schon Ralf Dahrendorf in seinem
Buch über „Gesellschaft und Demokratie in Deutschland" 1965 die These entwickelt hatte, dass der Nationalsozialismus für Deutschland die in
den Verwerfungen des kaiserlichen Deutschland verlorengegangene,

durch die Wirrnis der Weimarer Republik aufgehaltene soziale Revolution durchgesetzt und damit Nachkriegsdeutschland von der für Weimar bestimmenden Hypothek der „suspendierten Revolution" befreit habe, hat der amerikanische Historiker David Schoenbaum 1966/68 diese These aufgegriffen und in seinem Buch **„Die braune Revolution"** vertieft. Schoenbaum belegte dabei in beeindruckender Weise, dass der Nationalsozialismus nicht nur Terrorregime war, sondern auch Modernisierungsleistungen vollbrachte, die gerade bürgerlich-kleinbürgerliche Schichten von lang aufgestauten Benachteiligungen befreiten bzw. zumindest den Eindruck einer Befreiung vermittelten. Schoenbaum zitierte zur exemplarischen Verdeutlichung dieses insgesamt gründlich belegten Vorgangs die Aussage eines Marburger Gymnasiallehrers, der nach dem Kriege im Rückblick auf das Dritte Reich sagte: „Zum erstenmal in meinem Leben stand ich wirklich auf gleichem Fuß mit Menschen, die in der Kaiserzeit und in der Weimarer Zeit immer höheren oder niedrigeren Klassen angehört hatten, Menschen, zu denen man hinaufgeschaut oder auf die man hinabgeschaut, denen man aber nie in die Augen gesehen hatte. Der Nationalsozialismus löste diese Klassenunterschiede auf. Die Demokratie – soweit wir eine hatten – brachte das nicht zuwege und bringt es auch heute nicht zuwege." Beispiele für die hier angedeutete Verschmelzung der Klassen gab es tatsächlich viele in einem System, wo ein Prinz von Schaumburg-Lippe als Adjutant von Goebbels (1897–1945) fungierte, ein Prinz von Hessen Görings (1893–1946) Telefon bediente, wo eine Berliner höhere Tochter der Enge ihrer deutschnationalen Familie entfloh, um im Arbeitsdienst in **„Volksgemeinschaft"** mit Jungarbeiterinnen zu leben, oder wo Göttinger Jurastudenten ihren Professoren sagten, sie wollten keinen Staat, sondern eine „Volksgemeinschaft". Viele Intellektuelle – nicht zuletzt auch Historiker – erlagen dem Begriff der „Volksgemeinschaft", weil er eine Lösung der drängenden politischen und sozialen Fragen, der sozialen Spannungen und der geistigen „Kulturkrise" zu bieten schien.

Mit diesen Beispielen wird verständlich, worauf Schoenbaums Argumentation hinausläuft. Selbst wenn man seinen Begriff der sozialen Revolution angesichts noch beachtlicher Elitenkonstanz als zu weitgehend bezeichnet, wird man die These vom „grundlegenden Modernisierungsschub" akzeptieren, so wie das etwa Joachim Fest in seiner Hitlerbiographie getan hat, wenn er schreibt, dass der **Nationalsozialismus** Deutschland die **ausgebliebene soziale Revolution** gleichsam nachgeliefert habe, insbesondere im Zweiten Weltkrieg und in den von ihm bewirkten sozialen Veränderungen. Hans Mommsen hat demgegenüber von einer „vorgetäuschten Modernisierung" gesprochen.

Ein Goebbels-Zitat veranschaulicht diese Funktion des Krieges, wenn er in den letzten Kriegstagen inmitten der Bombenangriffe sagte: „Der Bombenterror verschont weder die Wohnstätten der Reichen noch die der Armen; vor den Arbeitsämtern des totalen Krieges mussten die letzten Klassenschranken fallen."

Als in den späten 70er Jahren der Heidelberger Arbeitskreis für moderne Sozialgeschichte eine „Sozialgeschichte der Bundesrepublik Deutschland" unter dem Gesichtspunkt von Kontinuitäten und Diskontinuitäten diskutierte, wurde der ungeheure Modernisierungsschub betont, der die Bundesrepublik ab 1950 erfasste und der sich erheblich von der „negativen Modernisierung" des Nationalsozialismus unterschied: Vor allen Dingen die Integration von ca. 12 Mio. Flüchtlingen und DDR-Bürgern bewirkte eine ungeheure **soziale Mobilisierung**, und es lassen sich erhebliche soziale Statusveränderungen zwischen den Generationen feststellen, die sich deutlich von denen des Kaiserreichs und der Weimarer Zeit unterscheiden. Selbst die 70er Jahre haben noch einmal eine Verstärkung dieses Prozesses gebracht, der die traditionellen Klassengrenzen überschreitbar machte. Diese große soziale Assimilationsleistung und das ihr zu Grunde liegende sog. Wirtschaftswunder ist nicht nur die Basis für die relativ problemlose Verminderung des Anteils der Beschäftigten in der Landwirtschaft zwischen 1950 und 1975 von 34 % auf 7 %, sondern auch die Basis für die politische Stabilität der Bundesrepublik Deutschland.

3.4 Vom mittelalterlichen Personenverbandsstaat zum modernen Sozialstaat

Vermutlich gibt es kein Thema, zu dem sich Historiker so vielfach geäußert haben, wie zum Thema Staat, historische Entwicklung des Staates, seiner Institutionen und seiner leitenden Persönlichkeiten. Dies gilt im wesentlichen für alle uns bekannten zivilisierten Gesellschaften; es hängt schlicht und einfach mit der zu Anfang erwähnten Grundtatsache zusammen, dass Geschichte etwas mit den Interessen politischer Gestaltung zu tun hat. Der Staat ist der Ort, an dem diese Interessen verwirklicht werden können bzw. ihren Ausgleich finden müssen.

Dieses Interesse kann vermutlich jeder nachvollziehen. Wir sind von staatlicher Tätigkeit in unserer Existenz vielfach betroffen. Der Staat beeinflusst unsere Ausbildungschancen, er stellt Arbeitsmöglichkeiten bereit oder nicht, er übernimmt unsere Altersversorgung, er gewährleistet eine soziale Mindestexistenz, verteidigt unser Land im

Notfall, und er will ob all dieser Leistungen offensichtlich auch geehrt und geliebt, jedenfalls nicht zu weitgehend kritisiert werden. Noch mehr als für die Menschen des 16./17. Jahrhunderts ist für uns eine Existenz ohne Staat völlig undenkbar. Gerade die neue Version des staatlichen Erscheinungsbildes – uns als **Sozialstaat** vertraut – spricht ja die Tatsache an, dass der Staat auch in diesem Bereich wesentliche Funktionen übernommen hat, die einstmals der Familie zukamen. Man hat dies umgekehrt den **Funktionsverlust der modernen Familie** genannt.

Auf der anderen Seite wird heute deutlicher, dass der Staat mehr denn je der aktiven Zustimmung seiner Staatsbürger bedarf – dies gilt jedenfalls für die westlichen Demokratien. Staatliche Herrschaft bedarf der ständigen **Legitimation**, die nicht mehr ein sinnfälliges und automatisches Nebenprodukt seiner Ordnungsfunktion ist. Anzeichen von „Staatsverdrossenheit" werden seismographisch genau registriert und ausführlich gedeutet, Basiskonflikte über Grundfragen unserer Existenz bestimmen zur Zeit die öffentliche Diskussion, und diese Diskussion bewegt sich sogar wieder auf Leitbegriffe zu, die zuweilen schon vergessen schienen. Ich meine hier etwa die durch politische Basiskonflikte ausgelöste Diskussion über den Begriff des „zivilen Ungehorsams" oder über das in unserer Verfassung verankerte Widerstandsrecht, das ja bekanntlich im Rahmen der Notstandsgesetzgebung 1969 in unsere Verfassung eingefügt wurde (GG Art. 20.4). Mit dem Begriff **Widerstand** (vgl. S. 84 ff.!) werden zugleich Stationen der Entwicklung deutscher Staatlichkeit heraufbeschworen, die uns auf den ersten Blick als Charakteristika des absolutistischen Staates, des frühkonstitutionellen Staates, des Kaiserreichs oder des Nationalsozialismus erscheinen, aber nicht als Probleme der **„freiheitlich-demokratischen Grundordnung"** der Bundesrepublik. Um nicht missverstanden zu werden: Es geht hier keineswegs darum, in der Bundesrepublik Zustände auszumachen, die nur mit Hilfe dieses „Widerstandsrechts" zu korrigieren wären. Vielmehr erscheint bemerkenswert, dass die Spannung zwischen staatlicher Ordnung und individueller Existenz auch in unseren scheinbar wohlgeordneten, grundgesetzlich sanktionierten Verhältnissen ein fortdauerndes Problem darstellt, dessen historische Dimension aufzuarbeiten uns wohl ansteht. In diesem Sinne wollen wir uns an ausgewählten Stellen dem Problem der Entwicklung des Staates vor allem in Deutschland widmen, wobei freilich immer wieder vergleichende Blicke auf europäische Entwicklungen eingeschoben werden sollen.

Noch eine andere Vorbemerkung zum Charakter deutscher Staatlichkeit im Vergleich zu der anderer europäischer Staaten muss vorausgeschickt werden. **Deutsche Staatlichkeit** ist immer zweifach zu sehen, einmal auf der Ebene des Reiches, des Deutschen Bundes, des Kaiserreichs, zum anderen auf der Ebene der einzelnen Territorialstaaten, der Bundesstaaten, der Bundesländer. Wir müssen erkennen, dass sich die Entwicklung zum modernen Staat, d. h. zu der den Untertanen letztlich erfassenden Qualität des Staates, allein auf der territorialen Ebene vollzieht. Darin liegt immer auch eine gewisse Schwierigkeit beim Vergleich staatlicher Entwicklungen in Europa. Schon Ranke hat diesen Unterschied zwischen deutscher und westeuropäischer Geschichte betont, wenn er sagte: „In Deutschland gab es immer über all den einzelnen Staatsgewalten noch etwas, das nicht wieder Gewalt war, sondern den Einwirkungen derselben, so viel als möglich entrückt, auf dem Boden der Reichsgesetze, der Vergangenheit und der Gelehrsamkeit ruhend, die Idee eines rechtlichen, juristisch gesicherten Zustandes an und für repräsentiert." Selbst wenn wir das Verhältnis von Territorien und Altem Reich heute etwas nüchterner formulieren würden, so führt kein Weg vorbei an der Erkenntnis, dass die doppelte Ebene der Staatlichkeit die deutsche Geschichte entscheidend geprägt hat. Darauf wird im Schlusskapitel noch zurückzukommen sein.

Es lässt sich für Deutschland eine historische Traditionslinie des **Interventionsstaates** ausmachen. Sie reicht von der sog. „Policey"-Tradition der Frühen Neuzeit bis in die Rechts- und Sozialstaatsdiskussion des 20. Jahrhunderts. Freilich enthält diese Tradition auch eine Tendenz zur Überbewertung des Staates, zur Entwicklung seiner Allkompetenz und damit zur Schwächung gesellschaftlicher Selbstorganisation. Die Durchsetzung wesentlicher Modernisierungsvorgänge „von oben" – wenn diese auch auf vielfachen Druck von unten reagierten – hat diese Rolle des Staates unvermeidlich verstärkt. Vielleicht lässt sich mit den so skizzierten Vorbedingungen auch viel von dem erklären, was im 19. und 20. Jahrhundert als „Treue zur Dynastie", als Erfolg des „lutherischen Obrigkeitsdenkens", als spezifisch „deutscher Untertanengeist" angesprochen wurde. Beobachtungen dieser Art scheinen zu vordergründig, um eine Erklärung für den deutschen Weg in die Moderne abzugeben.

Amerikanische, englische und französische Historiker haben sich oft aus der Verlegenheit geholfen, indem sie sich vor allem auf Preußen konzentriert und dann die preußische Geschichte des 17./18. Jahrhunderts zur allgemein verbindlichen deutschen Vorgeschichte gemacht haben. Wir müssen uns aber klar machen, dass das vorrevolutionäre und frühkonstitutionelle Deutschland ein vielfältig differenziertes politisches System ist, für das der außenpolitisch aktivste deutsche Territorialstaat dieser Epoche, später der Militärstaat schlechthin, kaum als repräsentatives Beispiel genommen werden kann.

In der Überschrift dieses Kapitels wurde schon angedeutet, dass der Weg des Staates vom mittelalterlichen „Personenverbandsstaat" bis zum modernen „Sozialstaat" verfolgt werden soll. Natürlich kann das nicht eine auch nur in knappster Form entwickelte Geschichte des Staates bedeuten, lediglich einige Stationen dieses Weges können berührt werden. Gleichwohl soll die Überschrift die historische Distanz angeben, die hier überbrückt werden soll.

Beginnen wir also beim ersten Begriff an, obwohl wir damit – getreu unserer problemorientierten Methode der Periodisierung, die wir Prozessualisierung genannt haben – weit über den Beginn der Neueren Geschichte zurückgreifen. M. E. ist der Begriff des Personenverbandsstaates geeignet, um uns das spezielle Problem mittelalterlicher Staatlichkeit vor Augen zu führen. Der Begriff ist von dem Mediävisten Theodor Mayer (1883–1972) eingeführt worden, der 1939 einen Aufsatz über „Die Ausbildung der Grundlagen des modernen Staates im hohen Mittelalter" publizierte (Historische Zeitschrift 149, 1939). Kernpunkt seines Aufsatzes war die Darlegung der Entwicklung von Staatlichkeit im Übergang vom Hochmittelalter zur Frühen Neuzeit und die Verdichtung dieses Vorgangs in dem Begriffspaar **Personenverbandsstaat** bzw. **institutioneller Flächenstaat**. Mayers Begriffspaar ist bereits die Reaktion einer neuen Mediävistik, die sich in stärkerem Maße von der alten staatsrechtlich geprägten Begrifflichkeit löste, wie sie das späte 19. Jahrhundert vor allem ausgebildet hatte, und sich der Untersuchung von Formen der Herrschaft zuwandte. Hier hatte man ohne langes Zögern den Staatsbegriff eben des 19. Jahrhunderts auf mittelalterliche Verhältnisse übertragen, und für einen Vertreter dieser Zunft wie Georg von Below (1885–1927) war es in seinem Buch „Der deutsche Staat des Mittelalters" (1914) geradezu eine besondere Erkenntnisaufgabe, den Nachweis zu führen, dass es bereits im Mittelalter einen deutschen Staat im modernen Wortsinne gegeben habe. Lassen wir Theodor Mayer selbst zu Wort kommen:

„Der germanische und der frühe deutsche Staat war ein Volksstaat, er beruhte primär nicht auf der Herrschaft über ein Gebiet, sondern auf einem Verband von Personen, die ausgestattet mit ursprünglichen, eigenen Rechten in den Staat eingegliedert wurden. Diese Eingliederung ist jeweils verschieden, war aber immer das entscheidende Problem der mittelalterlichen Verfassungsgeschichte. Daraus ergab sich eine unendliche, verwirrende Mannigfaltigkeit von Bindungen, Herrschafts- und Abhängigkeitsverhältnissen. Es ist klar geworden, dass der Adel Rechte besaß, die wir heute als staatliche Hoheitsrechte bezeichnen, Funktionen ausübte, die heute als staatliche Funktionen gelten. Georg v. Below hat den Satz ausgesprochen, dass Gerichtsbesitz adelt. Nach neueren Forschungen haben wir eine andere Vorstellung von den Rechten des mittelalterlichen Adels erhalten, wir kehren den Satz v. Belows um und sagen, dass es das verfassungsmäßige Merkmal des Adels war, dass er Hoheitsfunktionen zu eigenem Rechte, also nicht dazu von der staatlichen Gewalt beauftragt oder delegiert, nicht auf Grund einer besonderen Übertragung von Aufgaben ausübte. Der Adel schützte sich auch selbst, das war sein Recht, aber auch seine Pflicht. In diesen Eigenheiten und in der dadurch bedingten ständischen Gliederung ruhte die aristokratische Form des **Personenverbandsstaates**, in dem es einen Stand gab, der Rechte, die heute als staatlich bezeichnet werden, von sich aus besaß und sie nicht nur gegenüber seinen Eigenleuten, sondern schlechthin auf seinem Grundbesitz, der adeligen Grundherrschaft, ausübte. Der Lehnsstaat, der feudale Staat brachte hier nur eine geringe Änderung, weil er zwar die Funktionen und Rechte auf königliche Verleihung zurückführte, sie aber dem Adel voll beließ. Diese feudale Form des Personenverbandsstaates ist demnach dadurch gekennzeichnet, dass bei ihr die Rechte des Adels nicht ursprüngliche, sondern von der Zentralgewalt abgeleitete waren. Immer aber sehen wir einen Staat vor uns, der grundsätzlich vom modernen Staat unterschieden ist und nicht mit dem Maßstab des Staates des 19. Jahrhunderts gemessen werden darf, als ob dieser Staat die einzige und eigentliche Staatsform wäre.

Im Gegensatz dazu steht der moderne Staat. Bei ihm ist der anstaltliche Charakter sehr stark ausgebildet, er ist ein **monistischer Flächenherrschaftsstaat**. Er anerkennt keine Rechte und keine staatlichen Funktionen innerhalb des von ihm beherrschten Gebietes, die er nicht selbst verliehen hat und die nicht von ihm hergeleitet werden. Es gibt in ihm keinen Stand mit eigenständigen Hoheitsrechten und Funktionen. Hoheitsrechte sind ausschließlich staatliche Rechte, deren Ausübung grundsätzlich von staatlichen Organen besorgt wird. Der moderne Staat liegt daher auf einer ganz anderen Ebene und hat sich auch nicht einfach aus dem Staat des frühen Mittelalters heraus entwickeln können."

Es kann uns jetzt hier nicht darum gehen, alle Faktoren aufzuführen, die diesen Übergang bewirken. Er macht den Kern der hoch- und spätmittelalterlichen Verfassungsgeschichte aus. Allgemein formuliert können wir feststellen, wie ein **langsamer Prozess der Kumulierung von Herrschaftsrechten** in der Hand der Landesfürsten einsetzt, der Gerichtsbarkeit, Friedenssicherung, Eigenkirchenrechte umfasst, um nur einige zu nennen, hinzu kommen die Regalien, die in zunehmendem Maße den Weg vom König zu den Fürsten finden, das Landesfürstentum schafft sich im Stand der Ministerialen eine eigene, ihm ergebene Führungsschicht.

All dies klingt auf eine spezifische Weise professionell mediävistisch und unverdächtig, und ich will am Schluss nur ein kurzes Zitat aus dem gleichen Aufsatz Theodor Mayers anführen, das deutlich machen soll, in welcher Art und Weise 1939 dem Nationalsozialismus von der offiziellen Wissenschaft Reverenz erwiesen wurde. Es sind diese manchmal leicht übersehbaren Einschübe, an denen sich die **Korrumpierung der Geschichtswissenschaft** während des Nationalsozialismus zeigt. Mayer versucht, den nationalsozialistischen Staat als Synthese der beiden historischen Staatstypen zu deuten, wenn er schreibt:

„Der institutionelle Flächenstaat bedeutete in der technischen Staatsentwicklung einen gewaltigen Fortschritt, aber er erlag der Gefahr der Entwicklung als Selbstzweck im fürstlichen Herrschafts- und Machtstaat und damit der Trennung der Einheit von Volk und Staat. Nur wenige Fürsten besaßen die richtige Erkenntnis ihrer Aufgaben und Funktionen im Rahmen des Gesamtvolkes. Noch rund sieben Jahrhunderte hat es gedauert, bis in unseren Tagen jene höhere Synthese zwischen dem Volksstaat als dem Personenverbandsstaat und dem institutionellen Flächenstaat herbeigeführt worden ist, durch die das Volk wieder unmittelbarer, verantwortlicher Träger des Staates, Subjekt des Staates und nicht mehr Objekt der Herrschaft geworden ist, bis die alten germanischen Grundlagen des Staates, die lange von der Technik der Staatsverwaltung überwuchert worden waren, wieder zu eigenem Leben durchdrangen und die Herrschaft im Staat an sie überging."

Wenden wir uns dem modernen institutionellen Flächenstaat zu, dann müssen wir neben der administrativen Verdichtung, der Idealvorstellung des **„territorium clausum"**, der Einheitlichkeit des Rechts vor allem ein Merkmal herausstellen. Es durchzieht die gesamte deutsche Verfassungsgeschichte der Frühen Neuzeit und bietet uns auch den Anknüpfungspunkt für die frühkonstitutionelle und parlamentarische Epoche der neueren Geschichte. In der Forschung ist es zu Recht üblich geworden, den Vorgang der modernen Staatsbildung als einen dualen

Prozess zu interpretieren bzw. den spätmittelalterlich-frühneuzeitlichen Staat als dualistischen Staat zu betrachten.

Als Grundlage dieser Entwicklung gilt gemeinhin das berühmte Reichsweistum von 1231, in dem den Landesherren geboten wurde, „novae constitutiones vel leges" nicht ohne den Konsens der „maiores et meliores terrae" zu erlassen. Dieser Spruch stellt die Formalisierung eines Miteinanderhandelns von Fürst und Ständen im frühen Territorialstaat dar, das der schon mehrfach erwähnte Mediävist Otto Brunner auf die Begriffe von **„Schutz und Schirm"** und **„Rat und Hilfe"** gebracht hat. Gemeint ist damit, dass in der von feudalen Prinzipien geprägten Gesellschaft der Landesfürst wesentliche Entscheidungen nicht allein treffen kann. Wenn er Steuern erheben will, wenn er Söhne und Töchter ausstatten will, wenn er Ämter verpfänden will, wenn er Krieg führen und Frieden schließen will, dann ist er auf „Rat und Hilfe" seiner Stände angewiesen. In einzelnen Fällen werden die Stände auch zur Kontrollinstanz gegenüber jenen Landesfürsten, die dynastische Eigeninteressen vor die Interessen des Landes stellen, d.h. trotz der kooperativ klingenden Formulierung „Rat und Hilfe – Schutz und Schirm" – wie sie Brunner in den Vordergrund stellt – liegt in dem Verhältnis von Fürst und Ständen eine Dynamik, die notwendigerweise auch auf Konflikte hinzielen musste, wenn neue Entscheidungen anstanden, die nicht mehr im kooperativen Sinne gelöst werden konnten. Vor allem die Frage: Wer gewinnt den definitiven Zugriff auf die Untertanen?

Es kommt jetzt zu Verträgen zwischen Fürst und Ständen, wie wir sie etwa in der englischen Magna Charta Libertatum von 1215 oder im Tübinger Vertrag von 1514 zwischen Herzog Ulrich (1487–1550) und den württembergischen Landständen sehen können. Es sind dies ad hoc getroffene Verträge, Regelungen über Rechte und Pflichten von Fürsten und Ständen, z.T. von entscheidender Bedeutung wie 1514, als sich die württembergischen Stände die Entscheidung über Krieg und Frieden vorbehalten und damit ein wesentliches Recht fürstlicher Souveränität, auch wenn es diesen Begriff 1514 noch nicht gibt, an sich ziehen. Diese Phase der ständischen Machtentfaltung ist als **dualistischer Ständestaat** bezeichnet worden, und man hat diesen Staat mit einer Ellipse verglichen, in der Fürst und „Landschaft" (dies ist der korporative Zusammenschluss der Landstände) als die beiden Brennpunkte existieren. Ein solcher Vergleich ist durchaus berechtigt, wenn wir uns in einigen Territorien umsehen, in denen die Stände im 16. Jahrhundert durchaus wichtige Herrschaftsrechte und Teilhabe bzw. Mitbeteiligung an der Verwaltung übernommen haben.

Vor diesem Hintergrund können wir im dualistischen Ständestaat bestimmte Entwicklungsmöglichkeiten erkennen, wie sie etwa in England verwirklicht worden sind. Der Ständestaat ist in seinem Kern auf das Bewilligungsrecht der Stände für Steuern gegründet. Der Landesfürst muss – will er die Untertanen des Adels besteuern – die Zustimmung der größten Landbesitzer, also der Prälaten und Klöster sowie der Adeligen, einholen, und dies lässt sich nur auf den Landtagen erreichen, die deshalb immer – wie es in zeitgenössischen Quellen heißt – „Geldtage" sind. Die Stände aber nutzen diese Gelegenheiten, um dem Landesfürsten ihre Forderungen vorzulegen, ihre autonomen Rechte zu vergrößern oder zumindest zu sichern, um Gesetzgebung zu initiieren; sie legen ihre sog. **Gravamina** (Beschwerden) vor, und in mehreren Verhandlungsschritten kommt man schließlich dem sog. Abschied des Landtags näher, der Rechtsform nach ein Vertrag über Leistungen und Gegenleistungen. So zeigt sich, dass die landständische Verfassung ein offenes politisches System ist, das beachtliche Entwicklungsmöglichkeiten bietet, wie uns das englische Beispiel mit seiner Entwicklung zur Parlamentsherrschaft immer wieder verdeutlichen kann.

Bei dieser Erörterung der Rolle der Stände sollte noch auf einen aus dem römischen Recht stammenden Satz hingewiesen werden, der sich in den Debatten um ständische Mitspracherechte aus dem Hoch- und Spätmittelalter mehrfach findet. Es ist die Formel: **„Quod omnes tangit, ab omnibus approbari debet."** (Was alle betrifft, dem müssen alle zustimmen). Sie wird in vielen Ständeversammlungen zunächst zum Argument derer, die ihre Mitspracherechte gegenüber dem Landesfürsten durchsetzen wollen. Aber sie taucht interessanterweise auch im späten 16. Jahrhundert im Argumentationspotential der in die Minderheit geratenen deutschen protestantischen Reichsstände auf, die sich gegen die Majorisierung durch die katholischen Stände wehren. Mir scheint in der Formel Q. o. t. – wie sie in der Forschung normalerweise genannt wird – eine für den europäischen Bereich charakteristische Tendenz zu einer konsensuellen Fundierung von Politik zu liegen, die zugleich deutlich macht, dass es gerade die der feudalen Ordnung eigene Mischung von Unterordnung und Widerstandsrecht ist, die den Boden abgibt für das, was wir in der Rückschau die Entwicklung demokratisch-repräsentativer Verhältnisse nennen. Die Frage, die wir uns nun stellen müssen, ist die, warum es in Deutschland nicht zu einer Stärkung des ständischen Elements gekommen ist, d. h. zu einer frühen ständischen Herrschaft, sondern zur Durchsetzung eines landesfürstlichen Absolutismus, jedenfalls als Normalfall der Entwicklung, worunter im Hinblick auf die Stellung der Stände immer auch ihre Entmachtung, eine Entwertung ihres Bewilligungsrechts verstanden wird.

Die Forschungsdiskussion hat dazu eine Reihe von Gründen ausgemacht. Man hat von den – oben bereits erwähnten – Primogeniturregelungen gesprochen, die das Ende von schwächenden Landesteilungen bewirkten, man hat die Stärkung der Landesfürsten durch die Reformation erwähnt und man hat schließlich noch einmal auf die Einrichtung stehender Heere nach 1648 hingewiesen, die dem Landesfürsten das entscheidende Machtmittel in die Hand gab.

Ein weiteres wichtiges Argument wird man darin sehen müssen, dass im 16./17. Jahrhundert vom **Reichstag**, dessen Fürstenrat ja die deutschen Landesfürsten vereint, eine Politik betrieben wird, die man als planmäßige **Entprivilegierung** der Landstände bezeichnen kann. Angesichts der im 16. Jahrhundert ständig steigenden und sich wiederholenden Reichssteuern zu Gunsten der Türkenkriege formulieren die Reichsabschiede immer wieder die Verpflichtung der Landstände, diese Steuern zu bezahlen, nehmen ihnen also den Raum für Gravamina und damit für das tradierte Modell des Verhandelns um Leistung und Gegenleistung. Dies geschieht zum ersten Mal 1543, und der Endpunkt dieser Entwicklung ist dann der Art. 180 des **Reichsabschiedes von 1654**, in dem den Landständen nicht nur die Bezahlung der Steuern für das Reich, sondern auch die Kosten für die Besetzung von Festungen in den einzelnen Territorien auferlegt wurde. So entsteht jenes Landesfürstentum, das zwar die Landstände nicht völlig zerstört, ihre politische Macht aber aushöhlt. Damit wird ein Zustand erreicht, der für die Geschichte des späten 17. und des 18. Jahrhunderts charakteristisch geworden ist – wenn wir von einigen wenigen Territorien absehen.

Neben diesen formal-verfassungsrechtlichen Gründen, die für den realen Ablauf dieser Entmachtung verantwortlich sind, muss noch auf einen anderen wichtigen Faktor hingewiesen werden. Es ist die Frage nach der **Natur des Staates**, der in der Frühen Neuzeit entsteht, oder – marxistisch gefragt – nach dem Klassencharakter des Staates. Die marxistische Forschung tendierte dazu, den Staat in seiner jeweiligen Erscheinungsform zum Agenten der historisch jeweils herrschenden Klasse zu erklären, d. h. der Staat des 17./18. Jahrhunderts ist feudal qualifiziert, vertritt die Interessen der Feudalklasse, des grundbesitzenden Adels, der Staat des 19./20. Jahrhunderts ist der bürgerliche Staat, er vertritt natürlich die Interessen des Bürgertums (genauer wohl die des Besitzbürgertums).

Wenn sich hier Änderungen im Klassencharakter ergeben sollen, dann höchstens erzwungenermaßen, wie dies eben erwähnt wurde, als ich davon sprach, dass nach Meinung des sowjetischen Historikers Porschnew und des DDR-Historikers Heitz der Adel nur deshalb seine partielle Entmachtung hinnimmt, weil er durch Druck von unten – d. h. durch verschärften „Klassenkampf" – dazu gezwungen wird. Diese Charakterisierung trifft aber nicht den Kern des Problems.

Es wäre kaum möglich, die Entwicklung des modernen, absolutistischen Staates zu erklären, wenn man ihn nur als Agenten der Feudalklasse bezeichnen würde. Historisch interessant sind vor allem die Phasen und Bereiche staatlicher Tätigkeit, in denen er gegen das Interesse des Adels vorgeht, gleichgültig aus welchen Motiven auch immer, wenn nur die jeweiligen Maßnahmen objektiv die Funktion haben, Privilegien des Adels zu beschneiden, die grundherrliche Autonomie einzuschränken, den Adel ebenfalls staatlicher Kontrolle zu unterwerfen, oder anders gesagt, das Durchgreifen **staatlicher Herrschaft** auf die Untertanen sicherzustellen. Genau dies geschieht aber, und wie immer wir den modernen Staat charakterisieren, ob durch seine größere Perfektibilität, seine Rationalität, seine stärkere Herrschaftsintensität, seine von qualifizierten Beamten getragenen dauerhaften Institutionen, seine Rechtseinheitlichkeit, alles dies ist im Prinzip in seiner Wirkung antiadelig. Es kommt hinzu, dass der moderne Staat die Tendenz entwickelt, als **pouvoir neutre**, als **neutrale Gewalt zwischen Adel und Untertanen** zu intervenieren und damit eine vorsichtige Weiterentwicklung der staatlich-sozialen Ordnung zu ermöglichen. Wir können z. B. an die Bauernschutzpolitik des Absolutismus erinnern. Als solche bezeichnet man eine Reihe von Maßnahmen zur Erhaltung der bäuerlichen Hofstellen, ganz gewiss nicht aus Motiven reiner Bauernfreundlichkeit heraus entwickelt, aber eben doch gegen adelige Interessen durchgesetzt und getragen von dem Bestreben, dem Staat selbst die notwendigen Steuereinnahmen zu sichern. Auch die Gewährung bestimmter Grundprinzipien der **Rechtsstaatlichkeit** ist so zu interpretieren. Sie garantieren ein bestimmtes notwendiges Maß an prozeduraler Chancengleichheit, und sie setzen damit eine Dynamik wachsender Ansprüche in Gang, die über die Grenzen des gegebenen Systems hinausführt.

Wir haben schon festgestellt, dass der Ständestaat bzw. seine absolutistische Variante über **keine geschriebene Verfassung** verfügte. Die Rahmenbedingungen seines Handelns ergaben sich aus vertraglich geregelten Präzedenzfällen, die freilich keine Sperrschranke für neue, in eine andere Richtung gehende Verträge boten. Hier bedeutet erst die amerikanische Verfassung von 1787 bzw. die französische Revolutionsverfassung von 1791 den Durchbruch zu einem neuen Denken, das freilich nicht völlig unvorbereitet wirksam wurde. Seit dem Beginn des 17. Jahrhunderts können wir in England die Entwicklung des Begriffs von **constitution** etwa in der Bedeutung von „nature" oder „form of government" beobachten. Doch die spezifische Bedeutung des Verfassungsbegriffs als Schutzinstrument für individuelle Rechte gegenüber dem Staat erhält der Begriff erst in der amerikanischen und französischen Revolution. Zwei Zitate sollen das belegen und uns zugleich begrifflich ins konstitutionelle Zeitalter hineinführen.

In einer Resolution des Ortes Concord in Massachusetts vom 21. Oktober 1776 heißt es: „We conceive that a constitution in its proper idea intends a system of principles established to secure the subjects in the possession and enjoyment of their rights and privileges, against any encroachments of the governing part."

Und in dem Artikel 16 der französischen Déclaration des Droits de l'homme et du citoyen vom 26. August 1789 heißt es apodiktisch: „Toute société, dans laquelle la garantie des droits n'est pas assurée, ni la séparation des pouvoirs déterminée, n'a point de constitution."

Damit kann die Forderung nach einer Verfassung, einer Constitution, zum Kampfruf des frühen 19. Jahrhunderts werden, nachdem der Untergang des Alten Reiches besiegelt war und neue Erwartungen durch das Versprechen des Artikels XIII der **Wiener Bundesakte von 1815** freigesetzt wurden, dass in den Staaten des Bundes „landständische Verfassungen stattfinden" würden. Von den ursprünglichen Verfassungsplänen, die in der Euphorie des europäischen Widerstands gegen Napoleon zunächst von der Überzeugung ausgingen, dass man den in den Freiheitskriegen erwachten Völkern entgegenkommen müsse, blieb nicht viel übrig, und die Pläne wurden auf diesen folgenreichen Artikel XIII reduziert. Aus dem Kontext, in dem er entstanden war, bot er kein Hindernis mehr für konstitutionelle Repräsentativverfassungen nach dem Muster der französischen „Charte constitutionelle" von 1814, die auf diese Art und Weise zum Muster zumindest für den südwestdeutschen Konstitutionalismus wurde. Einige Erläuterungen über diese „Charte", die ja bekanntlich zur verfassungspolitischen Grundlage der mit Ludwig XVIII. (1755–1824) restaurierten Bourbonenmonarchie geworden war, mögen hier von Nutzen sein.

Schon in der Erklärung von St. Ouen vom 2. Mai 1814, die zwischen dem neuen König und Abgesandten des Senats ausgehandelt worden war, wurde die Grundlinie der späteren Charte deutlich: Der König gestand eine liberale Verfassung mit Zweikammersystem (also in Anlehnung an das englische Beispiel) zu: Budgetrecht des Parlaments, Rechtsgleichheit und Meinungsfreiheit für alle Staatsbürger, Garantie der bestehenden Eigentumsverhältnisse (damit also auch der erheblichen Eigentumsverschiebungen der Revolutionsjahre), Unabhängigkeit der Richter, Wählbarkeit aller Franzosen für öffentliche Ämter. Er bestand aber auf der Anerkennung seines Gottesgnadentums. Die endgültige **Charte constitutionelle** beginnt dann mit einer Erklärung des Königs, die den interessanten Versuch darstellt, die Grundsätze der neuen Verfassung auf das Zusammenwirken der alten französischen Könige mit dem Dritten Stand zurückzuführen und zugleich die unheilvolle Entwicklung zwischen 1792 und 1814 zu verdrängen. In der Tat ist von der Revolution und ihren Wirkungen nur in dunklen Wendungen die Rede. Dass Ludwig XVIII. der Meinung war, die Charte in voller Souveränität zu erlassen, zeigt der Stil dieser Präambel, der den Ordonnanzen des Ancien Régime nachempfunden ist. Solche Tendenzen der Bewahrung der Souveränität wurden allerdings nicht durch die anderen Bestimmungen gedeckt. Die gesetzgebende Gewalt wurde „vom König, der Pairskammer und der Deputiertenkammer" gemeinsam ausgeübt. Die Kammern hatten auch ein indirektes Gesetzesvorschlagsrecht. Insgesamt ergibt sich ein Gegensatz zwischen der programmatisch monarchischen Tonlage der Präambel und der Realität der liberalen Verfassungsbestimmungen. Dies ist in gewisser Weise auch typisch geworden für die südwestdeutschen Konstitutionen, die in deutlicher Nachfolge dieser Charte zwischen 1818–1820 erlassen wurden, nach der dann auch diese Regierungsweise als **konstitutionelle** Regierungsweise bezeichnet wurde. Nach dieser Theorie, die im Artikel 57 der **Wiener Schlussakte von 1820** offiziell formuliert wurde, bleibt die Fülle der Gewalt substantiell im Oberhaupt des Staates vereinigt, sie wahrt damit das sog. **monarchische Prinzip**. Es heißt nämlich in Artikel 57:

> „Da der deutsche Bund, mit Ausnahme der freien Städte, aus souverainen Fürsten besteht, so muß dem hierdurch gegebenen Grundbegriffe zufolge die gesamte Staats-Gewalt in dem Oberhaupte des Staates vereinigt bleiben, und der Souverain kann durch eine landständische Verfassung nur in der Ausübung bestimmter Rechte an die Mitwirkung der Stände gebunden werden."

Es wird damit der Kompromisscharakter dieses deutschen **Frühkonstitutionalismus** deutlich. Auf der einen Seite haben wir die Fixierung des Souveränitätsprinzips und des monarchischen Prinzips, auf der anderen Seite werden in den frühkonstitutionellen Verfassungen neue Mitwirkungsmöglichkeiten für Bürger und Bauern geschaffen, ohne freilich diesen zwei Kammern mehr als gewisse eng begrenzte Rechte, meist das Budgetrecht, zuzugestehen, während eine weitergehende Parlamentarisierung, d. h. die Verantwortlichkeit der Minister gegenüber der Kammer, noch nicht erfolgte. Es muss dabei auch gesehen werden, dass der eben zitierte Artikel 57 der Wiener Schlussakte bekanntlich ein Versuch aus dem Jahre 1820 ist, die bereits in den süddeutschen Verfassungen (Bayern, Baden, Württemberg, Hessen) eingeräumten Zugeständnisse (Teilhabe an Gesetzgebung und Budgetrecht) unter einen Generalvorbehalt zu stellen, um noch einmal einer weitergehenden Liberalisierung einen Riegel vorzuschieben.

Eigentlich lassen sich diese Grundlinien der Verfassungsentwicklung fortschreiben in das zweite Kaiserreich und damit bis zum Ersten Weltkrieg. Es bleibt beim monarchischen Prinzip, es bleibt bei der fehlenden Verantwortlichkeit des Reichskanzlers und der Staatssekretäre, bis erst während des Krieges bescheidene Pläne zu einer **Parlamentarisierung der Reichsverfassung** verwirklicht wurden. Sie wurden jedoch – wie etwa die Stärkung des Haushaltsausschusses des Reichstags – eher aus praktischen Notwendigkeiten, denn aus reformerischen Zielsetzungen heraus initiiert.

Bevor wir auf die relativ triste parlamentarische Geschichte des Kaiserreichs eingehen, möchte ich noch einige zusammenfassende Bemerkungen zur staatsrechtlichen Klassifizierung der wichtigsten Etappe deutscher Staatsbildung machen. Das Alte Reich, das bis 1806 bestand, bereitet dabei am meisten Schwierigkeiten, weil es in keine der üblicherweise verwendeten aristotelischen Klassifizierungen, also Aristokratie, Monarchie, Demokratie hineinpasst und nur als Mischform eigenen Typs verstanden werden kann. So gibt es die berühmte Charakterisierung des **Severinus de Monzambano** alias Samuel von Pufendorf (1632–1694), der in seinem Traktat „De statu imperii Germanici" (1667 fiktiv in Verona erschienen) das Reich als **„irregulare aliquod corpus et monstro simile"**, also als unkategorisierbar im Sinne der Staatsformenlehre des Aristoteles bezeichnete. Dieses Klassifizierungsproblem schlägt sich in der immer wieder neu gestellten Frage nieder, ob das Reich als eine Monarchie oder als eine aristokratisch temperierte Monarchie zu bewerten sei oder wo denn nun die Souveränität liege, beim Kaiser oder beim Reichstag, mit jeweils höchst unterschiedlichen Konsequenzen etwa für die Rolle des Reichstages. Es macht auch heute noch einen gut Teil des Reizes aus, den das Alte Reich ausübt, dass die vertrauten Kategorisierungen nicht anwendbar sind, dass immer wieder widersprüchliche Faktoren deutlich werden, die gerade auch dem Vergleich mit den westeuropäischen Verfassungsinstitutionen entgegenstehen.

Nach dem Westfälischen Frieden, der den Territorialstaaten auch formell die sog. Territorialsuperiorität einbrachte, war es trotz einer überraschenden Stärkung des Reiches unter Kaiser Leopold I. (1658–1705) unübersehbar geworden, dass der Reichsverband eine nur noch lockere Föderation so gut wie selbständiger Staaten geworden war, dessen Kern noch immer der **Lehnsnexus** bildete, d. h. die Übertragung der Territorien zu Lehen an den jeweiligen Landesherrn. 1566 ist mit Kurfürst August von Sachsen während des Reichstags in Augsburg zum letztenmal ein Reichsfürst öffentlich belehnt worden. Am Ende des 18. Jahrhunderts wird zwar immer noch an diesem Brauch festgehalten, doch wird die **Belehnung** per procurationem vorgenommen. Gleichwohl beeindruckt noch die strenge Anwendung des Reichszeremoniells, wie das folgende Zitat aus einem Zeitungsbericht über eine solche Belehnung zeigt:

„Wien, vom 27. November 1773
Da am 24sten dieses am Kayserl. Hofe die Belehnung des Königs von Schweden mit Vorpommern und dem Fürstenthum Rügen vorgegangen, so ist es vielleicht manchem nicht unangenehm, diesen Belehnungs-Act nach dem alten Ceremoniel beschrieben zu sehen: Die beyden Gesandten, der Graf Bark und der Graf Oxenstierna, fuhren in 2 sechsspännigen Kutschen, in der ersten sie und in der zwoten der Schwedische Rath von Harder, unter Vortretung 2 Portiers, 4 Läufer und 20 Bedienten, nach Hofe. Nicht weit davon stiegen sie vor einem Privathause aus, worin sie so lange verweileten, bis ein Kayserl. Läufer ihnen die Nachricht brachte, sie könten izt in die Hofburg fahren. Daselbst verfügten sie sich in die Antischambre. . . . Hierauf wurden die Flügel geöfnet, und die beiden Gesandten der von dem Ober-Hofmeister eingeführt. Diese fielen gleich beym Eintritte des Kreises auf beyde Knie nieder, standen wieder auf, näherten sich weiter bis in die Mitte des Saals, und fielen abermals nieder, erhoben sich wieder, giengen vollends zum Throne, und fielen zum dritten male nieder. Bey jedem Kniefalle rückte der Kayser ein wenig den Hut. Dann hielte der Erste Gesandte, Graf Bark, eine kurze lateinische Rede, worin er um die Belehnung bat, nach deren Endigung der Kayser dem Reichs-Vice-Kanzler etwas ins Ohr sagte, welcher darauf mit wenigen Worten die Bewilligung des Monarchen eröfnete. Nun nahm der Kayser den Hut ab; das Evangelien-Buch ward Ihm auf den Schooß gelegt; und die Gesandten stiegen bis auf die oberste Stuffe des Thrones, knieten da nieder, legten die beyden Finger auf das Evangelium und schwuren den Eid der Treue in die Seele ihres Principals ab, wie es ihnen von dem Reichs-Vice-Kanzler vorgelesen wurde. Hierauf nahm der Kayser das Reichs-Schwert, reichte ihnen

davon den Knopf zum Küßen, und bedeckte sich wieder. Die Gesandten traten nun an ihre erste Stelle zurück, knieten, und der Graf
Oxenstierna hielt eine Danksagungs-Rede, nach deren Endigung sie
mit eben den obgedachten Ceremonien und Kniebeugungen rück-
lings hinaus giengen; worauf sie wieder nach Hause fuhren. So ist
die Majestät Deutschlands, daß vor dessen Kayser Königl. Gesandte
knien."

Dieser Zeitungsbericht ist nicht nur deshalb von Interesse für uns, weil
er das Zeremoniell eines Belehnungsakts beschreibt und damit die formelle Gültigkeit der Lehnsordnung noch am Ende des 18. Jahrhunderts
bestätigt. Er ist auch aussagekräftig für die spezifische Bedeutung des
Reiches als Kernstück eines europäischen Friedenssystems, vor allem
seit dem Abschluss des **Westfälischen Friedens von 1648**. Frankreich
und Schweden waren zu Garantiemächten des Friedens geworden.
Schweden war ferner durch den Besitz Vorpommerns Reichsstand geworden. Im **Frieden von Teschen 1779** trat auch Russland in den Kreis
der Garantiemächte des Reiches ein, ein Vorgang, „der nur schwer den
Charakter eines ausländischen Friedensdiktats verbergen konnte", wie
Karl Otmar von Aretin urteilte. Insofern ist die Schlussbemerkung dieses
Zeitungsberichts über die „Majestät Deutschlands", „vor dessen Kayser
Königl. Gesandte knien", eine euphorisch-übertreibende Wertung der
Macht des Kaisers, die der Realität kaum gerecht wurde.

Es wird damit freilich auch der **„Mythos des Reiches"** erklärt, der
die deutsche Geschichte nach der Auflösung des Alten Reiches 1806
beherrscht hat. Als sich in den Verfassungsberatungen der Weimarer
Verfassung der Innenminister Hugo Preuß (1860–1925) für die Beibehaltung der „Reichs"-Bezeichnung durchsetzte, konnte er darauf verweisen, dass der Reichsbegriff „einen so **tiefwurzelnden Gemüts-
wert"** habe, dass man ihn keinesfalls aufgeben könne. Gleichwohl
bleibt die Reichsidee in der Weimarer Republik – dies hat Kurt Sontheimer in seiner Analyse des „antidemokratischen Denkens in der Weimarer Republik" zeigen können – „die vielleicht wirksamste Antithese gegen den Staat von Weimar, weil in ihr die verschiedenartigsten Gruppen
zusammenfinden konnten", die auf eine Erneuerung des Reichsgedankens zielten. Einer der Verkünder dieser Idee fasst diese Absichten in die
Worte: „Am Ende unseres Weges steht jene mystische Synthese, die nur
den Deutschen eigentümlich ist; die in einem neuen Reich geeinte Nation." Dass es von solcher **Reichssehnsucht** kein weiter Weg mehr zum
Missbrauch des Reichsgedankens durch den Nationalsozialismus war, ist
ganz offensichtlich: Das „Germanische Reich deutscher Nation", von

dem Hitler sprach, schien die Verwirklichung jener die deutsche Geschichte durchziehenden Reichssehnsucht zu sein.

Den nächsten Schritt vollzog der Deutsche Bund, dessen Grundprinzip schon im Frieden von 1814 festgehalten war: „Les états de l'Allemagne seront indépendants et unis par un lien fédératif." Der **Deutsche Bund** war ein „völkerrechtlicher Verein der deutschen souveränen Fürsten und treuen Städte zur Bewahrung der Unabhängigkeit und Unverletzbarkeit ihrer im Bunde begriffenen Staaten und zur Erhaltung der inneren und äußeren Sicherheit Deutschlands." Es handelt sich also um ein politisches Gesellschaftsverhältnis, wie es etwa eine Defensivallianz darstellt, was freilich nur auf den ersten Blick zutreffend erscheint. Nach der herrschenden Lehre war der Deutsche Bund **keine** eigene Rechtspersönlichkeit, sondern der **Prototyp einer Staatsverbindung**, lediglich ein Vertragsverhältnis, kein eigenes Rechtssubjekt also. Er kannte kein Staatsoberhaupt, sondern nur ein einziges ständiges Organ, die Bundesversammlung in Frankfurt am Main, natürlich ein Gesandtenkongress, wobei die Städte und kleineren Fürstentümer nur vereint eine Stimme besaßen, so dass sich in Frankfurt nur 17 Gesandte trafen, obwohl zunächst 38, später nur 33 Staaten Mitglieder des Bundes waren. Dass sich in der Praxis des Bundes vor allem nach 1819/20 und 1830 beachtliche Beschränkungen der einzelstaatlichen Souveränität ergaben, habe ich schon mit dem erwähnten Generalvorbehalt angedeutet. Diese Tendenz ließe sich etwa in der Analyse der Bundesmaßnahmen gegen die demokratischen Bestrebungen nach dem Hambacher Fest von 1832 vertiefen.

Im **Kaiserreich von 1871** wollen wir die Fragen nach staatsrechtlicher Kategorisierung und Bedeutung des Reichstages zusammenführen. Was war dieses vertragsrechtlich am 1. Januar 1871 gegründete Reich, das am 18. Januar in Versailles „durch die anachronistische Imitation einer Heerkaiserwahl" (so Hans-Ulrich Wehler) ins Leben gerufen wurde? Wie lässt sich sein politisches Herrschaftssystem charakterisieren, wenn man sich dabei der üblichen Unterscheidung von Verfassungsrecht und Verfassungswirklichkeit bedient?

Die formelle Basis bildete die in Anlehnung an den **Norddeutschen Bund von 1867** formulierte **Reichsverfassung vom 16. April 1871**, die am 4. Mai 1871 in Kraft trat. Danach hatten 22 souveräne deutsche Fürstenstaaten und 3 freie Hansestädte einen „Ewigen Bund" geschlossen. Das Bauprinzip war die Konstruktion eines Oberstaates, an den die mediatisierten Unterstaaten bestimmte Hoheitsrechte delegierten, und dem gegenüber sie gewisse Pflichten übernahmen. Direkte Landeshoheit übte das Reich bekanntlich nur im neu gewonnenen Reichsland

Elsass-Lothringen aus. Die formelle Souveränität ruhte dieser Konstruktion zufolge im **Bundesrat** als der direkten Vertretung der Einzelstaaten, nicht etwa beim Kaiser. Er war der symbolische Träger der Souveränität. Der Reichskanzler führte das Bundespräsidium, den Vorsitz im Bundesrat, und er übernahm durch seine Gegenzeichnung bei allen Reichsgesetzen **„die Verantwortlichkeit"**, freilich nicht gegenüber dem Reichstag. Es war dies eine Gegenzeichnung, die im Grunde an den Hochabsolutismus erinnerte, wo der Staatsminister die Gesetzgebung mittrug. Nicht zuletzt deshalb stellt H.-U. Wehler in einer Kapitelüberschrift seines Buches über das „Kaiserreich 1871–1918" die Frage „konstitutionelle Monarchie oder pseudokonstitutioneller Semiabsolutismus"?

Natürlich gab es neben dem Monarchen, dem Bundesrat sowie dem Reichskanzler, der zugleich preußischer Ministerpräsident war, noch den Reichstag. Das Wahlrecht – ein allgemein-direktes, geheimes Männerwahlrecht –, war von Bismarck – wie schon Max Weber festgestellt hat – „ausschließlich aus Demagogie" bereits im Norddeutschen Bund durchgesetzt worden, um das damals widerspenstige liberale Bürgertum zu bekämpfen. Langfristig und vor allem nach Bismarcks Verabschiedung im Jahr 1890 erwies sich natürlich der so gewählte Reichstag als Ansatzpunkt einer **Parlamentarisierung**, auch wenn zunächst durch relativ langfristige Etatbewilligungen für das Heer – das sog. Septennat – die direkte Machtfrage vermieden wurde.

De facto ergab sich nach Bismarcks Sturz ansatzweise eine Parlamentarisierung dadurch, dass wechselnde parlamentarische Mehrheiten für Gesetzesprojekte gesucht und gefunden werden mussten. Aber dies blieben lediglich praktische Erfahrungen, abhängig vom Augenblick und nicht dauerhaft umlenkbar in eine neue Machtkonstellation. Erst der Weltkrieg erwies sich hier als der große Katalysator. Am 30. März 1917 setzte der Reichstag einen **Verfassungsausschuss** ein, der die zur Stärkung des Reichstages und die zur Vorbereitung der parlamentarischen Regierungsweise notwendigen Maßnahmen beraten sollte (**Osterbotschaft**: Gleiches Wahlrecht in Preußen). Aber noch die Ablösung des Reichskanzlers Bethmann Hollweg (1856–1921) im Sommer 1917 durch Reichskanzler Michaelis (1857–1936) geschah ohne Mitwirkung der Parteien. Erst die Ablösung des Reichskanzlers Michaelis durch den Grafen Hertling (einen bayerischen Zentrumsführer, 1843–1919) am 30. Oktober 1917 erfolgte auf Druck und unter Mitwirkung der Parteien, wenn dies auch genau jene Parteien waren, die von Bismarck noch als **„Reichsfeinde"** bezeichnet worden waren – also das katholische Zentrum und die Sozialdemokraten. Männer dieser Parteien wurden jetzt zu Staatssekretären berufen. Doch ließ sich in dieser Phase noch keine wirkliche parlamentarische Entwicklung ableiten. Zwar gab es einen **interfraktionellen Ausschuss**, doch höchst unterschiedliche außenpolitische Vorstellungen verhinderten ein Erstarken des Reichstages gegenüber dem eigentlichen Machtfaktor OHL, der Obersten Heeresleitung mit Hindenburg (1847–1934) und Ludendorff (1865–1937). In der Rolle der OHL – so Karl-Dietrich Bracher – muss man den Beginn der Revolution sehen, nicht aber in den Matrosenmeutereien vom Sommer 1918. Das Zögern der oppositionellen Mehrheit – aus verschiedenen Gründen – machte nämlich bereits 1916 den Weg zu einer de-facto-Militärdiktatur frei. Ludendorff gewann mit der Kontrolle über den Kaiser die tatsächliche politische Macht und konnte den erwähnten Sturz Bethmann Hollwegs durchsetzen. Da sich die 3. OHL auf eine starke öffentliche Meinung stützte, ersetzte diese Militärdiktatur de facto sogar den Kaiser, der zum Gefangenen seines Militärs geworden war. Karl Dietrich Bracher schreibt:

„Die unter dem Druck der Öffentlichkeit erfolgte Berufung Hindenburg-Ludendorffs bedeutete – noch ohne jede Verfassungsänderung – schon das Ende des Bismarck'schen Systems, eigentlich den Beginn der Revolution. Denn damit ging die autoritäre Machtverfügung nach innen und außen vom Kaiser und seinem Kanzler auf die militärische Gewalt über. Die Autorität Hindenburgs und Ludendorffs in der öffentlichen Meinung war so gewachsen, dass es dem Kaiser machtpsychologisch nicht möglich gewesen wäre, ihnen seinen Willen aufzuzwingen oder gar ihr Druckmittel des Rücktritts nicht anzuerkennen und sie zu entlassen. In dieser Militärdiktatur warfen die Vorgänge bei der Abdankung des Kaisers schon ihre Schatten voraus. Denn Wilhelm II., der im Gegensatz zu seiner verhängnisvollen Aktivität im Frieden seit Kriegsbeginn politisch völlig zurückgetreten war, dachte an keine Gegenwehr. Er hatte damit die Macht der alten Ordnung einer militärischen Diktatur anvertraut, deren Scheitern dann der demokratischen Revolution Platz machte. Auch die kaiserliche Kommandogewalt war nur noch eine Dekoration, kein echter Integrationspunkt der Monarchie, und dies Machtvakuum hatte mit der weiteren Erschütterung des bestehenden Systems den Weg zur militärischen Usurpation freigemacht. Aber auch die neuen Machthaber dachten nicht daran, durch Anerkennung einer repräsentativen Volksvertretung die innenpolitische Lage zu entspannen und die außenpolitischen Möglichkeiten auszuschöpfen oder gar einer drohenden Revolution damit die Spitze abzubiegen und einen organischen Übergang zu vermitteln. Sie schufen vielmehr einer grandiosen Übersteigerung der autoritären Kriegspolitik und einem wirklichkeitsfremden Kriegszielannexionismus gerade in der Schlussphase Raum und psychologische Wirkung. Sie tragen die erste Schuld am inneren Zusammenbruch Deutschlands und an jener Radikalisierung der politischen Gegensätze, die im November 1918 zerstörende Folgen haben und den Neuaufbau der staatlichen und gesellschaftlichen Ordnung nach dem Kriege in verhängnisvoller Weise erschweren sollten." (Die Auflösung der Weimarer Republik. Eine Studie zum Problem des Machtverfalls in der Demokratie. 5. Aufl. Villingen/Schwarzwald 1971, 11–12.)

Es kennzeichnete die mangelnde Tragfähigkeit dieser **Militärdiktatur** und damit letztlich die Schwäche des Reiches gegenüber den westlichen Demokratien, wenn diese jetzt offen gegen die verantwortliche Reichsleitung, d. h. den Reichskanzler vorging. Der Übergang zum uneingeschränkten U-Boot-Krieg, zu dem die OHL im Januar 1917 als der „letzten Karte" gegriffen hatte, um England in einem halben Jahr in die Knie zu zwingen, erfolgte gegen die Stimme des Reichskanzlers Bethmann Hollweg und besiegelte dessen Sturz. Wieder einmal musste sich das zivile Element der Politik gegenüber dem Militär geschlagen geben.

Es passt in diese hier gezogene Linie, dass Ludendorff nach dem Scheitern der letzten Offensive im Westen im Juli/August 1918 überstürzt Friedensverhandlungen forderte. Das deutsche Friedensangebot ging an die Alliierten, nachdem die Parteiführer durch einen Beauftragten der OHL über die ausweglose militärische Lage informiert worden waren. Damit hatte das Parlament jeden politischen Spielraum verloren, und die jetzt übereilt versuchte Parlamentarisierung wurde „von oben" eingeleitet und eben nicht erkämpft. Es war letztlich erst der Krieg, der „wie ein reinigendes Gewitter" – so Bracher – Deutschland von der Last der Gewalten befreite, die 150 Jahre lang eine bürgerliche Umgestaltung des Landes verhindert hatten.

Mit diesem für die deutsche Geschichte des 20. Jahrhunderts bedeutsamen Revolutionsvorgang kann diese Phase der Entwicklung deutscher Staatlichkeit abgeschlossen werden. Er beendet die Geschichte des **monarchischen Prinzips** endgültig, er liefert zugleich aber auch die Gründungshypothek der Weimarer Republik, die sich von der Dolchstoßlegende (mehr darüber S. 194 ff.), dem „Schandfrieden" von Versailles, der Last der Reparationen, aber auch der innerlich in weiten Kreisen nicht akzeptierten **„Republik"** nicht befreien konnte. Hier kam es darauf an herauszuarbeiten, dass die gestuft-komplementäre deutsche Staatlichkeit nicht einfach mit der der westeuropäischen Nationalstaaten zu vergleichen ist.

Wir haben unsere Aufmerksamkeit bislang überwiegend dem Problem der inneren Organisation deutscher und partiell europäischer Staatlichkeit gewidmet, dem Bereich der Verfassungsentwicklung in engerem Sinne; damit haben wir freilich jene historische Entwicklung übersehen, die wir schon im letzten Kapitel unter der Überschrift „Staat und Gesellschaft" kennenlernten. Wir hatten dort festgestellt, dass sich – mit unterschiedlichen Datierungen – erst im Lauf der Frühen Neuzeit jene Trennung der Bereiche von Staat und Gesellschaft ergab, die für den modernen Staat als charakteristisch angesehen wird. Diese kategoriale **Trennung von Staat und Gesellschaft** ist gewissermaßen die Voraussetzung für jenen Vorgang, den wir als die Intervention des Staates in die Gesellschaft bezeichnen können. Staat verändert also im Lauf der Neuzeit seine Funktionen des Schutzes gegen äußere Angriffe sowie der rechtlichen Friedenswahrung; im Inneren kommt es zu einer erheblichen **Ausweitung der Staatsaufgaben** durch Ordnungseingriffe in den Bereich von Wirtschaft und Gesellschaft, um damit den weiten Bereich der Fragen zu bezeichnen, die nicht der originären Friedensaufgabe zugeschrieben werden können.

Es soll betont werden, dass dieser Entwicklungsprozess zunehmender Intervention des Staates keineswegs ein Phänomen der neuesten Geschichte – etwa des 19. und 20. Jahrhunderts – ist. Dieser Prozess beginnt vielmehr mit der Erteilung von Zoll- und Marktprivilegien, dem Erlass von Markt- und Münzordnungen, der Förderung bestimmter Gewerbe und ist damit schon seit dem Hochmittelalter zu beobachten. Ganz ohne Zweifel verstärkt sich diese Tendenz seit dem 16. Jahrhundert, gewinnt neues Gewicht nach dem Dreißigjährigen Krieg, verstärkt sich noch einmal in der Reformphase der deutschen Staaten nach 1763. Die eudämonistische (auf das Glück des Einzelnen zielende) Staatsvorstellung des Absolutismus in seiner Phase der **„Rationalisierung von Herrschaft"** – um den Begriff des **„aufgeklärten Absolutismus"** hier zu vermeiden – ist das Ergebnis einer langen Tradition staatlicher Daseinsvorsorge, die durch die Gemeinnutzvorstellung des 15./16. Jahrhunderts, den protestantischen Paternalismus eines **Veit Ludwig von Seckendorff (1626–1696)** im 17. Jahrhundert und durch das differenzierte System der **Policeywissenschaften** im 18. Jahrhundert geprägt wurde. Unzweifelhaft hat diese Kombination zur Erscheinungsform des „Well-Ordered Police State" geführt, wie es der amerikanische Historiker Marc Raeff formuliert hat.

Auf diesen nicht zu übersehenden Vorleistungen aufbauend, konnte sich nach den grundlegenden Wirtschafts- und Gesellschaftsreformen und der Neuordnung der deutschen Territorialstaaten zwischen 1803 und 1815 ein Verständnis von Staatstätigkeit entwickeln, das wir als die Ausbildung des **Interventionsstaates** bezeichnen können. Lothar Gall hat diesen Begriff verwendet, um die historische Tendenz der zunehmenden Eingriffe in Wirtschaft und Gesellschaft zu bezeichnen.

„Es dominierte eine rationalisierte und im Zuge wachsender Einsicht in die Zusammenhänge immer weitere Bereiche erfassende Staatsräson, deren Träger – Monarch und aufgeklärte Bürokratie und was von ihm direkt abhing – dabei in striktem Eigeninteresse auf eine Verschiebung der Gewichte zu ihren und zu Gunsten des Staates im Rahmen des Bestehenden setzten. Ihre Bestrebungen gerieten dann freilich sehr rasch an ihre Grenzen. Sollten sie Erfolg haben, also zu einer wirklichen Steigerung der Wirtschaftskraft des Landes und damit der Macht des Staates führen – das war und blieb der eigentliche Motor –, dann mussten sie tiefer ansetzen und durften dabei entgegenstehende Positionen im Bereich der Institutionen, der Normen wie auch der sozialen Hierarchie nicht oder doch nicht in gleicher Weise wie bisher schonen."

Die Formulierungen sind konkret auf jene wichtige Reformphase gemünzt, die zwischen 1763 und 1815 liegt, sie tragen aber auch einen weiterreichenden Anspruch zur Beschreibung der Rolle des Staates im entstehenden und entwickelten Kapitalismus. Der Anlass zu dieser Theorie des Interventionsstaates waren vor allem Diskussionen um den Begriff des **„Organisierten Kapitalismus"**. Dieses ursprünglich von H. A. Winkler entwickelte Konzept zur Interpretation der Rolle des Staates gegenüber der Wirtschaft und den sozialen Gruppen war von Jürgen Kocka erneut aufgegriffen worden, um die spezifische Form der „Verflechtung von Ökonomie und Staat" im entwickelten Kapitalismus, also etwa seit 1890, zu charakterisieren. Damit sollte sowohl die Möglichkeit offengehalten werden, Ökonomie und Staat im Widerspruch zueinander zu sehen, aber auch die Chance eines reformerischen Eingreifens des Staates in eine krisenhafte Entwicklung des Kapitalismus zu berücksichtigen.

Mit diesen Bemerkungen wird deutlicher, dass der Streit um die Angemessenheit der Begriffe „Organisierter Kapitalismus" oder „Interventionsstaat" nicht die Tatsächlichkeit einzelner staatlicher Maßnahmen betrifft, die Eingriffe in die Wirtschaft darstellen. Streitgegenstand sind vielmehr die engeren und weiteren politischen Implikationen der verwendeten Begriffe. Während „Organisierter Kapitalismus" – wenn auch definitorisch gesäubert und neutralisiert – seine Herkunft aus der marxistischen Interpretation der historischen Entwicklung der Staatsfunktionen nicht verleugnen kann und insgesamt eine Dominanz der ökonomischen Betrachtung des historischen Vorgangs impliziert, betont der Begriff „Interventionsstaat" die reformerischen Qualitäten des modernen Staates und auch seine Rolle als unabhängige Kraft in der Auseinandersetzung der sozialen Klassen.

Die Diskussion, die hier lediglich an einem Ausschnitt skizziert wurde, führt uns in ein zentrales Problem der historischen Interpretation der Staatstätigkeit hinein. Der Überblick über die Forschung liefert sowohl Beispiele für die „Vergötterung" des Staates als auch für die Diskreditierung des Staates als „Klassenstaat", als Herrschaftsinstrument in der Hand und im Interesse der Feudalklasse oder der Bourgeoisie. Die historische Realität des weiten Weges vom monarchischen Staat des 16./17. Jahrhunderts über den konstitutionellen Staat des 19. Jahrhunderts zum Rechts- und Sozialstaat des Grundgesetzes erfordert eine Gesamtinterpretation, die diesem fundamentalen Wandel Rechnung trägt. Ein Klassenstaatskonzept scheint dazu ebensowenig in der Lage wie eine Überbetonung des Staats als wirkliche „pouvoir neutre", als Schiedsrichter über den Parteien. Angemessener erscheint insgesamt – d. h. unter Einbeziehung sowohl der Frühen Neuzeit als auch des 19./20. Jahrhunderts – ein Konzept, das von der **Legitimationsgrundlage staatlicher Funktionen** ausgeht. Monarchische Herrschaft musste sich ebenso legitimieren (wenn auch in anderen Zusammenhängen) wie demokratische Herrschaft im 20. Jahrhundert. Damit wird in der staatlichen Organisation eine immanente Dynamik erkennbar, die auf Stärkung und Sicherung, Weiterentwicklung, Verbesserung der Lebensumstände, Nutzung aller Ressourcen usw. abzielt. Diese innere Dynamik kann durchaus unterschiedlich genutzt werden, sie kann in liberaler wie in konservativer Absicht ausgelöst werden, immer freilich werden Kräfte freigesetzt, die über enge politische Absichten hinausweisen.

Man kann diese Dynamik an Beispielen gut belegen. Die Durchsetzung des rezipierten römischen Rechts als eines Rechtssystems, das von der prinzipiellen Rechtsgleichheit aller Menschen ausging, musste notwendigerweise im Widerspruch zu einer feudalen Abhängigkeit der Untertanen stehen. Die Gründung von Schulen und Universitäten mochte noch so sehr in der Absicht geschehen, gehorsame Staatsbürger zu erziehen, sie ermöglichte auch und unvermeidlich die Erarbeitung und Vermittlung von modernisierenden Wissensbeständen. Die Mobilisierung eines Millionenheeres im Ersten Weltkrieg mochte wohl im Sinne des monarchischen Verständnisses von Außenpolitik erfolgen, der Vorgang stellte aber genauso gewiss das preußische Dreiklassenwahlrecht in Frage wie die Kriegswirtschaft neue Formen der Wirtschaftslenkung praktisch erprobte.

Mir scheint, dass diese **Dynamik staatlicher Tätigkeit** das eigentliche Problem der historischen Bewertung des Staates darstellt. Ein solches Verständnis von Staat hat dazu den gewichtigen Vorteil, dass sich in diesem Prozess auch das aktive Handeln von Menschen besser unterbringen lässt als in den anderen genannten Modellen.

Versuchen wir am Schluss dieses langen Weges noch einmal die wichtigsten Gesichtspunkte der Entwicklung des Staates in der Neuzeit herauszustellen.

1. Staat stellt sich in Deutschland immer als ein doppeltes System dar. Da ist einmal der **Territorialstaat**, der Mitgliedsstaat des Deutschen Bundes, der Gliedstaat des Reiches, das Land der Weimarer Republik, da ist aber außerdem das **Reich** als wichtiges Element des äußeren Schutzes, der Rechtssicherheit, das Kaisersymbol, der Rheinbund mit seinem Protektor Napoleon, der Deutsche Bund mit seinen Hegemonialmächten Österreich und Preußen, das Zweite Kaiserreich mit dem preußischen König und Kaiser. Damit differenziert sich Staat immer in den Augen der Beherrschten, relativiert sich in seiner Bedrohlichkeit, hebt teilweise die eine Staatsebene die Mängel der anderen auf. Staat konnte so übermächtig werden, ohne dass dies klar erkennbar gewesen wäre. Diese Konstruktion bedeutet aber auch, dass Staat gerade in seiner territorialen Variante immer auch ein relativ sicherer Staat war, der sozial leicht greifbar war. Für einen deutschen Bauern, sagen wir in Hohenzollern-Hechingen, war Staat eine Einrichtung, die in der Person des Landesherren und seiner Beamten vor Ort präsent war. Die Kanzlei war nicht weit, und man nutzte diese Nähe weidlich aus. Dies scheint nicht unwichtig zu sein, gerade im Vergleich mit einem Großstaat wie Frankreich, dessen anonymes administratives System auch völlig andere Untertanenreaktionen provozierte. Ein deutscher Landesherr war weit entfernt von einem französischen König, dessen Handauflegen im Glauben des Volkes eine heilende Wirkung besaß.
2. Für diese Staatsvorstellung war nicht unwichtig, dass der Staat in Deutschland in der frühen Neuzeit drei wesentliche Phasen einer für sein Bild günstigen Entwicklung durchlaufen konnte. Der Territorialstaat der Reformationsepoche fand gerade wegen seiner konfessionellen Einheitlichkeit den Zuspruch der Untertanen. Eine erste Stufe rechtlicher Sicherheit und das Auswanderungsrecht minderten die

Gefahr innerer Unruhen und schufen damit einen beachtlichen Konsensus. Die zweite Phase ist die Rekonstruktionsphase nach dem Dreißigjährigen Krieg; hier wird merkantilistische Politik zur willkommenen Hilfe nach den Verwüstungen des Krieges und sorgt für Wiederaufbau, -besiedelung und wirtschaftliche Impulse. Nach der Mitte des 18. Jahrhunderts wurde eine dritte Phase jetzt „aufgeklärter" Reformen vorbereitet, die ab 1762 – hier wäre exemplarisch auf die Staatsreformen in Kursachsen nach dem Siebenjährigen Krieg zu verweisen – die Voraussetzungen für Agrarreformen, eine Liberalisierung der wirtschaftlichen Tätigkeit der Bürger und eine Konsolidierung der Staatsfinanzen schuf.

3. Der Historiker und Politikwissenschaftler Wolfgang Sauer hat bei der Beurteilung der kleindeutschen Nationalstaatsgründung von 1871 auf das schon erwähnte Diktum seines Kollegen Samuel Pufendorf aus dem 17. Jahrhundert zurückgegriffen, der das Reich „einen irregulären und einem Monstrum ähnlichen Körper" genannt hatte. Das gleiche Urteil, freilich bei einer anderen Gewichtung föderaler und zentralistischer Kompetenzen, schien ihm auch auf das Kaiserreich anwendbar zu sein. „Großpreußen oder Kleindeutschland, Einheitsstaat oder Bundesstaat, absolute Monarchie oder Verfassungsstaat, Militärstaat oder ziviler Staat – das zweite deutsche Kaiserreich war keines von alledem oder alles zusammen." Die hier zum Ausdruck kommende historische Besonderheit ist eine treffende Charakterisierung, die auch dem Anspruch gerecht wird, die nachfolgende Geschichte deutscher Staatlichkeit zu erklären, ohne sie schon zu determinieren.

3.5 Außenpolitik und bewaffnete Konflikte

Als der Historiker Gerhard Ritter (1888–1967) am 12. September 1949 in München den 20. Deutschen Historikertag eröffnete, mit dem es die deutsche Historikerschaft „wagte", „nach einer Kulturkatastrophe ohnegleichen vor eine breite Öffentlichkeit zu treten", begann er mit einer „Selbstbesinnung" auf die „nationale Eigenart" deutscher Geschichtswissenschaft. Folgender Eindruck drängte sich ihm unmittelbar auf:

> „Die deutsche Geschichtsschreibung seit Ranke rückt die außenpolitischen Geschehnisse, die Machtkämpfe der großen Staaten, viel stärker in den Mittelpunkt ihrer Betrachtung als die westeuropäische, in der die Frage nach den gesellschaftlichen Verhältnissen,

nach der Entwicklung europäischer Zivilisation eine viel größere Rolle spielt. Der Staat ist nach der Lehre Rankes nicht das Ergebnis eines gesellschaftlichen Zusammenschlusses, nicht das Produkt eines Vertrages, nicht bloßes Hilfsmittel zur Lebenssicherung des einzelnen, sondern vor allem Kräfteballung, historisch überall aus der Not von Machtkämpfen geboren, in denen sich eine Gemeinschaft als Frontgemeinschaft unter irgendeine Führung stellt. Aus dieser Grundvorstellung hat die deutsche Historie eine eigene Doktrin entwickelt: vom Primat der Außenpolitik, deren Druckverhältnisse auch die ganze innere Struktur jedes Staates bestimmen sollen."

Wir können mit diesem Zitat Gerhard Ritters an die Diskussion des Staatsbegriffs aus den vorhergehenden Kapiteln anknüpfen, wollen in diesem Kapitel jedoch unser besonderes Interesse auf einige inhaltliche und methodische Probleme der Außenpolitik konzentrieren.

Gerhard Ritters Weigerung im Jahre 1949, an dieser Orientierung deutscher Geschichtswissenschaft im Prinzip etwas zu ändern (lediglich einige „Gefahren", die man Rankes „Epigonen" verdanke, seien zu vermeiden), hat der deutschen Geschichtswissenschaft erneut den Weg zu einer intensiven Auseinandersetzung mit den Problemen der Außenpolitik gewiesen. Man kann wohl behaupten, dass außenpolitische Fragen im weitesten Sinne lange ein bevorzugtes Arbeitsgebiet geblieben sind. Trotz einiger Äußerungen, die ein Austrocknen dieses Forschungszweiges unter dem Druck der Sozialgeschichte fürchteten, kann ernsthaft davon keine Rede sein, seit der Mitte der 90er Jahre wird sich eher ein erneuertes Interesse an außenpolitischen Fragestellungen feststellen lassen. Freilich sind kontroverse Auffassungen zum oben von Ritter geschilderten **„Primat der Außenpolitik"** entwickelt worden, so das von dem liberalen Historiker Eckart Kehr (1902–1933) formulierte Konzept eines **„Primats der Innenpolitik"**, der sich zumindest als fruchtbare Hypothese der Forschung erwiesen hat, als er seit Ende der 60er Jahre von einer freilich durchaus begrenzten Zahl von Historikern rezipiert wurde.

Unabhängig von der hier angedeuteten Forschungskontroverse müssen wir davon ausgehen, dass die Außenpolitik von Staaten und bewaffnete Konflikte zwischen Staaten ein zentrales Problem der Lebenswirklichkeit und damit auch der historischen Forschung darstellen. Diese unstrittige Ausgangslage gibt freilich noch keine verbindlichen Interpretationsvorschriften für die Analyse und die Einordnung von Außenpolitik. Muss sie verstanden werden als relativ autonomes Feld staatlicher Selbstbehauptung, muss sie in prinzipieller Abhängigkeit von wirtschaftlichen Interessen gesehen werden oder ist sie gar nur Funktion innenpolitischer oder wirtschaftlicher Interessenkonstellationen? Es geht also um die Frage, ob sich die Analyse außenpolitischer Konflikte methodisch mit einer Konzeption begnügen darf, die lediglich die Entscheidungsprozesse zu rekonstruieren sucht.

Aus diesem Grunde sollen in diesem Kapitel folgende Fragen behandelt werden:

1. Das methodische Problem des Zusammenhangs von Innen- und Außenpolitik – oder anders formuliert: Besteht ein Zusammenhang zwischen der inneren Struktur eines Staates und seiner Außenpolitik und umgekehrt? Und wie lässt sich diese Einsicht in der historischen Forschung umsetzen?
2. An einigen Beispielen möchte ich erläutern, wie sich dieser Zusammenhang von Innen- und Außenpolitik historisch gestaltet hat.
3. In enger Verbindung damit soll versucht werden, dem Phänomen der „Begeisterung für den Krieg" auf die Spur zu kommen, gewiss ein zentrales Problem der nationalstaatlichen Geschichte Europas und der Weltgeschichte. Damit soll zugleich auch der Begriff der Nation als Arbeitsbegriff eingeführt werden.

Im letzten Kapitel haben wir den Unterschied zwischen dem „mittelalterlichen Personenverbandsstaat" und dem „institutionellen Flächenstaat" erörtert. Daraus sollte verständlich geworden sein, dass diese feudalen Personenverbände eigentlich Bereiche waren, die für nationale Empfindungen kaum ansprechbar waren. Als der spätere Kaiser Maximilian I. durch seine Heirat mit der burgundischen Erbin Maria im Jahre 1477 Burgund seinem Herrschaftsbereich angegliedert hatte, saßen in diesem Burgund gleichwohl Adelsgeschlechter, die Lehnsleute des französischen Königs waren. Wie sollte diese burgundische Adelsgesellschaft national empfinden können?

Es ist zunächst die Frage zu stellen, ob wir nationales Denken oder den Nationalismus als ein Phänomen der Neuzeit verstehen müssen, oder ob wir jener durch den niederländischen Historiker Johan Huizinga (1872–1945) und den Norweger Halvdan Koht (1873–1965) begründeten Auffassung zuneigen sollen, dass – wie Koht 1947 schrieb, der europäische Nationalismus seit dem 12. Jahrhundert seine fortlaufende Geschichte habe. Die neuere mediävistische nationes-Forschung hat insgesamt die These bestätigt, dass die Grundlagen des modernen Nationalismus schon im Prozess der Herausbildung „national" definierter Herrschaftssysteme im Mittelalter gelegt wurden. Der Mediävist Karl Ferdinand Werner deutete die Entstehung der „modernen Nation" folglich auch eher als Strukturveränderung bestehender denn als Schaffung neuer Nationen.

In der feudal strukturierten Gesellschaft war das **nationale Moment** als bewegender Faktor jedoch weit schwächer ausgebildet. Der Adelige des späten 16. Jahrhunderts geht selbstverständlich auf die adelige Kavalierstour nach Italien, Frankreich und England, er ist Teilhaber einer alteuropäischen Adelskultur; er hat daneben auch Bindungen an sein „Land" – also Bayern, Sachsen oder die Steiermark –, dessen Gewohnheiten und Bräuche er hartnäckig verteidigt, das er auch sein „**Vaterland**" nennt. Doch ist dieser Begriff des „Vaterlands" noch sehr weit entfernt vom Patriotismus des 19. Jahrhunderts, ganz zu schweigen vom Nationalismus des 20. Jahrhunderts. Das „Vaterland" des 16. Jahrhunderts ist der adelige Privilegienverband regionalen Zuschnitts, wenn auch im Zuge der humanistischen Entdeckung deutscher Vergangenheit durch die Rezeption von Tacitus' „Germania" erste nationale Regungen ihren literarischen Ausdruck finden. In den anderen Ländern Europas entstehen im Humanismus vergleichbare nationale Ursprungsmythen.

Diese Bemerkungen klingen so, als ob das Nationalbewusstsein und der **Nationalismus** als seine übersteigerte Form Produkte des bürgerlichen Zeitalters seien, als ob das aus dem Nationalismus ableitbare Drohverhalten gegenüber anderen Staaten ein Produkt der Epoche der Hochindustrialisierung und der Massendemokratie wäre. Lässt sich also – und das ist unsere erste Kernfrage – ein methodisches Prinzip formulieren, das einen Zusammenhang herstellt zwischen der Innenpolitik und der Außenpolitik eines Staates, das also einen Primat der Innenpolitik ebenso unnötig macht wie einen Primat der Außenpolitik? Mit diesen Begriffen sind viel diskutierte Programmatiken einer Politikgeschichte angesprochen, die uns in der Literatur immer wieder begegnen.

Das einleitende Ritter-Zitat hat uns in der Vermutung bestätigt, dass die deutsche Geschichtswissenschaft des 19. und frühen 20. Jahrhunderts unter dem Eindruck des Primats der Außenpolitik stand. Damit war die Überzeugung gemeint, dass eine Analyse der außenpolitisch relevanten Aktionen eines Staates im diplomatischen, wirtschaftlichen und militärischen Bereich sich auf den formalen Bereich zu beschränken habe, der damit direkt bezeichnet war. D. h. um Außenpolitik historisch zu erforschen, benutzte man natürlich die Relationen der Botschafter, die einschlägigen Vertragsverhandlungen, Friedenstraktate, Ministerialakten der Außenministerien. Diese Linie lässt sich verfolgen etwa von Leopold von Ranke, der seiner Beschäftigung mit der Geschichte des 16. Jahrhunderts vor allem die Berichte der venezianischen

Gesandten zugrunde legte, bis hin zu den Akteneditionen des 20. Jahrhunderts, die sog. **„Große Politik der Kabinette"**, wie wir sie in den großen Akteneditionen erforschen können, die dem Ausbruch des Ersten Weltkriegs gewidmet wurden.

Dieser methodische **Primat der Außenpolitik** bedeutete in seiner Konsequenz eine Analyse außenpolitischer Konflikte aus der Perspektive der beteiligten Handlungsträger, also der verantwortlichen Minister, der Monarchen, der Generalstabschefs, der jeweiligen Botschafter und ihrer jeweiligen Legitimierung und Ideologisierung, meist in Form von Machterhaltungs- oder Machtgewinnungsstrategien. Die Vorgeschichte des Ersten Weltkriegs ist hier nur ein gutes Beispiel mit der Verflechtung von deutschem „Platz an der Sonne", Schlieffenplan, russischer Mobilmachungszeit, österreichischer Satisfaktion in Serbien, Englands Belgiengarantie. Diese Auffassung wurde in der deutschen Historiographie zum ersten Mal wirksam von dem jungen Historiker **Eckart Kehr (1902–1933)** kritisiert, der in der kurzen Spanne seines Lebens eine Reihe von Arbeiten vorlegte, die den auf Aktenmaterial gegründeten Versuch darstellten, Zusammenhänge zwischen der inneren Politik der Staaten und der außenpolitischen Zielsetzung herzustellen. Die einschlägigen Arbeiten sind schon 1965 von H.-U. Wehler neu herausgebracht worden, und es konnte nicht verwundern, dass diese Edition – von Wehler verständnisvoll eingeleitet – zum programmatischen Auftakt einer **Neuorientierung in der Geschichtswissenschaft** wurde, die inzwischen hierzulande an Gewicht gewonnen hat. So ist eine ganze Gruppe von Historikern des 19./20. Jahrhunderts vor allem wegen dieser Orientierung an Kehrs Arbeiten vor einigen Jahren als **„Kehrites"** bezeichnet worden, und damit sollte zum Ausdruck gebracht werden, dass hier Außenpolitik nicht mehr nur als diplomatisch-militärische Aktivität verstanden wird, sondern u. U. auch als Funktion von Innenpolitik, wie dies noch an einem Beispiel gezeigt werden soll.

Eckart Kehr kritisierte in einem Aufsatz über die sozialgeschichtliche Fundierung des deutschen Englandhasses von 1928 die traditionelle Auffassung von Außenpolitik mit folgenden Worten:

> „Es ist ein methodisch unmögliches Verfahren, das durch die Aktenpublikation des Auswärtigen Amtes nur zu viel Nahrung gefunden hat, die Außenpolitik zu isolieren und als eine Angelegenheit der Kabinette zu betrachten. Das stimmt für den Detailverlauf und die Technik einer einzelnen Unterhandlung, die sich aus den Akten ersehen lässt, aber es stimmt nicht für die Grundlagen der Außenpoli-

tik eines ganzen Zeitalters. Die großen Erforscher des Absolutismus haben den engen, unlösbaren Zusammenhang zwischen Außenpolitik und Heeresverfassung, Innenpolitik und Merkantilismus stets als Zentralproblem herausgearbeitet und haben die Staatenbildung im Zeitalter des Absolutismus als eine lebendige Totalität angesehen, bei der jedes Glied in das andere passt und keines ohne das andere möglich wäre. Diese Auffassung von dem Zusammenspiel aller Kräfte fehlt uns noch für das Zeitalter des Imperialismus und es wird eine bedeutsame Aufgabe der historischen Forschung der nächsten Zeit sein, diese Isolierung der Außenpolitik … aufzuheben."

Bemerkenswert an diesem Zitat ist vor allem der Hinweis auf die offensichtlich gefestigte Einsicht der Absolutismusforschung, dass ein „unlösbarer Zusammenhang" zwischen **„Heeresverfassung und Staatsverfassung"** bestehe, um hier eine Formulierung des deutschen Historikers **Otto Hintze** (1861–1940) aufzugreifen. Die Fruchtbarkeit dieses Ansatzes ist in der älteren und neueren Absolutismusforschung völlig unzweifelhaft, und von daher stellt sich die Frage, warum solche Einsichten nicht auch für die Geschichte des 19. und 20. Jahrhundert gelten sollen.

Wir können für unser Problem einer methodischen Grundregel für den Zusammenhang zwischen Innen- und Außenpolitik auf eine Formulierung von **Max Weber** zurückgreifen, der in „Wirtschaft und Gesellschaft" schrieb: „Alle politischen Gebilde sind Gewaltgebilde. Aber Art und Maß der Anwendung oder Androhung von Gewalt nach außen, anderen gleichartigen Gebilden gegenüber, spielt für Struktur und Schicksal politischer Gemeinschaften eine spezifische Rolle." Hier ist zunächst die Überlegung angesprochen, dass Gewaltandrohung zurückwirkt auf die Binnenstrukturen eines Staates, doch lässt sich dies so erweitern, dass auch die Wirkung von Binnenstrukturen auf die Formulierung von Außenpolitik zu sehen ist.

Nun wäre es freilich wenig sinnvoll, mit diesem relativ abstrakten Instrumentarium an die Analyse von Außenpolitik in der gesamten Neueren Geschichte heranzugehen. Wir müssen zumindest unterscheiden zwischen einer Phase **dynastisch und konfessionell bestimmter Außenpolitik** und der neuen Phase **nationalstaatlich geprägter Außenpolitik** seit der Französischen Revolution. Als Beispiel für die erste Phase kann uns die Auseinandersetzung zwischen dem französischen Königshaus und der deutschen und spanischen Linie des Hauses Habsburg dienen, wie sie mit dem Kampf um Oberitalien seit 1494 eröffnet wurde. Weitere Beispiele für diese Phase der Außenpolitik sind die

Religionskriege und die vielfältigen Erbfolgekriege, die die deutsche und europäische Politik vor allem im 17. und 18. Jahrhundert bestimmten.

Ich will hier nur den berühmten Komplex von **Spanischem Erbfolgekrieg** und **Pragmatischer Sanktion** als Einzelfall anführen. Er wurde ausgelöst durch die letzte testamentarische Entscheidung des spanischen Königs Karl II. (1661–1700), Philipp von Anjou (1683–1746), den Enkel Ludwigs XIV. (1638–1715), zu seinem Nachfolger zu bestimmen und nicht – wie auf Grund der habsburgischen Hausgesetze zu erwarten gewesen wäre – Kaiser Leopold I. (1640–1705) bzw. dessen Sohn Karl (1685–1740). Die sich damit widerstreitenden Ansprüche Frankreichs und Österreichs auf das spanische Erbe lösten einen 13jährigen Krieg zwischen Frankreich auf der einen und Österreich, den Niederlanden und England auf der anderen Seite aus, bis dann im Jahre **1713 der Friede von Utrecht** und **1714 der Friede von Rastatt** den Krieg endgültig beendeten. Spanien fiel an Philipp von Anjou, Österreich erhielt aus dem spanischen Erbe die südlichen Niederlande (Belgien/Luxemburg), dazu in Italien Mailand, Neapel und Sardinien. Die deutsche Linie des Hauses Habsburg hatte damit zwar nicht ihr ursprüngliches Ziel erreicht, hatte sich jedoch endgültig als europäische Großmacht durchgesetzt. Das einzige Problem lag jetzt noch in der Sicherung der habsburgischen Erbfolge, da Karl VI. (1685–1740), der nach dem Tod Leopolds I. (1658-1705) und Josephs I. (1678–1711) den Kaiserthron bestiegen hatte, ohne männlichen Erben war. Deshalb und wegen verschiedener hausinterner Differenzen bestimmte dann Karl VI. 1713, dass seine Länder unteilbar bleiben sollten. Für den Fall des Aussterbens seines Hauses im Mannesstamm sollten seine eventuellen Töchter erbberechtigt sein. Da dem Kaiser nach einem 1716 geborenen und bald darauf gestorbenen Sohn nur noch Töchter geboren wurden – die <älteste war bekanntlich Maria Theresia (1717–1780) –, wurde die **Pragmatische Sanktion** zur Grundlage des weiteren Bestands der Monarchie und der Thronfolge, wobei Karl VI. in den folgenden Jahren versuchte, die Anerkennung dieser Pragmatischen Sanktion bei den deutschen und europäischen Mächten zu erreichen.

Als Beispiel für die zweite Phase zwischenstaatlicher Konflikte lassen sich die **französischen Revolutionskriege** ansehen; sie leiten auch insofern eine neue Phase der Kriegsführung ein, als jetzt das **Volksheer** das bis dahin übliche **Söldnerheer** ablöst, auch wenn dies in den Revolutionskriegen nur phasenweise geschieht. Dabei darf hier freilich kein absoluter Bruch gesehen werden. Zwar gelten geworbene und gepresste Söldner als Kern der absolutistischen Heere, doch wurden auch hier schon Versuche unternommen, die eigenen Untertanen in die Heere zu integrieren und in Notfällen an der Verteidigung des Landes zu beteiligen. Hinzuweisen ist hier für den deutschen Bereich zunächst auf die sog. **Landesdefensionen oder Defensionswerke** des späten 16. Jahrhunderts, in denen Anregungen vor allem von Niccolò Machiavelli (1469–1527) wirksam wurden, der unter Verweis auf die römische Tradition für eine Beteiligung der Bürger an der Verteidigung des Vaterlands plädiert hatte. Sie wurden im Reich von dem kaiserlichen Feldhauptmann Lazarus von Schwendi (1522–1584) aufgegriffen, der dieses neue Modell, das freilich auf Grundformen des feudalen Landesaufgebots zurückgriff, für die Abwehr der Türkengefahr nutzen wollte. Weitere Anregungen für die Reorganisation des Heerwesens im späten 16. Jahrhundert kamen aus den Niederlanden. So wundert es nicht, wenn vor allem die nassauischen Grafschaften und die benachbarten hessischen Territorien im späten 16. und 17. Jahrhundert zu Zentren der Verbreitung der sog. **„Oranischen Heeresreform"** wurden, auch wenn die deutschen und oranischen Anregungen zunächst getrennt zu sehen sind. Das neue System bedeutete die Heranziehung ausgesuchter Untertanen für ein Milizsystem, den in dieser Form neuen Waffendrill („die Trillerey") und die Einübung dieser Truppen in Manövern. Militärhistoriker haben in diesem Zusammenhang – vielleicht etwas übertreibend – von einer **„militärischen Revolution"** gesprochen und damit zu charakterisieren versucht, dass die methodische Ausbildung von Untertanen zu Soldaten anstelle des als Stand dafür eigentlich qualifizierten Adels einen wirklichen Bruch in der Entwicklung darstellte, der sich allerdings schon länger vorbereitet hatte. Erst seit dem 19. Jahrhundert sollte sich diese Entwicklung auf breiter Front durchsetzen.

Natürlich wirft diese keineswegs auf Deutschland begrenzte Antizipation moderner Heeresaufbringung und -organisation eine Reihe von Fragen auf. Wie passen diese Defensionssysteme in eine feudal strukturierte Gesellschaft, warum wurden Untertanen bewaffnet, die immer im Verdacht standen, zum Aufruhr „geneigt" zu sein? Die Landesdefensionen reagierten ganz offensichtlich auf ein neues Bedürfnis an militärischem Schutz einerseits und wirtschaftlichen Zwängen andererseits. Wenn etwa nassauische Defensionstruppen gegen Ende des 16. Jahrhunderts bei gemeinsamen Übungen eine „Manöverlage" annahmen, die von einem Reich ausging, das im Südosten von den Türken und im Nordwesten von katholischen Spaniern angegriffen wurde, dann ist sofort einsichtig, wogegen sich diese Grafschaften zu wehren suchten. Auf der anderen Seite verfügten sie nicht über genügend Geldmittel, um teure Soldtruppen einsetzen zu können, zumal auch meistens nur Schutzfunktionen wahrgenommen werden sollten. So lag es durchaus nahe, jene Untertanen heranzuziehen, die – wie es in einer hessischen Defensionsordnung hieß – „Lust, Liebe und Hertz zum Handel" hatten. Dieser hessische Ausschuss rekrutierte sich vor allem aus der bäuerlichen und handwerklichen Mittelschicht. Auch lag es im erklärten Regierungsverständnis der nassauischen Grafen, durch kluge Regierung die eigenen Untertanen „zu schützen und zu schirmen", und ihnen so jeden Grund zum Aufruhr zu nehmen.

So interessant diese neuen Formen der Heranziehung der Untertanen für die Landesverteidigung auch sind, sie waren vorwiegend für defensive Aufgaben geeignet, aber es ließ sich mit ihnen kein Krieg außerhalb des eigenen Territoriums führen. Von daher ist es kein Wunder, wenn die konfessionellen Kriege des 17. und die dynastischen Kriege des 18. Jahrhunderts überwiegend mit Soldtruppen geführt wurden, die Defensionseinrichtungen aber zu Ergänzungseinheiten herabsanken, wenn sie nicht vollständig aufgelöst wurden. Preußen ist mit seinem sog. **Kantonsreglement von 1733** ein gutes Beispiel für die Verbindung zwischen Milizsystem und stehendem Heer. Das Kantonsreglement ist im Wesentlichen eine systematische Weiterentwicklung der bis dahin üblichen Zwangswerbung einzelner Regimenter bzw. der freiwilligen Rekrutenstellung der einzelnen Kreise. Es schuf sog. Kantone, d. h. Ergänzungsbezirke für einzelne Regimenter, in denen die junge Mannschaft „enrolliert", zu jährlichen Exerzierübungen eingezogen und zur Erntezeit beurlaubt wurde. Es ergab sich auf diese Weise ein halbwegs tragbarer Ausgleich zwischen den militärischen Anforderungen und den Bedürfnissen der bäuerlichen Wirtschaften: Der sog. Kantonist war geschaffen.

Dieses Militärsystem des alten Preußen war nun, soweit es das bäuerliche Leben berührte, keineswegs nur eine Organisation zur Rekrutierung und Versorgung der Armee. Dieses System erfasste vielmehr den ganzen Untertanen in all seinen Lebensbereichen. Es lieferte den Bauern, der unter der Gewalt des Gutsherrn stand, durch die Kantonsregelung zugleich dem Regiment und seinen Offizieren aus. Die Strafmethoden auf dem Land waren durch Regiment und Gutsherrschaft bestimmt. Der Kompaniechef im Regiment war meist auch der Gutsherr zu Haus, die Prügel für den Soldaten im Dienst wie für den Urlauber auf dem Feld erzogen den bäuerlichen Kantonisten, in dessen Person sich beide vereinten, zu blindem Gehorsam oder sollten das zumindest erreichen.

Die Untersuchung der Auswirkungen dieses altpreußischen Militärsystems auf das bäuerliche Leben hat ergeben, dass das Kantonsystem im weitesten Sinne die soziale Verfassung des Landes in allen Bereichen durchdrang und bestimmte und im Grunde auch auf der gutsherrlich organisierten Agrarverfassung aufbaute. Die Verhältnisse in den westlichen Landesteilen der Monarchie mit ihrer von den ostelbischen Zuständen abweichenden Agrarverfassung zeigen, dass dieses Militärsystem dort gar nicht bestehen konnte. Es war eng und direkt verbunden mit der Gutsherrschaft. Die Verschmelzung beider Systeme, der **ostelbischen Agrarverfassung** und der **Kantonsverfassung**, die sich unter Friedrich Wilhelm I. (1688–1740), dem sog. Soldatenkönig und Vater Friedrichs des Großen /1712–1786), vollzog, bedeutete den Beginn einer sozialen Militarisierung seiner Träger, und bildete damit einen der Grundpfeiler einer militarisierten Gesellschaft, d. h. einer Gesellschaft, deren Organisation vorrangig an den Notwendigkeiten der militärischen Behauptung des Staates ausgerichtet war.

Wenn man so kurz die Auswirkungen des preußischen Militärsystems auf die Gesamtstruktur des preußischen Staatswesens skizziert, dann kann man nicht am Vorwurf des **Militarismus** vorbeigehen, der ja gerade gegenüber dem preußischen Staatswesen immer erhoben wurde. Ohne jetzt auf die begriffliche Unterscheidung zwischen der älteren „Miliz" (militia) und dem neueren „Militär" einzugehen, muss man auf die Kritik der frühparlamentarischen Versammlungen am stehenden Heer zurückgreifen, um jenen kritischen Impuls wahrzunehmen, der einmal den Militarismusbegriff charakterisieren wird. Dies gilt sowohl für die Losung englischer Parlamente im 17. Jahrhundert („No standing armies!") wie für den Widerstand deutscher Landstände gegen den **„miles perpetuus"** im 17. und 18. Jahrhundert. Verstärkt wird dieser Impuls durch die aufklärerische Kritik an den Auswüchsen der Heeresorganisation im 18. Jahrhundert. Der Verkauf deutscher Untertanen nach Amerika, um dort auf englischer Seite gegen die Kolonisten zu kämpfen, die unmenschlichen militärischen Strafen, die Geldverschwendung der Kleinfürstentümer für ihre herausgeputzte Soldatenspielerei, die Methoden der Werbung, all dies bot hinreichend Stoff zur Kritik der „militärischen Regierungsart", wie es der Kritiker Carl Friedrich von Moser (1723–1798) 1759 formulierte.

Der Begriff **Militärstaat** wird zum Synonym für eine von militärischen Denkkategorien geprägte Staatsführung bis weit in das 19. Jahrhundert hinein. Es wird seinerseits abgelöst von dem jüngeren Begriff des **Militarismus**, der zuerst gegen Anfang des 19. Jahrhunderts in Frankreich auftaucht und in Deutschland vor allem seit 1866 rezipiert wurde. Er wurde zum Inbegriff aller Kritik an der preußischen Vormachtstellung und dem inneren System Preußens, den vor allem liberale, süddeutsche und katholische Kritiker der norddeutsch-protestantischen Hegemonialmacht benutzten. Über die Preußenkritik hinaus, wie sie etwa im Parteiprogramm der katholischen Zentrumspartei von 1870 formuliert wird, dient der Begriff des Militarismus auch als Instrument historischer Analysen, wenn damit die Tendenz der Neuzeit zur Ausbildung stehender Heere gemeint ist. Erst im Ersten Weltkrieg verbinden sich positive Konnotationen mit dem Militarismusbegriff, freilich nur als Teil der intellektuellen Mobilisierung gegen die Westmächte, wie sie von Professoren wie Ernst Troeltsch (1865–1923) betrieben wurde. Im Prinzip aber bleibt Militarismus eine negativ besetzte Kategorie, die in ihrer spezifisch preußisch-deutschen Variante auch dazu diente, nach dem Zweiten Weltkrieg die **Zerschlagung Preußens** durch einen alliierten Kontrollratsbeschluss zu legitimieren. Wenn der Rheinländer Konrad Adenauer 1946 diese Auflösung des preußischen Staates nüchtern mit den Worten kommentierte: „Wir im Westen lehnen vieles ab, was gemeinhin ‚preußischer Geist' genannt wird", dann war damit gewiss auch jene Unterordnung des zivilen Elements unter die vermeintlichen Erfordernisse des militärischen Bereichs gemeint, die wir hier mit dem Begriff Militarismus bezeichnet haben.

Doch kehren wir nach diesem Exkurs in die Geschichte des Militarismusbegriffs zu unserem Überblick über die Phasen der Geschichte bewaffneter Macht und ihrer Auseinandersetzung zurück. Die Ära der Revolutionskriege bricht – wie schon angedeutet – im Prinzip mit der alten Organisationsform des Heeres. Wie in Frankreich die **levée en masse** organisiert wird, so ergibt sich in Preußen eine Mobilisierung des Volkes gegen die napoleonische Eroberungspolitik. Dies geschieht nach der Niederlage von Jena und Auerstedt (1806), als 1813 der Krieg gegen Napoleon wieder aufgenommen wurde und Friedrich Wilhelm III. den berühmten Aufruf „An mein Volk" erlassen hatte. Jetzt wurde die allgemeine Wehrpflicht eingeführt und damit der entscheidende Schritt zur Veränderung getan, denn „alle Bewohner des Staates sind seine geborenen Verteidiger", wie der Reformer Scharnhorst schon 1807 formulierte. Das vorher übliche – eben beschriebene – Kantonssystem zog praktisch nur Kleinbauern- und Handwerkersöhne heran, weitgehende Exemtionen schufen Befreiungen für einzelne Regionen (viele Städte wie Berlin, Magdeburg und Breslau) und Teile der Gesellschaft (Adel, besitzendes Bürgertum, Facharbeiter etc.). Insofern bedeutete die Einführung der allgemeinen Wehrpflicht zunächst einmal die Aufhebung dieser Exemtionen. Im Übrigen ist es von Interesse, dass Scharnhorst 1773–1778 als Offiziersschüler in Schaumburg-Lippe noch ein Territorium kennengelernt hatte, in dem eine Miliz nach den alten oben geschilderten Prinzipien existierte. So verbindet sich in der Person des Reformers gewissermaßen das ältere Defensionssystem mit dem neuen Gedanken der **allgemeinen Wehrpflicht**.

In Frankreich war es mit der Revolution keineswegs automatisch zu einer Einführung der allgemeinen Wehrpflicht gekommen. Zu Beginn der Revolution lehnte die Nationalversammlung die allgemeine Wehrpflicht noch als einen mit der Freiheit des Individuums unvereinbaren Zwang ab; einem freien Volk entspreche nur die Freiwilligkeit des Wehrdienstes, d. h. die freie Werbung. Daher gründete sich die eigentliche Truppe der Revolution, die als bürgerliche Miliz gebildete Nationalgarde, nicht auf die Wehrpflicht. Jeder Urwähler erhielt zwar das Recht, in die Nationalgarde einzutreten und Waffen zu führen, war aber dazu nicht verpflichtet. Da zudem die Verfassung von 1791 einen Zensus für den Urwähler vorsah (erst die Revolutionsverfassung von 1793 hob diesen Zensus auf), stellte die **Nationalgarde** ein Instrument des besitzenden Bürgertums dar, sie war **eine Bürgermiliz, keine Volksmiliz**. Erst als nach dem Sturz des Königtums die Kombination von Resten der alten königlichen Armee und der neuen Freiwilligen schwere Verluste erlitten hatte, kam es zur sog. levée en masse, der Einführung der allgemeinen Wehrpflicht. Doch ist zu bedenken, dass auch dies nur ein vorübergehender Schritt war (1793/94), schon 1794 ging man wieder zum **Konskriptionssystem** zurück, was praktisch bedeutete, dass nur die unteren Schichten Wehrdienst leisteten, während sich das besitzende Bürgertum durch Zahlung einer Abgabe freikaufen konnte.

In Preußen wurde die Bekanntmachung von 1813 über die Bildung freiwilliger Jäger-Détachements zum Grundstein der allgemeinen Wehrpflicht. Hier wurden vor allem die bislang vom Kantonssystem ausgenommenen Angehörigen des Bürgertums und Studenten zu den Waffen gerufen. Sie mussten sich auf eigene Kosten kleiden und beritten machen. Obwohl sich sowohl konservative Stimmen gegen die revolutionierende Wirkung der allgemeinen Wehrpflicht als auch Stimmen aus dem Bürgertum gegen die Wehrpflicht wandten, wurde sie 1814 endgültig gesetzlich festgelegt. Exemtionen gab es nicht mehr, auch die Stellvertretung wurde verboten.

Es wirft ein eigenartiges Licht auf die Bedeutung der Einführung der **allgemeinen Wehrpflicht**, wenn wir uns noch einmal die Reaktion sowohl aus dem konservativen als auch dem liberalen Lager, die auch nach dem Wehrgesetz von 1814 keineswegs verstummten, ansehen. In einer Denkschrift des Polizeiministers Fürst v. Sayn-Wittgenstein (1770–1851) findet sich der Satz: „Eine Nation bewaffnen, heißt den Widerstand und Aufruhr organisieren und erleichtern." Die auf **Egalität** gegründete allgemeine Wehrpflicht widerspreche dem auf Ehre gegründeten **adelig-monarchischen Prinzip**. Aber auch in der Armee breitete sich der Widerstand gegen die Wehrpflicht aus, jüngere Offiziere polemisierten heftig gegen die revolutionären Prinzipien der Heeresreform, wobei zu bedenken ist, dass der Kreis der preußischen Reformer ohnehin unter dem Verdacht „jakobinischer", also revolutionärer Neigungen stand.

Nicht weniger heftig bekämpfte allerdings auch das bürgerlich-liberale Lager die allgemeine Wehrpflicht. Das Argument lautete hier, dass diese den naturgegebenen Vorrang der gebildeten und besitzenden Schichten vor den unteren Schichten vernichte. Die führenden Gruppen der Gesellschaft forderten die für sie günstigen Exemtionen zurück und pflegten dies mit den Interessen von Wissenschaft und Wirtschaft zu begründen. In einer Denkschrift der Universität Breslau hieß es: „Das mannigfaltige Leben wird durch die Gleichstellung von Herren und Dienern, von Gebildeten und Ungebildeten, von Sittlichen und Unsittlichen in eine trübe, unkenntliche Masse verwandelt, die Wurzel des Eigentümlichen getötet, allgemeine Mittelmäßigkeit ist das letzte Ziel."

Carl von Rotteck (1775–1840), der Führer der südwestdeutschen Liberalen, verfasste 1816 eine Schrift unter dem Titel „Über stehende Heere und Nationalmiliz", in der er die Gleichheit des Wehrdienstes angriff und Vergünstigungen und Ausnahmen von der Wehrpflicht für die gebildeten und besitzenden Stände forderte. Zugleich aber – und das macht die **Ambivalenz des Liberalismus** aus – wandte sich diese Schrift in scharfen Formulierungen gegen die Gefahren des „Militärdespotismus" und eines „Staats im Staate".

Damit ist deutlich geworden, in wie starkem Maße die **allgemeine Wehrpflicht** einen Bruch sowohl mit dem adeligen Privileg des militärischen Dienstes, aber auch mit dem absolutistischen System von Exemtionen und Zwangswerbung darstellte. Sie antizipierte im eigentlichen Sinn den demokratischen Staat, indem sie – 1814 sicherlich noch so fiktiv wie 1914 – Ansprüche formulierte, die – um nur ein Beispiel zu nennen – mit dem preußischen Dreiklassenwahlrecht scharf kollidieren mussten. Es ist insofern nicht verwunderlich, wenn der Erste Weltkrieg mit seiner **Massenmobilisierung** einen historischen Entwicklungsschritt darstellt, der auch im Bereich der inneren demokratischen Freiheiten neue Maßstäbe setzte. Die schon erwähnten überhasteten Versuche zur Parlamentarisierung des Reiches und zur Abschaffung des preußischen Dreiklassenwahlrechts stützten sich explizit auf die Leistungen der Heeressoldaten im Krieg. Ohne die Bedeutung des Krieges überbewerten zu wollen, kann festgestellt werden, dass gerade der Erste Weltkrieg auf dem Felde der Demokratie beachtliche Innovationsschübe gebracht hat. Darüber hinaus lässt sich insgesamt in der Neueren Geschichte feststellen, dass es einen immer wieder deutlich benachbarten Zusammenhang zwischen militärischer Anstrengung und emanzipatorischen Bewegungen gibt. Verschiedene Anzeichen lassen sich dafür zusammentragen.

Beginnen müsste man eigentlich mit dem Hinweis auf den **Bedeutungsverlust des Adels** durch die Einführung taktischer Körper, etwa des sog. „viereckigen Gewalthaufens", der von Söldnern gebildet wurden. Die Schweizer haben dies bekanntlich zuerst gegen habsburgische Ritterheere gezeigt und sind damit zu Lehrmeistern der modernen Infanterie geworden. Der oberösterreichische Adelige Georg Erasmus von Tschernembl (1626) sprach im Kampf gegen Ferdinand II. (1578–1637) davon, dass man die Untertanen durch Freilassung aus der Leibeigenschaft entlohnen müsse, wenn sie sich im Kampf gegen das katholische habsburgische Landesfürstentum beteiligen würden. Die in einer Reihe der deutschen Territorien im 16./17. Jahrhundert eingerichteten Defensionswerke, die schon erwähnt wurden, d. h. die Einbeziehung eines bestimmten Teils der Untertanen in ein milizähnliches System, führte zu einem neuen Selbstbewusstsein der Untertanen und löste sie aus dem grundherrschaftlichen Bereich heraus, zumal von den Initiatoren bewusst soziale Privilegien für die Soldaten gefordert wurden. Beispiele aus der preußischen **Erhebung gegen Napoleon (1769–1821) von März 1813** und aus dem Ersten Weltkrieg habe ich schon erwähnt, die Gewährung des **Frauenwahlrechts** nach dem Ersten Weltkrieg wird sich sicher auch mit der neuen Rolle der Frau an der Heimatfront begründen lassen. Über den sozial nivellierenden Effekt des Zweiten Weltkriegs in Deutschland wurde schon im Zusammenhang des Buches von David Schoenbaum gesprochen (Vgl. S. 156!) Es ist dies ein vermutlich wenig erfreulicher Befund, wenn wir feststellen, dass militärischen Anstrengungen gerade in der Übergangsphase vom ständischen zum bürgerlichen Staat emanzipatorische Effekte zuzuschreiben sind. Die Entwicklung zur modernen Massenkriegsführung bezog in immer stärkerem Maße alle Schichten der Völker ein, machte sie unentbehrlich und schuf damit auch legitime Ansprüche für das politische Leben. **„Staatsverfassung und Heeresverfassung"** erweist sich damit als ein höchst ergiebiges Forschungskonzept für die Neuere Geschichte.

Die neuere deutsche Geschichte ist in besonderem Maße durch den sieg- oder verlustreichen **Ausgang von Kriegen** geprägt worden. Vom Dreißigjährigen Krieg, über die Niederlage gegen Napoleon, die Rheinbund und Deutschen Bund ins Leben rief, den Sieg von 1870/71 gegen die Franzosen, der zur Geburtsstunde des Zweiten Kaiserreichs wurde, bis zum Ersten und Zweiten Weltkrieg, die beide tiefe Brüche mit der Vergangenheit bewirkten, sind militärische Ereignisse konstituierend für unsere jeweiligen politischen Ordnungen gewesen, nicht aber innere Bewegungen. Aus diesem Grunde soll ein weiterer Gegenstand besprochen werden, der in besonderem Maße geeignet ist, den schon mehrfach betonten Zusammenhang von Kriegsführung und innenpolitischer Entwicklung erneut zu belegen. Er soll uns zugleich Gelegenheit geben, an einer für die Geschichte des 20. Jahrhunderts entscheidenden Stelle etwas genauer in den Gegenstand einzudringen, als dies bei der bislang gewählten Überblicksperspektive der Fall sein konnte.

Angesprochen ist damit die Entstehung und Bedeutung der **„Dolchstoßlegende"**, also jene unausrottbare Einbildung weiter Kreise in Deutschland nach dem Ende des Ersten Weltkriegs, die revolutionären Ereignisse in der Heimat hätten das Feldheer entscheidend geschwächt, das Heer aber sei im Felde unbesiegt geblieben. Ich brauche nicht zu betonen, dass diese Dolchstoßlegende, das als ungerecht empfundene „Friedensdiktat" von Versailles und der insgesamt fehlende Grundkonsens der Weimarer Parteien den Boden abgaben für den Zerfall dieser Republik. Insofern ist dies nicht nur ein exemplarischer Fall für eine politisch hochwirksame **Legendenbildung** und das Versagen der Historikerzunft, sondern auch für das schwer zu erschütternde Vertrauen in die oberste militärische Führung des kaiserlichen Deutschlands, ja vielleicht auch ein Beispiel für den von Millionen von Frontsoldaten gerne akzeptierten frommen kollektiven Selbstbetrug, der dem eigenen Kriegsdienst nicht jeden Sinn nahm, obwohl der Misserfolg so deutlich zu sehen war.

Ich hatte schon im letzten Kapitel kurz von der Situation im Frühjahr und Sommer 1918 erzählt, als die letzte große Frühjahrsoffensive gegen Frankreich und die verbündeten Engländer und Amerikaner gescheitert war, und der Druck dieser Gegner auf die deutschen Truppen stärker wurde. Angesichts der Auflösungserscheinungen auch in Österreich kamen Hindenburg und Ludendorff zu dem Ergebnis, dass eine Katastrophe nur noch durch einen **sofortigen Waffenstillstand** zu vermeiden sei. Auf einem Kronrat in Spa am 29. September 1918 gestand die Oberste Heeresleitung (OHL) die Niederlage ein und verlangte, sofort mit dem Präsidenten der Vereinigten Staaten Waffenstillstandsverhandlungen aufzunehmen. Ludendorff dachte dabei vor allem an die 14-Punkte-Erklärung des US-Präsidenten, der u. a. die **Parlamentarisierung der Mittelmächte** gefordert hatte. Präsident Wilson (1856–1924) hatte in seiner Erklärung festgestellt, dass über den Inhalt dieser 14 Punkte sinnvoll nur mit parlamentarisch legitimierten Regierungen verhandelt werden könne.

Die OHL verfolgte in dieser Zwangslage zwischen militärischer Ausweglosigkeit und politischem Kalkül gegenüber Woodrow Wilson den Plan, eine entsprechende Note an die Vereinigten Staaten vom Reichskanzler unterzeichnen zu lassen, was auch geschah. Die Presse wurde ersucht, die Frage der wahren Verantwortung nicht zu untersuchen: „Unter allen Umständen muß der Eindruck vermieden werden, als gehe unser Friedensschritt von militärischer Seite aus. Reichskanzler und Regierung haben es auf sich genommen, den Schritt von sich ausgehen zu lassen. Diesen Eindruck darf die Presse nicht zerstören", formulierte ein Sprecher der OHL am 16. Oktober.

Relativ schnell wurden im Reich und in Preußen die erforderlichen Maßnahmen einer Parlamentarisierung begonnen, also die Einführung des gleichen Wahlrechts in Preußen, die Einbeziehung der Parteiführer in die Reichsregierung und die Ersetzung des Reichskanzlers Graf Hertling durch Prinz Max von Baden (1867–1929), der als Anhänger eines Versöhnungsfriedens bekannt war. Dies geschah am 3. Oktober.

Die Parteiführer, die gerade erst verantwortliche Positionen als Staatssekretäre übernommen hatten, wurden jetzt von der OHL über den ganzen Ernst der Lage aufgeklärt. Schon am 4. Oktober erging unter dem Druck der OHL und gegen das Zögern der neuen politischen Führung das **Waffenstillstandsangebot**, das aber erst am 23. Oktober durch die Forderung nach einer **Kapitulation** beantwortet wurde. Als nun deutlich wurde, in welche ungünstige Lage die OHL das Reich gebracht hatte, denn an eine Weiterführung des Kampfes war nach dem Waffenstillstandsangebot nicht mehr zu denken, schied Ludendorff am 26. Oktober bewusst und dem Kaiser gegenüber in provozierender Form aus seinem Amt aus, um dann am 16. November Deutschland für ein Vierteljahr zu verlassen. Zwei Tage später wurde endlich die sog. **Oktoberverfassung des Reiches** bewilligt, die die Bindung des Reichskanzlers an die Mehrheit des Reichstages festlegte.

Es lag in der Linie der sich jetzt abzeichnenden Parlamentarisierung des Reiches, wenn die Führung der Waffenstillstandskommission von einem zivilen Politiker, dem Zentrumspolitiker Matthias Erzberger (1875–1921) übernommen wurde. Bedauerlicherweise aber verdeckte diese Maßnahme die Verantwortung des Militärs für den Gang nach Compiègne, wo dem Reich die harten Waffenstillstandsbedingungen vorgelegt wurden. Der Nachfolger Ludendorffs in der OHL General Groener (1867–1939), schrieb über diese wichtige personelle Entscheidung, dass es ihm nur recht sein konnte, „wenn bei diesen unglückseligen Verhandlungen, von denen nichts Gutes zu erwarten war, das Heer und die Heeresleitung so unbelastet wie möglich blieb". Endlose Beschimpfungen waren die Folgen dieser Übernahme der Verantwortung durch Erzberger, der 1921 von Rechtsradikalen ermordet wurde, nachdem er für die politische Rechte zum bestgehassten Mann geworden war.

Das Jahr 1919 machte dann den Umschwung der Lage vollends deutlich. Alle Hoffnungen, die man an die 14 Punkte Wilsons geknüpft hatte, schwanden vor den sich abzeichnenden Bedingungen des **Versailler Vertrages**, dessen Unterzeichnung in eben dem Spiegelsaal des Schlosses von Versailles, in dem 1871 das Deutsche Reich ausgerufen worden war, erst nach schweren innenpolitischen Konflikten sichergestellt wurde.

Dieser zwang zur Aufgabe der Position des Reiches. Die demütigenden Bedingungen, das Festschreiben der **Kriegsschuld** des Reiches im Versailler Vertrag (Art. 231), all dies stand im krassen Gegensatz zu der Art und Weise, wie im Reich der Krieg und sein Ende wahrgenommen wurden. Das deutsche Volk sträubte sich in seiner Mehrheit dagegen, die Niederlage als solche überhaupt zur Kenntnis zu nehmen. Vor allem die Tatsache, dass ja die deutschen Truppen bei Waffenstillstand noch im Feindesland standen, hatte diesen Eindruck verfestigt. Das Heer war zwar unter dem feindlichen Druck zurückgewichen, aber es war keineswegs vernichtend geschlagen worden. Als Mitglied des Rats der Volksbeauftragten begrüßte Friedrich Ebert (1871–1925) die heimkehrenden Berliner Regimenter am Brandenburger Tor mit den verführerischen Worten: „Eure Opfer und Taten sind ohne Beispiel. Kein Feind hat Euch überwunden. Erst als die Übermacht der Gegner an Menschen und Material immer drückender wurde, haben wir den Kampf aufgegeben". Die gleiche Haltung nicht eindeutiger Annahme der Niederlage drückt sich in den lateinischen Worten aus, die die Berliner Universität auf das Ehrenmal für ihre Gefallenen setzen ließ; **„Invictis victi victuri"** (Die Besiegten, die siegen werden, den Unbesiegten).

Damit sind wir in der Lage, die Entstehung der **Dolchstoßlegende** zu verstehen. Ihre Funktion bestand darin, die Verständnislücke zwischen dem demütigenden Versailler Vertrag und der scheinbar ungebrochenen Haltung der Truppen zu schließen. Wenn auch der Begriff selbst erst in den Novembertagen auftauchte, so griff er doch auf eine schon länger andauernde öffentliche Diskussion zurück, in der die Bedeutung der Heimat für die Front im Mittelpunkt stand. Der Historiker Friedrich Meinecke (1862–1954) wunderte sich bereits im Oktober über eine Berliner Zeitung, die die Verantwortung für die schlechte militärische Lage der Reiches „Elanmachern" und „Defätisten" in die Schuhe schob. Meinecke sah mit solchen Zeugnissen die Dolchstoßlegende „schon antizipiert".

Der Begriff **Dolchstoß** taucht erstmals in einer Versammlung im Münchener Löwenbräu-Keller am 2. November 1918 auf. Der Reichstagsabgeordnete der Fortschrittlichen Volkspartei Ernst Müller-Meiningen (1866–1944) erklärte, wie wir aus einem Zeitungsbericht wissen: „Solange die äußere Front aushält, haben wir die verdammte Pflicht zum Aushalten in der Heimat. Wir müssten uns vor unseren Kindern und Kindeskindern schämen, wenn wir der Front in den Rücken fielen und ihr den Dolchstoß versetzen". Seitdem häufen sich die Belege für diesen und ähnliche Begriffe. Ein Regimentskommandeur behauptet am Tage des Waffenstillstandes: „diesen Augenblick, wo uns der Feind von vorn an der Gurgel saß, benutzten Verräter in der Heimat . . ., um uns das Messer in den Rücken zu stoßen". Am 28. November schreibt der damalige Major Ludwig Beck (1880–1944): „Im schwersten Augenblick des Krieges ist uns die – wie ich jetzt keinen Moments mehr zweifle – von langer Hand vorbereitete Revolution in den Rücken gefallen". Am 18. Dezember schreibt ein Kieler Medizinprofessor in einem Burschenschaftsblättchen, dass die Meuterei der Kieler Matrosen „dem Vaterlande in den Rücken gefallen" sei.

Stärkere Beachtung fand diese sich abzeichnende Dolchstoß-Version erst und vor allem in der Presse, als auch ausländische Stimmen diese Sprachregelung aufgriffen. Am 17. Dezember 1918 referierte die Neue Zürcher Zeitung zwei Zeitungsartikel eines britischen Generals über die Ursachen des deutschen Zusammenbruchs und schilderte die Beurteilung dieses Vorgangs in der britischen Öffentlichkeit. Der Artikel des Schweizer Korrespondenten endete mit dem Satz: „Was die deutsche Armee betrifft, so kann die allgemeine Ansicht in das Wort zusammengefasst werden: sie wurde von der Zivilbevölkerung **von hinten erdolcht**". Eben weil dies für deutsche Leser kein neuer Gedanke war, der jetzt zudem vom Feinde bestätigt wurde, musste diese Version besondere Wirksamkeit ausüben. Dass hierbei der britische General keineswegs selbst das Wort vom „Erdolchen" gebrauchte, sondern nur der Schweizer Journalist, ist vor allem vor dem Hintergrund der Tatsache wichtig, dass später immer wieder dieser britische General als Kronzeuge des Dolchstoßes benutzt wurde. Es erklärt die breite Reaktion auf diese Dolchstoßversion, wenn ein Mann wie **Max Weber** die Revolution verurteilte, weil sie „Deutschland die Waffen aus der Hand geschlagen habe". Auch **Ernst Troeltsch**, der Theologe und Soziologe, der schon 1919 scharf gegen die Dolchstoßlegende vorging (in seinen sog. Spectator-Briefen), meinte im Dezember 1918, dass der Waffenstillstand ohne die Revolution nicht so entsetzlich gewesen sei, meint also, dass die Revolution Deutschland in den Augen seiner Gegner zusätzlich geschwächt habe. Dabei muss man sehen, dass alle Friedensüberlegungen einsichtiger Politiker schon lange vorher diffamiert worden waren. Das meinte wohl auch Ludendorff selbst, als er Anfang Oktober – als es um die Forderung des Waffenstillstandes ging – sagte: „Ich habe aber S. M. [den Kaiser] gebeten, jetzt auch diejenigen Kreise an die Regierung zu bringen, denen wir es in der Hauptsache zu danken haben, dass wir so weit gekommen sind. ... Die sollen nun den Frieden schließen, der jetzt geschlossen werden muß". Dieser entlarvende Satz sagt alles: der Mann, der klar die militärische, von ihm verantwortete Lage kannte, schob die Schuld auf die Friedensforderungen der Heimat und ließ jetzt den Frieden schließen, der geschlossen werden musste.

Schon der **Wahlkampf zur Nationalversammlung** griff die bislang genannten Argumente immer wieder auf, der Sozialdemokratie wurde von der DNVP, aber auch vom Zentrum der Vorwurf gemacht, „im Verein mit den sozialdemokratischen Gewerkschaften die Revolution planmäßig vorbereitet und durchgeführt zu haben". „Wäre die Revolution nicht gekommen, dann wäre Deutschland jetzt nicht so hilflos ...", hieß es in einem württembergischen Zentrums-Flugblatt.

Als Anfang Mai 1919 die Empörung über die bekanntwerdenden Friedensbedingungen eine neue Welle von Diskussionen auslöste, war die **Dolchstoß-These** bereits so weit entwickelt, dass Ernst Troeltsch schon von einer Legende sprechen konnte. Doch ihre endgültige Etablierung als wirkungsmächtige Legende erfuhr die These erst im Herbst 1919, als der Abgeordnete v. Graefe (1868–1933) in der Nationalversammlung die schon erwähnte Äußerung des britischen Generals zitierte. Er sprach – und dies sollte man wegen seiner prophetischen Voraussage bedenken – von dem Bild, das die Sage als ein immer wiederkehrendes Symbol der deutschen Geschichte vorahnend verkündet habe und gab der Überzeugung Ausdruck, „der Speer, der von Hagen diesem Siegfried von hinten in den Leib gestoßen worden ist, sei von langer Zeit her geschmiedet worden". Am Ende seiner Rede verkündete er: „Der Tag wird kommen, wo das Volk dem Hagen fluchen und sich nach dem Siegfried zurücksehnen wird. Wir bekennen uns heute schon zu Siegfried und seinem Geschlecht und seiner Nachkommenschaft, der vorläufig noch so kleinen Reichswehr ... und beneiden nicht diejenigen, die sich an dem Pyrrhussieg ihres Hagen freuen zu können glauben". Hier steckt alles drin, was die nächsten Jahrzehnte bringen sollten: Hitler wird eben dieser Siegfried sein und vorausahnend weiß der Redner schon jetzt die Republikaner zu bedauern, die sich über den Tod Siegfrieds gefreut haben.

Angesichts des hohen Stellenwerts der Diskussionen um die Verantwortung für den Ausgang des Krieges drängte der ganze Komplex von Anschuldigungen und Gegenanklagen nach gründlicher Aufklärung. Ausgerechnet Ludendorff war es, der nach seiner Rückkehr aus dem Ausland die Forderung nach Einsetzung eines Gerichtshofes zur Klärung der gegen ihn erhobenen Forderungen erhob. Das Ergebnis war die **Einsetzung eines Untersuchungsausschusses**, der im August 1919 seine Arbeit aufnahm und einen seiner Unterauschüsse mit der Klärung der „Verantwortung" für die Niederlage beauftragte.

Natürlich spielte auch hier die Dolchstoßlegende eine große Rolle. Hindenburg selbst war es, der vor dem Untersuchungsausschuss seine Aussage über die Schwäche der Heimat mit den Worten abschloss: „So mußten unsere Operationen mißlingen, es mußte der Zusammenbruch kommen, die Revolution bildete nur den Schlußstein. Ein englischer General sagte mit Recht: 'Die deutsche Armee ist von hinten erdolcht worden'." – Damit war der falsch zitierte General endgültig zum historischen Beweis geworden. **Der Hindenburg-Mythos deckte die Dolchstoßlegende**. Wie dies dann im Wahlkampf des Frühsommers 1920 (6. Juni 1920) klang, zeigt der Text eines Flugblatts der DNVP: „Die Demokraten und Sozialdemokraten haben die Front erdolcht, sie haben damit über unser Volk den Erzberger'schen Schmach-, Hunger- und Mordfrieden gebracht. Unser Elend ist ihr Werk. Gebt die Quittung für den Dolchstoß bei den Wahlen".

In der Arbeit des erwähnten Unterausschusses verstärkten militärische Sachverständige natürlich die Legende. Der General von Kuhl (1856–1958) räumte zwar „Fehler" der militärischen Führung ein, betonte jedoch die Folgen der „Wühlarbeit" der USPD im Inneren des Reiches. Er sprach von der „Verseuchung von Heer und Heimat". Durch die Angriffe des Historikers Hans Delbrück (1848–1929) auf Ludendorff wegen dessen Anteil an der Niederlage erfuhr die Ausschussarbeit eine erhebliche Publizität, die der weiteren Aufklärung kaum nützlich sein konnte. Seine Bemühungen um den Zusammenhang von „Heimatpolitik und Umsturzbewegung" wurden auch dadurch belastet, dass der eben erwähnte Kritiker Ludendorffs, Hans Delbrück, selbst wiederum die Dolchstoßlegende unterstützte. Immer wieder wurde die Arbeit des Ausschusses durch Ereignisse wie den **Münchener Dolchstoßprozess im Jahre 1925** belastet. Es ließ sich keine Klärung dieser für das deutsche Selbstverständnis zentralen Frage erreichen. Die Ausschussarbeit spiegelte eher die Spaltung der politischen Öffentlichkeit wider und verstärkte sie, als dass sie zu einer Mäßigung der innenpolitischen Debatte führte. So blieb der sich in der Dolchstoßlegende offenbarende **Revisionismus „ die Krankheit der Weimarer politischen Kultur"** mit beträchtlichen Auswirkungen auf ihren Untergang.

Wir brauchen nicht alle weiteren Stationen dieser Diskussion nachzuverfolgen. Zu erwähnen bleibt, dass Hitler selbst den Begriff nicht gebrauchte, er verteilte die Schuld auf die November-Verbrecher einerseits und die unfähige Regierung andererseits, allerdings sah er nachträglich im November 1918 den Sieg zum Greifen nahe und fällte damit ein Urteil, das selbst Ludendorff so kaum formuliert hätte.

Welche weit reichende Wirkung die **Dolchstoßlegende** ausübte, sieht man im Grunde erst wieder, als sich der deutsche Widerstand gegen Hitler zu regen beginnt. In der Tat greift Hitler nach dem missglückten Attentat vom **20. Juli 1944** die Dolchstoßvokabel auf und spricht davon, dass eine kleine Gruppe geglaubt habe, „wie im Jahre 1918 den Dolchstoß in den Rücken führen zu können". Goebbels spricht am 26. Juli von „verbrecherischen Ehrgeizlingen, die ... der kämpfenden Front in den Rücken fallen wollen". Der Rückgriff auf die Legende zeigt, welche Wirksamkeit man sich von diesem Vergleich erwartete.

Selbst in der Geschichte der Bundesrepublik findet sich der Begriff wieder, etwa wenn der CDU-Politiker Eugen Gerstenmaier (1906– 1986) Kritik am amerikanischen Präsidenten Kennedy (1917–1963) wegen seines Verhaltens nach dem 13. August 1961 mit dem Hinweis auf einen möglichen Dolchstoß – also eine Schwächung der westlichen Position – abwehrte.

Schließen wir unseren Überblick über diese Legende und ihre Bedeutung in der Weimarer Republik mit den klaren Bemerkungen ab, mit denen **Karl Dietrich Erdmann (1910–1990)** das Problem charakterisierte: „Der Ansatzpunkt für die Wirksamkeit der Dolchstoßlegende war die Tatsache, daß der 'Generalstreik der Armee' für das bürgerliche Deutschland unter dem Gesichtspunkt nationaler Solidarität als schlechthin verwerflich erschien. Verdunkelt wurde dabei der wahre Hergang, daß nämlich eine Kette von Niederlagen seit Anfang August 1918 die OHL Ende September 1918 zu der Erkenntnis gebracht hatte, der Krieg sei verloren, daß Hindenburg und Ludendorff es waren, die den sofortigen Abschluß eines Waffenstillstandes gefordert hatten, und daß eine Ablehnung der Waffenstillstandsbedingungen den Krieg nach Deutschland hineingetragen, zur vollkommenen Zerschlagung des Heeres und zur bedingungslosen Kapitulation geführt hätte. Statt daß sich das deutsche Volk in der Not enger zusammenschloß im solidarischen Bemühen um die Revision des Versailler Vertrags, wurde das Wort vom Dolchstoß zum eigentlichen und wahren deutschen Verhängnis, schlimmer noch als die Niederlage, da es die Deutschen gegeneinander kehrte".

Die fortdauernde **Existenz von kriegerischen Auseinandersetzungen in der Geschichte**, die Verstärkung des destruktiven Potentials gehören sicherlich zu den zentralen Themen historischer Wissenschaft, ohne dass freilich am Tatbestand selbst etwas geändert worden wäre. Es mag uns Historiker trösten, dass ein amerikanischer Aggressionsforscher 1945 das Paradoxon beklagte, dass Aggressionen zwar intensiv untersucht worden seien, dass sie aber heute genauso rätselhaft seien, als ob sie gar nicht vom Menschen entdeckt worden wären. Die Tatsache, dass seit diesem Urteil über 50 Jahre vergangen sind, hat an der Richtigkeit der Beobachtung kaum etwas geändert. Ob wir die **menschliche Aggressivität** – wie im 16. Jahrhundert – aus einer falschen Mischung der Körpersäfte erklären oder als Grunddisposition der menschlichen Natur erkennen, ob wir den Krieg aus Klima, Sitten, Völkernatur oder der Verfolgung nationaler Interessen erklären, die Allgegenwart von Aggressivität und Krieg bleibt bestehen. Gerade am Beginn der Neuzeit wird der Krieg als normales **Begleitphänomen des Prozesses der Staatsbildung** betrachtet. So wie Staaten im Innern verwaltet werden müssen, so wie die Wirtschaft entwickelt werden soll, so selbstverständlich muss Krieg zur Verteidigung eigener Interessen dienen, um dem Gegner zuvorzukommen. Obrigkeit gewinnt ihre **Legitimation** u. a. aus dem – notfalls – kriegerischen Schutz der Untertanen, erweist sie sich als dazu nicht fähig, verliert Herrschaft die Legitimation. Darüber hinaus wird dem Krieg eine positive therapeutische Funktion beigemessen, er leitet ungesunde Aspirationen nach außen ab, verhindert damit auch inneren Aufruhr. Der Reichsritter Ulrich von Hutten (1488–1523) und der Freigeist Sebastian Franck (1499–1542, über ihn S. 212!) betrachteten Anfang des 16. Jahrhunderts einen Krieg sogar als Gegenmittel gegen eine drohende Überbevölkerung.

Solche im 16. Jahrhundert verbreiteten Auffassungen verloren nach dem Erlebnis des Dreißigjährigen Krieges an Überzeugungskraft. Auch die Realgeschichte der **Söldnerkriege des 17. und 18. Jahrhunderts** gibt uns keine Hinweise auf ein Phänomen, das man als Kriegsbegeisterung bezeichnen könnte. Begeisterung für den Krieg wird man in dieser Epoche auch deshalb kaum erwarten können, weil der Krieg als Normalzustand zwischen Staaten begriffen wird, der – wie Thomas Hobbes (1588–1679) definiert – lediglich durch den Maßstab der Nützlichkeit, der Interessen, bestimmt wird.

Es scheint so, als ob **Kriegsbegeisterung** ein Phänomen der Aufklärung und des bürgerlichen Nationalstaats ist. Die Kriegführung der absolutistischen Staaten war mit ihrer Begrenzung auf relativ kleine Heere kaum in der Lage, Begeisterung für den Krieg zu wecken. Es galt als Grundmaxime der Monarchen, die „Bataillen" des Königs vom Bürger fernzuhalten. Man hat diese Form des Krieges mit kleineren Einheiten zu Recht den **„kleinen Krieg"** genannt, der sparsam mit den Soldaten und den Ressourcen der Länder umging. Auch hier bedeutete die **Französische Revolution** einen entscheidenden Umschwung, wohlvorbereitet freilich durch die Aufklärungsbewegung. Erst jetzt verbindet sich Krieg mit der wirklichen oder eingebildeten Bestimmung der Nation. Aufschlussreich für diesen Wandel durch Aufklärung und Revolution ist eine Flugschrift des Aufklärers Thomas Abbt (aus dem Jahre 1761 mit dem Titel **„Vom Tode fürs Vaterland"**). Bezeichnend ist der Anfang der Schrift, wo Abbt bekennt, dass ihm nicht bekannt sei, welch ein unglücklicher Umstand zu der allgemeinen Auffassung geführt habe, dass der Bürger nur in Republiken auf sein Vaterland stolz sein könne, während in Monarchien das Vaterland nur ein leerer Name, eine Illusion sei. Er hatte die Absicht, mit seiner Schrift die Untertanen des Königs von Preußen zu ermahnen, für ihren König zu sterben. Abbt klagte darüber, dass kein Mensch etwas vom Tode für das Vaterland wissen wolle, selbst Offiziere lachten über eine solche Idee und nannten sie verrückt.

Mit einigen Strichen soll die Wende in der Betrachtung des Krieges aufgezeigt werden. Die Aufklärungsphilosophen machten aus ihrer Überzeugung keinen Hehl, dass die entscheidende Ursache für die Eroberungskriege des 18. Jahrhunderts direkt zu beseitigen sei, nämlich die despotische Staatsverfassung des Ancien Régime selbst. Es bedürfe einer schmerzhaften Operation, schrieb der französische Philosoph **Abbé Mably (1709–1785)** , und er ließ keinen Zweifel daran, dass damit der **revolutionäre Bürgerkrieg** gemeint war. Hier lässt sich die Bruchstelle in der Entwicklung des neuzeitlichen Kriegsbegriffs festmachen, eine bedrückende Perspektive der europäischen Aufklärung. Es ist Mably, der den Krieg zur Wohltat (zum „bien") erklärt, und es ist **Jean-Jacques Rousseau (1712–1778)**, der 1752 formuliert: „La guerre est quelque fois un devoir et n'est point faite pour être un métier. Tout homme doit être soldat pour la défense de sa liberté ... et mourir en servant la patrie est un emploi trop beau pour le confier à des mercenaires". Und in diesem Sinne gebraucht Mably den Begriff der „nation militaire", ohne freilich schon die Entartungen zu ahnen, die in dieser Version verborgen waren. Es bleibt nicht beim Befreiungskrieg, der Krieg zur Befreiung der Völker vom „Joch des Despotismus" wird zum Krieg um die „natürlichen Grenzen", zum schlichten Eroberungskrieg und nähert sich damit wieder den machtstaatlichen Kategorien an, freilich verstanden als Krieg der Nationen, als Krieg um Interessen, um Lebensraum oder wie die Begründungen immer heißen mögen. 1861 heißt es in einer großen deutschsprachigen Enzyklopädie: „Soll nämlich der Krieg mit der ganzen Kraft der Nation geführt werden, so muss er auch aus dem Willen der Nation hervorgegangen sein", was bedeutete, „daß Kriege allein ... einzig und allein für große und gerechte **nationale Interessen** ... geführt werden".

Dies scheint das Dilemma der modernen Nationalstaaten zu sein. Es sind die nationalen und internationalen Interessen, die immer wieder politische und militärische Konflikte generieren. Die Skurrilität eines Krieges wie der um die Falklandinseln im Südatlantik im Jahre 1982 mit geradezu grotesken Formen der Kriegsbegeisterung („Jingoism") sollte uns nicht vergessen lassen, dass es der moderne Nationalstaat des 19. und 20. Jahrhunderts war, der uns das Phänomen des Kriegs in seiner modernen, totalen Version beschert hat. Das Schlagwort von der **„Demokratisierung des Krieges"** seit der Französischen Revolution kennzeichnet diese Ambivalenz der Neueren Geschichte.

3.6 Die Bedeutung der Konfession für die Neuere Geschichte

Eine Schwierigkeit bei der Beschäftigung mit diesem Thema sei vorweg erwähnt. Wir leben in einer Gesellschaft mit einem merkwürdig ambivalenten Verhältnis zu den Kirchen und dem von ihnen repräsentierten christlichen Normensystem. Auf der einen Seite stecken wir unübersehbar in einem schon seit dem konfessionellen Zeitalter andauernden und seit der Aufklärung verstärkten **Säkularisierungsprozess**, der vor allem seit dem Zweiten Weltkrieg und mit der fortschreitenden Verstädterung erhebliche Ausmaße angenommen hat und die Rolle der Kirchen als normsetzende und auch sozial kontrollierende Institutionen relativiert hat. Auf der anderen Seite haben sich fundamentalchristliche Normen unverändert erhalten und haben z.T. an Gewicht gewonnen – ich denke etwa an Nächstenliebe, Brüderlichkeit, Menschlichkeit, Solidarität. Dies gilt auch dann, wenn man daran denkt, dass die Kirchen gegen den Abbau spezieller Moralvorschriften heftigen Widerstand leisten und sich mit dem inzwischen – wie am Beispiel des § 218 zu sehen ist – staatlicherseits sanktionierten Normenwandel überhaupt nicht abfinden wollen. Ich will damit sagen, dass wir bei einem ersten oberflächlichen Blick in einer stark entkonfessionalisierten, säkularisierten Gesellschaft leben. Doch scheint hier genaueres Hinschauen notwendig. Wir können nämlich bestimmte Reste tradierter konfessioneller Positionen in unserer Gesellschaft erkennen, die in immer noch beachtlicher Weise die politische Landschaft der Bundesrepublik prägen. Ohne hier eine vollständige Übersicht zu geben, will ich auf folgende Phänomene hinweisen.

Zunächst scheint mir die Existenz **konfessionell geprägter politischer Landschaften** von Bedeutung zu sein. Ich denke an die schon mehrfach festgestellte Affinität zwischen konfessionell mehrheitlich geprägten Landschaften und deren parteipolitischer Präferenz. Diese Parallelität zwischen katholischem Bekenntnis und einer Wahlentscheidung für die CDU/CSU bzw. protestantischem Bekenntnis und einer starken Affinität für die Sozialdemokratie hat sich zwar bei den letzten Bundestagswahlen immer stärker relativiert, doch man kann an Wahlen aus den 60er Jahren erinnern, wo sich die Karte der für die CDU bzw. SPD gewonnenen Wahlkreise weitgehend mit einer Karte der Konfessionsverteilung Deutschlands im 16. Jahrhundert deckte. Wenn wir uns zwei Beispiele genauer ansehen, wird diese Beobachtung nachvollziehbar. Die heute noch **katholische Grundstruktur** des Rheinlandes ist ohne Zweifel durch die Etablierung des katholischen Hauses Wittelsbach auf dem Kölner Erzbischofstuhl 1583 als Ergebnis des „Kölner Krieges" und der damit zusammenhängenden Kumulation von Bistümern (Lüttich, Münster, Paderborn etc.) in der Hand des Kölner Kurfürsten entstanden. Dies bleibt auch so bis kurz vor Ende des Alten Reiches (Clemens August, 1723–1761), und dem entspricht eine parteipolitische Präferenz für die CDU. Das Gegenbeispiel findet sich in Bayern. Wenn überhaupt die SPD dort eine Chance hat, dann hat sie diese – außerhalb der großen Städte – nur in Oberfranken, d. h. in protestantischem, ehemals brandenburg-ansbachischem Gebiet. Kontinuitäten dieser Art dürfen freilich nicht überbewertet werden, zumal es auch genügend Gegenbeispiele gibt.

Daneben scheint mir – und dies hängt eng mit der ersten Beobachtung zusammen – wichtig, dass sich in einer der beiden großen Parteien, der CDU, erhebliche konfessionspolitische Kompromisse wiederfinden, nämlich die schwierige **Verbindung des politischen Katholizismus**, der bis zum Beginn des Dritten Reiches im Zentrum etabliert war, mit einem protestantischen Flügel. Dies ist ein beachtlicher Fortschritt gegenüber der Geschichte des Kaiserreichs und der Weimarer Republik, wo der politische Katholizismus mit dem Zentrum bekanntlich über eine feste politische Position verfügte. Normalerweise werden diese Faktoren bei der Analyse der Union wenig beachtet, doch sind sie für das innerparteiliche Kräftespiel wichtige Größen, die in der internen Postenverteilung große Bedeutung erlangen. Seit 1951 hat ein „Evangelischer Arbeitskreis" in der CDU versucht, dem in der Öffentlichkeit entstandenen Eindruck eines katholischen Übergewichts in der Partei während der Ära Adenauer entgegenzuarbeiten.

Dieser Hinweis auf die Verschmelzung von protestantischen und katholischen politischen Traditionen, die nur aus der Bruchsituation der Nachkriegsjahre heraus verständlich ist, bietet uns Gelegenheit zu einem kurzen Blick auf den politischen Katholizismus in Deutschland im 19. und 20. Jahrhundert. Wir wollen die Frage stellen, wie es zur relativ späten Organisierung des politischen Katholizismus in der **Zentrumspartei** kommt, obwohl doch schon im Vormärz der politische Katholizismus als Teil des „Fünfparteisystems" (E. R. Huber) genannt wird. Franz von Baader (1765–1841), Josef v. Görres (1776–1848) oder Adam Müller (1779–1829) wären hier als Vertreter zu nennen, ohne dass es jedoch in dieser Phase des Frühkonstitutionalismus bereits zu einer festen Organisation gekommen wäre, auch wenn sich in der Paulskirche eine katholische Fraktion als „Katholischer Klub" organisierte, und im außerparlamentarischen Raum sich der **„Katholische Verein Deutschlands"** bildete.

Den Anlass für einen festeren Zusammenschluss bot die Verabschiedung liberaler Schulgesetze in den 60er Jahren des 19. Jahrhunderts und die Realisierung der kleindeutschen Lösung, d. h. der Weg nach Königgrätz und Versailles und die Gründung des zweiten deutschen Kaiserreichs, das sich eindeutig in einer protestantischen Traditionslinie deutscher Geschichte sah. Der Historiker Friedrich von Bezold (1848–1928) stellte 1896 apodiktisch fest: „Aus dem deutschen Protestantismus, der die Feuerprobe des 30jährigen Krieges überdauert hat, sind unserer Nation ihre heutige Kultur und ihr nationaler Staat erwachsen. Ohne Luther hätten wir keinen Kant und Goethe, ohne die protestantische und antikirchliche Herkunft des preußischen Staates nicht unser neues Deutsches Reich." Solcher **Kulturprotestantismus** musste natürlich Reaktionen hervorrufen, auch wenn sich diese zunächst aus eher kleinen und unbedeutenden Anlässen ergaben. Als in Baden 1864 die katholische Kirche gegen ein Gesetz zur staatlichen Schulaufsicht protestierte, wurde in Heidelberg und anderen Städten das sog. **„Katholische Kasino"** gegründet. Aus ihm entstand 1865 die katholische Volkspartei und beim Katholikentag 1869 wurde – wenn auch zunächst noch ohne Erfolg – von ihrem Vorsitzenden zur Gründung einer gesamtdeutschen katholischen Partei aufgerufen.

In Norddeutschland verschärften sich seit 1870 die konfessionellen Gegensätze. Der überwiegend protestantische Charakter des Norddeutschen Bundes und des Deutschen Reiches ließ die Katholiken befürchten, als Minderheit an den Rand gedrängt zu werden. Nach der Verurteilung des Liberalismus durch den Papst im Syllabus (1864) und der Verkündigung der päpstlichen Unfehlbarkeit (1870) verschärften sich auch die liberalen Angriffe gegen die vermeintlich reaktionäre und kulturfeindliche Kirche. Dies bewirkte dann bei den Wahlen zum Preußischen Abgeordnetenhaus von 1870 Aufrufe für eine Verfassungspartei, die zunächst vom Rheinland ausgingen und neben kirchenpolitischen Forderungen (Selbständigkeit der Kirche, konfessionelle Schulen) auch andere Forderungen aufstellten, so dass man die Gründung einer politischen Partei erwarten durfte. Doch als sich nach den Wahlen in der entsprechenden Fraktion des Preußischen Abgeordnetenhauses und bald auch des Reichstags nur katholische Abgeordnete wiederfanden, ergab sich zwangsläufig der eindeutig konfessionspolitische Schwerpunkt dieser neuen Partei **„Zentrum (Verfassungspartei)"**. Die Partei verfügte über einen festen, zunächst wachsenden Wählerstamm und konnte sich stark auf die **kirchliche Infrastruktur** stützen, die sog. „Kaplanokratie" wurde ausgebildet. Trotz zuweilen heftiger Gegensätze zwischen bürgerlichen und Arbeiterschichten bei lokalen Wahlen, etwa zu Stadtverordnetenversammlungen, gelang es der neuen Partei insgesamt, einen sozialintegrativen Kurs zu steuern. Für **Bismarck (1815– 1898)** war das Zentrum eine Partei der **„Reichsfeinde"** (zusammen mit Juden, Polen, Sozialdemokraten), deren Zentrale außerhalb Deutschlands lag, eine Propagandafigur, die die Partei und ihre Wähler nur noch enger zusammenschloss, bis Bismarck um 1876 seine Attacken auf das Zentrum abschwächte.

Als konfessionelle Minderheitenpartei war das Zentrum straff organisiert und baute auf zahlreichen, meistens von Geistlichen geleiteten katholischen Vereinen auf, in denen Honoratioren dominierten und Arbeiter normalerweise keinen Einfluss hatten. Es war ganz auf die Verteidigung seiner Autonomie als Minorität gerichtet und kapselte sich damit auch in gewisser Weise von der protestantischen Gesellschaft ab. Ein guter Teil der unterentwickelten katholischen Anteile an Führungspositionen noch in heutiger Zeit ist eine Folge dieser gesellschaftlichen „Einigelungs-Taktik" des Zentrums. Ebenso führte die heftige Opposition gegen das naturgemäß protestantisch dominierte Bildungswesen dazu, dass ein **katholisches Bildungsdefizit** auftrat, das z. T. noch heute erkennbar ist, wenn man z. B. den Anteil von Katholiken an der Gruppe der Universitätsprofessoren mit ihrem Bevölkerungsanteil vergleicht. Ein oft vergessener Punkt hinsichtlich der Machtstellung der katholischen Kirche ist ihre durch Konkordate geregelte Mitsprache bei der Besetzung theologischer Professuren an den Hochschulen sowie die Existenz sog. **Konkordatslehrstühle**, d. h. unbedingt mit Katholiken zu besetzender Lehrstühle an einzelnen Fakultäten. Diese Regelungen geraten immer dann in den Mittelpunkt öffentlichen Interesses, wenn den jeweiligen Lehrstuhlinhabern aus dogmatischen Gründen die kirchliche Lehrerlaubnis entzogen wird.

In diesem Zusammenhang ist auch an den **Abschluss des Reichskonkordats** vom 20. Juli 1933 zu erinnern. Der Abschluss dieser Vereinbarung zwischen den Nationalsozialisten und dem Vatikan wird immer wieder als Ansatzpunkt einer kritischen Diskussion der Politik des Vatikans und des deutschen Episkopats gegenüber dem „Dritten Reich" genutzt. Der Kirche lag nach der vollzogenen Anerkennung der Hitlerregierung und den relativ gemäßigten Tönen der Regierungserklärung vom 23. März daran, durch eine rechtlich bindende Vereinbarung die Arbeitsmöglichkeiten der Kirche und ihrer Vereine zu sichern. In der Erklärung waren der Kirche Zusicherungen gemacht worden, und das Zentrum durfte nach seiner Zustimmung zum **Ermächtigungsgesetz** darauf hoffen, dass sich die Beziehungen zum neuen Regime regeln lassen würden, wenn auch die Bischofskonferenz auf der Verurteilung der NS-Ideologien beharrte. Dabei orientierte man sich an dem Konkordat, das 1929 zwischen Italien und der Kurie geschlossen worden war. Hitler erhoffte sich natürlich einen Prestigegewinn im Ausland, den Verzicht der Kirche auf eine aktive Oppositionsrolle und letztlich wohl auch das Ende des aktiven politischen Katholizismus in Deutschland unter Leitung der Kirche. Für Franz von Papen (1879–1969) lag eine Sicherung der Stellung der Kirche durch ein Konkordat durchaus auf der Linie seines imaginären konservativen Zähmungskonzeptes, das er der dominierenden Rolle Hitlers im Kabinett entgegensetzen wollte.

Im April begannen die Verhandlungen, am 20. Juli fand die **Unterzeichnung des Vertragswerks** statt, das der Kirche gegen den Verzicht auf politische Betätigung des Klerus das Recht gab, „ihre Angelegenheiten selbständig zu ordnen und zu verwalten und im Rahmen ihrer Zuständigkeit für die Mitglieder bindende Gesetze und Anordnungen zu erlassen".

In der neueren Forschung ist natürlich intensiv die Funktion dieses Konkordats diskutiert worden und dies vor allem vor dem Hintergrund der Tatsache, dass sich schon bald nach der Konkordatsunterzeichnung neue Konflikte ergaben, die vor allem das katholische Vereinswesen und die Jugendarbeit betrafen. Die Kirche zog 1937 die Konsequenz aus dieser Entwicklung und stellte in der Enzyklika „Mit brennender Sorge" ihre Position klar, und das hieß: **Verurteilung der NS-Ideologie**. Ob die Auflösung des Zentrums kurz vor dem Konkordatsabschluss der

Preis für das Konkordat und einzelne seiner Regelungen war, die die Kirche begünstigten, ist in der Forschung bis heute strittig.

Man hat zu Gunsten des Reichskonkordats geltend gemacht, dass es der katholischen Kirche die Möglichkeit einräumte, ihren Bestand zu wahren und gewisse publizistische Möglichkeiten zu nutzen, etwa die Verlesung von Hirtenbriefen. Nuntius Pacelli (1876–1958) (der spätere Papst Pius XII.) erklärte schon damals, man habe das weit reichende Angebot des NS-Regimes akzeptieren müssen, um die Kirche in Deutschland zu retten. Aber der zu zahlende Preis war in politischer und moralischer Hinsicht hoch. Die Anerkennung des Regimes hat eine klare Frontstellung zwischen Katholizismus und NS-Regime erschwert und hat der kirchlichen Opposition ähnliche Hemmungen auferlegt wie dem protestantischen Widerstand. Obwohl sich bereits im Herbst 1933 – wie erwähnt – die **Verletzungen des Konkordats** häuften, glaubten viele kirchliche Würdenträger, an einer engen Zusammenarbeit festhalten zu müssen. Das wirkte sich besonders in den katholischen Gebieten aus, in denen das Zentrum dem Nationalsozialismus relativ starken Widerstand geleistet hatte. So konnte der Oberpräsident der Rheinprovinz im September 1933 dem preußischen Innenminister melden, durch das Konkordat sei ein sehr erheblicher Teil der bisher der Reichsregierung innerlich fernstehenden katholischen Bevölkerung unbedingt für die Gefolgschaft gegenüber dem neuen Reich gewonnen worden, wobei er besonders die Wirksamkeit des Abtes von Maria Laach, Ildefons Herwegen OSB hervorhob (dieser wurde freilich sehr bald zum Gegner und Opfer des Nationalsozialismus); gerade deshalb bedauerte freilich ein kleiner Teil der katholischen Bevölkerung den Konkordatsabschluss, weil er ihn seiner wirksamsten Argumentationsmittel beraube.

Wir hatten das Problem des politischen Katholizismus und die damit verbundene Konkordatsfrage als Beispiel für die starke konfessionelle Prägung Deutschlands angeführt. Damit sollte angesichts einer offensichtlich schwindenden Bedeutung der Kirchen im Bereich der Normendiskussion auf die unverändert weiterwirkenden konfessionellen Faktoren hingewiesen werden, die unter dem überwiegenden Eindruck einer säkularisierten Gesellschaft andernfalls übersehen würden. Ein ähnliches Verfahren könnte auch für den Protestantismus angewandt werden. Hier wäre auf die spezifische Haltung des Protestantismus gegenüber der Obrigkeit zu verweisen, die **Widerstandsdiskussion**, deren Tragweite die deutsche Geschichte der Reformationsepoche ebenso prägte, wie sie die Haltung der Widerstandskämpfer gegen Hitler beeinflusste (Vgl. Kap. 2.5!).

Bevor ich zum nächsten Problem übergehe, will ich in einem Exkurs auf ein methodisches Grundproblem hinweisen, das sich immer wieder stellt, wenn wir uns als Historiker mit dem „konfessionellen Zeitalter" beschäftigen. Es betrifft die Frage, wie der moderne Historiker einer Phase der Entwicklung von Staat und Gesellschaft gerecht werden kann, die alle Teilfragen letztlich unter konfessionellen Aspekten betrachtete. Natürlich sind von der Forschung durchaus unterschiedliche Strategien entwickelt worden, um konfessionelle Problemstellungen zu behandeln. Gleichwohl ist zuletzt von Heinz Schilling der Vorwurf erhoben worden, dass „sich kein ausgearbeiteter, theoretisch reflektierender Ansatz erkennen" lässt, „der dazu in der Lage wäre, ohne die eigentliche Qualität des Religiösen in Frage zu stellen, die gerade innerhalb des Reiches so markant ausgeprägten konfessionellen Bewegungen und Strukturen konsequent als gesellschaftsgeschichtliche Phänomene zu begreifen". Konsequenterweise hat Schilling **Konfession als „eine Grundkategorie der Frühneuzeitforschung"** begriffen, ohne die zumindest für das 16. und 17. Jahrhundert keine hinreichende Erkenntnis über den Aufbau jenes Gesellschaftssystems sowie seiner Entwicklungsdynamik gewonnen werden kann.

Damit sollte verständlich geworden sein, worum es geht. Zur Diskussion stehen auf der einen Seite Positionen, die den Faktor **Religion** gleichsam als **einen Sektor der gesellschaftlichen Realität** dieser Epoche ansehen, also etwa gleichsetzen mit Wirtschaft, Politik oder Kultur. Damit ließe sich das Konfessionsproblem abhandeln wie z. B. die Bedeutung der ständischen Gesellschaft im 16. Jahrhundert. Daneben stehen Positionen, die Konfession im Rahmen eines sozialgeschichtlich definierten Erkenntnisinteresses sehen. Vor allem Rainer Wohlfeil hat diese Position expliziert. Er geht dabei von einer Grundkategorie der **Gesellschaft** aus, durch die alle möglichen Teilbereiche der historischen Wirklichkeit in einen großen Wirkungszusammenhang eingeschmolzen werden. Man könnte hier verdeutlichend von einer „Vergesellschaftung" des Faktors Konfession sprechen, damit freilich auch die Sonderstellung des Religiösen ablehnend.

Es liegt auf der Hand, dass Erwägungen dieser Art nur am historischen Material ihre Ergiebigkeit beweisen können. Ohne jeden Zweifel steht jedoch fest, dass schon die hier diskutierten Grundannahmen wesentliche Auswirkungen auf konkrete Untersuchungen dieser Epoche haben müssen. Eine sozialgeschichtliche Konzeption wird religiöse Fragen stärker in die Gesamtgesellschaft einordnen und damit relativieren als eine Auffassung, die Konfession zu bewahren sucht. Es erhebt sich freilich die Frage, ob damit nicht Zugänge zur konfessionellen Problematik verschlossen werden. Da das konfessionelle Zeitalter uns heute vor allem als „**Inkubationszeit der Moderne**" (so ein Ausdruck von Paul Münch) interessiert, scheint mir ein sozialgeschichtlich relativierender, dafür aber auf Wirkungsanalysen abzielender Ansatz angemessener als das von Schilling entwickelte Alternativmodell.

Ich will nun als letzte der konfessionellen Fragestellungen noch die **Toleranzfrage** anschneiden und damit zugleich einen Übergang finden zum nächsten Kapitel der Grund- und Menschenrechte. Mir geht es bei dieser Behandlung des Themas Toleranz und ihre Entstehung weniger um eine quellengenaue Analyse der gesamten Diskussion, sondern im Sinne der eben skizzierten Ansätze vielmehr um einen exemplarischen Hinweis auf die Bedeutung des Zeitalters der konfessionellen Spaltung für die moderne Welt. Dies nicht zuletzt deshalb, weil ich ja in früheren Kapiteln dafür plädiert habe, u. a. mit dem **Beginn der Reformation** jenen Einschnitt zu setzen, der den **Beginn der modernen Welt** markiert. Zugleich soll damit auch ein methodischer Hinweis auf die Problematik einer Ideengeschichte gegeben werden, d. h. es soll konkret gezeigt werden, wie eine bestimmte Vorstellung, die wir heute zu den höchsten Gütern unserer demokratischen Gesellschaft zählen, keineswegs als bloßes Gedankenkonstrukt auftaucht, sondern als komplexes Produkt aus praktischer Politik und dem Versuch der Rationalisierung neuer Problemstellungen.

Ohne die Bedeutung des mittelalterlichen Ketzerdebatten übersehen zu wollen, kann man sagen, dass die systematische Diskussion über das Problem der **Religions- und Gewissensfreiheit** in Europa im Zeitalter der Reformation und das Humanismus begann. Sie führte bereits im 16. und 17. Jahrhundert mancherorts zur Entstehung praktischer und gesetzlich fixierter Regelungen des kirchlichen und **religiösen Pluralismus**, d. h. einem mehr oder weniger friedlichen Nebeneinander verschiedener christlicher Konfessionen in ein und demselben Staatswesen. Ihre feste Verankerung in einem Katalog allgemeiner und für die Formulierung freiheilich-demokratischer Verfassungsordnungen verbindlicher Menschenrechte hat die Religionsfreiheit jedoch erst gefunden, nachdem durch den Rationalismus der Aufklärung ein letztlich säkularisiertes, d. h. nichtkonfessionelles Argumentationsfundament errichtet worden war. Das konfessionelle Zeitalter, das ich hier besonders beleuchten will, bleibt in der Geschichte der religiösen Toleranz natürlich eine Periode der Anfänge, der Sammlung der Argumente, der noch tastenden temporären Versuche, ja auch der Rückschläge. Wieder bestätigt sich hier der **Übergangscharakter dieser Epoche**, doch bleibt es letztlich dabei, dass hier die moderne Welt prototypisch fassbar wird.

Es ist ohnehin eine Epoche, die für uns vor allem von Interesse ist, weil hier jene Konflikte aufbrechen, die die moderne Welt prägen sollten, ohne dass freilich schon dauerhafte Lösungen erarbeitet wurden. Gerade darin, dass neue Probleme auftreten, ohne dass sie wie im 19./20. Jahrhundert in prinzipiell schon bereitstehende Problemlösungen abgelegt werden konnten, liegt der besondere Reiz dieser Epoche. Wir sehen vielmehr, dass Missstände oder Disparitäten auftreten, als solche erkannt werden, dass diese Erkenntnisse zunächst aber keineswegs in die uns notwendig scheinende Richtung politischer oder sozialökonomischer Modernisierung drängen, sondern vielmehr erst einmal die letzten Entwicklungsmöglichkeiten der bestehenden Gesellschaftsordnung ausschöpfen, bevor dann prinzipiell neue Lösungen in revolutionären oder reformerischen Schüben entwickelt werden. Insofern liegt es nahe, diese Epoche als eine **Epoche beginnender Pluralisierung** zu charakterisieren, einer Pluralisierung im konfessionellen Bereich zunächst und vor allem. Einer Pluralisierung aber auch insofern, als die Fähigkeit zur gesellschaftlichen Sinngebung vom Fürsten auf gesellschaftliche Teileinheiten übergeht und sich in diesem Sinne erst Gesellschaft als ein eigener Wirkungszusammenhang etabliert. Dies habe ich an anderer Stelle (vgl. S. 142 ff.) schon als die **Trennung von Staat und Gesellschaft** beschrieben, und mir liegt auch hier daran, diesen normalerweise auf das späte 18. Jahrhundert datierten Prozess früher beginnen zu lassen.

In diesen Rahmen möchte ich die Bemerkungen zur Toleranz einordnen, die vor allem zeigen wollen, wie sich das Grundprinzip der Toleranz praktisch durchsetzt, obwohl eigentlich weder die römische Kirche noch die neuen Konfessionen, also die Augsburgische Konfession oder die Anhänger des Calvinismus, das Prinzip der Duldung der jeweils anderen Konfession akzeptierten. Vielmehr ist der Grund für die **praktische Durchsetzung der Toleranz** darin zu sehen, dass die beiden widersteitenden Religionsparteien im Augsburger Religionsfrieden bestimmte Regeln einbauten, die zwar nicht von dem theoretischen Argument der Duldung getragen wurden, sondern vielmehr die Absicht verfolgten, den Angehörigen der eigenen Konfession in jeweils fremden Territorien die Möglichkeit der Wahrung der eigenen Überzeugung durch **Auswanderung** offenzuhalten (§ 24 **jus emigrandi**). Das heißt, Absicht des § 24 ist nicht die Respektierung des individuellen Gewissens, sondern die Absicht, dem jeweiligen Landesfürsten die Möglichkeit zu geben, sich von Untertanen zu befreien, um das Grundprinzip der Staaten dieser Zeit zu verwirklichen: **un roi, une loi, une foi**. Dabei ist zu bedenken, dass der ganze Religionsfrieden keineswegs vom Prinzip der Anerkennung der neuen Konfession ausging, sondern vielmehr von einer Suspension des Ketzerrechtes gegen die Protestanten aus politischer Notwendigkeit. Selbst wenn der Versuch gemacht wurde, eine Gleichberechtigung der Konfessionen zu erreichen – was von der Forschung als Versuch der **Paritätisierung der Reichsverfassung** gewertet worden ist –, so muss doch gesehen werden, dass diese Absicht von katholischer Seite strikt zurückgewiesen wurde und keinen Erfolg bis hin zu dem Zeitpunkt hatte, als durch den 30-jährigen Krieg die notwendige Einsicht in dieses neue Prinzip der Gleichheit erreicht wurde.

Auf einer Konferenz der Kurfürsten von Brandenburg und Sachsen 1632 in Torgau formulierte dann die brandenburgische Seite das neue Prinzip, „dass dieses zu einer allgemeinen Regel stabilisiert werde, dass zwischen der Catholischen und Evangelischen Religion allerdings und durchaus eine Gleichheit gehalten werde, und was der einen Religion zugethanen Ständen in ihren Gebieten zu thun freystehet, auch der anderen ebenmäßig frey und bevorstehen solle". Dieses Grundaxiom wurde schließlich im Westfälischen Frieden von 1648 den Verhältnissen im Reich zugrunde gelegt.

Dieser Befund über die Herleitung konfessioneller Gleichheit und den Beginn konfessioneller Duldung mag auf den ersten Blick relativ enttäuschend sein. Um so größeres Gewicht kommt deshalb jenen Versuchen im 16. Jahrhundert zu, die Duldung anderer Konfessionen, ja auch anderer Religionen mit prinzipiellen Argumenten zu begründen und zu fordern. Eine der bemerkenswertesten Leistungen in dieser Hinsicht vollbrachte **Sebastian Franck (1499–1542)**, ein Freigeist – so könnte man sagen – des 16. Jahrhunderts, der in seiner „Chronica, Zeitbuch und Geschichtsbybell" (zuerst 1531) von einer prinzipiellen **Gleichheit aller Menschen** ausging, gleichgültig, ob es sich um Muslime oder um Christen handelte. Er schrieb:

> „Item, weil wir von einem Menschen herkommen und von einem Gott lebendig gemacht sind und bewohnet – was sind wir denn anders als Brüder. Wir kommen alle von einem irdischen und himmlischen Samen her und haben alle einen ursprünglichen Vater im Himmel und auf Erden."

Sein Prinzip der Toleranz formulierte er folgendermaßen:

> „Derwegen soll unser herz umb keins euſſern dings wegen, darum sich jetzt sovil zancken, von niemand, der sunst noch Gott und der frombheit eifert, geschieden sein, es sei Jud oder Griech, Papist oder Luther, Zwinglisch oder teufferisch."

Bei Franck setzte sich der Gedanke durch, dass nur Gott allein die wahren Gläubigen kenne und dass es den Menschen unmöglich sei, zu bestimmen, wer ein Ketzer sei und wer nicht. Hier ergibt sich das beeindruckende Bekenntnis zu einer universalen Toleranz, die ausdrücklich auch auf Nichtchristen ausgedehnt wird und in der ersten Hälfte des 16. Jahrhunderts einzig dasteht. Auf andere Toleranztheoretiker, die Franck nachfolgen, wie vor allem den in Basel lehrenden, aus Savoyen stammenden Humanisten **Sebastian Castellio** (1515–1563) will ich hier nur kurz hinweisen. Für ihn war vor allem die Tatsache entscheidend, dass man seit 1000 Jahren Streit über die Auslegung der Heiligen Schrift kenne, denn „sie ist nämlich unklar und oft rätselhaft überliefert". Gerade das Wissen aber um dieses Nichtwissen sei es, das die Praxis der Nächstenliebe empfehle, denn wahres Wissen heiße, „praktisch handeln zu können", also Nächstenliebe üben zu können.

Dass sich im Lauf des 16. Jahrhunderts die Argumentationsbasis für die Duldung anderer Konfessionen verbreiterte, ist ein bemerkenswerter Hinweis auf die Dringlichkeit der Toleranzpraxis. Wir können beobachten, dass im späten 16. Jahrhundert in oberdeutschen Kleinterritorien viele **Wiedertäufer** geduldet wurden, weil die Landesfürsten ihre beruflichen Qualitäten als Schreiber, Kellermeister oder Glasbläser schätzten. Die hier erkennbar werdenden ökonomischen Motive erweisen sich als wichtiger Impuls für die **Duldung Andersgläubiger**. Auf der anderen Seite finden wir die Partei der sog. **„Politiques"**, d. h. eine Gruppe von französischen Juristen im späten 16. Jahrhundert, die aus der ununterbrochenen Kette der Hugenottenkriege die Konsequenz zogen, dass die Bewahrung der Einheit der französischen Nation letztlich wichtiger sei als die real nicht zu leistende Wiederherstellung der konfessionellen Einheit. Der Kanzler Michel de l'Hôpital (1505/06–1573) wurde auf diese Weise zum Begründer jener Politik, die zum Edikt von Nantes von 1598 hinführte, das den französischen Protestanten bekanntlich ihre Existenz auf dem Boden einer Reihe von Sicherheitsplätzen garantierte. Und in Deutschland bringt die Einsicht, dass die Herzen nicht zu zwingen seien, den Reichspfennigmeister Zacharias Geizkofler (1560–1617) Ende des 16. Jahrhunderts zu der „politischen" Forderung, dass man verschiedene Konfessionen dulden müsse. Es ist diese politische Argumentationslinie, die dann auch zur Grundlage der **brandenburgisch-preußischen Toleranzpolitik** wurde, sichtbar etwa im Politischen Testament des Großen Kurfürsten, wo die Nützlichkeit zum alleinigen Kriterium gemacht wird und nicht die Konfession und besonders pointiert formuliert in den berühmten Marginalien Friedrichs des Großen von 1740, der auf eine protestantische Beschwerde gegen katholische Schulen für Soldatenkinder schrieb: „Die Religionen müßen allen tolleriret werden und muß der Fiskal nuhr das auge darauf haben, daß keine der anderen Abbruch thue, denn hier muß ein jeder nach seiner Fasson selich werden." Und auf die Frage, ob in Frankfurt an der Oder ein Katholik das Bürgerrecht erwerben könne, antwortete er:

> „Alle Religionen seindt gleich und guth, wann nuhr die leute, so sie profesieren, Ehrlige leute seindt, und wen Türken und Heihden kämen und wollten das Land pöplieren, so wollen wir sie Mosqueen und Kirchen bauen."

Bei diesen Bemerkungen darf jedoch nicht der Eindruck entstehen, als sei die Auffassung typisch für den generellen Stand der Toleranz im Heiligen Römischen Reich. Man muss vielmehr darauf hinweisen, dass noch 1732 ca. 20 000 Protestanten das Erzbistum Salzburg verlassen mussten, weil sie sich weigerten, katholisch zu werden. Bekanntlich konnten etwa 14 000 dieser **Salzburger Exulanten** nach Brandenburg-Preußen ziehen, wo sie vor allem in Ostpreußen angesiedelt wurden.

Der französische Historiker Jean Delumeau hat in seiner **„Geschichte der Angst"** in der europäischen Frühneuzeit die Bekämpfung des innerstaatlichen Dissenses auf „eine einzige Angst, nämlich die einer politisch-religiösen Macht, die immer stärker Unterschiedlichkeit und Vielfalt fürchtete", zurückgeführt. Beobachtungen dieser Art bilden eine wirksame Kontrolle gegen die Tendenz, mit der Frühen Neuzeit wegen ihrer Defizite an Humanität und Toleranz ins Gericht zu gehen, immer alles zu messen an den Kriterien der Aufklärung. Wenn auch eine solche Analyse der unbewussten Ängste gegenüber den Krankheiten, dem Fremden, der mächtigen Natur keine pauschale Entschuldigung bereitstellen kann, so werden doch die Grenzen für Neuerungen sichtbarer. Die frühe Neuzeit musste in besonderer Weise das neue Problem einer pluralisierten Gesellschaft bewältigen, und jeder neue Teilbereich ist in der Lage, uns die eminenten Schwierigkeiten der Durchsetzung individueller Überzeugungen und empirisch-rationaler Naturbewältigung zu beweisen. **Toleranz** war nicht das Erlösungswort für eine intolerante Gesellschaft, Toleranz war vielmehr eine neue Belastung eines Gemeinwesens, das sich ohnehin vielfältigen Zerreißproben ausgesetzt sah.

Noch in einem anderen Bereich will ich dieser Problematik nachgehen, dem Beharren auf der Rechtgläubigkeit als dem einigenden Band der Gesellschaft und der Grundlage jeden politischen Gemeinwesens. Es ist dabei besonders erstaunlich, dass gerade die Phase der Herausbildung der nachreformatorischen Konfessionen durch besondere Unduldsamkeit geprägt war, durch scharfe **Disziplinierungsversuche** vor allem von Pfarrern und Professoren als den vom Staat beauftragten Vermittlern der Wahrheit. Manche Theologen des 19. und frühen 20. Jahrhunderts haben das Beharren der protestantischen Kirchen auf dem **Konkordienbuch von 1580** – um nur ein besonders wirksames Beispiel zu nennen – noch als Nachwirkung von altkirchlichen Traditionen erklärt, haben dabei freilich die Tatsache übersehen, dass der neue Dissens der Reformation noch kein tragfähiges Prinzip von Staatsbildung war. Die Territorialstaaten bedurften vielmehr der einigenden Lehrgebäude, die damit das Verhalten der Pfarrer und Professoren kontrollierbar machten. Der zwangsweise eingeführte Grundkonsens über kirchliche Lehrfragen war somit die unter Zwang eingeführte Beruhigung einer Gesellschaft, die dadurch neuen Raum gewann, andere Pluralisierungsprozesse zu ertragen und zuweilen sogar Ausnahmen von der Regel zuzulassen.

In allen protestantischen Territorien, die 1580 der Konkordienformel zugestimmt hatten, wurde die eidliche Bekräftigung dieser **„formula concordiae"** zur Voraussetzung einer wissenschaftlichen oder geistlichen Tätigkeit. An der Universität Helmstedt (Braunschweig-Wolfenbüttel) mussten sich alle Bediensteten auf die Landeskonfession verpflichten, um „Ruhe und Eintracht der ganzen Akademie" zu garantieren und die „zerruttung, beides im heiligen Ministerio und weltlicher Policey" zu vermeiden. Dass z. B. an der katholischen Universität Ingolstadt 1568 der Eid auf das Tridentinische Bekenntnis verpflichtend wurde, braucht kaum erwähnt zu werden. Der Mathematiker Philipp Apian (1531–1589) wurde das erste Opfer dieser neuen Vorschrift, gegen die er sich mit dem Bekenntnis zur Wehr setzte, dass er sich auch als Protestant zwar mit „leib, zeitlicher ehr und wohlfahrt" dem Landesfürsten verbunden wisse, dass er aber „sovil aber meine seel glauben und gewissen betrifft", nur Gott gehorsam sein wolle. Der gleiche Apian weigerte sich 1583 im protestantischen Tübingen, wohin er inzwischen berufen worden war, die geforderte Unterschrift unter die Konkordienformel zu setzen und damit ein **„sacrificium intellectus"** zu bringen. In Helmstedt weigerte sich 1575 der Humanist Johannes Caselius (1533–1613), die geforderte Unterschrift zu leisten mit dem bemerkenswerten Argument, er wolle ein „freier Mann" bleiben. Erst 1590 wurde er berufen, als ein neuer Landesfürst die Bedeutung der Eidesformel abschwächte.

Doch die konfessionelle Verpflichtung von Beamten dauerte noch lange an. In Württemberg hat noch 1804 der letzte Beamte die Konkordienformel unterschrieben, nachdem das Religionsedikt von 1803 den Zugang zu Beamtenstellen vom Bekenntnis befreit hatte und diesen nur noch an ein Bekenntnis zu Monarch und Verfassung band. Dies geschah zwei Generationen nachdem die Universität Göttingen 1736 durch das neue Prinzip hervorgetreten war, allen Professoren **„die Freyheit zu dencken und zu schreiben"** einzuräumen. Die Fortsetzung dieses Prinzips gehört schon zum Thema der Grund- und Menschenrechte, das im folgenden Kapitel behandelt werden soll.

Zum Abschluss dieses Teils will ich noch darauf hinweisen, dass gegen Ende des 18. Jahrhunderts vor allem in den größeren deutschen Staaten eine Toleranzgesetzgebung einsetzte, die endlich die restriktiven Bestimmungen des Westfälischen Friedens überwand. Voran ging hierbei Joseph II. (1741–1790) in Österreich mit seinem **Toleranzpatent von 1781**, das insofern gegen das Reichsrecht verstieß, als es die griechisch-unierte Kirche als geduldete Religionsgemeinschaft anerkannte. Preußen, das freilich de facto schon vorher auch Sekten geduldet hatte, sorgte im Edikt vom 9. Juli 1788 – „die Religionsverfassung in den preußischen Staaten betreffend" – für eine neue gesetzliche Grundlage, Bayern und Württemberg folgten – wie erwähnt – 1803. In Frankreich wurde erst unmittelbar vor der Revolution im Jahre 1787 ein Toleranzedikt zu Gunsten der Protestanten erlassen, in der Revolutionsverfassung vom September 1791 wurde dann jedem Bürger die Freiheit eingeräumt, den religiösen Kult auszuüben, dem er sich verpflichtet fühlte.

Schließen wir damit unsere kurze Betrachtung der Toleranz ab und halten fest, dass Toleranz gewissermaßen als Nebenprodukt der „Spaltung der Nation" entsteht, wie Ranke einmal die Reformation genannt hat. Theodor Schieder (1908–1984) hat diesen Gedanken aufgegriffen, als er die Reformation treffend als einen der mächtigsten Antriebe der Neueren Geschichte „weit über ihr religiöses Anliegen hinaus" bezeichnete. Spaltung bedeutete für ihn **„Differenzierung, polare Spannung"**. „An die Stelle einer einzigen universalen Doktrin" trat die Differenzierung auch im politischen Denken, „in der sich ein Stück der europäischen Freiheit ausspricht". Diese Perspektive scheint ein sinnvoller Ansatzpunkt für die Bewertung des konfessionellen Faktors in der Neueren Geschichte zu sein.

3.7 Von den „angeborenen Rechten" zum Grundrechtskatalog

Der im vorangehenden Kapitel behandelte Gedanke der Toleranz eignet sich vorzüglich, um unmittelbar daran einige Bemerkungen zur Entwicklung der Grund- und Menschenrechte anzuschließen. Inzwischen gibt es in allen demokratischen Verfassungen der Welt entsprechende Bestimmungen, die wir als Grundrechtskataloge bezeichnen, die **Charta der Vereinten Nationen von 1945** erklärt ebenfalls die Achtung der Menschenrechte zum Ziel der internationalen Zusammenarbeit. Im Rahmen der Mitgliedsstaaten des Europarates ist es schließlich die europäische **Menschenrechtskonvention von 1950**, die den Bürgern dieser Staaten eine zusätzlich Sicherung ihrer Menschenrechte garantiert, eine europäische Grundrechtscharta ist in Vorbereitung. In der Bundesrepublik sind es die Artikel 1–17 des Grundgesetzes, die z. B. den Schutz der Menschenwürde, den Schutz der persönlichen Freiheitsrechte (freie Entfaltung der Persönlichkeit, Recht auf Leben), die Gleichheit vor dem Gesetz, die Glaubens- und Bekenntnisfreiheit, Vereinigungsfreiheit, Brief- und Postgeheimnis, Freizügigkeit, Freiheit der Berufswahl, Unverletzlichkeit der Wohnung, Eigentumsgarantie und das Petitionsrecht sichern. Das Grundgesetz steht hierbei in der Tradition sowohl der Weimarer Verfassung als auch der Paulskirchenverfassung von 1848.

Es ist nicht ganz einfach, den Punkt festzustellen, von dem ab wir von den **Vorläufern der heutigen Grundrechte** sprechen können. Normalerweise geht die Ableitung vom Grundgesetz zur Weimarer Verfassung und zur schon erwähnten Paulskirchenverfassung, zu den Bürger- und Volksrechtskatalogen der deutschen einzelstaatlichen Konstitutionen des Vormärz, der französischen Erklärung der Menschen- und Bürgerrechte vom 26. August 1789 und den amerikanischen Freiheitserklärungen, die ihrerseits wiederum mit naturrechtlichen Menschenrechtsvorstellungen des 17. Jahrhunderts (Samuel von Pufendorf, 1632–94) in Verbindung gebracht werden. Zu nennen sind schließlich die schon erwähnten **Herrschaftsverträge** des späten Mittelalters und der frühen Neuzeit, wobei noch einmal auf den schon genannten Tübinger Vertrag von 1514 hinzuweisen ist, in dem u. a. der sog. „freye zug" der Untertanen garantiert wurde, was eine deutliche Überwindung der leibrechtlichen Bindungen, die normalerweise galten, bedeutete. Dies ist eine historisch beeindruckende, aber gleichwohl nicht ganz unproblematische Ahnenreihe. Unproblematisch ist sie vor allen Dingen deshalb nicht, weil die Formulierungen, die vor dem späten 18. Jahrhundert liegen, keine individualrechtliche Auslegung ermöglichen, sondern im Wesentlichen eine Garantie von **„libertates"** oder Freiheiten für ständisch qualifizierte Gruppen, also meistens adelige Privilegieninhaber sind. Ein gutes Beispiel dafür ist die berühmte **Magna Charta libertatum von 1215**, eine Urkunde, die vor allem von der whiggistischen Interpretation – d. h. eine die Ansprüche des Parlaments stützende Deutung der englischen Geschichte – des 19. Jahrhunderts zur Verfassungslegende stilisiert wurde. Dabei ist sie letztlich nicht mehr als eine König John (1167?–1216) abgepresste Erklärung über Rechte und Privilegien der Barone und Ritter. Dies gilt selbst für den bekannten 39. Artikel, der von der Freiheit der Person und von Anklage- und Inhaftierungsmöglichkeiten handelt, denn auch diese Bestimmungen galten für Adelige. Interessanter als die Magna Charta selbst ist dabei die im 17. Jahrhundert um diese Erklärung aufgebaute antiroyalistische Position, d. h. der Versuch königskritischer Juristen, aus dieser Charta eine allgemein individualrechtliche Erklärung herauszulesen. Die **Petition of Right von 1628**, die erste antikönigliche Erklärung der Revolutionsperiode, verklärte die Magna Charta als „Great Charter of the Liberties of England" und sprach ihrerseits von den „divers Rights and Liberties of the Subjects". So scheint die Bedeutung der Magna Charta vor allem in ihrer königsfeindlichen Interpretationsmöglichkeit zu liegen.

Im Übrigen wäre es falsch anzunehmen, dass der absolutistische Staat in Europa nicht auch das Problem angeborener Rechte gesehen hätte. Es gibt eine starke **naturrechtliche Denkströmung**, die den Hintergrund für die Zuordnung einer ursprünglichen Freiheit eines jeden Menschen aus seiner von Gott verantworteten Existenz abgibt: „per naturam homines libertatem aequalem omnes habent" – sagt Thomas Hobbes, der englische Theoretiker des absolutistischen Staates; der Staat schafft securitas nach außen und innen, und wo dieser den Staat auch eigentlich legitimierende Zweck gefährdet ist, da kann der Staat die Freiheit einschränken. Freiheit kann sich nur dort ergeben, wo die Regelungskapazität des Staates noch nicht hingedrungen ist, bzw. wo er dem Bürger bewusst Freiräume belässt. Damit wird deutlich, dass in dieser Phase des Denkens über die Relation Staat und Individuum kein Freiraum für individuelle Rechte gegenüber dem Staat entstehen kann, denn individuelle Rechte waren eigentlich ein Zeichen von Nichtexistenz eines Staates.

Wenn wir die deutschen Naturrechtstheoretiker des 17. Jahrhunderts betrachten, also vor allem Samuel von Pufendorf (1632–1694), Christian Thomasius (1655–1728) und Christian Wolff (1679–1754), die das einschlägige Denken bis in die Mitte des 18. Jahrhunderts beherrschen, so finden wir dort zwar den verwirrenden Begriff der **jura connata**, d. h. der dem Menschen angeborenen Rechte, die die obligatio connata ergänzen. Diese jura connata sind aequalitas, libertas, jus securitatis mit dem jus defensionis et puniendi, aber auch hier verblassen diese jura in gewisser Weise vor dem Katalog der erheblich höher bewerteten Staatszwecke, so dass sich auch hier kein Ansatzpunkt für ein begründetes und positiv fixiertes Anspruchsdenken gegenüber dem Staat ergibt.

Neuere Forschungen zum **Naturrecht des 18. Jahrhunderts** haben nun ergeben, dass nicht generell von einer fürstenfeindlichen Wirkung des Naturrechts gesprochen werden kann. Es erfüllt eine spezifischen Funktion bei der Begründung und **Legitimation des deutschen Fürstenstaates**, der als „wahrer" Naturzustand des Menschen gesehen wird und dem durch stillschweigenden Vertrag Freiheitsrechte abgetreten werden. Erst das sog. jüngere Naturrecht der letzten drei Jahrzehnte des 18. Jahrhunderts knüpft an die ursprünglichen naturrechtlichen Konzeptionen an, die dem Menschen unveräußerliche Rechte zubilligen, unveräußerlich jetzt auch im Zustand staatlicher Organisation. Diese Systeme stellen mehr oder weniger umfangreiche Kataloge von Menschenrechten auf und nennen sie Rechte der Menschheit, Urrechte, Naturrechte, Rechte des Menschen, und sie werden jetzt als unveräußerlich, absolut, unbedingt, unverlierbar, ursprünglich und heilig qualifiziert. Für diese Naturrechtsvorstellungen können wir von einem neuen **„Gefährdungsbewusstsein"** der Menschenrechte gegenüber dem Staat sprechen, das dem älteren Naturrecht fremd war.

Als Beispiel für eine solche Auffassung mag uns die bekannte Passage aus Schillers „Wilhelm Tell" dienen, wo es heißt:

> „Nein, eine Grenze hat Tyrannenmacht,
> wenn der Gedrückte nirgends Recht kann finden,
> wenn unerträglich wird die Last greift er
> hinauf getrosten Mutes in den Himmel
> und holt herunter seine ewgen Rechte
> die droben hangen unveräußerlich
> und unzerbrechlich wie die Sterne selbst
> der alte Urstand der Natur kehrt wieder,
> wo Mensch dem Menschen gegenübersteht".

Damit wird der theoriegeschichtliche Hintergrund Schillers (1759–1805) beim Schreiben dieses Stücks im Jahre 1804 deutlich. Es wird mit Schiller auch eine relativ späte Formulierung des Menschenrechtsbegriffs zitiert, denn in der deutschen Sprache finden sich die ersten Belege in der Mitte der 60er Jahre des 18. Jahrhunderts. Der Kameralist Joseph v. Sonnenfels (1733–1817) wendet sich bereits 1765 gegen die Leibeigenschaft mit der Begründung, dass sie durch die **„unverzichtbaren Rechte der Menschheit** sehr zweifelhaft gemacht" würde. 1767 schreibt der Naturrechtsphilosoph Georg Friedrich Meier (1718–1777) über die „angeborenen Rechte der Menschheit". Zu diesen Rechten zählt er „das Recht auf Leben, das Recht zu der vollkommensten Gleichheit mit anderen Menschen und zu der höchsten Freiheit, ein natürliches Recht zu allen Tugenden, zu allen rechtmäßigen Handlungen und zu allen innerlichen Sünden, das ist zu allen Sünden, durch welche kein anderer Mensch äußerlich beleidigt wird" – und dazu gehört auch der Atheismus – „die höchste Freyheit zu denken und zu reden, ein vollkommenes Recht zum Gebrauch des Seinen zu seinem Vergnügen". Einen anderen, relativ frühen Beleg will ich weiter unten noch erwähnen.

Noch einmal: Die Naturrechtssysteme des späten 18. Jahrhunderts knüpfen an die alte Konzeption einer dem Menschen von Natur aus zustehenden Freiheit an, konkretisieren sie durch Aufstellung der erwähnten Rechtekataloge, statten natürliche Freiheit und Menschenrechte mit dem **Anspruch absoluter Geltung** aus und aktualisieren sie damit für das Leben der Bürger im Staat. Der Freiheitsbegriff wird an das Individuum gebunden, er stabilisiert sich und erweist sich als Angriffspunkt gegen den Staat.

Den Hintergrund für diesen Vorgang bilden neue Auffassungen über den Naturzustand des Menschen. Die Existenz des Menschen im Staat wird zu dem für den Menschen natürlichen Zustand. Daraus folgt, dass das Naturrecht nicht mehr nur auf einen vorstaatlichen Zustand bezogen wird – womit es irrelevant für den Staat blieb –, sondern es bezieht sich jetzt direkt auf das Leben im Staat. Damit wird verständlich, wie dieses Naturrechtsdenken der jüngeren Spielart zum Ansatzpunkt eines antiabsolutistischen, ja liberalen Staatsdenkens werden kann. Wenn Carl Friedrich Bahrdt (1741–1792) erklärte, „die natürlichen Rechte des Menschen ... sind über dem Staat – sind über die gesetzgebende Macht erhaben – sind höher und heiliger als die Rechte der Fürsten", dann wird hier aus der Feststellung der Menschenrechte auch das **Recht zur Revolution** abgeleitet, eine im deutschen politischen Denken auch des späten 18. Jahrhunderts freilich eher marginale Position. Es wundert insofern auch nicht, wenn die Erfahrungen der Französischen Revolution gerade im deutschen Bereich zu vorsichtigem Gebrauch der Menschenrechte Anlass gaben. Als in Österreich 1791 die Vorarbeiten zu einem sog. politischen Codex für Österreich wieder aufgenommen wurden, entschied Leopold II. (1747–1792), bei der Ausarbeitung nicht von den Rechten der „Menschheit", sondern von denen des Bürgers auszugehen, und dies wurde auch zum Muster der deutschen Verfassungen des frühen 19. Jahrhunderts. In der badischen Verfassung von 1818 spricht man von **„staatsbürgerlichen politischen Rechten der Badener"**, der gleiche Begriff findet sich in der württembergischen Verfassung von

1819. Auch die Verfassungen von Bayern (1818), Hessen-Darmstadt (1820), Kurhessen und Sachsen (1831) enthalten einschlägige Bestimmungen.

Diese Verfassungen realisierten die Vorschriften der Artikel 16 und 18 der Bundesakte von 1815, wo freilich nur von „Rechten" der „Untertanen" gesprochen wurde, die man jedoch lediglich zusichern, aber nicht als vorherbestehend anerkennen wollte. Nichts aber erinnerte an die Rechte, die etwa in der berühmten Virginia Bill of Rights von 1776 bzw. der Declaration des droits de l'homme von 1789 formuliert worden waren, jenen beiden Leiterklärungen der Menschenrechte, die zum Ausgangspunkt der gesamten neueren Menschenrechtsdiskussion geworden sind. Es war auch durchaus charakteristisch für die deutsche Tradition des Denkens über Grundrechte, wenn die Autoren des sog. Siebzehnerentwurfs für eine Reichsverfassung 1848 von der „Logik der Sache" ausgingen und die Grundrechte erst nach der Konstituierung der Staatsgewalt diskutieren wollten. Das **Paulskirchenparlament** hat sich freilich dann gegen diese vermeintliche Logik entschieden und hat seine Beratungen mit dem Grundrechtskatalog begonnen und mit diesen Beratungen ein halbes Jahr wertvoller Zeit vertan.

Eine solche **theoriegeschichtliche Herleitung der Menschenrechte** im Sinne der naturrechtlichen „Endstation" des späten 18. Jahrhunderts scheint prima vista relativ unproblematisch zu sein. Gleichwohl ist sie nur der im Sinne einer engen Theoriegeschichte aufweisbare Weg zu den Menschenrechtserklärungen. Was üblicherweise vergessen wird, sind Hinweise auf einen fundamentalen Wandel der **Rechtskultur der Frühen Neuzeit**, die – auf älteren Voraussetzungen aufbauend – eine prinzipielle Veränderung der Stellung des Individuums zum Recht bewirkte. Die Tatsache, dass es schon in den prozessrechtlichen Bestimmungen des 16. Jahrhunderts völlig außer Frage steht, dass jedem Menschen bestimmte rechtliche Möglichkeiten zu Gebote stehen, die sein Leben, seinen Besitz, seine Ehre ohne Rücksicht auf seinen gesellschaftlichen Stand gerichtlich schützen, taucht in keiner Geschichte der Menschenrechte auf, ist aber eine ganz entscheidende Voraussetzung für die Entwicklung des oben erwähnten neuen Bewusstseins für die „Gefährdung" von Rechten durch den Staat.

Es sollte bislang deutlich geworden sein, dass die Geschichte der Menschenrechte überwiegend als Theorie- und Verfassungsgeschichte geschrieben worden ist. Dieser Zustand ist gewiss unbefriedigend, weil man zwar den Wirkungszusammenhang bestimmter Argumentationsfiguren und Begriffe betrachten kann, doch die Theoriegeschichte kann m. E. nicht die volle Erklärung der Durchsetzung dieser Rechte liefern.

Zumindest ansatzweise will ich hier aufzeigen, dass die Entwicklung der Grundrechte auch in Beziehung zu den allgemeinen Entwicklungsmöglichkeiten der wirtschaftlichen Tätigkeit des Einzelnen gesetzt werden muss. Nicht umsonst kommt es in England zu den ersten Bemühungen zur Sicherung individueller Rechte vor willkürlicher Verhaftung, Besteuerung oder Einquartierung und damit zur Sicherung des normalen Erwerbslebens. Anders herum formuliert lässt sich sagen: die Struktur des neuzeitlichen Produzierens und Vermarktens ist eine individuelle oder zumindest tendenziell individuelle Form des Produzierens, und diese erfordert auch eine **rechtliche Sicherung der Möglichkeiten des Produzierens**.

Sichtbar wird dies etwa am Beitrag der Physiokratie (Lehre von der Herrschaft der Natur) zur Entwicklung des Grundrechtsdenkens. Die Lehre der **Physiokraten** reagiert für unseren Zusammenhang direkt auf die freie wirtschaftliche Betätigung des Menschen und will diese von aller Bevormundung des Staates freihalten, folglich setzt sie etwa die Freiheit des innerfranzösischen Getreidehandels auf ihr Programm. Es wundert deshalb auch nicht, wenn die Physiokraten nicht nur die Sicherung der freien Entfaltung der Persönlichkeit, das Recht auf Eigentum, wirtschaftliche Freiheit und rechtliche Sicherheit fordern, sondern auch das Recht auf Arbeit als unveräußerliches Menschenrechte formulieren. So findet sich z. B. in dem königlichen Edikt von 1776, das ganz im physiokratischen Sinne die Zünfte aufhob, das **Recht auf Arbeit** als ein unveräußerliches Menschenrecht formuliert. Schon vorher hatte Graf Mirabeau (1715–1789), der Vater des in der Revolution hervorgetretenen Grafen Mirabeau, dem deutschen Markgrafen Karl Friedrich von Baden (1728–1811) den Rat gegeben, in einer Verfassung der Stände seines Landes eine Erklärung zu Gunsten der **fünf physiokratischen Grundrechte** (diese lois fondamentales sind: Recht auf freie Entfaltung der Person, Recht auf mobiles und immobiles Eigentum, das Recht auf wirtschaftliche Freiheit, Recht auf persönliche Rechtssicherheit) zu veranlassen.

Ein anderes Beispiel für die notwendige Betrachtung der Entwicklung der Menschenrechte im Zusammenhang mit der wirtschaftlichen Entwicklung und vor allem den realen Auseinandersetzungen möchte ich am Schluss dieses Kapitels vorstellen: Dabei soll versucht werden, einmal von der bisher benutzten Ebene geistesgeschichtlicher Zusammenhänge auf die Ebene realer Konflikte hinunterzugelangen. Diese Ebene ist die der nicht endenwollenden **Konflikte zwischen adeligen Grundherren und untertänigen Bauern**. Diese waren möglich, weil – wie oben schon angedeutet – die Klagefähigkeit deutscher bäuerlicher Untertanen sowohl gegen ihre adeligen Grundherren, aber auch gegen ihre Landesherren seit dem 16. Jahrhundert, d. h. nach dem Ende des Bauernkrieges, unzweifelhaft feststand.

Ohne jetzt näher auf die komplexen Ursachen dieser Auseinandersetzung einzugehen, die vor allem dem weiten Bereich der feudalen Leistungsverpflichtungen zuzuordnen sind, soll nur betont werden, dass diese Auseinandersetzungen in hohem Maße von bestimmten Grundannahmen abhängig waren. Gingen Gerichte z. B. von der Annahme aus, dass alle bäuerlichen Untertanen in Dienstbarkeitsverhältnissen standen, dann oblag dem einzelnen Bauern oder einer klagenden Gemeinde die Verpflichtung, die Nichtgeltung einer bestimmten Abgabe oder eines bestimmten Frondienstes nachzuweisen, oft genug ein schwieriges Unterfangen angesichts der unterentwickelten Schriftlichkeit von bäuerlichen Gemeinden. Die gesamte Prozessführung musste natürlich eine andere sein, wenn die Bauern von der **grundsätzlichen Freiheit von Diensten** ausgehen konnten, in diesem Fall lag die Beweispflicht beim Grundherrn.

Die hier abstrakt geschilderte unterschiedliche Konsequenz für die bäuerliche Prozessführung bildete in den 30er Jahren des 18. Jahrhunderts tatsächlich den Gegenstand einer literarischen Auseinandersetzung zwischen einigen deutschen Feudaljuristen. Mir kommt es hier auf den Beitrag des sächsischen Juristen Johann Leonhard Hauschild (1694–1770) an, der 1738 sein **„Opusculum pro libertate naturali in causis rusticorum"** veröffentlichte. Die besondere Bedeutung dieses Büchleins liegt darin, dass Hauschild aus seiner Annahme einer prinzipiellen bäuerlichen Freiheit praktische Konsequenzen zog. Hauschild stütze sich dabei auf seine Praxis als Advokat, die ihn vielfach in Kontakt zu Bauerngemeinden gebracht hatte, die am sächsischen Oberappellationsgericht um ihre Rechte prozessierten. Also verfasste er auch eine „Kurtze Anweisung zur besten Abfassung der rechtlichen Klagen derer Bauern wider ihre Gerichtsherrschaften und wie dabey die ihnen zukommende Vermutung der natürlichen Freyheit nutzbar zu Gebrauch zu machen". Auf Grundlage einer philosophischen Bestimmung des Menschen als freies Wesen – die als solche ja schon lange etabliert war – und gestützt auf seine Erfahrung vielfachen bäuerlichen Widerstands vor den Gerichten, entwickelte Hauschild eine Auffassung vom Rechtsstatus der Bauern, die man als Bestätigung ihrer „Menschenrechte" sehen muss. In seiner Schrift von 1771 übte er nämlich harte Kritik an jenen Juristen, „welche, zugunsten großer Herren und sich bey diesen einzuschmeicheln, sich nicht entblöden, den Bauernstand, dessen oftmals nicht gehörig erkannte Wichtigkeit und Vorzüge im gemeinen Wesen man immer mehr einsiehet, an seinen **Rechten der Menschheit anzugreifen**". Dies ist – nebenbei bemerkt – auch eine der frühesten deutschen Belege für den Begriff der „Rechte der Menschheit". Dieses Zitat zeigt deutlich, dass es gerade die vielfältige Klagepraxis bäuerlicher Gemeinden vor Gericht war, die dazu führte, die immer schon bekannte Annahme der Freiheit aller Menschen jetzt in einen praktischen Zusammenhang einzubringen und sie damit zu einer Forderung mit erheblichen Konsequenzen zu machen. Denn es besteht kein Zweifel daran, dass die in dieser Phase der deutschen Geschichte neu erkannte Bedeutung des Bauernstands und das de facto gegebene bäuerliche Eigentum im Bereich des sog. Altsiedellandes (also im Wesentlichen der westlich der Elbe gelegene Teil Deutschlands) eine wesentliche Voraussetzung für die schrittweise Befreiung des Bauernstandes schufen, die dann vor allem in der ersten Hälfte des 19. Jahrhunderts in den deutschen Staaten durchgesetzt wurde, nachdem bereits im späten 18. Jahrhundert ein Fülle von einzelnen Reformmaßnahmen realisiert worden war.

Mir kam es in diesem Kapitel über die Genese der Grund- und Menschenrechte neben den knappen inhaltlichen Informationen vor allem darauf an, die methodischen Probleme einer geistesgeschichtlichen Betrachtung herauszustellen. **Geistesgeschichte** ist zunächst immer Geschichte der Entstehung einzelner Denkformen, Argumentationsfiguren, Rezeptionsprozesse. Sie ist daneben auch immer Geschichte derer, die denken, argumentieren und rezipieren. Doch neben diesen naheliegenden Varianten geistesgeschichtlicher Betrachtung müssen auch die sich verändernden wirtschaftlichen und **sozialen Bedingungen** sowie die **gesellschaftliche Praxis** in den Blick kommen. Es ist zu wenig, der Renaissance einen neuen Begriff von der Würde des Menschen zuzusprechen – zumeist auf der Basis von Literatur- und Kunstproduktion –, darüber aber zu vergessen, dass im Wirtschaftsleben südlich und nördlich der Alpen die rechtlichen und institutionellen Bedingungen für diese Auffassungen ausgebildet wurden. Erst eine Wirtschaftsordnung, die dem Einzelnen gesicherte Entfaltungsmöglichkeiten bot, konnte auch den Boden für eine **individualistische Theorie vom Menschen** abgeben. Diese Zusammenhänge und Bedingungsgeflechte zu erkennen, gelingt nur dann, wenn der zu untersuchende Einzelaspekt vom Historiker konsequent in einen weiten Rahmen von Bedingungen hineingestellt wird. Dieses Verfahren mag den Historiker zwar oft in Schwierigkeiten bringen, weil textgeschichtlich eindeutige Zusammenhänge (wie etwa die nachweisbare Vermittlung Pufendorf'scher Gedanken in die amerikanische Menschenrechtsdiskussion des 18. Jahrhunderts) in ihrer Bedeutung relativiert werden, doch verspricht dieses Verfahren letztlich ein umfassenderes Erklärungsmodell als eine enge begriffsgeschichtliche „Ahnenreihe".

3.8 Wissenschaft als Motor der Neuzeit

Der Beginn des 21. Jahrhunderts ist geprägt durch die überall vertretene Einsicht in die **Bedeutungsmacht von Wissenschaft**. Nicht nur die Fortschritte in der Kartierung des menschlichen Genoms, in den Informationstechnologien oder der Hochenergiephysik haben für eine neue Wahrnehmung der Fortschritte von Wissenschaft gesorgt, sondern auch die unmittelbare Abhängigkeit moderner Volkswirtschaften von den wissenschaftlichen Potenzialen eines Landes haben zu dieser breiten Überzeugung beigetragen. Alle modernen Nationalstaaten haben Programme zur beschleunigten Entwicklung dieser wissenschaftlichen Basis moderner Volkswirtschaften aufgelegt, die Investitionen in Bildung und Wissenschaft – die sich seit Beginn des 20. Jahrhunderts ohnehin vervielfacht haben – gehören zu den unbestrittensten Ausgabenposten dieser Staaten.

Erstaunlicherweise hat diese Entwicklung die Geschichtswissenschaft bislang nur am Rande berührt, jedenfalls in Deutschland. Während in den letzten drei Jahrzehnten eine bemerkenswerte thematische Erweiterung historischen Forschens eingesetzt hat, hat diese Entwicklung bislang die Wissenschaft als geschichtsmächtigen Faktor noch nicht erreicht, jedenfalls nicht so, dass das allgemeine Bild der Geschichte von dieser Thematik her geprägt würde. Natürlich gibt es eine lange **Tradition von Wissenschaftsgeschichte** auch in unserem Lande, aber man wird nicht behaupten können, dass sie über den Kreis der Spezialisten in das breite Fachinteresse vorgedrungen wäre. Man wird vermutlich im Angebot eines Historischen Seminars heute eher Lehrveranstaltungen zu den Hexenverfolgungen der Frühen Neuzeit finden als zu den grundlegenden Entdeckungen eines Johannes Kepler (1571–1630), eines Galileo Galilei (1564–1642), eines William Harvey (1578–1657) oder eines Isaac Newton (1643–1727). Diese Beobachtung gilt sicher auch für die allgemeine Geschichte des 19. und 20. Jahrhunderts, wo die Geschichte des Bürgertums, seiner Werte und Normen eher Beachtung gefunden hat als die Geschichte „seiner" Wissenschaft, ihrer disziplinären Ausdifferenzierung, ihrer Organisation und Wirkung. Es ist nicht ohne Aussagekraft, dass die intensivere Beschäftigung mit der Wissenschaft des 20. Jahrhunderts ihren Weg in die allgemeine Geschichtsforschung am ehesten über den Umweg des nationalsozialistischen Herrschaftssystems und seiner Verbrechen gefunden hat.

Natürlich bieten sich mehrere Wege zur Beschäftigung mit der Wissenschaftsgeschichte an, vor allem dann, wenn es nicht um eine Spezialgeschichte einzelner Disziplinen gehen kann, sondern darum, die Vorgeschichte jenes mächtigen Faktors zu erkunden, von dessen Bedeutung einleitend gesprochen wurde. Traditionellerweise führte der Weg in die Wissenschaftsgeschichte am ehesten über die **bedeutenden Forscherpersönlichkeiten** und ihre **Erfindungen,** hier ließen sich am ehesten Verbindungen zur allgemeinen Geschichte herstellen, vor allem dann, wenn neue Erkenntnisse der Wissenschaft mit tradierten Weltbildvorstellungen der Kirche kollidierten, wie sich das am Beispiel von Figuren wie Galilei oder Giordano Bruno (1548−1600) zeigen lässt. Aber auch neuere Studien zu bedeutenden Wissenschaftlern des 20. Jahrhunderts wie z. B. dem Physikochemiker Fritz Haber (1868−1934) oder dem Atomphysiker Werner Heisenberg (1901−1976) haben gezeigt, dass der biographische Ansatz wichtige Erkenntnis- und Vermittlungsmöglichkeiten bietet. Daneben bieten sich institutionengeschichtliche Studien dann an, wenn es zum einen um die spezifischen Organisationsformen von Wissenschaft geht, etwa die Universität, die Akademie, die Gelehrtengesellschaft, das Labor oder die Großforschungseinrichtung, oder wenn zum anderen die Verbindung zu den **Interessenlagen der Politik** gesucht wird. In diesen Fällen bieten organisationsgeschichtliche Studien besondere Vorteile, weil in der Detailanalyse einer Forschungseinrichtung oder eines wissenschaftspolitischen Entscheidungsgremiums wesentliche Interessen der Politik ermittelt werden können. Die Gründung der Kaiser-Wilhelm-Gesellschaft – der Vorläuferinstitution der heutigen Max-Planck-Gesellschaft – im Jahre 1911 wäre hier als Beispiel zu nennen, weil sich in diesem Gründungsgeschehen sowohl außenpolitische Ambitionen, innenpolitische Kontroversen und wissenschaftspolitische Dissense ermitteln lassen, die für die weitere Entwicklung eines bestimmten Typus von Wissenschaft höchst aufschlussreich sind.

Auf den ersten Blick fasziniert die Sicherheit, mit der fast alle modernen Wissenschaftsgeschichten „um 1600" einen deutlich erkennbaren Einschnitt in der Entwicklung von Wissenschaft setzen, gerade die westeuropäisch-amerikanische Perspektive bedient sich dieses Schlüsseljahrs. Trotz beachtlicher revisionistischer Bemühungen kontinuitätsgeschichtlicher Konzeptionen, die die **Vorleistungen der mittelalterlichen Wissenschaft** höher einschätzen, und obwohl die hier zu Grunde liegenden Prozesse und schöpferischen Leistungen keineswegs eindeutig auf dieses Datum deuten, zum Teil auch – wie Andreas Vesalius

(1514/15–1564) und Nikolaus Kopernikus (1473–1543) – ein halbes Jahrhundert vor der Wende zum 17. Jahrhundert liegen, hat sich ein breiter Konsens etabliert, der hier den Beginn der „modernen Wissenschaft" setzt, soweit sie durch **empirische Beweisverfahren, mathematische Berechenbarkeit** und die **Zielvorstellung wissenschaftlichen Fortschritts** charakterisiert ist. Der Beginn des 17. Jahrhunderts eröffnet nicht nur jene aufsehenerregende Kette fundamentaler methodischer Umbrüche, Entdeckungen und Erfindungen, die mit den Namen von Kepler über Bacon (1561–1626) bis Leibniz (1646–1716) und Newton hinreichend charakterisiert ist und sich als **„neue Wissenschaft"** beschreiben lässt. Der weitere Verlauf des Jahrhunderts sieht vielmehr auch die ersten festen Institutionen, in denen sich wissenschaftliche Forschung organisieren konnte. Es sind die wissenschaftlichen **Sozietäten**, die den humanistischen Einzelforscher in einen engeren Kontakt zu Fachgenossen bringen. Sie bieten ihm Gelegenheit nicht nur zum Austausch von Meinungen und zum Druck von Forschungsergebnissen, sie machen auch deutlich, dass wissenschaftliche Forschung nur als gesellschaftliches Unternehmen betrieben werden kann, das vom Staat organisiert wird. War an der Wende vom 16. zum 17. Jahrhundert noch der Hof der Ort, an dem der Wissenschaftler hinreichend materielle Unterstützung, Förderung und persönliche Sicherheit erfahren konnte, so entwickelt das 17. Jahrhundert mit der gelehrten Sozietät eine zwar weiterhin unter dem Schutz des Fürsten stehende, gleichwohl sich deutlich vom Hof emanzipierende Organisation, die der Forschung bessere Voraussetzungen bot.

Die wissenschaftshistorische Forschung hat heute gar keine Mühe, ein differenziertes Bild der wissenschaftlichen Entdeckungen zwischen der Mitte des 16. und der des 17. Jahrhunderts zu geben. Vorrang hat hierbei eine wissenschaftsinterne Konzeption, die die Analyse epochaler Leistungen mit einer Strukturgeschichte wissenschaftlichen Denkens und Argumentierens verbindet, die nach **Beweisverfahren, Probabilität** und **Wahrheitsbegriff** sucht. So wichtig solche Analyseverfahren sind, so sind sie doch auch letztlich mitschuldig an einer weitgehenden Ausblendung der Wissenschaftsgeschichte aus der allgemeinen Geschichte. Sie taucht nur in spektakulären Figuren und Ereignissen – meist noch in verzerrter Wahrnehmung – auf, wenn populäre Mythen den realen Kern überwuchern. Es bedarf einer vergleichenden Perspektive, die dabei behilflich sein könnte, eine **Konzeption von Wissenschaftsgeschichte** zu formulieren, die Phänomene der politischen Ordnung, des konfessionellen Streits und der Geschichte des Wissens integriert und so pass- und vermittlungsfähig zur allgemeinen Geschichte wird.

Es liegt im spezifischen Charakter der Entwicklung deutscher territorial geprägter Staatlichkeit in der Frühen Neuzeit, dass dieser Staat tendenziell alle wichtigen Lebensbereiche erfasste und somit **„durchstaatlichte"** (vgl. Kap. 3. 4. !). Dies gilt besonders für den Bereich der Hochschulausbildung, wo der fürstliche Territorialstaat seit dem späten Mittelalter ein besonderes Interesse an der Einrichtung und Kontrolle von Ausbildungsgängen für Juristen, Theologen und Medizinern zeigte, das durch die Reformation und den wachsenden Personalbedarf des frühmodernen Staates noch verstärkt wurde. Auch die Akademiegründungen des 18. Jahrhunderts vollzogen sich in enger Anlehnung an die Fürsten, deren Genehmigungen und Wohlwollen für das Gelingen solcher Gründungen unverzichtbar waren. Erst als im Lauf des späteren 18. Jahrhunderts zunehmend „nützliche" Gesellschaften gegründet wurden, die sich der Verbesserung landwirtschaftlicher, technologischer und ökonomischer Kenntnisse widmeten, schalteten sich Angehörige des Adels und des Bürgertums als Privatleute in die Vorgänge ein, die wir als Wissenschaftspflege bezeichnen können. Dies bedeutete freilich noch keine strukturelle Änderung in der Trägerschaft wissenschaftlicher Einrichtungen, die weiterhin dem Staat unterstanden: Wissenschaft und Staat blieben in engster Verbindung.

Vor allem die Universitätswissenschaft kannte noch nicht oder nur in Ansätzen die Bedeutung technologischer Innovation, sie war insgesamt noch geprägt von der Funktion der **Ordnung und Verwaltung des tradierten Wissens**, das für die Wissenschaftspflege der Frühen Neuzeit insgesamt charakteristisch gewesen ist. Die Suche nach – vor allen Dingen nützlichem – Neuen gehörte bestenfalls zur Aufgabe wissenschaftlicher Sozietäten, die dem wissenschaftlichen Utilitarismus verpflichtet waren.

Natürlich hatte diese Wissenschaft bereits entscheidende Veränderungen des Weltbildes in Astronomie, Physik und Chemie vorbereitet, doch konnten diese Innovationen noch nicht tiefgehend die Produktion von Gütern beeinflussen. Zwar hatten die Staaten den Wert technologischer Kenntnisse und Verbesserungen erkannt und gewürdigt, diese Kenntnisse wurden auch gelehrt und durch die erwähnten „nützlichen" Gesellschaften in die Öffentlichkeit gebracht, doch wird sich dies noch nicht als breite Bewegung charakterisieren lassen. Einzelgänger wie Jakob Leupold in seinem „Theatrum machinarum" (1724–35) plädierten zwar für die engere Verbindung von Wissenschaft und technischer Praxis, die schon von Georg Wilhelm Leibniz in seinem Vorschlag zur Gründung der Berliner **Akademie der Wissenschaften** von 1700 in dem Schlagwort **„Theoria cum praxi"** gefordert worden war, doch hatte dies noch keine breiten Wirkungen, die Produktion verharrte zumindest in Mitteleuropa noch auf einem traditionellen technologischen Niveau. Technologischer Fortschritt definierte sich noch eher durch die Verbreitung verbesserter Detailkenntnisse, den Austausch praktischer Erfahrungen, auch durch den Versuch, solche Kenntnisse – etwa aus England – mittels Spionage auf den Kontinent zu vermitteln. Noch 1798 musste sich die Berliner Akademie von ihrem Landesherrn (Friedrich Wilhelm III.) sagen lassen, dass ihm ihre Arbeit „nicht genug auf den allgemeinen Nutzen hingerichtet zu seyn scheint." Er erwartete mehr praktisch verwertbare Erkenntnisse denn „spekulative Untersuchungen". Um 1800 galt Deutschland – so hat Thomas Nipperdey zutreffend geurteilt – im Hinblick auf die Entwicklung von Wissenschaft und Technologie als ein **„zurückgebliebenes Land"**.

Erst langsam setzte sich in der Praxis die Kooperation von wissenschaftlicher Forschung und praktischer Anwendung durch, und erst ganz vereinzelt finden sich im 19. Jahrhundert Stimmen, die eine Ausrichtung der Wissenschaft an den praktischen Bedürfnissen der Wirtschaft forderten. Zu nennen wäre hier der Leipziger Philosoph und Historiker Karl Friedrich Biedermann (1812–1901), der 1839 in seiner Schrift „Wissenschaft und Universität in ihrer Stellung zu den praktischen Interessen der Gegenwart" angesichts der ständigen Versuche der Menschen zur „Aneignung der Außendinge" für eine Orientierung der Wissenschaft an den **Erfordernissen des technisch-wirtschaftlichen Fortschritts** plädierte, dafür freilich von der Kritik noch verspottet wurde. Ihm erschienen die „industrielle Bewegung" und die „materiellen Interessen" seiner Zeit als unaufhaltsame Kräfte, an denen sich auch die Wissenschaften auszurichten hätten.

Eine engere Bindung von wissenschaftlicher Forschung und industrieller Entwicklung konnte sich erst im Verlauf der folgenden Epoche der Industrialisierung einstellen, als deutlich wurde, dass erst wissenschaftliche Grundlagen die weitere Entwicklung der gewerblichen Wirtschaft tragen würden. Wirtschaftlicher Fortschritt, der jetzt vermehrt zum Ziel auch staatlichen Handelns wurde, unterlag wissenschaftlicher Fundierung, wie dies der preußische Staatsbeamte Peter Christian Wilhelm Beuth 1824 erkannte: „Wo die Wissenschaft nicht in die Gewerbe eingeführt ist, da gibt es kein sicher gegründetes Gewerbe, da gibt es kein Fortschreiten." Der badische Ministerialbeamte Carl Friedrich Nebenius wollte die **„Fortschritte der Production"** noch enger an die **„fortschreitende geistige Entwicklung"** gebunden sehen, musste sich freilich die Warnungen eines traditionell denkenden Philologen anhören, der ihn vor „Amerikanismus, Polytechnismus oder wie man die materiellen Richtungen sonst nennen will", warnte. Doch je schneller die Industrialisierung fortschritt, desto klarer erkennbar wurde dieser elementare Zusammenhang. Der deutsche Industrielle Ernst Werner von Siemens (1816–1892) schrieb 1883:

> „Die naturwissenschaftliche Forschung bildet immer den sicheren Boden des technischen Fortschrittes, und die Industrie eines Landes wird niemals eine internationale, leitende Stellung erwerben und sich selbst erhalten können, wenn das Land nicht gleichzeitig an der Spitze des naturwissenschaftlichen Fortschritts steht. Dieses herbeizuführen, ist das wirksamste Mittel zur Hebung der Industrie."

1899 beging die Technische Hochschule in Berlin eine etwas willkürlich angesetzte „Centenar"-feier, die sich vor allem dem Wunsch des Kaisers verdankte, die technischen Wissenschaften beim Eintritt in das neue Jahrhundert zu feiern. Die „Verwissenschaftlichung" der Wirtschaft und der Welt war unübersehbar geworden, man wollte aus dem „Jahrhundert der Chemie" in das neue **„Jahrhundert der Technik"** eintreten, das der Rektor dieser Hochschule emphatisch begrüßte. Für den Industriellen Walther Rathenau bestand kein Zweifel daran, dass die „wissenschaftliche Vertiefung eines Volkes über seine Macht" entscheide.

Für die aus solchen Einsichten entspringende Aufbruchstimmung waren die Jahre um 1900 vorzüglich geeignet: Im Rahmen einer **„konservativen Modernisierung"** (Hans-Ulrich Wehler) spielte der wissenschaftliche Erneuerungsprozess eine entscheidende Rolle. In diesem Kontext wurden auch wesentliche Begriffe, die wie **„Wissenschaftspolitik"** die heutige Diskussion bestimmen, geprägt. Es war der Theologe Adolf von Harnack (1851–1930), der mit diesem Begriff das neue Bemühen des Staates um Förderung der Wissenschaft unter den Bedingungen des modernen Staates und weltweiter Machtkonkurrenzen bezeichnen wollte. Damit hatte ein Vorgang seinen adäquaten Begriff gefunden, der das 20. Jahrhundert im Guten wie im Schlechten prägen sollte: Die Entdeckung der künstlichen Düngemittel durch Fritz Haber gehört genauso dazu wie die Entdeckung der Atomspaltung im Jahre 1938 durch Otto Hahn und Fritz Straßmann.

Die Industrie konnte freilich nur wachsen, wenn der Staat bestimmte Voraussetzungen bereitstellte, aber auch regulierend und kontrollierend in die Wirtschaft und ihre Rahmenbedingungen eingriff. Dabei konnte in Deutschland überhaupt kein Zweifel daran bestehen, dass es allein der Staat sein konnte, der das für die Wirtschaft notwendige qualifizierte Personal ausbilden musste. Der Staat reagierte auf den Bedarf der Wirtschaft mit der Errichtung fachlich spezialisierter Lehrstühle an den Universitäten, die ihrerseits eng mit der Industrie zusammenarbeiteten; er nahm aber auch durch Prüflaboratorien und Eichanstalten die Aufgabe der Überwachung und Vereinheitlichung technischer Anlagen auf sich. Die Gründung der Berliner **Physikalisch-Technischen Reichsanstalt** im Jahre 1887 diente diesem Zweck. Unbestreitbar hatte Deutschland mit seiner forcierten Bildungs- und Forschungspolitik einen zukunftsweisenden Weg eingeschlagen. Das Land gewann neues Renommee in Europa und Amerika, sein Hochschulsystem wurde wegweisend und zog viele Interessenten an. Zur gleichen Zeit wurde die neue Leistungsfähigkeit Deutschlands auch von seinen europäischen Konkurrenten wahrgenommen, vor allem von England. Die moderne Wissenschaftsgeschichte bestätigt diese Einschätzung, wenn sie Deutschland in dieser Epoche zum **„Weltzentrum der Wissenschaft"** werden sieht, wie es der amerikanische Wissenschaftshistoriker Joseph Ben-David formuliert hat.

Werner von Siemens hatte schon in seinen „Überlegungen zur Gründung der Physikalisch-Technischen Reichsanstalt von 1884" die Notwendigkeit dieser Institution mit dem einsetzenden **„Konkurrenzkampf der Völker"** begründet. Kluge Beobachter erkannten die wachsende Bedeutung der amerikanischen Technologie und orientierten sich zunehmend am amerikanischen Beispiel, was schließlich 1911 zur Gründung der Kaiser-Wilhelm-Gesellschaft führte, der Vorläuferin der 1948 neu gegründeten Max-Planck-Gesellschaft.

Die erste Gründung dieser Gesellschaft überwiegend auf der Basis privaten Stiftungskapitals wurde zu einem wichtigen Signal für die Weiterentwicklung der deutschen Wissenschaftslandschaft. Neben die traditionellen Akademien und die seit Wilhelm von Humboldt reformierten Universitäten traten jetzt **außeruniversitäre Forschungseinrichtungen**, die zunehmend an Bedeutung gewannen. Diese Entwicklung verstärkte sich vor allem nach dem Ende des Zweiten Weltkrieges, als mit der Gründung der Fraunhofer-Gesellschaft (1949) sowie der Kernforschungszentren in Karlsruhe, Jülich und Geesthacht (ab 1958) wichtige Elemente des heutigen deutschen Forschungssystems etabliert wurden. Zugleich wurde damit ein Typus von Forschungseinrichtung geschaffen, der weltweit die moderne Organisation der Forschung bestimmt hat: die Großforschungseinrichtung. Obwohl der Begriff der **„Großwissenschaft"** schon vor dem Ende des 19. Jahrhunderts von Theodor Mommsen (1817–1903) geprägt wurde, ist er doch erst in der Mitte des 20. Jahrhunderts wirklich realisiert wurden, als etwa im Rahmen des amerikanischen Vorhabens zum Bau einer Atombombe – dem sog. **Manhattan-Projekt** – ca. 100 000 Wissenschaftler und Techniker eingesetzt wurden. Nach dem Kriege hat sich diese Form der Errichtung personalaufwändiger und kostenintensiver Forschungseinrichtungen weiter durchgesetzt, sowohl auf nationaler wie auf internationaler Ebene. Die eindrucksvolle Vermehrung der Menschen, die als Wissenschaftler arbeiten, belegt diesen Vorgang. Der amerikanische Wissenschaftsforscher Derek de Solla Price hat schon in den 60er Jahren berechnet, dass 80–90 % aller Wissenschaftler, die je gelebt haben, in der Gegenwart leben.

Solche Zahlen sind auf der einen Seite ein Beleg für die eingangs geschilderte Abhängigkeit der Staaten von Wissenschaft als Basis der Wirtschaft, zum anderen macht diese Organisationsform einen tiefgreifenden Wandel in den Arbeitsformen und Zielstellungen von Wissenschaft sichtbar: Nicht mehr die Tätigkeit eines einzelnen Forscher steht im Mittelpunkt der Bemühungen, sondern kooperative Formen der **„Wissensproduktion"** – der Begriff wurde 1962 von dem amerikanischen Ökonomen Fritz Machlup (1902–1983) geprägt – haben sich durchgesetzt, zudem hat sich eine immer weiter gehende Vermengung von erkenntnisorientierter Grundlagenforschung und anwendungsorientierter Forschung durchgesetzt.

Aus diesen hier nur ganz knapp referierten Befunden der Analyse moderner Forschungseinrichtungen ergeben sich eine Fülle von Perspektiven auf die Entwicklung moderner Wissenschaft, die zugleich die Richtung der Wissenschaftsgeschichte vorgeben, deren Stellenwert in der allgemeinen Geschichtswissenschaft möglichst bald der realen Bedeutung von Wissenschaft für die moderne Entwicklung von Staaten und Ökonomien entsprechen sollte.

Literatur

Demographische Entwicklung

In den letzten Jahrzehnten ist eine auf gründlichen Lokal- und Regionalstudien beruhende Spezialliteratur entstanden, die über die biologisch-quantitativen Daten hinaus eine Fülle von Fragen thematisiert, die aus einer im weitesten Sinne sozialanthropologisch orientierten Sozialgeschichtsschreibung herrühren. In Deutschland bzw. Österreich sind hier vor allem die Arbeiten von Arthur E. IMHOF (Berlin) und Michael MITTERAUER (Wien) zu erwähnen:

A. E. IMHOF: Die gewonnenen Jahre. Von der Zunahme unserer Lebensspanne seit 300 Jahren oder der Notwendigkeit einer neuen Einstellung zum Leben und Sterben. München 1981.

C. WULF (Hrsg.): Lust und Liebe, Wandlungen der Sexualität. München 1985 (Art. v. Imhof ebd., S. 181–215).

M. Mitterauer: Ledige Mütter. Zur Geschichte unehelicher Geburten in Europa. München 1983.

J. L. Flandrin: Les amours paysannes. Amour et sexualité dans les campagnes de l'ancienne France (XVIe-XIXe siècle). Paris 1975.

M. Mitterauer, R. Sieder (Hrsg.): Historische Familienforschung. Frankfurt am Main 1982.

L. Stone: The Family, Sex and Marriage in England 1500–1800. London 1977.

P. Borscheid, H. J. Teuteberg (Hrsg.): Ehe, Liebe, Tod. Münster 1983.

E. Shorter: Die Geburt der modernen Familie. Hamburg 1977.

R. Z. Becker: Noth- und Hülfs-Büchlein für Bauersleute oder lehrreiche Freuden- und Trauer-Geschichte des Dorfes Mildheim. Gotha u. Leipzig 1788 (Neudruck Dortmund 1980).

Den Stand quantitativer Geschichtsforschung dokumentiert v. a. die Zeitschrift Historical Social Research/Historische Sozialforschung mit ihren Beiheften, die seit 1976 von QUANTUM e. V. herausgegeben wird. Daneben sei auf folgende Arbeiten verwiesen:

N. Ohler: Quantitative Methoden für Historiker. München 1980.

K. H. Jarausch (Hrsg.): Quantifizierung in der Geschichtswissenschaft. Probleme und Möglichkeiten. Neuauflage Düsseldorf 1985.

Wirtschaftliche Entwicklung

F. Irsigler: Kaufmannsmentalität im Spätmittelalter, in: C. Meckseper (Hrsg.): Mentalität und Alltag im Spätmittelalter. Göttingen 1985, S. 53 ff.

P. Kriedte: Spätfeudalismus und Handelskapital. Grundlinien der europäischen Wirtschaftsgeschichte vom 16. bis zum Ausgang des 18. Jahrhunderts. Göttingen 1980.

W. Abel: Stufen der Ernährung. Eine historische Skizze. Göttingen 1981.

ders.: Agrarkrisen und Agrarkonjunktur. Eine Geschichte der Land- und Ernährungswirtschaft Mitteleuropas seit dem hohen Mittelalter. [3]1978 (zuerst 1935).

ders.: Massenarmut und Hungerkrisen im vorindustriellen Europa. Versuch einer Synopsis. Göttingen 1974.

K. Borchardt: Grundriss der deutschen Wirtschaftsgeschichte. Göttingen [2]1985.

P. Deane: The first industrial revolution. Cambridge [2]1979 (zuerst 1965).

C. Cipolla, K. Borchardt (Hrsg.): Europäische Wirtschaftsgeschichte, Bd. 2–5. Stuttgart/ New York 1976–80.

P. Kriedte, H. Medick, J. Schlumbohn: Industrialisierung vor der Industrialisierung. Göttingen 1978.

W. Sombart: Der moderne Kapitalismus, 2 Bde. München [2]1916.

E. J. Hobsbawm: Industrie und Empire, 2 Bde. Frankfurt am Main 1969.

J. A. Schumpeter: Geschichte der ökonomischen Analyse. Göttingen 1965.

A. Smith: Der Wohlstand der Nationen. Eine Untersuchung seiner Natur und seiner Ursachen, herausgegeben von C. H. Recktenwald. München 1978 (dtv).

C. H. Buchheim: Industrielle Revolutionen. Langfristige Wirtschaftsentwicklung in Großbritannien, Europa und Übersee, München 1994.

Ständische und bürgerliche Gesellschaft

E. W. Böckenförde (Hrsg.): Staat und Gesellschaft. Darmstadt 1976.

U. Haltern: Bürgerliche Gesellschaft. Sozialtheoretische und sozialhistorische Aspekte. Darmstadt 1985.

L. Gall: Von der ständischen zur bürgerlichen Gesellschaft. München 1993.

W. Conze, M. R. Lepsius (Hrsg.): Sozialgeschichte der Bundesrepublik. Beiträge zum Kontinuitätsproblem. Stuttgart 1983.

H.-U. Wehler: Das deutsche Kaiserreich 1871–1918. 7. Aufl. Göttingen 1995.

W. Conze (Hrsg.): Quellen zur Geschichte der deutschen Bauernbefreiung. Göttingen 1957 (die hier abgedruckte Quelle ebd., S. 128 ff.).

H. Rosenberg: Probleme der deutschen Sozialgeschichte. Frankfurt am Main 1969 (ebd., S. 7 ff. der Aufsatz: Die Pseudodemokratisierung der Rittergutsbesitzerklasse).

P. Lundgreen: Sozial- und Kulturgeschichte des Bürgertums. Eine Bilanz des Bielefelder Sonderforschungsbereiches 1986–1997. Göttingen 2000.

D. Schoenbaum: Die braune Revolution. Eine Sozialgeschichte des Dritten Reiches. München 1980 (dtv-Ausgabe mit einem Nachwort von Hans Mommsen).

H. J. Puhle, H.-U. Wehler (Hrsg.): Preußen im Rückblick. Geschichte und Gesellschaft, Sonderheft 6. Göttingen 1983.

Vom mittelalterlichen Personenverbandsstaat zum modernen Sozialstaat

O. Brunner: Land und Herrschaft. Grundfragen der mittelalterlichen Verfassungsgeschichte Österreich, 5. Aufl. Wien 1965 (zuerst 1938). Dazu ist zu lesen O. G. Oexle in : VSWG 71, 1984, S. 305–341.

T. Schieder: Wandlungen des Staates in der Neuzeit, in: HZ 216, 1973, S. 265 ff.

F. Facius: Wirtschaft und Staat. Die Entwicklung der staatlichen Wirtschaftsverwaltung in Deutschland vom 17. Jahrhundert bis 1945. Boppard 1959.

H. A. Winkler (Hrsg.): Organisierter Kapitalismus – Voraussetzungen und Anfänge. Göttingen 1974.

P. A. Köhler, H. F. Zacher: Ein Jahrhundert Sozialversicherung in der Bundesrepublik Deutschland, Frankreich, Großbritannien, Österreich und der Schweiz. Berlin 1981.

L. Gall: Zu Ausbildung und Charakter des Interventionsstaates, in: HZ 227, 1978, S. 552–570.

W. Sauer: Das Problem des Nationalstaates, in: H.-U. Wehler (Hrsg.): Moderne deutsche Sozialgeschichte. Köln/ Berlin ²1968, S. 407–436.

H. H. Hofmann (Hrsg.): Die Entstehung des modernen souveränen Staates. Köln/ Berlin 1967 (Ergänzt die auf das 19./20. Jahrhundert begrenzte sozialgeschichtliche Perspektive des von Wehler herausgegebenen Sammelbandes).

C. Tilly (Hrsg.): The Formation of National States in Western Europe. Princeton 1975.

H. Schulze: Staat und Nation in der europäischen Geschichte, München 1995 (empfehlenswerte Gesamtdarstellung der Entwicklung der europäischen Nationalstaaten).

Außenpolitik

U. Scheuner: Die großen Friedensschlüsse als Grundlage der europäischen Staatenordnung zwischen 1648 und 1815, in: K. Repgen, S. Skalweit (Hrsg.): Spiegel der Geschichte. Festgabe für Max Braubach z. 10. April 1964. Münster 1964. S. 220–250.

U. Heinemann: Die verdrängte Niederlage. Politische Öffentlichkeit und Kriegsschuldfrage in der Weimarer Republik. Göttingen 1983, bes. S. 177 ff.

J. Petzold: Die Dolchstoßlegende. Eine Geschichtsfälschung im Dienst des deutschen Imperialismus und Militarismus. Berlin 1963.

W. Loth, J. Osterhammel (Hrsg.) Internationale Geschichte. Themen – Ereignisse – Aussichten. München 2000.

Konfession

H. R. Guggisberg: Religiöse Toleranz. Dokumente zur Geschichte einer Forderung. Stuttgart-Bad Cannstatt 1984 (gut kommentierte Quellensammlung, die wichtige Äußerungen zur Toleranz von Nikolaus v.Cues bis zur Französischen Revolution in deutscher Übersetzung zusammenstellt).

M. Brecht, R. Schwarz (Hrsg.): Bekenntnis und Einheit der Kirche. Studien zum Konkordienbuch. Stuttgart 1980, hier vor allem der Artikel von K. Schreiner, S. 351 ff.

H. Lutz (Hrsg.): Zur Geschichte der Toleranz und Religionsfreiheit. Darmstadt 1977 (Sammlung wichtiger Aufsätze zum Toleranzproblem, für Deutschland vor allem der Beitrag von F. Dickmann).

J. Lecler: Geschichte der Religionsfreiheit im Zeitalter der Reformation, 2 Bde. Stuttgart 1956 (europäischer Überblick!).

K. E. Lönne: Politischer Katholizismus im 19. und 20. Jahrhundert. Frankfurt/M. 1986.

J. Delumeau: Angst im Abendland. Die Geschichte kollektiver Ängste im Europa des 14. bis 18. Jahrhunderts, 2 Bde. Reinbek bei Hamburg 1985.

H. Schilling: Konfessionskonflikt und Staatsbildung. Gütersloh 1981, bes. S. 15–40.

Menschen- und Grundrechte

K. A. Bettermann, L. Neumann, H. C. Nipperdey (Hrsg.): Die Grundrechte. Handbuch der Theorie und Praxis der Grundrechte, Bd. 1. Berlin 1966 (ebd. auch der Beitrag von G. Oestreich über die Entwicklung der Menschenrechte und Grundfreiheiten in Deutschland, S. 1–123). Der gleiche Beitrag auch als selbständige Schrift, Berlin ²1978.

D. KLIPPEL: Politische Freiheit und Freiheitsrechte im deutschen Naturrecht des 18. Jahrhunderts. Paderborn 1975.

F. ERMACORA: Menschenrechte in der sich wandelnden Welt, Bd. 1: Historische Entwicklung der Menschenrechte und Grundfreiheiten. Wien 1974.

R. VIERHAUS (Hrsg.): Herrschaftsverträge, Wahlkapitulationen, Fundamentalgesetze. Göttingen 1977.

G. BIRTSCH (Hrsg.): Grund- und Freiheitsrechte im Wandel von Gesellschaft und Geschichte. Göttingen 1981.

G. KLEINHEYER: Art. Grundrechte, in: BRUNNER, CONZE, KOSELLECK (Hrsg.): Geschichtliche Grundbegriffe, Bd. 2. Stuttgart 1975, S. 1047–1082.

W. SCHULZE: Der bäuerliche Widerstand und die „Rechte der Menschheit", in: G. Birtsch (Hrsg.): Grund- und Freiheitsrechte, Göttingen 1981, S. 41–56.

Wissenschaft

U. FELT, H. NOWOTNY, K. TASCHWER: Wissenschaftsforschung. Eine Einführung, Frankfurt am Main 1995.

N. HAMMERSTEIN: Zur Geschichte und Bedeutung der Universitäten im Heiligen Römischen Reich Deutscher Nation, in: HZ 241, 1985, 287–328.

R. STICHWEH: Der frühmoderne Staat und die europäische Universität. Zur Interaktion von Politik und Erziehungssystem im Prozess ihrer Ausdifferenzierung, Frankfurt am Main 1991.

T. STAMM: Zwischen Staat und Wirtschaft. Die deutsche Forschung im Wiederaufbau 1945–1965, Köln 1981.

P. LUNDGREEN: Bildung und Wirtschaftswachstum im Industrialisierungsprozess des 19. Jahrhunderts. Methodische Ansätze, empirische Studien und internationale Vergleiche, Berlin 1973.

D. DE SOLLA PRICE: Little Science, Big Science. Von der Studierstube zur Großforschung, Frankfurt am Main 1963.

G. A. RITTER: Großforschung und Staat in Deutschland. Ein historischer Überblick, München 1992.

4 Theoriefragen der Geschichtswissenschaft

In diesem Kapitel sollen folgende Probleme erörtert werden: In einem ersten Teil wird zunächst danach gefragt werden, welche Funktionen das Nachdenken über Geschichte und seine professionalisierte Form, die Geschichtswissenschaft, erfüllt. „Wozu Geschichte?" soll die Frage lauten. Danach soll der Begriff „Geschichte" erläutert werden, sein Gegenstand und seine eigene Geschichte sollen ebenso wie der Zentralbegriff der „historischen Tatsache" behandelt werden. Daran schließen sich die Fragen der historischen Begriffsbildung an – also Generalisierung und Typisierung. Abschließend wird das Problem der Objektivität und Perspektive historischen Arbeitens diskutiert, und die Frage nach der Art und Weise, wie Geschichte geschrieben werden soll, um ein außerwissenschaftliches Publikum zu erreichen.

Der zweite Teil dieses Kapitels geht von der Tatsache aus, dass sich im Studienbetrieb Geschichte fast immer als Spezialgeschichte darstellt: Politische Geschichte, Sozialgeschichte, Geistesgeschichte, Strukturgeschichte oder Mentalitätsgeschichte sind einige der heute üblichen Kategorisierungen für neue Bücher oder Seminare. Die wichtigsten dieser sektoralen „Geschichten" sollen vorgestellt und erläutert werden, schwierige Abgrenzungen aber auch wichtige Verbindungen sollen geklärt werden. Wie stellt sich der Zusammenhang all dieser Teilgebiete im Licht der neueren Historiographiegeschichte dar, deren Skizze das Kapitel abschließt?

4.1 Warum beschäftigen wir uns mit Theoriefragen?

Es ist zu vermuten, dass bereits die ersten Kapitel des Buches und die dort getroffene Auswahl von Gegenständen, methodischem Vorgehen und Wertungen mehrfach die Frage nach den Gründen für diese Auswahl provoziert haben. In diesem Kapitel soll auf solche Fragen Antwort gegeben werden. Damit sollte von vornherein deutlich werden, dass Theoriefragen keinen bloß aufgesetzten, zusätzlichen Lernbereich darstellen, der fakultativ studiert werden kann oder nur fortgeschrittenen Studenten vorbehalten ist. **Theorie- und Methodenfragen** stehen vielmehr in einem sehr direkten und untrennbaren Zusammenhang mit den **Grundproblemen des Studiums der Geschichte.** Sie sollten das Studium von der ersten Vorlesung und von der begrenzten Themenstellung des Proseminars an begleiten.

Vorweg will ich fragen: Warum überhaupt und wozu eigentlich sollen wir uns noch mit theoretischen Problemen unseres Faches beschäftigen, das doch so schön gegenständlich ist, wo es so viele klare Fakten zu lernen gibt, im Unterschied etwa zu anderen geisteswissenschaftlichen Fächern, wo ohnehin Deutungs- und Theoriefragen im Vordergrund stehen. Ist es nicht Zeitverschwendung, dieses ohnehin schon ausgedehnte Fach noch um Fragestellungen zu erweitern, die ja eigentlich gar nicht zur Geschichte i. e. S. gehören? Ich bin mir durchaus bewusst, dass einige Leser unwillig auf das Programm dieses Kapitels reagieren werden.

1. Der Grund ist schlicht und ergibt sich aus der Logik wissenschaftlicher Arbeit. Jede Wissenschaft verfügt über eine spezifische Summe von methodischen Verfahren, mit deren Hilfe sie ihre jeweiligen Erkenntnisse erreicht, ihr Wissen organisiert; die zusammenhängende Begründung dieser Verfahren bezeichnen wir als die **Methodologie** einer Wissenschaft. Dabei ist zu bedenken, dass wir wohl von einer prosopographischen Methode (also der Analyse einzelner Personen oder Personengruppen in einem bestimmten historischen Kontext wie z. B. die Zeugenliste einer Urkunde oder die Beamten einer Behörde), aber nicht von einer solchen Methodologie sprechen dürfen. Methodologie ist erst der in sich logisch begründete Bestand der einer Wissenschaft eigenen Regeln, d. h. die gesamte Methodenlehre einer Wissenschaft, die wir im Fall der Geschichtswissenschaft Historik nennen. Dies geschieht in Anlehnung an die berühmte **„Historik"** Johann Gustav Droysens, die dieser seit 1857 unter dem Titel „Zur Enzyklopädie und Methodologie der Geschichte" regelmäßig als Vorlesung las und in Form eines „Grundrisses" seinen Studenten zur Verfügung stellte. Erst 1937 wurde sie vollständig veröffentlicht, und sie gilt seitdem als der klassische Text für Theoriefragen der Geschichtswissenschaft.

2. Der zweite Grund liegt in der vielfach belegten Erfahrung, dass die Detailprobleme unserer Wissenschaft, d. h. die konkrete Erforschung einer begrenzten Teilfrage dann besser und zufriedenstellender gelöst werden kann, wenn einem die verschiedenen möglichen **Perspektiven, Phasen des Forschungsprozesses,** der **Status der verwendeten Begriffe,** die Frage der eigenen und fremden Interessen, und die Funktion der Ergebnisse für Wissenschaft und Öffentlichkeit

so klar sind, dass man die eigene Beschäftigung mit einer historischen Fragestellung in allen Phasen aus der Distanz der wissenschaftseigenen Methodologie betrachten kann. Es liegt auf der Hand, dass derjenige, der sich über die Herkunft, den logischen Status und den Abstraktionsgrad von bestimmten Begriffen im klaren ist, diese Begriffe auch bewusster, damit präziser, anwendet und eher in der Lage ist, evtl. Kritik an dieser Begrifflichkeit abzuwehren. Es gehört mit zu diesem Argument, dass man als Geisteswissenschaftler, zumal als Historiker, relativ oft in die Situation gerät, fachfremden Zeitgenossen verdeutlichen zu müssen, worin denn eigentlich die gesellschaftliche Funktion dieser Gruppe von Wissenschaften bestehe, eine Frage, die einem Kollegen von der Elektrotechnik oder von der Chemie vermutlich kaum gestellt wird, von der Medizin ganz zu schweigen. Dazu gehört auch unvermeidlich die Frage nach dem Grad von **wissenschaftlicher Objektivität** der in unserer Wissenschaft erzielten Ergebnisse. Die unterschiedliche Bewertung des Endes der Weimarer Republik oder die unterschiedlichen Interpretationen des Dritten Reiches unter den Perspektiven entweder der Person Adolf Hitlers oder des gesamten Herrschaftssystems veranlassen immer wieder kritische Fragen an unser Fach und erfordern die Klärung des wissenschaftlichen Status unserer Arbeitsergebnisse. Nach meiner eigenen Erfahrung sowohl in der konkreten Forschungsarbeit wie auch in der Begründung meines Tuns als Historiker kann man von einer – wenn auch nur problembezogenen und keinesfalls umfassenden – Beschäftigung mit theoretischen Fragestellungen profitieren, und ich glaube, dass diese Beobachtung auch für Studenten zutrifft.

3. Ein letztes Argument lässt sich schließlich aus den eben genannten Argumenten heraus entwickeln. Geschichte ist eine Wissenschaft, die ihre Legitimation letztlich nur aus dem Interesse unserer Gesellschaft an ihren Ergebnissen beziehen kann. Die Tatsache, dass der Staat das Fach Geschichte an Schulen, Universitäten und außeruniversitären Einrichtungen in durchaus wechselnder Intensität alimentiert, ist als Indiz dafür zu sehen, dass diese Wissenschaft nicht beziehungslos als „l'art pour l'art" betrieben wird; sie kann nicht ohne einen ganzen Komplex gesellschaftlicher und politischer Interessen gedacht werden. Verdichtet man den Kernbestand dieser Aussage, dann lässt sich feststellen, dass **Geschichte etwas mit der Ausübung von Herrschaft** zu tun hat. Ohne den ständigen Bedarf nach Stabilisierung in politischen Systemen, ohne den damit verbundenen Bedarf an Kritik in und an einem politischen System lässt sich Geschichte kaum denken. Damit sollen andere Funktionen von Geschichte keineswegs

geleugnet werden, aber den Kern ihrer Funktion wird man wohl in ihrer Orientierungs- und Stabilisierungsfunktion für politisch-soziale Ordnungen sehen müssen. Damit geraten die Ergebnisse dieser Wissenschaft automatisch in den „Kampf um die rechte Ordnung", wie der Politologe Otto Heinrich von der Gablentz (1898–1972) einmal Politik definiert hat. Dadurch entsteht ein höherer Bedarf an methodischer Reflexion, einmal, um den eigenen Forschungsprozess möglichst weitgehend gegen Kritik zu immunisieren, zum anderen aber, um den Forschungsprozess anderer Wissenschaftler durchschaubar und damit evtl. angreifbar zu machen. Kurz gefasst: Schon von der gesellschaftlichen Funktion der **Geschichte in einer demokratischen Gesellschaft** her lässt sich begründen, dass historische Forschung **methodisch reflektiert** betrieben werden muss. Aus naheliegenden Gründen gilt dies für die Neuere Geschichte in besonderer Weise.

In vielen älteren Handbüchern, ja noch in einigen der Titel, die ich auf der Literaturliste zu diesem Kapitel zusammengestellt habe, ist die Geschichtswissenschaft und ihre Methodik in die Nähe des Handwerklichen gerückt worden, so wie das etwa schon aus dem Titel des bekannten Buches „Werkzeug des Historikers" des Mediävisten Ahasver von Brandt (1909–1977) erkennbar wird. Wir wissen, was damit gemeint ist: Schriftkunde, Chronologie, Siegelkunde, Genealogie, Numismatik, um nur einige dieser „Hilfswissenschaften" zu nennen. Diese sehr nützlichen **Hilfswissenschaften** versetzen uns in die Lage, ein doppelt geschriebenes Datum aus dem 17. Jahrhundert zu verstehen, ein Datum des französischen Revolutionskalenders wie etwa den 9. Thermidor II als den 27. Juli 1794 zu erkennen, und den sog. „Ahnenschwund" eines habsburgischen Erzherzogs zu ermitteln. Hierbei handelt es sich um die genetisch bedeutsame Tatsache, dass vor allem in den europäischen Herrschaftshäusern – aber natürlich auch in abgeschlossenen Siedlungsgebieten wie Alpentälern – durch Verwandtschaftsheiraten die Zahl der Ahnen absinkt. So hatte z. B. Friedrich der Große statt 8 Urgroßeltern nur 6, der spanische König Alfons XIII. (1886–1941) sogar nur 4. Ein anderes Beispiel aus der **Chronologie** soll noch einmal die Datierungsprobleme beleuchten, die aus der Durchsetzung des **Gregorianischen Kalenders** entstanden. Zunächst unerklärlicherweise beginnt das englische Steuerjahr heute noch am 6. April. Geht man den Gründen nach, so stellt sich heraus, dass England bis 1752 nicht nur dem alten Julianischen Kalender folgte, sondern auch das neue Jahr am 25. März beginnen ließ. Da bei der Kalenderumstellung 1752 die engli-

schen Steuerbehörden nicht auf die ausfallenden 11 Tage Steuereinnahmen verzichten wollten, wurden dem 25. März diese 11 Tage zuge-
schlagen und so entstand der heute noch gültige Beginn des fiskalischen
Jahres am 6. April.

Auf andere Beispiele hilfswissenschaftlicher Arbeit kann hier ver-
zichtet werden, obwohl zuweilen unter Neuzeithistorikern die Tendenz
besteht, den möglichen Nutzen hilfswissenschaftlicher Arbeit auf die
vormoderne Epoche einzugrenzen. Gerade in den letzten Jahren haben
abschreckende Beispiele aus dem Bereich der Zeitgeschichtsforschung
(zu erinnern ist an den Fall der sog. Hitler-Tagebücher) allzu deutlich die
Risiken deutlich gemacht, wenn **Fälschungen** alleine mittelalterlichen
Mönchen zugetraut werden und die klassischen Kriterien der **äußeren
Quellenkritik** unter dem Druck erwarteter Publizität missachtet werden.

Ebenso wenig wie Theoriefragen gegen hilfswissenschaftliche Probleme ausgespielt werden dürfen, darf die Beschäftigung mit theoretischen Problemen nicht zur Beliebigkeit gemacht werden. Sie schafft
eine unverzichtbare Grundlage für die Wissenschaft von der Geschichte.

4.2 Funktionen von Geschichte

Schon als ich einleitend die Notwendigkeit einer Beschäftigung mit
Theoriefragen zu begründen versucht habe, habe ich auf die Bedeutung
von Geschichte für unsere Gesellschaft verwiesen. Freilich darf hier aus
der vordergründigen Existenz des Fachs Geschichte in Schule und Universität nicht schon auf die sachliche Existenzberechtigung geschlossen
werden. Die Rolle der Geschichte im Bildungssystem ist bekanntlich
schwankend, und ein Überblick über die Geschichte der Geschichtswissenschaft zeigt, dass ihre Existenz durch ihre Integration in den
primären und sekundären Bildungsbereich zwar nachhaltig gefördert
wurde, dass aber das Fragen nach Geschichte davon unabhängig ist.

In den 70er Jahren, als das Schulfach Geschichte in der Bundesrepublik (wie auch in anderen europäischen Ländern) unter einem
starken Begründungszwang stand, hat der Berliner Historiker Jürgen
Kocka versucht, eine Übersicht über die wesentlichen gesellschaftlichen
Funktionen der Geschichte zusammenzustellen. Er hat dabei insgesamt
sieben Funktionen unterschieden:

1. Historische Erkenntnis ist unabdingbar für das Verständnis, die Erklärung und die richtige **Behandlung der Gegenwartsphänomene.**

Dies gilt – um Beispiele zu nennen – sowohl für Detailaspekte unserer Verfassungsordnung als auch für bestimmte Grundtendenzen unserer staatlichen Ordnung. So wird eine Erklärung des Art. 20.4 des Grundgesetzes – der jedem Bürger ein Widerstandsrecht einräumt – nur zureichend erklärt werden können, wenn man auf die Notstandsdiskussion des Jahres 1968 hinweist und auf die Kompensation, die der Art. 20.4 gegenüber der Verankerung der Notstandsverfassung darstellt. Gleiches gilt auch für ein Grundprinzip unserer staatlichen Ordnung, den Föderalismus, der nur als historisches Produkt der spezifischen Entwicklung deutscher Staatlichkeit verstanden werden kann. Eine Fülle anderer Beispiele ließe sich hier anführen.

2. Historische Wissenschaft kann an entfernten Beispielen modellhaft Kategorien und Einsichten vermitteln, die der Erkenntnis und Orientierung in der Gegenwart dienen können. Zu denken ist dabei an Probleme wie Handlungsspielräume, Konfliktlösungsmöglichkeiten, die Diskrepanz von Absicht, Nebenfolge und Fernwirkung einer Handlung. Bei dieser Erkenntnismöglichkeit geht es also nicht um eine direkte genetische Erklärung, sondern um eine **exemplarische Einsicht** in Grundstrukturen menschlichen Handelns. Geschichte fördert Einsichten dieser Art.

3. Geschichte dient der Legitimation und **Stabilisierung** einerseits und der **Kritik bestehender Verhältnisse** andererseits. Wenn in Paris alljährlich am 14. Juli der Erstürmung der Bastille im Jahre 1789 gedacht wird, dann dokumentiert sich darin heute eine breite republikanische Grundüberzeugung, eine Existenzgrundlage auch noch der Fünften Französischen Republik. In einigen Fällen bestimmen historische Ereignisse bis heute das Selbstverständnis eines Staates. Die Oktoberrevolution des Jahres 1917 bewirkte dies für die inzwischen untergegangene Sowjetunion, in Mexiko definiert sich die Struktur des Staates noch heute ganz wesentlich aus der Erfahrung der Revolutionszeit 1910–1920, die Staatspartei, die seit dem Jahr 2000 zum ersten Mal nicht mehr den Präsidenten stellt, trägt sogar den Namen der „Partei der institutionalisierten Revolution" (PRI). Doch wir brauchen bei diesem Gesichtspunkt nicht in fremde Länder auszuweichen. Ganz offen wird in der Bundesrepublik die Frage diskutiert, wie das „Landesbewusstsein" in den Bundesländern gestärkt werden kann, wie durch historische Ausstellungen eine spezifische Art der Erinnerung produziert werden kann. Auch die öffentlichen Debatten um eine angemessene Form des Gedenkens an die Opfer des Zweiten Weltkrieges in der Neuen Wache in Berlin oder die Debatte um

die Gestaltung eines Holocaust-Denkmals belegen diese Funktion der Geschichte. Es liegt auf der Hand, dass die Bundesrepublik gerade in dieser Frage mit großen Schwierigkeiten zu kämpfen hat, weil offensichtlich noch kein wirklicher Konsens über Art und Intensität der Erinnerung an den Nationalsozialismus zu Stande gekommen ist. Auf der anderen Seite leistet die Geschichtswissenschaft die Kritik bestehender Verhältnisse. Sie überprüft Herrschaftsansprüche und -ideologien, zerstört Legenden und trägt damit

4. zu einer **Verflüssigung und Relativierung der jeweiligen Wirklichkeit** bei. Der Wirklichkeit wird durch Geschichte ihre scheinbare Unausweichlichkeit genommen, Alternativen werden formuliert. In der Geschichte lassen sich solche Gegenkonstruktionen von Wirklichkeit vielfach nachweisen. So gelang es der Parlamentsmehrheit in England im 17. Jahrhundert, die Vorstellung einer altehrwürdigen Verfassung, der sog. „ancient constitution" zu etablieren, die der Praxis königlicher Prärogative wirksam entgegengehalten wurde. Obwohl kein Zweifel daran bestehen kann, dass es sich dabei um eine idealisierte, ja fiktive Vergangenheit des Landes handelte, gelang es den Juristen der Parlamentsmehrheit, aus dieser „Geschichte" eine wirksame Waffe gegen das Königtum zu schmieden.

5. Geschichte fördert die Erweiterung unseres Wissens und damit auch des menschlichen Handlungspotenzials ganz allgemein. Hierbei handelt es sich keineswegs um eine spezifische Wissenserweiterung, sondern vielmehr einfach darum, dass ein **erhöhter Wissensbestand über soziales, wirtschaftliches und politisches Verhalten** in der Geschichte in Entscheidungssituationen mehr Alternativen bietet. Damit ergibt sich auch der Effekt, dass historisches Wissen oder Fragen sich der direkten Nutzbarmachung entzieht.

6. Angesichts der Komplexität moderner Gesellschaften kann historisches Wissen beispielhaft das **Zusammenwirken vieler Faktoren** so deutlich aufzeigen, dass die Gefahr monokausaler Erklärungen vermieden wird. Anders als Gesetzeswissenschaften spitzt Geschichtswissenschaft ihre Fragestellungen immer wieder auf die **Erklärung konkreten menschlichen Handelns** zu, kann sich also nicht damit begnügen, Wirkungsfaktoren abstrakt nebeneinander zu stellen. Aus diesem unausweichlichen Realitätszwang ergibt sich eine spezifische praktische Konsequenz oder kann sich zumindest ergeben. Die aus einer Fülle von historischen Konfliktsituationen gewonnene Einsicht in die prinzipielle Lösbarkeit sozialer oder politischer Konflikte prägt sicherlich auch das Herangehen an aktuelle Konfliktsituationen, kann scheinbar Unausweichliches relativieren,

kann festgefahrene Fronten auflockern. Diese historisch vermittelte Einsicht in die „Mehrdeutigkeit der meisten Situationen ..., in ihre Multikausalität und Interdependenz, in die Relativität von Perspektiven, in das Eigengewicht des Details und in die Widerstände komplexer Wirklichkeit" – wie es Jürgen Kocka formulierte – muss freilich in ihrer Ambivalenz gesehen werden. Was auf einer Seite an Verständnis von Komplexität gewonnen, als Realitätszuwachs gewürdigt werden kann, kann auf der anderen Seite der Bilanz als zu weitgehende Bereitschaft zum Verständnis historischer Fehlentwicklung abgebucht werden. Dem Historiker Friedrich Meinecke (1862–1954) ist diese Gefahr der historischen Deutung – d. h. jener auf Verstehen abzielenden, genetisch verfahrenden Analyse von historischer Wirklichkeit – bewusst geworden, wenn er in der Situation der Weimarer Republik verzweifelt nach dem Wertesystem fragte, an dem sich der Historiker orientieren könne.

7. Eine letzte Funktion sieht Kocka schließlich darin, dass die Beschäftigung mit Geschichte **Vergnügen** bereiten kann, eine Variante, die im Kontext eines Studienbuches vielleicht überraschen mag. Hier können verschiedene Deutungen gegeben werden. Natürlich kann das interessant geschriebene historische Sachbuch, der historische Film, die Besichtigung eines Bauwerkes, eines Stadtensembles, das Erlebnis einer historisch geprägten Landschaft Gegenstand individuellen und kollektiven Vergnügens sein. Bestimmte Touristikunternehmen werben gezielt mit diesem Angebot, vermischen es mit anderen Varianten des aktiven Urlaubs und beweisen so, dass das Erleben von Geschichte – in welcher Form der Darbietung auch immer – ein nicht zu unterschätzender Faktor des gesellschaftlichen Lebens ist.

Freilich darf dieser Punkt nicht nur als ein überzähliges Argument auf der hier entwickelten Nützlichkeitsseite abgehandelt werden. Die Wahrnehmung oder sogar das Erleben von Geschichte in nichtliterarischer Form – also die Besichtigung von historischen Bauwerken und Städtebildern oder die Erfahrung von Landschaften – scheint ein neues, besser gesagt neu entdecktes Phänomen zu sein. Es wird immer stärker als **Gegengewicht gegen die rasche Veränderung** der Welt, in der wir leben, empfunden, als Ausgleich gegen Verluste historisch gewachsener Städtebilder und Gebäude, gegen die Zersiedlung von Landschaften, die nicht mehr das Vergnügen klar erkennbarer Zentren und landschaftlicher Funktionen bieten. Wenn Geschichte als Hüterin und Interpretin gewachsener Umgebungen mit eindeutigem Wiedererkennungswert diese Funktion erfüllt – und alle Indizien scheinen diese Tendenz zu bestätigen – dann wäre hier gewiss mehr als nur „Geschichte als Vergnügen" zu konstatieren. Geschichte erfüllt dann zugleich die psychologisch bedeutsame Funktion, für die **Bewahrung einer Umwelt** verantwortlich zu sein, die als von Menschen erkennbar gestaltete und geprägte Welt wiedererkannt werden kann.

Überlegungen zu den gesellschaftlichen Funktionen von Geschichtswissenschaft belegen vielfach, dass Geschichtswissenschaft an der **„gesellschaftlichen Konstruktion von Wirklichkeit"** teilhat, d. h. an den Versuchen zur Deutung der Welt, die durch eine Fülle von Faktoren beeinflusst wird. Geschichtswissenschaft ist damit Teil jener Bemühungen, die gesellschaftliche Welt zu einem „stimmigen Ganzen" zu machen. Ein solcher wissenssoziologischer Hinweis – hier sei vor allem auf das Buch „Die gesellschaftliche Konstruktion der Wirklichkeit" von Peter L. Berger und Thomas Luckmann (deutsche Ausgabe zuerst 1970) verwiesen – soll uns noch einmal der Tatsache versichern, dass Geschichte nicht nur als lern- und studierfähige Ansammlung von Wissen verstanden werden darf, sondern in ihrem weiteren gesellschaftlichen Funktionszusammenhang gesehen werden muss. Eine solche Bestimmung der Geschichte nimmt ihr keineswegs ihre objektive Faktizität, ihre Wissenschaftsfähigkeit. Sie betont vielmehr, dass diese objektive Faktizität zugleich subjektiv gemeinten Sinn zum Ausdruck bringt. Aus dieser Ambivalenz resultieren die meisten theoretischen Probleme, über die in diesem Kapitel zu sprechen ist.

Schließlich ist in diesem Kontext noch ein Problem anzusprechen, das den Zusammenhang von **Geschichte und Identitätsbildung** berührt. Kocka hat sich in dem schon zitierten Text scharf von einer Geschichtswissenschaft distanziert, die in der „Herstellung von Identität (eines Individuums, einer Gruppe oder einer Gesellschaft mit sich selbst)" eine sinnvolle Aufgabe sieht. Sobald Identität etwas mit „Gewöhnung und Manipulation" zu tun habe, also unreflektierte Rezeption von Geschichte bedeute, sei sie mit wissenschaftlich betriebener Geschichte nicht zu vereinbaren.

Mir scheint, dass es zwischen dieser unkritischen Inanspruchnahme des Identitätsbegriffs und dem von Kocka ebenfalls angesprochenen weiten Begriff von Identität (gewissermaßen als einer Summe der oben schon genannten Funktionen) noch Raum geben muss für ein Verständnis von Identität, deren Herstellung durchaus Aufgabe von Geschichte sein sollte.

Geschichte schafft durch ihre Themenauswahl, ihre lokale, regionale oder nationale Ausweitung oder Begrenzung erst jenen Sinnzusammenhang, der ein vernünftiges Argumentieren über Vergangenheit und

Zukunft überhaupt ermöglicht. Wenn ich von der Französischen Revolution nichts weiß, sie nicht – und sei es nur als Schlagwort – in eine bestimmte Version von Vergangenheit einordnen kann, dann lässt sich mit diesem Thema argumentativ nichts bewegen. Gesellschaften bedürfen einer gemeinsam akzeptierten Vergangenheit, um auf diesem Felde die Auseinandersetzung um die Zukunft führen zu können, ja man wird sagen können, dass alle Nationsbildungsprozesse zugleich auch die Konstruktion spezifischer nationaler Vergangenheiten bedeuteten. Fehlte dieses gemeinsame Feld, so wäre eine sinnvolle Diskussion nicht möglich. Darüber hinaus können bestimmte Bilder von Geschichte auch dazu beitragen, kritische Situationen in der Geschichte eines Volkes zu überstehen. Der Rechtshistoriker Bernhard Diestelkamp hat einmal darauf hingewiesen, dass es sich bei der Auffassung von der Weiterexistenz des Deutschen Reiches nach der Kapitulation des Jahres 1945 um eine solche **Konstruktion der Wirklichkeit** gehandelt habe, die die Bewältigung der Niederlage erst ermöglicht habe. Identitätsstiftung in diesem Sinne – so wäre zu folgern – ist eine wesentliche Aufgabe von Geschichte. Auch die wissenschaftliche Beschäftigung mit Geschichte ist darauf angewiesen, denn Themenauswahl und öffentliche Wirkung sind ohne diese Funktion kaum vorstellbar.

4.3 Was ist Geschichte?

Schon auf den ersten Seiten dieses Theoriekapitels wird aufgefallen sein, dass die Begriffe Geschichte und Geschichtswissenschaft in durchaus verschiedenem Sinn gebraucht wurden. Wir wollen deshalb versuchen, nach den unterschiedlichen **Bedeutungen von Geschichte** zu fragen.

Mustert man die verschiedenen Verwendungen des Begriffs durch, dann stellt sich schnell heraus, dass ein erster Begriffsinhalt in dem gesehen werden kann, was Geschichte im engeren Sinne ist, nämlich **die Tat bzw. die Ereignisse (res gestae)**. Daneben aber ist Geschichte zum zweiten der Bericht oder die **Erzählung** von dem, was geschehen ist. Drittens ist darunter zu verstehen die Geschichtskunde oder die wissenschaftlich betriebene Form der Geschichtsschreibung im Sinne von **Historiographie.** Diese wissenschaftliche Form der Geschichtsschreibung stellt sich als außerordentlich differenziertes Unternehmen dar. Es gliedert sich in der Fülle der heute üblichen Differenzierungen zeitlicher, regionaler und gegenständlicher Art. Die in diesem Kapitel noch zu behandelnden Spezialgebiete von der Wirtschaftsgeschichte bis zur Mentalitätsgeschichte haben hier ihren Platz ebenso wie jene Konzepte, die auf eine vollständige, „totale" Erfassung des historischen Prozesses abzielen. Schließlich ist Geschichte der übergeordnete Begriff für die Gesamtheit der Prozesse, in denen wir Menschen stehen, ist Bezeichnung für die Möglichkeiten menschlichen Handelns schlechthin, ist die Personifizierung der theoretischen Überfülle von Geschehenem oder Geschehendem. Diese Bedeutung der Geschichte erschließt sich in Wendungen wie „Verantwortung vor der Geschichte", „historische Aufgabe", „Last der Geschichte" oder der „Machbarkeit der Geschichte". Diese vier Grundbedeutungen von Geschichte sollten unterschieden werden. Ihr Zusammenfließen in einem Begriff ist der semantische Beleg für den schon beobachteten Dualismus des **Objektcharakters von Geschichte** einerseits und des **subjektiven Elements** andererseits.

Die Geschichte der „Geschichtsschreibung" (mehr dazu in Kap. 4.9!) könnte die Herausdifferenzierung dieser spezifischen Bedeutungen belegen. Für unser Problem scheinen zwei Stufen der neuzeitlichen Geschichtsschreibung besonders wichtig zu sein. Einen **ersten Verwissenschaftlichungsschub** erfährt die Geschichte im Lauf des 16. Jahrhunderts. Schon seit dem 14. Jahrhundert war die Funktion von Geschichte vielfach diskutiert worden, doch eine intensive Methodendiskussion setzt erst im 16. Jahrhundert ein; **„ars historica"** ist hier zunächst der einschlägige Begriff. Die meisten Abhandlungen des 16. Jahrhunderts verwenden diesen Begriff noch in Anlehnung an die exemplarisch-orientierte Form der Geschichtsdarstellung. Erst die Integration der juristischen Methodenlehre Jean Bodins (1530–1596) (Methodus ad facilem historiarum cognitionem, 1566) in die historische Methodenlehre bereitet den Boden für die Auffassung vom Wahrscheinlichkeitscharakter der Ergebnisse historischen Forschens. Wesentlich für die Verfeinerung dieser Methodenlehre ist auch die Diskussion um die inhaltliche und methodische Konzeption der reformatorischen Geschichtsschreibung, vor allem der sog. **Magdeburger Zenturien (1559–74)**. Dieser Versuch einer Kirchengeschichte aus der Sicht des neuen protestantischen Bekenntnisses führt zu einer ausführlichen Methodendiskussion und einem neuen Methodenbewusstsein. Der Historiker soll beachten, „zu was Zeiten jeder Autor gelebt, ob er selbst bey den Geschichten und Händeln gewesen oder ob einer, was er beschrieben, von anderen gehört, dasselb mit seinen Zusätzen vermehrt und gebessert oder anderen, so vor ihme gelebt, nachgeschrieben"; schreibt 1612 der Verfasser der „Chronica" der Reichsstadt Speyer.

Die zweite wesentliche Phase der Verwissenschaftlichung liegt sicher im 19. Jahrhundert. Hier lässt sich nicht nur eine bloße Fortschreibung der methodischen Fertigkeiten im Seminarbetrieb der „neuen" Universität feststellen, der grundlegend für die historische Arbeitsweise werden sollte, sondern in diesem Zeitraum erfolgt auch eine allgemeine Bedeutungssteigerung der Geschichte auf der Basis des Historismus, d. h. einer Methode zum Verständnis der empirischen Welt durch eine genetisch verfahrende Analyse.

Es wird nützlich sein, den Begriff **Historismus** in der gebotenen Kürze zu erläutern. Nach durchaus unterschiedlichem Gebrauch des Wortes seit dem späten 18. Jahrhundert festigt sich seit der Mitte des 19. Jahrhunderts die Auffassung – die der Theologe Ernst Troeltsch 1922 formuliert –, dass Historismus die **„grundsätzliche Historisierung unseres ganzen Wissens und Empfindens der geistigen Welt** bedeutet". Friedrich Meinecke arbeitete noch deutlicher die Differenz historischer Betrachtung etwa zur philosophischen Geschichtsschreibung der Aufklärung, aber auch zu den neuen Gesetzeswissenschaften heraus, wenn er 1936 formulierte: „Der Kern des Historismus besteht in der Ersetzung einer generalisierenden Betrachtung geschichtlich-menschlicher Kräfte durch eine individualisierende Betrachtung." Diese Gegenüberstellung von Aufklärungsgeschichtsschreibung und Historismus ist zwar in der neueren Forschung vielfach relativiert worden, doch soll aus Gründen der Klarheit daran festgehalten werden. Es mag die eben angedeutete Frontstellung verdeutlichen, wenn der Leipziger Kulturhistoriker **Karl Lamprecht (1856–1915)** 1905 kritisch vom „unfruchtbaren Historismus der Geisteswissenschaften in der zweiten Hälfte des 19. Jahrhunderts" sprach. Er griff damit eine polemische Version von Historismus auf, die in ihm eine „von den Problemen der Gegenwart ablenkende Ausrichtung der Geschichtswissenschaft auf die Ermittlung der Tatsächlichkeit vergangenen menschlichen Lebens" sah (Jörn Rüsen). Aus dieser Kontroverse erwächst schließlich die **„Krisis des Historismus"** – so der Titel eines Buchs des Kirchenhistorikers Karl Heussi aus dem Jahre 1932. Auf ihre vermeintliche Überwindung gründet sich der Anspruch der modernen Geschichtswissenschaft, „nachhistoristische" Geschichtswissenschaft betreiben zu können.

Eine solche verkürzte Übersicht über die Verwendung des Historismusbegriffs kann freilich nicht deutlich genug jene Partikel des Historismus aufzeigen, die für jede Geschichtsschreibung unverzichtbar sind. Deshalb soll in einem zweiten Anlauf versucht werden diese Partikel eindeutiger zu benennen.

Historismus ist einmal die grundlegende Einsicht, dass der Gegenstandsbereich menschlicher Vergesellschaftung von dem der Natur verschieden ist und deshalb eine eigene Methode verlangt. Klar formuliert findet sich diese Auffassung schon bei dem italienischen Philosophen **Giambattista Vico (1668–1744)**, dem „Begründer" der modernen Geschichtsphilosophie, der „diese historische Welt ganz gewiss von den Menschen gemacht" erkennt und daraus den Schluss zieht, „und darum können in den Modifikationen unseres eigenen menschlichen Geistes ihre Prinzipien aufgefunden werden". Im Unterschied zur Natur habe man es versäumt, über die „historische Welt" nachzudenken, „die die Menschen erkennen können, weil sie die Menschen geschaffen haben". Denn die Natur der menschlichen Dinge „ist nichts anderes als ihr Entstehen in bestimmten Zeitläufen und unter bestimmten Umständen".

Damit sind wir wieder zu der Frage nach dem Gegenstand der Geschichte zurückgekehrt, da wir davon ausgehen, dass die Geschichtswissenschaft durch die Existenz eines spezifischen Objekts charakterisiert ist. Freilich ist diese Annahme auch von bestimmten Denkpositionen in Zweifel gezogen worden. Der **„Präsentismus"** – der von amerikanischen Historikern vertreten worden ist (u. a. Charles A. Beard, Carl L. Becker) – leugnet diesen Objektcharakter von Geschichte und akzeptiert Geschichte nicht in dem oben erläuterten Sinne der res gestae, sondern lediglich als Reflektieren über Geschichte.

Als **Objekt von Geschichte** hat sich schon früh die **„Menschenwelt"** – wie Johann Gustav Droysen sagt – herausgestellt, und die heute entwickelten Definitionen dieses Gegenstandsbereiches weichen seit der Formulierung Bernheims aus dem Jahre 1908 nur noch graduell voneinander ab. Er hatte – damit schon erkennbar auf den Methodenstreit seiner Zeitgenossen reagierend – den Gegenstand von Geschichte in den „Tatsachen der Entwicklung der Menschen in ihren (singulären wie typischen und kollektiven) Betätigungen als soziale Wesen" gesehen. Karl Georg Faber (1925–1982) definiert in seiner „Theorie der Geschichtswissenschaft" von 1974 Geschichte als „menschliches Tun und Leiden in der Vergangenheit", und Jörn Rüsen spricht von „Tatsachen und Tatsachenzusammenhängen vergangenen menschlichen Handelns und Leidens"; ich selbst habe zur gleichen Zeit als den Gegenstand der Geschichte „die Veränderung des Menschen in seinen gesellschaftlichen Verhältnissen in der Zeit" sehen wollen.

Alle diese Definitionen sind geprägt von dem Bemühen, den **Gegenstandsbereich der Geschichte** nicht schon a priori definitorisch einzugrenzen. Vielmehr wird durch diese und ähnliche Definitionen ein sehr weites thematisches Spektrum eingefangen und zugleich der Zeit- oder Veränderungsfaktor als wesentliches Interesse der Geschichte betont. Auch nehmen die heute verwendeten Definitionen alle die Einsicht in sich auf, dass Geschichte immer als kompliziertes **Nebeneinan-**

der von subjektivem und intentionalem Handeln einerseits und als Prägung durch **strukturelle Bedingungen** andererseits zu verstehen ist. Dies wird vor allem in der Definition deutlich, die Erdmann Weyrauch 1979 entwickelt hat: Geschichte „ist der Gesamtkomplex menschlicher Praxis in der Vergangenheit in all ihren Veränderungen, seien sie durch absichtsvolles, zweckrationales Handeln, seien sie durch materielle Bedingungen und Bezüge bewirkt." Wenn diese Definition die moderne Geschichtswissenschaft anspricht, dann bedeutet sie zugleich, dass viele ältere Debatten um den individuellen oder kollektiven Charakter von Geschichte und damit um jeweils spezifische Arbeitsgebiete (Individualgeschichte, Sozialgeschichte) von der Realität der Geschichtsschreibung überholt worden sind. Die Geschichtswissenschaft ist in ihrer Themenauswahl durch zeittypische Fragekonstellationen beeinflusst, und sie hat gerade in den letzten Jahrzehnten erhebliche thematische Erweiterungen erfahren. Insofern kann es nicht darum gehen, einen traditionellen Gegenstandsbereich zu Gunsten eines neuen aufzugeben, sondern lediglich darum, die Doppelstruktur unseres Gegenstandes anzuerkennen und methodisch reflektiert und in Abhängigkeit vom gewählten Thema darauf zu reagieren.

4.4 Tatsachen

Tatsachen spielen in der Geschichtswissenschaft offensichtlich eine ganz besondere Rolle. Sie erscheinen oft als der wertfrei zu ermittelnde Kernbestand wissenschaftlicher Aussagen, als eine Aussageebene jenseits von interessenbedingten Wertungen oder gar Spekulationen. Diese Auffassung der Tatsache – charakteristischerweise oft als „nackte" Tatsache bezeichnet – beruht auf dem Wissenschaftsverständnis des 19. Jahrhunderts, das die Wissenschaftlichkeit der Aussagen vor allem auf die quellenkritische Methode gründete: „Strenge Darstellung der Tatsache, wie bedingt und unschön sie auch sei, ist ohne Zweifel das oberste Gesetz", formulierte Leopold von Ranke (1785–1886) in der Vorrede zu seinen „Geschichten der romanischen und germanischen Völker von 1494 bis 1535", einem Gründungsdokument der modernen Geschichtswissenschaft.

Natürlich soll hier nicht das Gegenteil behauptet werden. Es soll jedoch darauf hingewiesen werden, dass die Tatsachenfeststellung ein Vorgang ist, der – wie der englische Historiker E. H. Carr erklärt hat – vom Historiker selbst abhängig ist, der, auf Quellen über vergangene Ereignisse gestützt und auf sie angewiesen, durch seine eigenen Forschungsziele selektierend, erst Tatsachen schafft. Die **präsentische**

Form der Tatsache (Es ist eine Tatsache, dass ...) weist auf diesen Charakter der Tatsachenfeststellung hin.

Man darf sich in dieser Diskussion nicht von dem Hinweis auf die Unterscheidung von „relativ einfachen" und „sehr komplexen" Tatsachenfeststellungen verwirren lassen. Je präziser ein Ereignis durch ein angemessenes Koordinatensystem fixiert werden kann (etwa durch den Kalender oder durch eine statistische Angabe), um so weniger wird natürlich die hier anvisierte Abhängigkeit der Tatsache vom Historiker deutlich. Aber schon die Zusammenschau eines so ermittelten scheinbar „relativ einfachen" Faktums verändert dieses. Ein per Kalender bestimmbarer Tag wie der 14. Juli des Jahres 1789 wird erst im Vergleich mit anderen Tagen des Frühsommers 1789 und durch die Einbeziehung der Folgen dieses Tages auf den weiteren Verlauf der Französischen Revolution zu einem Faktum von welthistorischer Bedeutung.

Wenn schon bei einem solchen Faktum die immerwährende Verbindung von individuellen Bezügen (im Sinne von unverwechselbar und einmalig) und allgemeinen Bezügen (im Sinne eines Systems von Gründen und Folgen) aufgezeigt werden kann, dann liegt es auf der Hand, dass komplexe Fakten in viel höherem Maße diesen Charakter aufweisen. Deutlich wird die **konstruktive Qualität solcher Fakten** bei der komplizierten Ermittlung statistischer Durchschnittswerte, auf die zusammenfassende Darstellungen und Handbücher nicht verzichten wollen. Wenn der Historiker z.B. die Bevölkerungsverluste Deutschlands im Dreißigjährigen Krieg angeben will und diese zwischen 33 % (Stadt) und 40 % (Land) beziffert, schafft er ein historisches Faktum, das richtig ist, insofern es der mathematische Mittelwert einer Fülle von Einzelangaben ist. Zugleich schafft er ein „falsches" Faktum, das historisch unangemessen ist, weil für ein regional organisiertes Wirtschaftssystem wie die Landwirtschaft eine solche pauschalisierende Angabe unzutreffend ist. Für die Landschaften Deutschlands, die überhaupt keine Bevölkerungsverluste erlitten, wie etwa die westfälischen Gebiete, ergäbe eine solche Summe gar keinen Sinn.

Wir können aus all dem die Schlussfolgerung ziehen – und finden damit in den Argumentationsgang dieses Kapitels über „Fakten und Begriffsbildung" hinein –, dass es sich bei der Feststellung des historischen Faktums keineswegs um eine bloße „Reproduktion" handelt, sondern um die erste Stufe einer begrifflichen Erfassung der historischen Wirklichkeit, die natürlich durch die Quellenaussagen kontrolliert wird. **„Quellen haben ein Vetorecht"**, hat Reinhart Koselleck formuliert, aber sie enthalten – so können wir ergänzen – kein Interpretationsangebot im positiven Sinne.

Neben dieser prinzipiellen Problematik, die dem Diskurs über Geschichte ein weites Feld eröffnet, muss noch ein weiterer Aspekt der historischen Tatsache diskutiert werden, den ich mit einem Beispiel beginnen will. Ausgehen will ich von der Tatsache, dass just am 14. Juli, dem Tag der Erstürmung der Bastille in Paris, der **Brotpreis** den höchsten Stand des Jahrhunderts erreicht hatte. Gemeinhin ist man bereit, dieser Tatsache eine bestimmte Funktion für den Verlauf des Tages beizumessen. Unbestritten ist auch, dass das Volk von Paris diese hohen Preise mit der Freigabe der Binnenzölle für Getreide erklärte, die nach der guten Getreideernte von 1787 erfolgt war. Als infolge der schlechten Ernte des Jahres 1788 (am 13. Juli 1788 verwüstete ein Unwetter die wichtigsten Getreideanbaugebiete) die Getreidepreise stiegen, gab die öffentliche Meinung jedoch nicht der schlechten Ernte die Schuld, sondern machte dafür den König und dessen Politik der Freigabe der Zölle verantwortlich, die ja im Kontext der guten Ernte und einer modernen Binnenhandelspolitik durchaus sinnvoll war. Der französische Historiker Ernest Labrousse (1895–1988) hat hier von einer „erreur d'imputation" gesprochen, einem **Zurechnungsfehler** also. Die Brotpreise wurden allgemein als politisch manipuliert angesehen, niemand achtete in der öffentlichen Diskussion auf die Bedeutung der schlechten Ernte von 1788.

Verallgemeinern wir dieses Beispiel, so stoßen wir auf ein interessantes Phänomen. Wir konstatieren, dass der Historiker dank seiner Einsicht in die seriellen Quellen und den post-factum-Kenntnisstand mehr wissen kann als die historisch handelnden Personen. Wir wissen heute, dass die von den Menschen des 16. Jahrhunderts als bedrohlich empfundene Preissteigerung – auf das einzelne Jahr bezogen – nur eine sehr moderate Steigerung war; wir wissen, dass die Furcht vor Kometen unbegründet war; wir können ein Phänomen wie „Blutregen" ebenso erklären wie wir astrologische Weissagungen für unglaubwürdig halten müssen. Wir stoßen als Historiker oft auf die eigentümliche Gegebenheit, dass wir die weiteren Umstände eines historischen Ereignisses sehr viel besser erklären können als die Zeitgenossen, also unterscheiden müssen zwischen „historischen" historischen Tatsachen und objektiven historischen Tatsachen. Dies gilt keineswegs nur für weit entfernt liegende historische Epochen wie die Frühe Neuzeit, aus der ich eben meine Beispiele gewählt habe, sondern es gilt auch für die moderne Geschichte. Erinnert sei etwa an die noch zu erläuternde Diskussion um die Schuld am Reichstagsbrand am 27. 2. 1933 (s. u. S. 270) oder etwa an die Frage nach dem wirtschaftlichen Handlungsspielraum der Reichsregierung am Ende der Weimarer Republik. Wir wissen heute um den

„konjunkturellen Wendepunkt" (Knut Borchardt) im Sommer 1932. Für die politische Bewältigung der Krise konnte diese **„Tatsache"** jedoch nicht nutzbar gemacht werden, sie war den Handelnden nicht gewärtig.

Beobachtungen dieser Art beweisen die Notwendigkeit einer scharfen Unterscheidung dieser zwei Kategorien von Tatsachen. Sie belegen zugleich auch die Notwendigkeit einer präziseren Erforschung des gesamten Spektrums **„sozialen Wissens"** der jeweiligen historischen Epoche, d. h. der sozial-spezifischen Wissensbestände der Zeit, ihrer Produktion, Verbreitung und Rezeption. Nur so können verlässliche Aussagen über die Bedingungen historischen Handelns getroffen werden.

4.5 Idealtypische Begriffsbildung

Wir haben mit dem historischen Faktum den Weg der begrifflichen Erfassung der historischen Wirklichkeit betreten, und wir wollen ihn jetzt weitergehen in Richtung Typisierung. Dies will ich nicht nur tun, weil in der Arbeit des Historikers natürlich immer wieder bestimmte, sich wiederholende oder massenhaft auftretende Einzelphänomene kategorisiert und klassifiziert werden müssen, sondern auch, weil sich vor allem um den Begriff des Typus eine langdauernde Forschungsdiskussion ergeben hat, die bis in unsere Zeit hineinreicht. Sie ist besonders geeignet, die Grundprobleme der historischen Methodendiskussion aufzuzeigen.

Blicken wir zunächst wieder zurück in die Geschichte der Geschichtswissenschaft. Der schon erwähnte Leipziger Kulturhistoriker **Karl Lamprecht (1856–1915)** soll den Ausgangspunkt für unsere Überlegungen darstellen. Lamprecht ist nicht nur als Verfasser einer unter sozialpsychologischen Gesichtspunkten konzipierten mehrbändigen „Deutschen Geschichte" bekannt geworden, sondern mehr noch durch die Formulierung eines methodologischen Standpunktes in der Geschichtswissenschaft, der sich scharf von dem der überwiegenden Mehrheit seiner Fachgenossen vor der Jahrhundertwende unterschied. Bei dieser Auseinandersetzung ging es u. a. um die wichtige Frage, was denn der eigentliche **Gegenstand der historischen Forschung** sein solle. Sollten dies – wie bislang vor allem von der Generation der Ranke-schüler gefordert und praktiziert – „die Einzelwillen der historischen Persönlichkeiten" sein oder vielmehr „die kollektiven Kräfte" und „die materiellen und geistigen Zustände"? Eine Änderung in der Exaktheit der historischen Methode – so glaubte Lamprecht – könne nur dann eintreten, wenn es gelänge, eine **„geläuterte Psychologie"** in ähnlicher Weise zur Grundlage historischen Forschens zu machen, wie die Mechanik zur Grundlage naturwissenschaftlicher Untersuchungen geworden sei: „Denn eine Psychologie als Mechanik der Geisteswissenschaften gedacht, kann den Typus psychischer Vorgänge nur aus einer Mehrheit deutlich vorliegender Fälle entwickeln."

Hier finden wir zum ersten Mal den **Typusbegriff,** der aus der noch jungen Disziplin der Völkerpsychologie und den Staatswissenschaften dieser Zeit auch in die Geschichtswissenschaft eindrang. Er ist deshalb so bedeutsam geworden, weil der Typus eine wichtige Vermittlungsfunktion zwischen der Analyse des Einzelnen und der generalisierenden Erkenntnis darstellt, im Grunde also beide Bereiche miteinander verbindet. Karl Lamprechts Vorstoß in diese Richtung – um dies noch kurz anzufügen – muss in die große, gegen Ende des 19. Jahrhunderts kulminierende Auseinandersetzung zwischen naturwissenschaftlicher und geisteswissenschaftlicher Methodik hineingestellt werden. Während der überwiegende Teil der Historiker und Philosophen dafür plädierte, beide Wissenschaften methodisch definitiv zu trennen, ging es einer Minderheit von Wissenschaftlern darum, fließende Übergänge, ja Verbindungen zwischen beiden Verfahren zu sehen. Wir können dies an einem Zitat Lamprechts über das allgemeine Ziel wissenschaftlichen Arbeitens, also auch in der Geschichtswissenschaft, verdeutlichen:

„Wissenschaftlich arbeiten heißt: nicht das Singuläre feststellen, sondern das Allgemeine, nicht an den Dingen das sie Trennende ermitteln, sondern das sie Verbindende, heißt die unendliche Welt des Singulären ... unter allgemeine Begriffe bringen und dadurch ordnend beherrschen. Dieser Begriff der Wissenschaft gilt für die Geschichte eben so sehr wie für irgend eine andere Wissenschaft."

Es liegt auf der Hand, dass eine solche Aufgabenstellung gerade für die Geschichtswissenschaft nicht mit den erkenntnistheoretischen Vorgaben geleistet werden konnte, die der Historismus und die oben erwähnte scharfe Trennung natur- und geisteswissenschaftlicher Methoden bereitstellten. In dieser Situation musste dem **Typusbegriff** besondere Bedeutung zukommen, weil sich hier ein erkenntnistheoretischer Mittelweg anbot. Die Einführung der idealtypischen Begriffsbildung in die Geisteswissenschaften verdanken wir vor allem den wissenschaftsmethodologischen Arbeiten **Max Webers (1864–1920)**, des bedeutendsten deutschen Sozialwissenschaftlers des späten 19. und frühen 20. Jahrhunderts. Weber hatte seine wissenschaftliche Laufbahn als Althistoriker begonnen, übernahm danach einen Lehrstuhl für Nationalökonomie, und er ist schließlich vor allem als Soziologe und Wissenschaftsmethodologe bekannt geworden. In unserem Zusammenhang sind vor allem seine „Gesammelten Aufsätze zur Wissenschaftslehre" von Bedeutung, die 1922 zum ersten Mal veröffentlicht wurden.

Freilich ist mit der Nennung Webers die Gefahr verbunden, die in allen Disziplinen dieser Epoche beobachtete Hinwendung zum typisierenden Verfahren zu übersehen. Der Psychologe **Wilhelm Wundt (1832–1920)** sprach davon, dass es zu den bedeutsamsten Erscheinungen in der neueren Entwicklung der Wissenschaften gehöre, dass „in den verschiedensten Gebieten Zoologie, Botanik, Kristallographie, Chemie, Sprachwissenschaften, der nämliche Begriff (d. h. der des Typus) beinah gleichzeitig auftaucht".

Weber stand bei seiner Erörterung des typisierenden Verfahrens vor der Aufgabe einer Vermittlung von individueller Vielfalt und notwendiger begrifflicher Ordnung. Er stellte die Frage: „Wie ist kausale Erklärung einer individuellen Tatsache überhaupt möglich?" Sein Vorschlag zur Lösung dieses Problems bestand in der Bildung von Idealtypen. Der Idealtyp wird gewonnen „durch **gedankliche Steigerung** bestimmter Elemente der Wirklichkeit". Wirklichkeit besagt hier, dass die Typen aus dem empirisch vorfindbaren historischen Material gewonnen werden und keine fremden, außerhalb des geschichtlichen Prozesses stehenden Begriffe sind. Steigerung bedeutet, dass „bestimmte Beziehungen und Vorgänge des historischen Lebens zu einem in sich widerspruchslosen Kosmos gedachter Zusammenhänge" weiterentwickelt werden, so dass sie nicht mehr die Realität subsumieren, sondern als „einheitliche Gedankenbilder" oder als „Utopien", wie Weber selbst sagt, zu gelten haben. Dieser Begriff der Steigerung bis hin zur Utopie impliziert natürlich die Frage nach den Regeln einer solchen Steigerung, wenn sie den Ansprüchen der wissenschaftlichen Rationalität genügen soll. Weber antwortet selbst:

> „Es handelt sich um die Konstruktion von Zusammenhängen, welche unserer Phantasie als zulänglich motiviert und also „objektiv möglich", unserem nomologischen Wissen (d. h. Wissen um Gesetze – WS) als adäquat erscheinen."

Der Idealtypus ist also nur möglich vor dem stets mitgedachten Hintergrund einer allgemeingültigen Rationalität, die gewissermaßen die Koordinaten bildet, zwischen denen die Idealtypen festgemacht werden können. Damit wird auch deutlich, warum das Ganze Idealtypus genannt wird. Nicht etwa, weil dabei an Ideale gedacht wurde, sondern schlicht deshalb, weil der Idealtyp nicht real in der Historie vorhanden ist, wie ich gleich am Beispiel zeigen werde. Im Übrigen wird bei der englischen Übersetzung des Begriffs deutlich, was gemeint ist: „constructed type" weist zu Recht auf den **Konstruktionscharakter des Begriffs** hin.

Ein Beispiel kann das Verfahren der Bildung eines Idealtypus vielleicht besser verdeutlichen. Weber hat sein Verfahren selbst am Begriff der „mittelalterlichen Stadtwirtschaft" erläutert. Sie kann eben nicht als Durchschnitt aller uns bekannten mittelalterlichen Stadtwirtschaften gedacht werden, sondern nur als konstruiertes Gedankengebilde. Es werden also aus der Fülle der uns bekannten mittelalterlichen Städte einzelne Gesichtspunkte herausgefiltert und zu einem in sich stimmigen Bild zusammengefügt, das in der historischen Realität so nicht vorhanden ist. „In seiner begrifflichen Reinheit" – so Weber selbst – „ist dieses Gedankenbild nirgends in der Wirklichkeit empirisch vorfindbar ... und für die historische Arbeit erwächst die Aufgabe, in jedem Fall festzustellen, wie nahe oder fern die Wirklichkeit jenem Idealbild steht, inwieweit also der ökonomische Charakter der Verhältnisse einer bestimmten Stadt als „stadtwirtschaftlich" im begrifflichen Sinne anzusprechen ist." Der Idealtypus dient also heuristischen, d. h. erkenntnisfördernden Zwecken, er ist niemals die historische Wirklichkeit selbst, er ist eine zu falsifizierende Hypothese.

Auf dieser Grundlage des Weber'schen Idealtypus hat **Theodor Schieder (1908–1984)** dann eine Adaption dieses Basisbegriffes an verschiedene historische Tatsachenkomplexe entwickelt, die uns zeigen kann, wie der Typusbegriff nützliche Dienste bei der Erfassung der Vielfalt historischer Realität leisten kann. Er unterschied zwischen Strukturtypus (z. B. Frühkapitalismus, industrielles System, ständische Gesellschaft), Verlaufstypus (z. B. bürgerliche Revolution) und Gestalttypus (z. B. der politische Professor, der Unternehmer) und trug damit den verschiedenen Beobachtungsebenen des Historikers Rechnung.

Halten wir also fest: Max Webers typisierendes Verfahren hat die unfruchtbare Gegenüberstellung von prinzipiell verschiedenartigen Erkenntnisverfahren der Geistes- und Naturwissenschaften durch einen Mittelweg überwunden. Hatten noch viele Historiker des frühen 20. Jahrhunderts die eben genannte Trennung der beiden Erkenntnisverfahren begrüßt, so belegt es eine prinzipiell gewandelte Wissenschaftsauffassung, wenn Historiker wie Otto Hintze (1861–1940) die Möglichkeiten begrüßten, die das typisierende Verfahren bereitstellte.

Bedeutsam erscheint an Webers Verfahren auch die Tatsache, dass die so gewonnenen Begriffe lediglich als **heuristische Begriffe** verstanden werden dürfen, sie also nur eine Hilfsfunktion im Erkenntnisprozess haben. Diese nominalistische Grundtendenz hat zweifelsohne zu einer gewissen Überproduktion von Begriffen beigetragen, die in den modernen Sozial- und Geisteswissenschaften zu beobachten ist. Der französische Historiker **Fernand Braudel** hat dies – aus einer ganz anderen Tradition kommend – bestätigt, wenn er die Begriffe des Historikers mit von ihm konstruierten Schiffen verglich: „Das Interessante ist für mich, das konstruierte Schiff auf das Wasser zu setzen und zu sehen, ob es schwimmt, sodann, es nach meinem Belieben die Wasser der Zeit hinauf- und herunterschwimmen zu lassen. Der Schiffbruch ist immer der bedeutsamste Augenblick." Schiffbruch bedeutet in dieser Metapher den Zeitpunkt, an dem der vom Historiker entwickelte Begriff sich als nicht mehr hilfreich erweist, um ein bestimmtes Problem tiefer erforschen und verständlich machen zu können. Damit wird wiederum deutlich, dass die für moderne Geschichtswissenschaft charakteristische Leichtigkeit der Begriffsverwendung in hohem Maße von den methodologischen Grundlagen zehrt, die von Max Weber gelegt worden sind.

Es stellt sich nach diesem ersten Eindringen in die Natur historischen Erkennens die Grundfrage, welche Konsequenzen wir aus den Debatten um den Idealtypus für unsere Auffassung von historischer Methodologie ziehen können. Wenn man sich darum bemüht, aus allen Versuchen zur Formulierung einer historischen Methodologie das Grundproblem herauszufiltern, so scheint es, als ob die **Spannung von Individuellem und Allgemeinem** das zentrale Problem darstellt. Vielleicht lässt sich aus der Einsicht ein neuer Zugang zu älteren und neueren Methodendiskussionen gewinnen. Ich will dies an einigen Zitaten verdeutlichen: Beginnen wir mit Leopold von Ranke, der zu Beginn der 30er Jahre des 19. Jahrhunderts schreibt:

„Menschliche Dinge kennen zu lernen, gibt es eben zwei Wege: den der Erkenntnis des Einzelnen und den der Abstraktion; der eine ist der Weg der Philosophie, der andere der der Geschichte. Einen anderen Weg gibt es nicht, und selbst die Offenbarung begreift beides in sich: abstrakte Sätze und Historie. Diese beiden Erkenntnisquellen sind also wohl zu scheiden. Dem ohngeachtet irren auch diejenigen Historiker, welche die ganze Historie lediglich als ein ungeheures Aggregat von Tatsachen ansehen, das man ins Gedächtnis zu fassen sich das Verdienst erwerben müsse; wodurch geschieht, daß Einzelnes an Einzelnes gehängt und nur durch eine allgemeine Moral zusammengehalten wird. Ich bin vielmehr der Meinung, daß die Geschichtswissenschaft in ihrer Vollendung an sich selbst dazu berufen und befähigt sei, sich von der Erforschung und Betrachtung des

Einzelnen auf ihrem eigenen Wege zu einer allgemeinen Ansicht der Begebenheiten, zur Erkenntnis ihres objektiv vorhandenen Zusammenhanges zu erheben."

Johann Gustav Droysen schreibt 1857 in seiner schon erwähnten „Historik":

„Das Einzelne wird verstanden in dem Ganzen, aus dem es hervorgeht, und das Ganze aus diesem Einzelnen, in dem es sich ausdrückt."

Ungeachtet der unterschiedlichen Aussageintentionen dieser beiden Zitate wird doch erkennbar, dass hier beide Historiker des 19. Jahrhunderts von der Gewissheit ausgehen, dass der Historiker beide Erkenntnisanteile zu vertreten habe. An anderer Stelle sagt Droysen:

„Wenn Wissenschaft sein soll, so muß zu dem Einzelnen, das uns die Empirie gibt, ein Allgemeines hinzukommen, woraus sich erklärt, was ist und geschieht, warum es ist und geschieht, ein Allgemeines und Notwendiges, welches nicht in der Form der Anschauungen, sondern durch den Gedanken erkannt wird."

Diese gewissermaßen selbstverständliche Grundauffassung geriet freilich zu dem Zeitpunkt in die Schusslinie der Kritik von Historikern und Philosophen, als die Naturwissenschaften eigene Klassifizierungsverfahren in der Absicht entwickelten, damit **Gesetzesaussagen** (also nomologisches Wissen) zu formulieren. Dies führt zu dem oben schon erwähnten Methodenstreit, in dem der deutsche Philosoph **Heinrich Rickert (1863–1936)** die maßgebliche Auffassung formulierte:

„Die Geschichte betrachtet die Wirklichkeit unter einem völlig anderen Gesichtspunkt und bedient sich daher notwendig auch einer völlig anderen Methode der Darstellung und Begriffsbildung. Die Geschichte kann auch als Wissenschaft die Wirklichkeit niemals mit Rücksicht auf das Allgemeine, sondern immer nur mit Rücksicht auf das Besondere und Individuelle darzustellen versuchen. Das Individuelle und Einmalige ist alleine wirklich geschehen und nur eine Wissenschaft, welche von dem einmaligen wirklichen Geschehen selbst redet, darf Geschichtswissenschaft genannt werden."

Und an anderer Stelle heißt es bei dem gleichen Autor, jetzt die Differenz der Methoden geradezu grotesk übersteigernd: „Die empirische Wirklichkeit wird Natur, wenn wir sie betrachten mit Rücksicht auf das Allgemeine, sie wird Geschichte, wenn wir sie betrachten mit Rücksicht auf das Besondere und Individuelle."

Es mag jetzt noch leichter verständlich sein, welche Bedeutung angesichts dieser unfruchtbaren Verhärtung dem Weber'schen Idealtypus zukam. Seine Bedeutung muss darin gesehen werden, dass er einen **pragmatischen Ausweg** aus der unergiebigen Alternative von „Natur" und „Geschichte" anbot. Er eröffnete der geschichtswissenschaftlichen Betrachtung die Legitimität generalisierenden Fragens und führte die Geschichtswissenschaft damit in das methodologische Umfeld der sich neu konstituierenden Sozialwissenschaften.

Es kommt mir hier darauf an zu zeigen, dass in der Spannung von Individuellem und Allgemeinem das **Schlüsselproblem der methodologischen Diskussion** gesehen werden kann. Dabei werden beide Begriffe heute eben nicht mehr als sich einander ausschließende Verfahren begriffen, sondern es ist – ausgehend von Wilhelm Dilthey (1833–1911) und für die Geschichtswissenschaft speziell von Otto Hintze (1861–1940) – in zunehmendem Maße erkannt worden, dass das methodologische Kernproblem eben in der **Verschränkung historischer und systematischer Erkenntnis** liegt. Ein Interpret Diltheys hat den Zusammenhang von Theorie und Geschichte so formuliert, dass es die Aufgabe des Historikers sei, „die geschichtliche Bewegung im Medium jener theoretischen Bezugssysteme brechen zu lassen, das ihre Tendenzen, Zusammenhänge und Richtungen erst sichtbar macht" (Manfred Riedel).

Wenn wir so die Spannung von Individuellem und Allgemeinem als das methodologische Kernproblem unserer Wissenschaft betrachten, dann eröffnet sich die Möglichkeit, die immer neuen methodologischen Kontroversen innerhalb der Geschichtswissenschaft jeweils nur als aktuelle Variante eines alten Grundproblems zu betrachten. Es gilt sowohl für die Spannung von Logischem und Historischem in der marxistischen Geschichtswissenschaft, es gilt für die Auseinandersetzung um Struktur und Individualität, es beweist seine Geltung auch in der Diskussion um die Darstellungsformen von „Analyse" und „Erzählung". In jedem Fall kann es uns das Verständnis unserer Wissenschaft erleichtern.

4.6 Objektivität und Perspektivität

Ich habe schon mehrfach darauf hingewiesen, dass das Schreiben von Geschichte insgesamt als eine gesellschaftliche Veranstaltung angesehen werden muss, will heißen, als Tätigkeit, die auf das engste mit den Intentionen dessen verbunden ist, der die Geschichte schreibt, mit der Nation, der sozialen Schicht, der Konfession dessen, der jeweils einen

bestimmten Sachverhalt untersucht. Ja, es gibt sogar eine – schon erwähnte – Auffassung von Geschichte, die den Objektcharakter von Geschichte überhaupt leugnet und Geschichte erst entstehen lässt in der
absichtsvollen Beschäftigung des Historikers mit ihr. Dies wird im Allgemeinen **Präsentismus** genannt, womit nicht nur die grundsätzliche Er-
kenntnishaltung gemeint ist, sondern auch eine direkte Nutzbarmachung der Vergangenheit für die Gegenwart im Gegensatz etwa zu der
Haltung, die durch das bereits zitierte Rankewort „Jede Epoche ist unmittelbar zu Gott" charakterisiert wird. Aus diesem Wort geht die für
den Historismus charakteristische Gleichwertigkeit der verschiedenen
historischen Epochen hervor, ein Gesichtspunkt, der auch in der neueren Diskussion noch vertreten wird, um eine zu enge Erforschung der
Geschichte unter sog. „relevanten" Gesichtspunkten zu vermeiden
(Thomas Nipperdey (1927–1992)).

Es darf freilich nicht der Eindruck erweckt werden, als richte sich diese prinzipielle Kritik Nipperdeys gegen den nunmehr relativ fernen Präsentismus der amerikanischen Geschichtswissenschaft, etwa eines Charles F. Beard. Er spitzte dieses Argument auch auf jene Richtungen in der
Geschichtswissenschaft der Bundesrepublik Deutschland zu, die Geschichte und ihre Bildungsfunktion vor allem daran messen, ob sie politisch „fortschrittliche" oder „emanzipatorische" Ziele befördern. Demgegenüber betonte Nipperdey den **Eigenwert der Geschichte**, der es
erforderlich mache, auf direkte politisch-pädagogische Zielsetzungen zu
verzichten, um wirklich „die Gegenwart aufklären" zu können. Denn
erst der explizite Verzicht auf solche Zielsetzungen öffne das „Totum" der
Geschichte. Es sei die „revolutionäre" und oft verkannte Leistung des
Historismus, durch seinen ständigen Aufweis der Veränderbarkeit von
Geschichte, Traditionen und status quo ebenso zu relativieren wie et-
waige Absolutheitsansprüche für die Zukunft. So richtig eine solche
Aufgabenstellung sicher ist, so muss doch die Frage gestellt werden, ob
das vom Historiker ausgesprochene Interesse „seiner" Geschichtswissenschaft etwas von der Qualität der Historie fortnimmt, Gegenwart und
Zukunft zu verflüssigen, und ob nicht der Zugewinn an Klarheit höher
zu veranschlagen ist als der scheinbar „interesselose" Zugriff des Historikers auf seinen Stoff.

Als Kronzeuge für eine objektivistische und interesselose Ge-
schichtswissenschaft wird gemeinhin **Leopold von Ranke** aufgerufen.
Es stellt sich ohnehin heraus, dass mit Zitaten aus Rankes oder aus
Droysens Werken ein wesentlicher Teil der Grundlagendiskussion der
Geschichtswissenschaft bestritten werden kann, ein weiterer Grund,
sich mit diesen Klassikern und mit der Entwicklung von Geschichts-

wissenschaft zu befassen. Zitiert wird normalerweise, dass Ranke durch seine Geschichtsschreibung nicht richten oder belehren wolle, sondern – „er", der Historiker, „er will bloß sagen, wie es eigentlich gewesen".

Dieses Zitat, das viele Historiker als das am häufigsten erwähnte Zitat zur Arbeitsweise der Geschichtswissenschaft betrachten, verdient eine kleine Anmerkung und zugleich eine große Relativierung. Zunächst muss gesagt werden – vor allem um weiteren Falschzitaten vorzubeugen – dass zwei Versionen dieses Wortes existieren, wobei die erste Auflage des Vorworts (1824) zu den „Geschichten der romanischen und germanischen Völker von 1494 bis 1535" von „sagen" spricht, die zweite Auflage (1874) dagegen von „zeigen". Es handelt sich nun bei diesem Satz keineswegs um eine methodische Grundregel, sondern um eine begrenzte Absichtserklärung des damals 29jährigen Historikers. Es richtet sich gegen die Aufklärungsgeschichtsschreibung, insbesondere gegen Friedrich Schillers (1759–1805) Auffassung von der Geschichte als Weltgericht. Konrad Repgen hat in einer lesenswerten Miszelle gezeigt, dass Ranke bei dieser Formulierung direkt auf ein Thukydides-Zitat zurückgreift („Ich will nur zeigen, wie es war."). Auch an anderen Stellen finden sich ähnliche Belege. Er spricht von der „Überparteilichkeit", „welche der Historie ziemt" und bringt als Beispiel dafür, dass es z. B. kaum zu glauben sei, dass aus der Erklärung der Menschenrechte die Gräuel der Septembertage oder Robespierres hätten hervorgehen können: „Die wahre Historie trachtet nach der Anschauung der Objektivität ; sie muß sich über diese Parteistandpunkte erheben."

Auch andere Stellen belegen diese Auffassung Rankes. In seiner „Englischen Geschichte" aus dem Jahre 1859 formuliert er den Wunsch: „Ich wünschte mein Selbst gleichsam auszulöschen und nur die Dinge reden, die mächtigen Kräfte erscheinen zu lassen." Als er 1824 im wichtigen Anhang seiner „Geschichten der romanischen und germanischen Völker" mit den Fehlern neuerer Geschichtsschreiber ins Gericht geht, bricht es gewissermaßen aus ihm heraus: „Wir unseres Orts haben einen anderen Begriff von Geschichte: Nächste Wahrheit ohne allen Schmuck; gründliche Erforschung des Einzelnen, das Übrige Gott befohlen, nur kein Erdichten auch nicht im Kleinsten, nur kein Hirngespinst." So sehr er hier der **objektivierenden Forschungspraxis** das Wort redet, so deutlich muss doch gesehen werden, dass Ranke zugleich von der **subjektiven Bedingung allen Forschens** überzeugt war: „Die Absicht des Historikers hängt von seiner Ansicht ab," sagt er in der gleichen Vorrede und wendet sich damit gegen die „Scheinobjektivierbarkeit subjektiver Erkenntnis", wie Lothar Gall betont hat.

Wir erkennen deutlich, worum es hier geht: Auf der einen Seite eine Wissenschaftskonzeption, die von der Beschränkung auf das Faktische bzw. das Wahrscheinlichmachen des Faktischen ausgeht, auf der anderen Seite eine Konzeption, der man „Erdichten" und „Hirngespinste" vorwirft, eine Kontroverse, über die Ranke selbst freilich hinausgeht. Es wird also im Folgenden zu fragen sein, wie sich eine Position in der Wissenschaft von der Geschichte begründen lässt, die sich von beiden Extremen freihält und trotzdem den Anspruch auf Wissenschaftlichkeit, d. h. die Ermittlung **intersubjektiv überprüfbaren Wissens**, erheben kann und sich ihrer gesellschaftlichen Bedingtheit bewusst ist. Denn dass wir an der Wissenschaftlichkeit unserer Ergebnisse festhalten wollen, gebietet nicht nur unser Arbeitsplatz Universität, sondern gebietet vor allem die in einem früheren Kapitel beschriebene Funktion der Geschichtswissenschaft als kritische Wissenschaft, deren Ergebnisse ja eine Orientierungsfunktion haben sollen. Wie aber ließe sich der Anspruch kritischer Wissenschaft aufrecht erhalten, ohne die Kriterien der Überprüfbarkeit innerhalb dessen, was wir die scientific community oder die wissenschaftlich beeinflusste Öffentlichkeit nennen, angeben zu können?

Dass mit diesem Problem große Debatten der deutschen Wissenschaftsgeschichte verbunden sind, will ich hier nur andeuten, nicht aber vertiefen. Es ist dies einmal der sog. **Werturteilsstreit**, in den die beiden bedeutenden Sozialwissenschaftler Max Weber (1864–1920) und Gustav Schmoller (1838–1917) verwickelt waren, und diese Kette reicht bis zu den Debatten um die sog. Finalisierung von wissenschaftlicher Erkenntnis. Wir sehen also, dass die Frage, inwieweit Zwecksetzung selbst Teil der Wissenschaft sein kann oder darf, keineswegs gelöst ist und weiter diskutiert wird. Man darf annehmen, dass gerade die neuere Diskussion um die ökologischen Folgen bestimmter technologischer Entwicklungen eher dazu beigetragen hat, auch in den Ingenieur- und Naturwissenschaften den engen Zusammenhang von **„Erkenntnis" und „Interesse"** klarer als früher zu sehen und nicht nur in den Geistes- und Sozialwissenschaften, denen diese Debatte traditionellerweise zum Vorwurf gemacht worden ist.

Wie also lässt sich ein Mittelweg zwischen den angedeuteten Gegenpositionen finden? Zunächst einmal ist eine historische Rückbesinnung angemessen: Das Wahrheitskriterium, das ich zunächst einmal mit der Person Rankes verbunden habe, begleitet die Geschichtsschreibung seit ihrem Anfang. Die Forderung des Tacitus (um 55–115 n. Chr.) nach der Aufzeichnung der res gestae **„sine ira et studio"** ist seit Cicero (106–43 v. Chr.) und Lukian (120–180 n. Chr.) Bestandteil der methodischen Anweisungen zur Geschichtsschreibung. Man wird dieser Position wohl einen gewissen naiven Realismus vorwerfen können, gleichwohl erhält sich diese Forderung beinahe unverändert. Ja, man kann sogar sagen, dass zum Inhalt von methodus zunächst einmal alle jene Regeln werden, die darauf abzielen, die Wahrheit zu ermitteln, wie dies etwa im Begriff der **„ars legendi et scribendi historiam"** anklingt, d. h. einer eigenen Kunstlehre zur Lektüre der Quellen und zum Schreiben der Geschichte, wie sie von den Humanisten des 15. und 16. Jahrhunderts entwickelt bzw. verfeinert wurde.

Neben dieser methodischen Orientierung der Geschichtswissenschaft auf die Verfeinerung der notwendigen Regeln steht in der „sine ira et studio"-Formulierung von Anfang an schon die Forderung des Historikers als eines „a-polis", d. h. Lukian fordert in seiner Schrift, wie man Geschichte schreiben solle, der Historiker „müsse in seinem Werk ein Fremdling sein, vaterlandslos, autonom und keinem Herrscher untertan".

Es erweist sich also, dass Ranke mit seinem oben zitierten Wort „zeigen, wie es eigentlich gewesen", das – wie erwähnt – auf Thukydides (ca. 460–400 v. Chr.) zurückgeht, auf den ersten Blick nicht weit von der grundsätzlichen a-polis-Forderung Lukians entfernt ist, wenn er die Person des Forschers aus dem Forschungsprozess eliminieren möchte. Ein genauerer Blick zeigt freilich, dass sich Ranke der unvermeidbaren Interessengebundenheit des Historikers sehr wohl bewusst war.

Das Postulat der Unparteilichkeit der Historie im Sinne der Parteilosigkeit oder zumindest doch der Neutralität zieht sich scheinbar ungebrochen durch die weitere Entwicklung der Geschichtswissenschaft bis zu unserem Orientierungspunkt Ranke, der sein Ziel als „kritisches Studium der echten Quellen, unparteiische Auffassung, objektive Darstellung" bezeichnet. Für ihn steht fest: „Denn die Wahrheit kann nur eine sein."

Freilich muss gesehen werden, dass sich seit dem 17. Jahrhundert eine davon abweichende Entwicklung abzeichnete, die wir als skeptizistische Auffassung bezeichnen. Der adäquate zeitgenössische Begriff ist der des **historischen Pyrrhonismus**, und diese skeptizistische Strömung eröffnete auch der Einsicht in die Relativität historischer Erkenntnis neue Möglichkeiten. Es war der deutsche Jurist **Christian Thomasius (1655–1728)**, der 1699 darauf hinwies, dass in der Erkenntnis der menschlichen Dinge ein anderer Wahrheitsbegriff als in den Naturwissenschaften verwendet werden müsse, den er „verosimilitas" – **Wahrscheinlichkeit** – nannte: „Von abwesenden Dingen können wir niemahlen unstreitige Wahrheiten vermittels einer klaren und deutlichen Erkänntnüss begreiffen, sondern alles, was wir davon bejahen, ist entweder nur wahrscheinlich oder sehr dunckel und confus.

... Dann was der Mensch von dem Wesen der Vergangenen gewiß und deutlich verstehet, das ist nicht anders als eine Erinnerung solcher Dinge, die er zuvorher als gegenwärtig allbereit begriffen. ... Und muß also auch in Erwegung der wahrscheinlichen Dinge das Vergangene und Zukünfftige nach dem Gegenwärtigen gerichtet werden."

Für Thomasius war also historische Erkenntnis abhängig vom **Erkenntnisstand der gegenwärtigen Zeit**, letztlich abhängig vom Stand der gesellschaftlichen Entwicklung. Umgekehrt bedeutete diese Tatsache für ihn, den Erkenntnisprozess der Wissenschaft von allen dogmatischen Beeinflussungen zu befreien, weil fremde Erkenntnisse geeignet sind, die Schwächen der eigenen Kenntnisse auszugleichen.

Diese sich hier schon andeutende Bindung des Erkenntnisprozesses an gesellschaftlich determinierte Standpunkte ist eine wichtige Voraussetzung für die Weiterentwicklung der wissenschaftlichen Erkenntnis in der Geschichtswissenschaft. Ich hatte eben schon von der scheinbar klaren Linie gesprochen, die zu Ranke führt, und hatte diese Linie durch den Hinweis auf Thomasius unterbrochen. Eine weitere wesentliche Abweichung stellt ein anderer Historiker dar, der die später von Ranke formulierte Theorie von der „einen" historischen Wahrheit radikal in Frage stellte und dessen Arbeitsergebnisse auch die eben geschilderte Relativierung historischer Erkenntnis bei Thomasius mitverursachten. Es war dies der Historiker und Jurist **Hermann Conring (1606–1681)**, der 1643 seine Schrift „De origine juris germanici commentarius" publizierte, in der er die bislang akzeptierte Auffassung, dass das römische Recht von Kaiser Lothar III. (1075–1137) zu Anfang des 12. Jahrhunderts als Ganzes zur Gültigkeit erhoben worden sei, in Frage stellte. Statt dessen vertrat er – dabei freilich auf wichtigen Erkenntnissen seiner Vorgänger aufbauend – die These, dass das römische Recht in einem langen Prozess seit dem Spätmittelalter rezipiert worden sei.

Diese Vorbemerkungen zur Wissenschaftsentwicklung der Geschichte schienen mir notwendig, um zu zeigen, dass der Gedanke der Relativität historischer Erkenntnis kein radikaler Bruch mit einem eindeutigen Wissenschaftsverständnis war, sondern auf einen längeren Prozess der Differenzierung wissenschaftlicher Erkenntnismöglichkeiten aufbaute. Typisch für den erreichten theoretischen Standpunkt mag eine Formulierung aus dem „Zedler" – dem **„Universal-Lexikon aller Wissenschaften und Künste"** – von 1735 sein, wo es heißt: „Es wäre sehr schwer, ja fast unmöglich, ein vollkommener Geschichtsschreiber zu sein. Wer ein solcher sein sollte, müsse, wenn es angehen könnte, weder einen Orden, noch eine Parthey, noch eine Landsmannschaft, noch eine Religion haben."

Den angesichts solcher Voraussetzungen längst fälligen Nachweis, dass es eigentlich prinzipiell unmöglich ist, dieser „vollkommene" Historiker zu sein, verdanken wir **Johann Martin Chladenius** (1710–1759) und seinem Buch „Allgemeine Geschichtswissenschaft", das 1752 in Leipzig veröffentlicht wurde. Chladenius ging zunächst davon aus, dass die reale Geschichte und die Vorstellung von ihr in seiner Zeit üblicherweise identisch waren. Um aber eine Geschichte auslegen und beurteilen zu können, bedürfe es der methodischen Trennung beider Teile: „Die Geschichte ist einerlei, die Vorstellung aber davon ist verschieden und mannigfaltig." Eine Geschichte als solche sei in ihrer Einmaligkeit durchaus widerspruchsfrei zu denken, aber jeder Bericht darüber sei perspektivisch gebrochen. Es sei schlechthin entscheidend, ob eine Geschichte von einem Interessenten oder Fremden, einem Freund oder Feind, einem Gelehrten oder Ungelehrten, von einem Hofmann, Bürger oder Bauern, von einem Aufrührer oder einem treuen Untertan beschrieben und beurteilt werde. Aus diesem uns direkt einleuchtenden lebensweltlichen Befund zieht Chladenius zwei grundlegende Schlussfolgerungen:

1. erkennt er die Relativität aller Anschauung und Erfahrung. Zwei Menschen können von einer Begebenheit widersprechende Berichte geben und trotzdem für ihren jeweiligen Bericht die Wahrheit beanspruchen. Denn es gibt, so schließt Chladenius, einen bestimmten Grund, warum wir die Sache so und nicht anders erkennen: „und dieses ist der **Sehe-Punkt** von derselben Sache. Aus dem Begriff des Sehepunktes folgt, dass Personen, die eine Sache aus verschiedenen Sehepunkten sehen, auch verschiedene Vorstellungen von der Sache haben müssen..., denn „quot capita, tot sensus!"

2. folgerte Chladenius aus seiner Analyse der Augenzeugenschaft und der sozialen und politischen Verhaltenseinstellungen die **unvermeidbare Perspektivität** auch späterer historischer Forschung und Darstellung. Man müsse zwar durch Befragung entgegengesetzter Zeugen und Quellen die vergangene Geschichte selbst zu erkennen trachten, aber – die vergangenen Ereigniszusammenhänge ließen sich durch keine noch so kunstreiche Darstellung mehr insgesamt wiedergeben. Das „Urbild der Geschichte" – also die eigentliche Idealgeschichte – werde schon während der Erzeugung einer Erzählung verwandelt. Die Standortbindung der Augenzeugen greife auch auf den Historiker über. Eine einmal vergangene Geschichte bleibe in sich zwar ganz gleich, aber die Blickrichtungen der Historiker brechen sich kaleidoskopartig je nach ihrer Ausgangslage. Ein guter His-

toriker, der wie Chladenius sagt, „sinnreiche Geschichte" berichten will, könne gar nicht anders, als sie in **„verjüngten Bildern"** wiederzugeben. Er muss auswählen, verkürzen, er bedient sich der Metaphern und er muss allgemeine Begriffe verwenden; damit liefert er sich neuen Zweideutigkeiten aus, die der Auslegung bedürfen. Denn, ein Geschichtsschreiber, „wenn er verjüngte Bilder schreibt, (hat) allemal sein Absehen auf etwas".

So als wolle er expressis verbis die eben erwähnte a-polis-These seiner Kollegen und Vorgänger widerlegen, sagt Chladenius, „die irren sehr, die verlangt haben, dass ein Geschichtsschreiber sich wie ein Mensch ohne Religion, ohne Vaterland, ohne Familie anstellen soll; und haben nicht bedacht, dass sie unmögliche Dinge fordern". Andererseits redete Chladenius keineswegs der Erfindung und Verfälschung der Geschichte das Wort. Der unvermeidliche Perspektivismus dürfe nicht zu einer „parteiischen Erzählung" führen, die wider Wissen und Gewissen die Begebenheiten vorsätzlich verdrehe oder verdunkele … Mit dieser Feststellung, dass perspektivische Urteilsbildung und Parteilichkeit nicht identisch seien, hat Chladenius einen theoretischen Rahmen erarbeitet, der bis heute prinzipiell nicht überschritten worden ist. Denn der Quellenbefund vergangener Geschehnisse behält sein kontrollierendes Eigengewicht, das man nicht beliebig verschieben kann. Es ist dies die schon erwähnte Vetofunktion der Quellen. **Standortgebundenheit der historischen Forschung** – so können wir schließen –, ist seitdem kein Einwand mehr, sondern unvermeidliche Voraussetzung historischer Erkenntnis, und man kann dem Urteil von Reinhart Koselleck zustimmen, der in dieser Erkenntnistheorie einen Akt der Befreiung gesehen hat.

Freilich hat auch Chladenius mit dieser Theorie der Perspektivität nicht jenen Bereich verkleinern oder gar ausschalten können, der sich zwischen den durch die Quellen vorgegebenen Rahmenbedingungen historischer Rekonstruktion und den sich daraus ergebenden Interpretationsmöglichkeiten ergibt. Dieses Feld besteht weiterhin und insofern liegt es auf der Hand, dass die Diskussion um die **Objektivität in der Geschichtswissenschaft** nicht mit der „Entdeckung" des Chladenius einschläft. Ich übergehe dabei wesentliche Etappen der Wissenschaftsdiskussion des 19. und 20. Jahrhunderts und setze bei der aktuellen Diskussion des Problems ein. Hier lassen sich zwei grundlegende Tendenzen erkennen. Zum einen ist dies die Auffassung, dass die unvermeidliche **Perspektivengebundenheit des Historikers** nicht mehr nur als zu eliminierendes Übel gesehen wird, oder vielleicht doch als zumindest hinzunehmender Strukturdefekt menschlicher Erkenntnis über Geschichte, sondern gar als **erkenntnisförderndes Mittel**. Wolfgang J. Mommsen hat dies einmal so formuliert: „Historische Erfahrung selbst legt deshalb den Schluss nahe, dass die Standortbezogenheit des Historikers nicht einfach nur ein unvermeidliches, seine objektive Urteilskraft beeinträchtigendes Moment historischer Erkenntnis darstellt, sondern ganz im Gegenteil die Möglichkeit historischen Erkenntnisfortschritts . . . allererst begründet. Sinnvolle historische Aussagen kommen, mit anderen Worten, erst dank ihrer Eingefügtheit in die jeweils gegenwärtige Situation des Historikers zustande, unbeschadet der Frage, ob und in welchem Sinne sie objektive Geltung beanspruchen können."

Diese Auffassung wird durch den Blick auf die Praxis der Geschichtswissenschaft durchaus bestätigt. Vielfach lässt sich der Beweis antreten, dass erst die Veränderung der Gegenwart auch die Veränderung der Auffassung des historischen Objekts bewirkte. Wenn wir nachprüfen, an welchen Punkten der Historiographie etwa in der Erforschung Thomas Müntzers (1486–1525) wichtige Fortschritte erzielt wurden, so lässt sich leicht feststellen, dass die wichtigen Neuansätze der Müntzerforschung in der Legitimation dissentierender Minderheiten lagen – so z. B. in der „Unparteiischen Kirchen- und Ketzer-Historie" von 1699/1700 – oder in der Erfahrung revolutionärer Entwicklungen, etwa der Erfahrung der Französischen Revolution. „Parteilichkeit kann also durchaus schon fruchtbar sein", hat der Althistoriker Christian Meier aus Beobachtungen dieser Art gefolgert. Freilich soll damit nicht behauptet werden, dass sich wissenschaftlicher Fortschritt allein aus der Veränderung des Standorts der Forschung erklären ließe. Dazu sollen weiter unten noch einige Bemerkungen gemacht werden.

Auch die von Chladenius schon erwähnte Vetofunktion der Quellen hat ihre Neuformulierung gefunden. So wird in der heutigen Diskussion die Frage der Quellenüberprüfung, der möglichst umfassenden Analyse und Absicherung der Ergebnisse und die dahinter als Ziel aufscheinende **Objektivität als regulative Idee** angesprochen. Thomas Nipperdey meinte damit, dass auch dann, wenn man genau wisse, dass Objektivität nicht zu erreichen sei, man so vorgehen müsse, als sei dies doch möglich.

So stellen wir fest, dass im Grunde Standortgebundenheit nicht mehr ernsthaft geleugnet, vielmehr positiv gewürdigt wird. Differenzierungen im Meinungsspektrum der Geschichtstheorie lassen sich nur mehr aus der Frage herleiten, welches Gewicht man dem **Objektivierungsprozess durch die Quellen** und dem Forschungsprozess selbst beimisst bzw. welches Gewicht den Perspektiven und gesellschaftlichen Interessen der historischen Forschungen eingeräumt wird. In diesen Fragen bestehen freilich erhebliche Differenzen, auch wenn diese seltener theoretisch expliziert als vielmehr in der Forschungspraxis angewendet werden.

Dies richtet unser Interesse noch einmal auf die Komplexität des Forschungsprozesses selber. Er erscheint als der Vorgang, in dem außerwissenschaftliche Voraussetzungen und Zielsetzungen, forschungsinterne Impulse, persönliche Interessen des Forschers und materiale Voraussetzungen (Archive, Bibliotheken) zusammentreffen. Diese Faktoren, die noch ergänzt und differenziert werden könnten, treffen jeweils in verschiedenen Anteilen aufeinander. Die Erfahrung zeigt, dass außerwissenschaftliche Interessen zunehmen, je stärker sich die Geschichte der heutigen Zeit nähert. Nicht zuletzt dieser Grund hat dazu geführt, dass sich Historiker gegenüber der Geschichte der eigenen Zeit relativer Zurückhaltung befleißigen. Bei diesem Versuch einer Analyse der Faktoren, die historische Forschung leiten, darf nicht von der Annahme ausgegangen werden, als gehe es nur um die kontroverse Interpretation eines bekannten Quellenkorpus. Vielmehr handelt es sich meist darum, dass außerwissenschaftliches Interesse dazu führt, dass der Versuch der Neuinterpretation eines bestimmten Themas auch von einer vertieften Erforschung des verfügbaren Quellenbestands begleitet wird. Ein gutes Beispiel für einen solchen Vorgang ist die **Erforschung des deutschen Jakobinertums.** Die Absicht einiger Historiker, die Bedeutung der Jakobiner im letzten Jahrzehnt des 18. Jahrhunderts für die politische Landschaft des Reiches zu belegen, hat zu einer erheblich verbreiterten Quellengrundlage für diese Bewegung geführt. Dieser Tatbestand wird auch von jenen Historikern akzeptiert, die weiterhin nicht bereit sind, den Jakobinern ein größeres Gewicht in der politischen Szene jener Jahre beizumessen.

Fassen wir unseren Überblick über die Entwicklung des Objektivitätsproblems zusammen, so lassen sich folgende Aspekte herausstellen.

1. **Perspektivität** und Standortgebundenheit sind nicht zu eliminierende, sondern letztlich positiv zu bewertende Konstituanten historischer Erkenntnis.

2. Diese Erkenntnis muss mit den **kritischen Operationen** konfrontiert werden, die im Zuge der Quellenerschließung und -prüfung anzuwenden sind.

3. Die Ergebnisse der so betriebenen Forschung sind ihrerseits wieder nur Teil eines prinzipiell **öffentlichen Diskussionsprozesses**, in dem alle Forschungsergebnisse der erneuten und ständigen Über-

prüfung durch konkurrierende Positionen unterzogen werden. So kann ein Ergebnis erreicht werden, das Perspektivität und Objektivität nicht als unvereinbare Prinzipien, sondern einander bedingende Momente des historischen Erkenntnisprozesses ausweist.

Wenn ich dieses Ergebnis so präsentiere und damit den Eindruck einer gewissen Widerspruchsfreiheit provoziere, dann darf das nicht über die Tatsache hinwegtäuschen, dass **Kontroversen zum Alltag der Wissenschaft** gehören und diesen eher prägen als Konsensus über alle Fragen. Zuweilen entsteht der Eindruck, als sei diese Wissenschaft überhaupt nur von Revisionsversuchen und Kontroversen geprägt, das Wort *„Historikerstreit"* ist leicht zur Hand. Der Eindruck entsteht natürlich nur deshalb, weil die aktuelle Wissenschaftsproduktion immer darauf angelegt ist, entweder neues Material zu präsentieren und zu interpretieren oder aber bereits publizierte Thesen zu kritisieren. Beide Aktivitäten aber provozieren die Kontroverse, denn sie erfordern die kritische Bewertung vorliegender Arbeiten. Solange eine wissenschaftliche Streitfrage sich z. B. darum dreht, ob der Verfasser des „Oberrheinischen Revolutionärs" – einer anonymen Reformschrift des späten 15. Jahrhunderts – nun Conrad Stürtzel heißt oder weiterhin als unbekannt gelten muss, oder ob die Brüning-Memoiren vor der Publikation überarbeitet worden sind oder nicht, sind alle diese Fragen in der Auseinandersetzung der Experten prinzipiell zu klären, vorausgesetzt die notwendigen Quellenbestände stehen den Historikern zur Verfügung.

Demgegenüber müssen wir wohl davon ausgehen, dass weiterreichende Interpretationsfragen wie etwa die Bewertung der deutschen Kriegsziele im Ersten Weltkrieg, die Rolle der Mehrheitssozialdemokratie in der Revolution 1918, die Rolle der konservativen Parteien am Ende der Weimarer Republik solange kontrovers bleiben werden als diese historischen Themenkomplexe für die Gegenwart von Bedeutung sind und im **politischen Meinungsstreit** benutzt werden. Eine Änderung erscheint unrealistisch, solange bestimmte Themen eine Orientierungsfunktion in der aktuellen politischen Diskussion haben. Die sog. **Fischer-Kontroverse**, d. h. die Diskussion um die Thesen Fritz Fischers, die er in seinem Buch „Griff nach der Weltmacht" im Jahre 1961 über die Rolle Deutschlands in der Julikrise des Jahres 1914 und in der Kriegszieldiskussion vertreten hatte, ist ein gutes Beispiel für die Heftigkeit solcher Debatten, freilich auch für ihre Fruchtbarkeit. Wenn z. B. heute in dem Standardlehrbuch Klaus Hildebrands von der „Politik der begrenzten Offensive" der Reichsleitung die Rede ist, die „das Risiko

eines Krieges bewusst in Kauf" nahm, und darin die „initiierende Verantwortung des Deutschen Reiches für den Verlauf der Julikrise und den
Ausbruch des Ersten Weltkrieges im Jahre 1914" gesehen wird, dann
scheint damit ein bemerkenswerter Wandel der Auffassungen dokumentiert.

Die Fischer-Debatte unterschied sich von vielen anderen fachlichen
Diskussionen auch dadurch, dass Politiker der Bundesrepublik
Deutschland seinerzeit Stellung gegen Fischers Thesen bezogen und damit die offensichtliche politische Relevanz dieser Diskussion belegten.
Der Satz des Historikers Michael Freund, dass, wenn der Erste Weltkrieg ebenso wie der Zweite durch „planvolle Entfesselung" seitens
deutscher Politiker zu Stande gekommen wäre, „dann hätte Hitler immer über uns regiert und würde immer über uns regieren", zeigt noch
einmal, welche sozialpsychologischen Konsequenzen Fischers Thesen
haben konnten.

Ein anderes Beispiel für Interpretationsdifferenzen erheblichen Aus-
maßes und öffentlicher Bedeutung ist die Frage des **Reichstagsbran-
des vom 27. Februar 1933**. Allzu leicht hatten sich nach dem Kriege
die Historiker darauf festgelegt, den Ausbruch des Brandes den Nationalsozialisten selbst in die Schuhe zu schieben – eine angesichts der
Haltung gegenüber der parlamentarischen Demokratie naheliegende
Vermutung. Die Überschrift des „Völkischen Beobachters" vom 1. März
1933 „Das Maß ist voll. Jetzt wird rücksichtslos durchgegriffen" belg-
te scheinbar eindeutig die Schuld der Nazis, die sich vom Brand die
Legitimation für ihr Vorgehen gegen ihre Feinde erhofften. Doch die
nach allen verfügbaren Quellen allein vertretbare Aussage lautet, dass
der ehemalige holländische Kommunist Marinus van der Lubbe den
Brand legte, eine Deutung, die schon seit 1959 bzw. 1962 von den Historikern Fritz Tobias und Hans Mommsen vertreten wurde. Diese Be-
weisführung schien anderen Zeithistorikern u. a. deshalb problematisch, weil eine solche Freisprechung der Nationalsozialisten auch andere NS-Verbrechen in Frage stellen könne. Der Berner Historiker
Walther Hofer sprach in diesem Zusammenhang davon, dass eine
solche These „volkspädagogisch gefährlich" sei. Erst kürzlich ist noch
einmal die Richtigkeit der These Tobias' belegt worden und einem His-
torikerkomitee um Walther Hofer der Vorwurf der Quellenfälschung
gemacht worden. Der bezeichnende Titel des Buches lautet: „Reichstagsbrand. Aufklärung einer historischen Legende", und der kurze Hinweis auf diese Diskussion mag hier genügen, um zu zeigen, wie Geschichtswissenschaft durch die **wechselseitige Kontrolle von Per-
spektivik und Objektivitätsgebot** ihren Fortschritt nehmen kann.

4.7 Wie lässt sich Geschichte erfassen?

Die ersten Kontakte, die ein Student in den ersten Semestern seines Studiums mit dem Fach Geschichte pflegt, sind ausgewählte Kontakte, die relativ scharfen thematischen, didaktischen und fachspezifischen Gliederungen unterworfen sind. Doch diese Tendenz setzt sich auch fort im weiteren Verlauf des Hauptstudiums, sie betrifft die Examensarbeit oder eine Dissertation. Man studiert oder schreibt politische Geschichte der Weimarer Republik, die Sozialgeschichte des Dritten Reiches, die Geistes- und Sozialgeschichte der Aufklärung, die Theoriegeschichte der klassischen Nationalökonomie, die Agrargeschichte des 16. Jahrhunderts, die Mentalitätsgeschichte der Arbeiterbewegung im späten 19. Jahrhundert, die „Strukturgeschichte des technisch-industriellen Zeitalters", um einen berühmten Aufsatz von Werner Conze zu zitieren. Ganz offensichtlich gibt es **keinen eindeutigen Zugang zum historischen Gegenstand,** wenn wir einmal von der nützlichen Pseudogegenständlichkeit der Lexika und Nachschlagewerke absehen, die zumeist dem Gang der politischen Geschichte folgen. Doch werden selbst hier inzwischen die unterschiedlichen Verlaufs- und Hintergrundgeschichten von Wirtschaft, Gesellschaft und Kultur berücksichtigt.

Die sachliche Aufspaltung des historischen Stoffes ist alt, schon das 16. Jahrhundert kennt die Trennung der historia profana von der historia ecclesiastica, die Wissenschaftsentwicklung des 18., 19. und 20. Jahrhunderts hat dann eine **Fülle von Spezialisierungen** gebracht, die v. a. Kultur und Wirtschaft berücksichtigten. Dieser Grundtrend gilt auch für die räumliche Ausdehnung der Geschichte, die seit dem späten 18. Jahrhundert tendenziell zur Weltgeschichte wird, und für neue Teilepochen (etwa die Frühe Neuzeit, die Zeitgeschichte, die beide erst nach 1950 als eigene Teilfächer entstanden).

Die Professionalisierung der Geschichtswissenschaft und die Grundauffassung des Historismus von der prinzipiellen Bedeutungsgleichheit aller Geschichte haben in ihrer Koppelung vor allem eine enorme Erweiterung dessen bewirkt, was uns der historischen Erforschung wert erscheint. Es begann im 19. Jahrhundert, als sich der Bereich der Kultur absonderte und eine eigene Behandlung durch die neue **„Kulturgeschichte"** erforderlich machte (was den ersten großen Methodenstreit provozierte, die **Schäfer-Gothein-Kontroverse 1895**). Es setzte sich fort mit den Bereichen von Wirtschafts- und Sozialgeschichte, die seit 1903 eine eigene Fachzeitschrift haben (die Vierteljahreshefte für Sozial- und Wirtschaftsgeschichte). Seitdem haben sich eine Fülle von Spezialdisziplinen etabliert, die oft genug über eigene Professuren, Berufsverbände, Forschungsinstitute verfügen und eigene Zeitschriften herausgeben. Hingewiesen sei hier etwa auf die Fülle vor allem westeuropäisch-amerikanischer Zeitschriften zur Sozialgeschichte, auf die Militärgeschichte, die Historische Demographie, die Agrargeschichte, neuerdings die Geschlechtergeschichte und die Historische Anthropologie.

Als ob all dies noch nicht kompliziert genug sei, gibt es natürlich auch die speziellen Bemühungen um eine integrale Analyse des so zerrissenen Bildes von Geschichte, die verschiedenen **Synthesebemühungen.** Auch diese Richtung ist alt. Sie reicht von der „Revue de synthèse historique" des französischen Historikers Henri Berr im Jahre 1900 bis zu Zeitschriften wie „Comparative Studies in Society and History" (seit 1958), „Journal of Interdisciplinary History" (seit 1970), aber auch die deutsche Zeitschrift „Saeculum" (seit 1950), in gewissem Sinne auch Zeitschriften wie die französischen „Annales". Economiques, Sociétés, Civilisations" (unter diesem Titel seit 1946, ihre Vorläufer erschienen seit 1929, seit 1993 lautet der Untertitel: Histoire – Societé), die deutsche Zeitschrift „Geschichte und Gesellschaft" (1975), oder die „Historische Anthropologie", um eine der jüngeren Gründungen (1993) zu nennen

Mit dieser zunächst gewiss verwirrenden Übersicht über spezielle Richtungen der Geschichte einerseits und entsprechende Syntheseversuche andererseits haben wir zugleich auch die erste Gliederungsmöglichkeit gewonnen. Auf der einen Seite ein prinzipiell **unbegrenzter Spezialisierungsprozess**, auf der anderen Seite der Versuch, die Fülle des historischen Materials zu ordnen, evtl. sogar hierarchisch zu ordnen, d. h. bestimmte relevante und weniger **relevante Bereiche zu definieren.** Dahinter steht die Absicht, die Fülle des historischen Materials nicht nur ordnen zu können, sondern auch den **Verlauf historischen Wandels** erklären zu können. Vor allem die letzteren Bemühungen sollen uns in diesem Abschnitt beschäftigen.

Der eben verwendete Begriff der Erklärung historischen Wandels legt es nahe, mit einem Interpretationsversuch zu beginnen, der in der heutigen Diskussion der Geschichtswissenschaft eher ein überholtes Problem zu sein scheint, der aber für die historische Analyse der Entwicklung von Geschichtswissenschaft (und gewiss nicht nur für diese Frage) unverzichtbar ist. Gemeint ist der Anspruch marxistischer Historiker, den historischen Prozess „in letzter Instanz" als das Resultat der **Veränderung der Produktivkräfte** anzusehen.

Viele werden sich fragen, warum diese Position angesichts der veränderten Weltlage noch genannt wird. Ich erwähne diesen Anspruch

hier vor allem deshalb, weil ohne ihn und vor allem ohne seine Auswirkungen auf die Formulierung nichtmarxistischer Konzepte des historischen Wandels die Theoriediskussion seit dem späten 19. Jahrhundert kaum verstanden werden kann. Es kommt hinzu, dass wichtige
nichtmarxistische Theorieentwürfe in Westeuropa und Amerika nur als
kritische Auseinandersetzungen mit der marxistischen Geschichtstheorie zu verstehen sind. Bemerkenswert ist, dass eine Reihe der führenden
französischen und englischen Historiker der 60er bis 80er Jahre ihre
Laufbahn unter dem Eindruck der Faszination durch die marxistische
Theorie begonnen haben, z.B. Emmanuel Le Roy Ladurie, François
Furet, Michel Vovelle in Frankreich, Christopher Hill und Edward P.
Thompson in England. Aus diesem Grunde will ich am Beispiel des
englischen marxistischen Historikers Eric J. Hobsbawm zeigen, welche
Auswirkungen Karl Marx auf die Geschichtswissenschaft gehabt hat.
Dabei verzichte ich bewusst darauf, noch einmal die einschlägigen
Marx-Zitate zu kommentieren und diese wiederum mit den üblichen
Engels-Zitaten zu kritisieren, sondern greife auf einen methodischen
Entwurf von Hobsbawm selbst zurück, in dem dieser den Versuch un-
ternimmt, relativ allgemein die Arbeitsweise eines marxistischen Histo-
rikers zu charakterisieren. Hobsbawm beschrieb 1972 Karl Marxens
„contribution to historiography" folgendermaßen:

„Eine stillschweigende Übereinkunft unter Historikern scheint, mit
einigen Varianten ein ziemlich allgemeines Modell dieser Arbeit errichtet zu haben. Man beginnt mit der materiellen und historischen
Umgebung, geht zu den Produktionskräften und Produktionsweisen
über (wobei die Demographie auch hereinspielt), die Struktur der
darauf aufbauenden Wirtschaft und die sozialen Verhältnisse, die
daraus folgen. Darauf könnten folgen die Institutionen und die allgemeine Vorstellung der Gesellschaft und die ihnen zugrundeliegen-
de Funktionsweise. So wird die Form der Sozialstruktur entwickelt,
ihre besonderen Charakteristika und Details können, sofern sie auf
anderen Ursachen beruhen, bestimmt werden. Das Vorgehen besteht
also darin, vom Vorgang der jeweils spezifischen gesellschaftlichen
Produktion nach außen und oben fortzuschreiten. Die Historiker
werden dabei – meiner Ansicht nach zu Recht – die Versuchung
spüren, eine einzelne Beziehung oder einen Komplex von Beziehungen herauszugreifen, der für die betreffende Gesellschaft (oder
Typ von Gesellschaft) besonders bezeichnend ist und den Rest der anderen Fragen darum herum gruppieren ... Wenn einmal die Struktur feststeht, muss sie in ihrer historischen Bewegung gesehen wer-

den. Der französische Begriff „Struktur" muß innerhalb seiner „Konjunktur" (Bewegung) gesehen werden, wobei der letztere Begriff andere, möglicherweise relevantere Formen und Modelle des historischen Wandels nicht ausschließen darf. Wieder einmal geht die Tendenz dahin, ökonomische Bewegungen (im weitesten Sinne) als das Rückgrat einer solchen Analyse zu betrachten. Die Spannungen, denen die Gesellschaft im historischen Wandel ausgesetzt ist, erlauben dem Historiker 1. den allgemeinen Mechanismus zu entwickeln, der die Strukturen der Gesellschaft gleichzeitig löst und ihr Gleichgewicht wieder herstellt und 2. die Phänomene herauszufinden, die traditionellerweise den Gegenstand des Interesses für die Sozialhistoriker bilden, wie Kollektivbewusstsein, soziale Bewegungen, die gesellschaftliche Dimension geistiger und kultureller Veränderungen, usw."

Dieser Entwurf von Geschichte ist als das Verfahren einer **„Gesellschaftsgeschichte"** verstanden worden, und wir haben damit den ersten der drei Begriffe vor uns, die uns hier vor allem beschäftigen sollen: Gesellschaftsgeschichte, Sozialgeschichte, Strukturgeschichte. Damit ist eine Interpretation des historischen Prozesses gemeint, die vom Begriff der Gesellschaft als Oberbegriff für das Gesamtsystem menschlicher Vergesellschaftung und der diese bedingenden Faktoren ausgeht. Gesellschaft ist hier also nicht nur Teil eines größeren Systems (etwa im Gegensatz zu Staat, Wirtschaft, Kultur etc.), sondern **Gesellschaft wird hier als übergeordneter Sammelbegriff** für alle diese Teilbereiche verstanden. Dabei wird stillschweigend angenommen, dass der Prozess menschlicher Vergesellschaftung und das Ergebnis dieses Prozesses ein sinnvoller Ansatzpunkt ist und wesentliche Bereiche des Lebens erschließt. Ebenso stillschweigend wird dabei auch vorausgesetzt, dass ein Syntheseversuch unter dem leitenden Konzept **„Gesellschaft"** weiterführender ist als ein Versuch unter den begrenzten Aspekten von „Politik", „Kultur" oder „Wirtschaft", um einige denkbare Alternativen zu nennen.

Von daher erklärt sich auch, dass die Versuche, Geschichte als Gesellschaftsgeschichte zu verstehen und sich damit der Hilfe der übergeordneten und selbst wiederum ordnenden Kategorie „Gesellschaft" zu versichern, keineswegs allgemeine Zustimmung gefunden haben. Immer wieder wird solchen Konzeptionen der Vorwurf gemacht, dass damit „eine Art Monopolanspruch" (Kocka) gegenüber anderen Konzeptionen von Geschichte verbunden sei. Klaus Hildebrand hat 1976 gar die Alternative von „Geschichte oder Gesellschaftsgeschichte" sehen wollen. Aus diesem Grunde sollte deutlich gemacht werden, dass die Interpretationsversuche, die mit dem Konzept der „Gesellschaftsgeschichte" arbeiten, zunächst nur daran interessiert sind, ein Kategoriensystem zur Verfügung zu haben, das die einzelnen Gegenstände von der Kabinettspolitik bis zur bäuerlichen Mentalität, von der Volksreligion bis zur Hochkonjunktur prinzipiell zueinander in Beziehung setzt, sie also als miteinander **zusammenhängende Teilphänomene eines größeren Zusammenhangs** – genannt Gesellschaft – versteht. Die andere Erwartung, die an einen solchen Begriff von Geschichte geknüpft wird, ist die Erwartung eines komplexen Zusammenhangs zwischen den Teilphänomenen und die Überzeugung, dass eine möglichst weit reichende Verknüpfung einzelner Phänomene sich vorteilhaft auf das Verständnis des jeweils untersuchten Gegenstandes auswirkt.

Man kann also in einer Konzeption von Gesellschaftsgeschichte eine notwendige Reaktion der Historiker auf die theoretische Vielfalt seiner Gegenstände und die Notwendigkeit sehen, der allgemein anerkannten Komplexität der Zusammenhänge zwischen den Einzelphänomenen gerecht zu werden. Sie folgt schließlich der Einsicht, dass monokausale Erklärungsversuche sich in der Vergangenheit als letztlich unfruchtbar erwiesen haben. **Multikausalität** aber kann nur dann gewonnen werden, wenn die Erklärungsversuche durch ein übergeordnetes Konzept organisiert werden.

Es ist bislang auch nicht erkennbar – um einen weiteren Einwand gegen das Programm einer Gesellschaftsgeschichte aufzunehmen –, dass diese Konzeption bestimmte Themen der historischen Forschung prinzipiell vernachlässigt oder gar zum Verschwinden bringt. Dies gilt weder für den Bereich des „Politischen", noch für den Bereich des „Individuellen", um die beiden Themen zu nennen, die durch eine solche Konzeption von Geschichte als am stärksten gefährdet gelten. Vielmehr lässt sich zeigen, dass die methodischen Umorientierungen, die in den letzten 20–30 Jahren erkennbar geworden sind, auf beinahe allen Feldern zu einer erheblichen **Bereicherung des historischen Wissens** geführt haben, ohne dabei jene unverzichtbaren Wissensbestände systematisch zu vernachlässigen, die bislang das Bild der Geschichtswissenschaft bestimmt haben.

An einigen Beispielen lässt sich sogar zeigen, dass eine gesellschaftshistorische Ausrichtung historischen Forschens zu einer beachtlichen Erweiterung unserer Kenntnisse geführt hat. In den letzten Jahren sind – ausgehend von Fragen der historischen Familienforschung, aber auch anderen speziellen sozialgeschichtlichen Fragestellungen – eine Reihe von Studien vorgelegt worden, die man als Beispiele von **Mikrohistorie** bezeichnet. Dies sind Untersuchungen einzelner Personen, von kleinen sozialen Gruppen und Einheiten, die das Ziel verfolgen, an überschaubaren sozialen Einheiten die Realität sozialer und mentaler Prozesse aufzuzeigen. Analysen dieser Art sind vor allem deshalb wichtig, weil bei diesen Forschungen nicht etwa Personen untersucht würden, die ohnehin als biographiewürdig gelten, sondern Personengruppen, die normalerweise im Dunkel der Geschichte geblieben wären. Der italienische Historiker **Carlo Ginzburg** hat im Rahmen solcher Forschungen etwa die Weltvorstellung eines Müllers aus Friaul im späten 16. Jahrhundert erschlossen (Der Käse und die Würmer. Die Welt eines Müllers um 1600, Frankfurt am Main 1979), andere Beispiele sowohl aus dem städtischen wie aus dem ländlichen Bereich zeigen, dass hier ein vielversprechender Versuch unternommen worden ist, die **Umsetzung großer, geschichtsmächtiger Prozesse** (wie etwa Gegenreformation, Zivilisationsprozess, Aufklärung, Industrialisierung, Geschlechterdifferenzierung etc.) auf einzelne Personen zu untersuchen. Bei Forschungen dieser Art, die sich etwa auf sog. „Egodokumente" stützen (z. B. Autobiographie, Tagebuch, Brief, Zeugenbefragung, Verhör, Lebenslauf) wird bewusst in Kauf genommen, dass nur Aussagen sehr begrenzter Gültigkeit gemacht werden können, dass andererseits aber dabei eine größere Beobachtungsschärfe gewonnen wird.

Dabei ist festzuhalten, dass die bislang vorliegenden Beispiele dieser mikrohistorischen Forschung durchaus im Trend der allgemeinen Geschichtsschreibung liegen. Gerade aufgrund der methodischen Verfeinerung, die die intensive landeshistorische Forschung bewirkt hat, hat die Geschichtswissenschaft vor allem seit dem Zweiten Weltkrieg immer größeres Gewicht auf Regionalstudien gelegt. Dies gilt sowohl für die Agrargeschichte, als auch für die territoriale Verwaltungsgeschichte, demographiehistorische Studien, die Arbeiterbewegung und ihre Kultur, auch für die analytische Wahlforschung etwa der Weimarer Republik. Diese **Regionalstudien** haben zu einer erheblichen Präzisierung vieler Erkenntnisse geführt, freilich aber auch die Unübersichtlichkeit und die Scheu vor einer Synthese von Einzelergebnissen gefördert. Insofern lässt sich die mikrohistorische Forschung durchaus mit der methodischen Entwicklung der neueren Geschichtswissenschaft vereinbaren, vor allem, wenn der heuristische Zusammenhang zwischen der strukturellen Analyse und der Untersuchung des Einzelobjekts gewahrt bleibt.

Es bleibt schließlich die theoretisch interessante Frage zu beantworten, warum überhaupt die vertiefte Analyse einer Familie, einer kleinen sozialen Gruppe oder eines Dorfes von Belang für unser Gesamtbild einer historischen Gesellschaft sein kann, das ja das Ziel allen Forschens bleibt. Die Antwort können wir jetzt schon aus dem entwickeln, was

oben über die historische Tatsache gesagt wurde, die wir als Komplex
von individuellen und allgemeinen Faktoren bestimmt haben. Auf unseren Mikrogegenstand übertragen bedeutet dies, dass dieser Gegenstand der Untersuchung – z. B. eine bestimmte Art sozialen Verhaltens –
immer mehr ist als nur die sich einmalig oder mehrfach vollziehende
Handlung im historischen Kontext. Das vom Historiker aus den Quellen
heraus beobachtete Verhalten ist dann zugleich mehr als nur die „nackte", aus der Quelle zu ermittelnde einzelne Handlung. Sie ist immer
auch eine **Aussage über die Bedingung eines solchen Verhaltens**
in der Gesellschaft. So ist etwa ein Hexenprozess im Jahre 1634 nicht
nur ein Prozess, der gegen eine individuelle Person geführt wird, sondern er ist zugleich auch eine Aussagemöglichkeit über die Gründe und
die Bedingungen von Hexenprozessen im Deutschland des 17. Jahrhunderts. Jeder einzelne Vorgang, den wir als Historiker beobachten –
so können wir hier vorläufig zusammenfassen –, enthält immer ein bestimmtes Maß an Aussagen über **Individuelles** und Einmaliges, aber
auch über **Allgemeines**, über das Einzelne Hinausreichendes. Unter
dieser Perspektive können also auch die Gegenstände mikrohistorischer
Forschung zum Ansatzpunkt von Verallgemeinerungen gemacht und
mit anderen generellen Aussagen verglichen werden.

Der Begriff **„Strukturgeschichte"** ist in der Bundesrepublik Deutschland zuerst in den 50er Jahren verwendet worden, um eine „Betrachtungsweise" historischer Phänomene zu bezeichnen, in der der „innere
Bau, die Struktur der menschlichen Verbände im Vordergrund steht,
während die politische Geschichte das politische Handeln, die Selbstbehauptung zum Gegenstand hat", wie es der Mediävist Otto Brunner 1956
formuliert hat. Diese eben zitierte Formulierung wurde von Brunner freilich verwendet, um den Begriff Sozialgeschichte zu definieren. Drei Jahre später führte er in einer Rede aus, dass „das politische Handeln" nicht
verstanden werden könne, „ohne Kenntnis des inneren Gefüges, der sozialen Strukturen und der geistigen Haltungen". Diesmal schien ihm der
von Conze vorgeschlagene Terminus „Strukturgeschichte" „am zweck-
mäßigsten und am wenigsten mit irreführenden Vorstellungen belastet",
und er hat auch später noch Strukturgeschichte dem Ausdruck Sozialgeschichte bewusst vorgezogen, wobei er selbst seine früheren Arbeiten
korrigierte. Er bezog sich damit auf den 1957 von Conze publizierten programmatischen Aufsatz über „Die Strukturgeschichte des technisch-industriellen Zeitalters als Aufgabe für Fortschritt und Unterricht", der
schon erwähnt wurde.

Ich habe eben bewusst die Brunner-Zitate zunächst falsch zugeordnet, um damit zu zeigen, wie verschwommen und wechselnd die Be-

griffe „Sozialgeschichte" und „Strukturgeschichte" in den 50er und 60er Jahren verwendet worden sind. Beiden war freilich gemeinsam der Rückbezug auf den zentralen Begriff **„Struktur"**, wie er auch in Hans Mommsens Definition von 1965 sichtbar wurde, der die Sozialgeschichte „durch eine besondere Sehweise, die auf die Erkenntnis der strukturellen gesellschaftlichen Prozesse gerichtet ist", charakterisiert sah.

Versuchen wir zunächst eine kurze Vergegenwärtigung des Strukturbegriffs selbst, weil die formale Kategorie auch das Verständnis von Strukturgeschichte erleichtert. Struktur ist ganz ohne Zweifel ein Modebegriff der neueren Wissenschaftsgeschichte, anwendbar von der Chemie bis zur Literaturgeschichte, darüber hinaus auch abgesunken in die Alltagssprache: Die Struktur des Fußballspiels einer bestimmten Mannschaft ist genauso analysefähig wie die Sozialstruktur des dazugehörenden Fußballvereins. Im engeren wissenschaftlichen Sinne ist Voraussetzung für diesen Begriff, dass im sozialgeschichtlichen oder historischen Kontext ein bestimmtes soziales System (Gruppe, Familie, Partei, Verband, Gesellschaft, Nation) untersucht wird. Dabei können wir davon ausgehen, dass die Einheiten dieses Systems durch ein Netz von Beziehungen miteinander verbunden sind. Wenn wir jetzt von der Struktur dieser Beziehungen sprechen, dann meinen wir damit die Tatsache, dass sich in solchen Systemen bestimmte **„Beziehungsbündel"** ergeben, die man auch als „Invarianzen" bezeichnet. Stellen wir nun diese Invarianzen über einen bestimmten Zeitraum fest, dann sprechen wir von der Struktur der Beziehungen zwischen den Einheiten des betreffenden sozialen Systems. Strukturen sind also „die **spezifischen Beziehungsmuster** zwischen den Mitgliedseinheiten eines sozialen Systems", die Sozialstruktur ist für den Soziologen F. Fürstenberg deshalb „der erkennbare, relativ kontinuierliche soziale Wirkungszusammenhang in der Gesellschaft".

Übertragen wir diese allgemeinen Bemerkungen auf die Geschichtswissenschaft, dann ergibt sich für eine **Strukturgeschichte** eine Betrachtungsweise, für die die Verhältnisse und Zustände, die überindividuellen Entwicklungen und Prozesse, weniger die einzelnen Ereignisse und Personen im Vordergrund stehen; sie lenkt – wie Kocka sagt – den Blick eher auf die **Bedingungen, Spielräume und Möglichkeiten menschlichen Handelns** in der Geschichte als auf individuelle Motive, Entscheidungen und Handlungen selber; sie interessiert sich für die relativ dauerhaften, schwer veränderbaren Phänomene, und sie zielt auf die Erfassung übergreifender Zusammenhänge, damit letztlich auf den Kern des historischen Prozesses selbst oder jedenfalls seine wesentlichen Bestandteile. Denn: Strukturgeschichte kann nicht nur in einem der historischen Wirklichkeitsbereiche, also etwa der Wirtschaft und der Gesellschaft, betrieben werden. Sie ist ein Verfahren, das, unabhängig vom Gegenstand, auf Dauerhaftes zielt und dies kann sowohl im Bereich von Wirtschaft und Gesellschaft, aber auch in den Bereichen von Politik und Verfassung gesehen werden.

Damit soll nicht bestritten werden, dass Strukturen sich verändern können. Vielmehr ist es ja das direkte Ziel aller historischen Forschung, Veränderungen festzuhalten und sie zu erklären. Der **Veränderungsrhythmus von Strukturen** ist freilich ein anderer als in der Ereignisgeschichte. Diese Gegenüberstellung geht auf das Méditerranée-Buch des französischen Historikers Fernand Braudel zurück, der in diesem Buch – einer Geschichte des Mittelmeerraumes im späten 16. Jahrhundert – die unterschiedlichen Veränderungsbewegungen von Räumen, Institutionen, Sozialverhältnissen und politischen Ereignissen thematisierte. Die – durchaus kritische – Rezeption seines Buches in der bundesrepublikanischen Geschichtswissenschaft bildete übrigens den Auslöser einer relativ intensiven Diskussion um die Inhalte von Sozialgeschichte in den frühen 50er Jahren. Freilich wäre es falsch anzunehmen, der Strukturbegriff wäre allein aus der französischen Forschung rezipiert worden. Bei Otto Brunner lässt sich 1948 vielmehr der Rückgriff auf das Werk des Philosophen **Wilhelm Dilthey** (1833–1911) ausmachen, der schon vor dem Ersten Weltkrieg die allgemeine und für unser Problem zentrale Einsicht formuliert hatte.

„Die Geschichtsschreibung ist an jedem Punkt bedingt vom Wissen über die in dem geschichtlichen Verlauf verwebten systematischen Zusammenhänge, deren tiefe Ergründung bestimmt den Fortgang des historischen Verstehens. ... Selbst die historische Kritik ist in ihren großen epochemachenden Leistungen neben ihrer Bedingtheit durch die formale Entwicklung der Methode jedes Mal von der tieferen Erfassung systematischer Zusammenhänge abhängig gewesen."

Es zeigt sich also, dass Otto Brunner 1948 auf eine allgemeine Diskussion der geisteswissenschaftlichen Methodologie zurückgriff, die damals freilich von der Geschichtswissenschaft nicht rezipiert worden war, wie wir ja schon am Beispiel des Lamprecht-Streits gesehen haben. Daneben ging es Brunner freilich auch um eine Umbenennung und methodische Absicherung jener Art von Geschichte, die seit den späten 20er Jahren und v.a. während des Nationalsozialismus als „Volksgeschichte" betrieben worden war.

Versuchen wir jetzt, **Sozialgeschichte** davon abzugrenzen, dann müssen wir zunächst einmal die Grundbedeutung von Sozialgeschichte bedenken, d. h. die Geschichte eines speziellen Gegenstandsbereichs, nämlich üblicherweise der Form von Vergesellschaftung in Familien, Sippen, Vereinen, Parteien, Verbänden, Gewerkschaften usw. Als solche trat sie an den Universitäten zunächst in Verbindung mit der Wirtschaftsgeschichte auf, und es lässt sich zeigen, dass Lehrveranstaltungen mit Inhalten dieser Art bereits im späten 19. Jahrhundert beachtlich intensiv gepflegt worden sind. Der Mediävist Ernst Bernheim (1850–1942) bestätigte 1893 (!), dass „das Interesse an der politischen Geschichte sehr abgenommen" habe und er fragte sich, ob man „vielleicht zu lange Staats-Historiker gewesen" sei.

Eine unter diesen Vorzeichen betriebene Sozialgeschichte musste freilich Gefahr laufen, in der Überfülle der Einzelergebnisse ebenso zu ertrinken wie die politische oder Geistesgeschichte, deren Vorrangstellung sie einmal bedrängt hatte. Insofern liegt der Grund für ein weitergefasstes Konzept von Sozialgeschichte etwa im Sinne der eben beschriebenen Gesellschaftsgeschichte nicht im einfachen Übergang von einem Thema zum anderen, sondern in der zentralen Einsicht in den **Zusammenhang der einzelnen historischen Gegenstandsbereiche**, deren soziale Bedingtheit im weitesten Sinne es verbietet, Zäune zwischen einzelnen thematischen Bereichen zu errichten. Gerade die vertiefte Analyse sozialer Bewegungen erfordert immer wieder die Einbeziehung politischer Rahmenbedingungen, Eingriffe und Auswirkungen. Die Geistesgeschichte einer Epoche zu schreiben ohne die Sozialgeschichte ihrer Autoren, ohne ihre Rezeptionsgeschichte zu beleuchten, scheint ebenso unvertretbar wie eine Sozialgeschichte der Kriminalität ohne präzise rechtshistorische Grundlegung. Man kann so an Hand einiger neuer thematischer Bereiche zeigen, wie durch den immanenten Zwang der Fragestellungen selbst methodische Verfahren notwendig wurden, die – um es möglichst allgemein zu formulieren – von der gesellschaftlichen Bedingtheit spezieller Gegenstände ausgehen. Hierin liegt der entscheidende Grund für die erwähnten umfassenden Konzeptionen von Geschichte, die nicht mehr unter thematischen Gesichtspunkten zu korrigieren sind. Ihre methodische Konzeption soll vielmehr sicherstellen, dass ein breites Bündel von Bedingungen und Gründen des jeweiligen historischen Gegenstandes erfasst wird.

Allen Konzeptionen dieser Art liegt freilich eine stillschweigende Annahme zu Grunde, die noch einmal zu bedenken ist. Sie gehen von der Voraussetzung aus, dass **„Gesellschaft"** einen Wirkungszusammenhang darstellt, der besser als denkbare andere (Staat als politisches Institutionengefüge, Wirtschaft im engeren Sinne oder geistesgeschichtliche Wirkungskomplexe) geeignet ist, solche Verknüpfungsleistungen zu erbringen. Eine solche Annahme wird sich einmal durch die Ergebnisse rechtfertigen lassen, die mit Hilfe dieser Annahme erzielt werden. Zum anderen scheint sich die Auffassung durchzusetzen, dass die Kategorie Gesellschaft eine **höhere Integrationsfähigkeit** gegenüber anderen Teilsystemen aufweist und prinzipiell keine Erklärungsmöglichkeit ausblendet. Solange diese Annahmen und Voraussetzungen gelten, scheint die Kategorie Gesellschaft in der Tat jenes Raster zu sein, das die Erfassung eines breiten Spektrums historischer Handlungsmöglichkeiten sicherstellt.

Vielleicht wird nach schwierigen Abgrenzungsproblemen dieser Art noch die Frage aufgetaucht sein, ob der Rekurs auf eine Geschichtswissenschaft vom Typ „zeigen, wie es eigentlich gewesen ist" nicht doch die bessere, weil unkompliziertere Lösung sei. Die Grundproblematik allen historischen Fragens, dass wir wissen wollen, wie etwas so geworden ist, wie es uns heute gegenübertritt, hat sich freilich verändert. Die Geschichtswissenschaft ist nicht mehr in dem gleichen Maße an der Tatsächlichkeit der einzelnen Fakten interessiert, wie dies in ihrer wissenschaftlichen Formations- und Professionalisierungsphase der Fall war. Die Sicherung der Fakten scheint – bis auf bemerkenswerte Ausnahmen – heute nicht mehr im Vordergrund der historischen Forschung zu stehen, Fragen nach der **Erklärung historischer Prozesse** von erheblicher Kulturbedeutung haben an Gewicht gewonnen. Thomas Nipperdey hat schon 1973 das veränderte Interesse der Geschichtswissenschaft beschrieben und damit zugleich eine Erklärung für die seit der „Krise des Historismus" nicht enden wollende Methodendiskussion der Historiker geliefert:

„Die Geschichtswissenschaft ist nicht mehr vom Vorrang von Anschauung und Deskription und nicht mehr vom Vorrang der Erzählung beherrscht, so gewiss man gegen die modische Unterbewertung der narrativen Historie grundsätzliche Einwände erheben muß. Der Stil gegenwärtiger historischer Untersuchungen und Darstellungen ist von Begriff und Analyse beherrscht; die Frage nach den historischen Kausalitäten ist – im Bewusstsein, dass jede Antwort hier nur relativ ist – wieder ganz in die Wissenschaft integriert, und gerade die multidimensionalen Untersuchungen von Kausalitäten haben den analytisch-begrifflichen Stil der Historie wesentlich geprägt. Und das ist insbesondere deshalb möglich, weil die begriffliche Analyse nicht mehr im Dienst einer Suche nach weltgeschichtlichen Gesetzen steht. Das gegenständliche Interesse der Geschichtswissenschaft hat sich von Ereignissen auf die Strukturen (die longue durée) verlagert, von der politischen und Geistesgeschichte auf die sogenannte Sozial-geschichte, also z. B. auf die Geschichte von Massen, Kollektiven, Un-terschichten, durchschnittlichen Zeitgenossen; an der Ideengeschich-te interessiert die Sozialgeschichte der Ideen, also nicht das erste Auf-treten einer Idee und ihre Fortentwicklung, sondern die Frage, wie und warum sie sich durchsetzt. Und mit diesen Interessen geht häu-fig zusammen die Intention auf eine integrale, die Einzelgebiete des Lebens zusammenfassende Geschichte."

Eine im Kern so beschriebene Geschichtswissenschaft hat Wolfgang J. Mommsen einmal eine **„Geschichtswissenschaft jenseits des His-torismus"** genannt, und er hat damit vor allem die Unterschiede in der wissenschaftstheoretischen Einordnung dieser Wissenschaft angespro-chen, weniger wohl das weiterhin zentrale Interesse der Historiker an der genetisch verfahrenden Analyse des Gewordenen.

Es waren Fragen der Art, wie sie eben von Nipperdey charakteri-siert worden sind, die in der Geschichtswissenschaft nicht nur die tra-ditionellen Themen der staatlichen, wirtschaftlichen und gesellschaft-lichen Entwicklung verändert haben, sondern die zugleich auch der historischen Forschung ganz **neue Themen** zugeführt haben. Wenn es in der Geschichtswissenschaft auch keine akzeptierte Theorie zur Erklärung der Veränderung von Themen gibt, so kann doch davon ausgegangen werden, dass es sich hierbei um ein Zusammenwirken von verschiedenen Einflüssen handelt. Gesellschaftliche Grundströ-mungen und Interessen und die breite Erfahrung historischer Ver-änderungen spielen hierbei ebenso eine Rolle wie die Weiterentwick-lung von Forschungsmethoden und die Verfügbarkeit oder Auswer-tungsmöglichkeit neuer Quellen. Lebenswelt und Forschungsdynamik ergänzen sich also. Betrachtet man unter diesem Gesichtspunkt die neuen Themenstellungen der Geschichtswissenschaft der letzten Jahr-zehnte, so legt dies die Beobachtung nahe, dass die Erweiterung historischer Themen in Richtung **anthropologischer Fragestellun-gen** nicht nur einem offensichtlichen breiten Publikumsinteresse ent-gegenkommt, sondern sich auch einer Reihe methodischer Verfeine-rungen bedient, die in den letzten Jahrzehnten vorbereitet wurden bzw. sich schon durchgesetzt haben. Zu nennen sind hier die beson-ders personal- und hardware-aufwendigen Forschungsmethoden im Bereich der historischen Demographie oder die Verfahren der seriellen Mentalitätsforschung.

Der französische Historiker Michel Vovelle hat seinem Werk über den Prozess der „Dechristianisierung" in der Provence im 18. Jahrhundert etwa 2000 Testamente zu Grunde gelegt, die Auskunft über die Rolle religiöser Bekräftigungsformeln geben und so Aussagen über eine veränderte Beziehung der **Testamentlasser** zur Religion erlauben. Beide Forschungsrichtungen bauen freilich auf einer schon lange sich abzeichnenden Quantifizierung historischen Forschens auf, bzw. auf dem breiten Trend einer zunehmenden Spezialisierung in der historischen Forschungsarbeit. Wir stellen diesen Trend auch in der Erforschung revolutionärer Prozesse fest – etwa der Französischen Revolution oder der englischen „puritan rebellion" des 17. Jahrhunderts, wo sich ein eindeutiges **Anwachsen der Regionalstudien** ausmachen lässt. Die gesamte neuere Erforschung des französischen Ancien Régime erschließt sich heute über eine große Zahl so genannter Regionalstudien, die sich der umfassenden **Geschichte einer historischen Landschaft** verschrieben haben. Insofern entspricht die in den letzten Jahren beobachtete Hinwendung zu „neuen" Themen einem bemerkenswerten Zusammenwirken thematischer Interessenverschiebung und methodischer Weiterentwicklung. Dieser Zusammenhang belegt noch einmal die Vermutung, dass die Weiterentwicklung von Geschichtswissenschaft weder allein den **„Interessen"** noch allein den **„Methoden"** zugeschrieben werden kann.

Diese Beobachtungen machen deutlich, dass sich in den letzten Jahrzehnten eine bemerkenswert schnelle **Veränderung von forschungsleitenden Konzeptionen** ergeben hat. Seit der Etablierung der französischen Mentalitätsgeschichte und seit dem Siegeszug dieses Paradigmas in der westlichen Welt, seit der Anerkennung der Sozialgeschichte als Teil der historischen Forschung in der Bundesrepublik hat sich ein fortwährender Zustand der inhaltlichen und methodischen Erweiterung ergeben. Als Werner Conze 1974 eine „Sozialgeschichte in der Erweiterung" skizzierte, wollte er eigentlich nur auf eine methodisch-inhaltliche Veränderung der klassischen Nachkriegssozialgeschichte hinweisen, die er selbst begründet hatte. Doch die einmal begonnene Tendenz zur Erweiterung des Themenspektrums der Geschichte, zur Neuentdeckung von bislang nicht historisierten Verhaltensformen und Konstanten menschlichen Lebens, all dies bedeutete **„Erweiterung in Permanenz"**. Zumindest in Westeuropa und in den Vereinigten Staaten hat dieser Prozess der Erweiterung ein rasantes Tempo angenommen, zusätzlich befördert durch das prägende konstruktivistische Paradigma der allgemeinen Kulturwissenschaften, also jene Wende, die man inzwischen auch hierzulande als **„linguistic turn"** bezeichnet. In der Bundesrepublik verläuft dieser Prozess gewiss langsamer und weniger konjunkturell, gewiss auch eher außerhalb der Geschichtswissenschaft, doch er wirkt unzweifelhaft über die öffentliche Diskussion in den Tagesmedien auch in die Geschichtswissenschaft zurück.

Was ist mit „linguistic turn" gemeint? In aller Kürze ist darauf zu verweisen, dass es sich hier um einen in der amerikanischen theoretischen Literatur der Kulturwissenschaften seit etwa 1980 auftauchenden Begriff handelt. Er bezeichnet – so hat es Georg Iggers formuliert – „eine Abkehr von hermeneutischen wie von sozialwissenschaftlichen Auffassungen von Geschichte und historischer Methode." Er geht in seiner radikalen Fassung von der Überzeugung aus, dass sprachliche Systeme nicht eine Realität außerhalb dieser Sprache widerspiegeln, sondern dass **Sprache als ein sich selbst regulierendes System von Zeichen** verstanden werden muss, das nicht auf ein Außensystem bezogen wird. Nur der Text oder der Diskurs oder ihr Vergleich selber bildet den Gegenstand der Analyse: „Il n'y a pas de hors-text", sagt der französische Theoretiker Jacques Derrida und unternimmt damit eine Neudefinition der Grenzen zwischen Wirklichkeit und Imagination. Das angeblich Wirkliche wird genauso unwirklich wie das Imaginäre. Die Außendinge wie Autor und Kontext verlieren an Bedeutung, allein der Text steht im Mittelpunkt, er wird selbstreferenziell.

Für die Geschichtswissenschaft können solche Überlegungen bedeuten, dass z. B. – ganz entgegen der Marx'schen Annahme – nicht das gesellschaftliche Sein das Bewusstsein bestimmt, sondern die in den jeweiligen Gesellschaften dominanten Diskurse prägen das Verhältnis der sozialen Schichten, aber auch der Geschlechter zueinander. Dass Sprache hier nicht nur gesprochene oder geschriebene Sprache bedeutet, sollte bedacht werden. Auch symbolische Handlungen sind Teil dieses weitverstandenen Zeichensystems „Sprache". Das bedeutet letztlich, dass Wissenschaft nicht mehr Deutung einer vorgegebenen Wirklichkeit sein kann, sondern der Diskurs selbst ist der eigentliche Gegenstand der wissenschaftlichen Bemühung. Natürlich stellt dies die radikale Variante des „linguistic turn" dar, in der Praxis bedeutet dies aber selbst in der Annäherung an solche Ideen eine beachtliche Verschiebung der Interessen der Historiker von den „harten" politischen und sozialen Gegebenheiten und deren Deutung hin zu den Diskursen in und über Gesellschaft. Der englische Historiker Keith Jenkins (On „What is History?", 1995) hat aus diesen neuen Vorgaben eine Definition von Geschichte entwickelt, die sich deutlich von den o. a. objektorientierten Definitionen unterscheidet:

„Geschichte ist, so läßt sich argumentieren, ein verbales Kunstprodukt, ein Diskurs in narrativer Prosa, dessen Inhalt nach Hayden

White so viel erfunden wie gefunden wird, und der von gegenwartsorientierten, ideologisch beeinflussten Historikern, die auf verschiedenen Ebene der Reflexivität arbeiten, konstruiert wird. Solch ein Diskurs muss, um vergleichsweise plausibel zu erscheinen, gleichzeitig auf die einstmals wirklichen Ereignisse und Situationen der Vergangenheit und in jeder sozialen Formation gegebenen Erzähltyp 'Mythos' achten."

Diese Auflösung von Geschichte in Diskurse ist gewiss kein Vorgang, der allein als endogenes Problem der Geschichtswissenschaft betrachtet werden kann. Er ist vielmehr ein Charakteristikum der Wahrnehmungsformen gesellschaftlicher Veränderungen in den westlichen Industrienationen überhaupt. Der fortschreitende **Abbau von prägenden kulturellen Normen**, die Unsicherheiten in der Definition eines verbindlichen **Begriffes von Kultur**, all dies führte und führt zur Relativierung tradierter Einstellungen. In der Geschichtswissenschaft zeichnet sich dieser Prozess als Vorgang der Destruktion klassischer Themen und Fragestellungen und als Hinwendung zu erfahrungsgeschichtlichen Fragestellungen und Methoden ab, vorläufig freilich gebremst durch ein bemerkenswert stabiles Eigengewicht der klassischen Leitthemen wie Staat, Wirtschaft, Religion, Kultur. Freilich ist auch hier festzustellen, dass sich das Interesse der Forschung immer stärker von den Gegenständen selbst auf die **Wahrnehmungs- und Repräsentationsformen** der jeweiligen Sachverhalte konzentriert und sich somit auch in diesem Umfeld das Interesse am „Diskurs" artikuliert.

Nicht zuletzt das zunehmende Interesse an einer umfassenden Konzeption von Kulturgeschichte zielt auf diese Gegenstände. Hiermit ist freilich nicht die Kulturgeschichte älteren Zuschnitts gemeint, die am Ende des 19. Jahrhunderts an Sitten und Gebräuchen interessiert war, sondern eine Kulturgeschichte, die Kultur als umfassende Auseinandersetzung des Menschen mit sich selbst, seiner Gattung und der Natur versteht. Damit besteht die Möglichkeit, die heutige Debatte um die historische Methode wieder an jene große Debatte über die Geschichte der Zivilisationen anzuschließen, die um 1900 von Köpfen wie dem Historiker und Soziologen Max Weber (1864–1922), dem Theologen Ernst Troeltsch (1865–1923) oder dem Soziologen Georg Simmel (1858–1918) geführt wurde. Im Ergebnis liefe dies auf eine Geschichte „kultureller Vergesellschaftung" hinaus, die eine Verbindung der meist getrennten Felder von Wirtschaft, Gesellschaft und Kultur leisten könnte.

4.8 Wie kann Geschichte geschrieben werden?

Jeder Blick in eine gut sortierte Bibliothek eines Historischen Seminars zeigt, dass Geschichte höchst unterschiedlich geschrieben werden kann: Da stehen klassische Biographien neben einer Geschichte der Agrarkonjunktur, die Geschichte der Sozialversicherung neben der Strafrechtsgeschichte, die Analyse der Pariser Sansculotten neben der Geschichte des Reisens, des Wohnens oder der Nahrungsgewohnheiten. Fast alle diese willkürlich ausgewählten Beispiele folgen einer spezifischen **Methode der Präsentation** ihres Materials, und über diese Methode haben sich in den letzten Jahren beachtliche Kontroversen ergeben. Ausgelöst wurde die Debatte durch eine Reihe von Philosophen und Historikern, die die These aufgestellt haben, dass Geschichte nur geschrieben werden könne, wie eine Geschichte erzählt wird; der Historiker müsse also das tun, was man im angelsächsischen Sprachraum „to tell a true story" nennt. Es ist dies eine Gegenbewegung gegen eine analytische Auffassung der Geschichtswissenschaft, wie sie etwa unter dem Eindruck der Sozialwissenschaften gerade in den 60er und 70er Jahren in Westeuropa und Amerika, nur teilweise in der Bundesrepublik, durchdrang. Wie fast alle Theorieprobleme ist auch diese Frage keineswegs neu. Das Mittelalter kannte schon die Auseinandersetzung um den „ordo naturalis" oder den „ordo artificialis" und die in den sog. Magdeburger Zenturien (1559) entwickelte sog. „Lokalmethode" – wobei das gesamte historische Material eines Jahrhunderts – hier zum ersten Mal als Gliederungsschema verwandt – jeweils durch eine gleichmäßige Systematik, die sog. „loci" erschlossen wurde. Dies ist ein weiterer Hinweis auf die Dauerhaftigkeit des Problems, wie die Geschichte in der Darstellung zu präsentieren ist. Auch im 19. Jahrhundert geht die Diskussion weiter. Um einmal nicht Droysen und Ranke zu zitieren, greife ich auf eine um die Mitte des 19. Jahrhunderts entstandene „Kulturgeschichte des 18. Jahrhunderts" von Karl F. Biedermann (1812–1901) zurück. Dort heißt es:

> „Nicht geringer, als die Herbeischaffung, waren die Schwierigkeiten der Anordnung des Materials. Es konnte mir nicht beifallen, etwa nur eine Nebeneinanderstellung der kirchlichen, wissenschaftlichen, literarischen und sonstigen Kulturerscheinungen jener Zeit ... zu geben; es konnte mir ebenso wenig beifallen, bloß chronologisch zu verfahren und die ganze Masse verschiedenartigster Äußerungen des Kulturlebens, etwa von Jahrzehnt zu Jahrzehnt in ihrer ganzen Breite und ihrer z. T. gleichförmigen Wiederkehr auseinanderzulegen. Viel-

mehr glaubte ich, als die wahre Aufgabe einer kulturgeschichtlichen Darstellung das zu erkennen, dass sie die Mannigfaltigkeit der vielen ... sich kreuzenden und verbindenden Lebensrichtungen ebensowohl in ihrem organischen Zusammenhang wie nach der besonderen Eigentümlichkeit jeder einzelnen, ihrem Hervortreten und Fortwirken ... klar zu erfassen und anschaulich zu schildern wisse, – so ungefähr, wenn mir dieses Bild erlaubt ist, wie das geübte Auge des Schiffers auf dem Rheine die einzelnen Nebenflüsse, die sich in den großen Hauptstrom ergießen, noch eine Zeitlang jeden in seiner eigentümlichen Färbung und Strömung zu erkennen glaubt, oder wie in einem Musikstück die verschiedenen Stimmen und Tonweisen eine nach der anderen hervortreten, alle aber miteinander zu einer großen Harmonie zusammenklingen.‟

Interessant an diesem Zitat ist die deutlich herausgearbeitete Differenzierung von **„organischem Zusammenhang‟** und **„besonderer Eigentümlichkeit‟**, die offensichtlich unterschiedliche Präsentationsformen erforderlich macht. Nebenbei sei bemerkt, dass der schon zitierte Fernand Braudel mit seiner Bemerkung, dass die Geschichte wie ein „vielstimmiger Chor‟ klingen müsse, den Historiker Biedermann des Jahres 1858 nur wiederholte. Diese Parallelität deutet darauf hin, dass „Nebeneinanderung‟ und „Nacheinanderung‟ die methodischen Korrelate zur Darstellung des „Allgemeinen‟ und des „Individuellen‟ sind. In der Kombination dieser beiden Aspekte des historischen Materials haben wir nun schon mehrfach ein Grundprinzip zum Verständnis der Methodologie der Geschichtswissenschaft gesehen.

Ergänzen wir diese Bemerkungen durch einen Blick in die Praxis. Eine Geschichte der Endphase der Weimarer Republik kann methodisch prinzipiell in drei Wegen vorgehen: Entweder schreibt der Historiker einen **chronologischen Bericht** vom Rücktritt des Reichskanzlers Brüning (1932) bis zur Ernennung Hitlers zum Reichskanzler (1933), gegliedert etwa durch Beginn und Ende der Kabinette Papen und Schleicher und die Reichstagswahlen vom 31. Juli 1932, 6. November 1932 und 5. März 1933. Oder er schreibt eine **Analyse** dieser Phase der deutschen Geschichte, gegliedert etwa nach den Interessenlagen der einzelnen Parteien, die Rolle der Reichswehr, der konjunkturellen Entwicklung, den verfassungsrechtlichen Rahmenbedingungen, den Absichten des Reichspräsidenten usw. Oder – dritte Möglichkeit – die inzwischen wohl verbreitetste Methode, er wählt eine Mischung aus beiden Verfahren, d. h. er schneidet seinen Gegenstand in zwei Richtungen, einmal **chronologisch** und einmal **synchron** und verschränkt diese Betrachtungsebenen in der Gliederung des Buches. So etwa verfährt auch Karl Dietrich Brachers berühmtes Buch über die Auflösung der Weimarer Republik von 1958, das in einem 1. Teil „Probleme der Machtstruktur" und in einem 2. Teil „Stufen der Auflösung" beschreibt. Bracher gab selbst folgende Analyse seines Vorgehens:

„In diesem Sinne ist hier der Versuch unternommen worden, die Schlußphase jenes Auflösungsprozesses vor dem Hintergrund seines Gesamtverlaufs darzustellen. In systematischen Einzelanalysen (Erster Teil) werden zunächst Charakter und Scheitern der demokratischen Kompromissversuche betrachtet und ein Fazit der Machtstruktur an der Schwelle zu jenem Machtverfall der Republik gezogen, über den dann im Zeichen der Regierungen Brüning, Papen und Schleicher der Weg zur nationalsozialistischen Machtergreifung geführt hat (Zweiter Teil). Damit sind auch Schwerpunkte wie Grenzen dieser Studie angedeutet. Sie kann nicht einen lückenlosen Abriß der Geschichte jener Tage bieten und kann auch nicht alles erreichbare Material reproduzieren. Sie bemüht sich vielmehr um die Herausarbeitung und Darstellung jener innenpolitischen Strukturmomente und dynamischen Entwicklungstendenzen, die die Endphase der Weimarer Republik und ihren Übergang zur nationalsozialistischen Diktatur bestimmen.

So verbindet sich in der Analyse der Faktoren, die aktiv oder passiv zum Sieg des Nationalsozialismus beitrugen, die historische Fragestellung mit dem politisch-wissenschaftlichen Interesse für die Erscheinungsformen und Stationen, die der Auflösungsprozess einer demokratischen Staatsordnung durchläuft. Sie richtet sich auf die Stellung dieser Periode im Rahmen der allgemeinen historischen Konstellation, wenn um der methodischen Klarheit willen eine in diese Entwicklung eingelagerte Periode von wenigen Jahren isoliert wird, so soll doch der Blick für die größeren, auch heute noch schwer überschaubaren Zusammenhänge nicht verloren werden. Eine Machtverschiebung die sich im Zeitalter der Massendemokratie vollzieht, kann nur bedingt mit Wandlungsprozessen früherer Epochen verglichen werden. Die spezifischen Umstände, Bedingungen, Techniken politischen Lebens und Handelns der Gegenwart, die immer im Blick bleiben müssen, haben ihre bestimmte Geschichte und sind nur von ihr aus in ihrer Funktion und Wirkung zu verstehen. Es wird darum vieles davon abhängen, wieweit es gelingt, spezifizierende und typologische Betrachtungen zu verbinden."

Es wird damit auch deutlich, dass die zwei hier benutzten Grundverfahren bestimmte Vor- und Nachteile haben. Die **chronologische Methode**, die nach dem – wenn auch verfeinerten – „und dann und dann" – Prinzip verfährt, verknüpft Geschehnisse nicht nur zeitlich miteinander, sondern stellt – wenn auch oft unbewusst – damit auch Ursache-Folge-Relationen her und verdeckt damit zuweilen auch Erklärungsebenen, die im zeitlichen Nacheinander nicht zu erfassen sind. Vorteil dieser Methode ist ihre erhebliche **Attraktivität für den Leser**, die ein Blick in die großen historischen Bucherfolge – hier vor allem die Biographien – belegt. Man muss hinzufügen, dass die ganze Debatte um die Art der Präsentation historischen Materials nicht zuletzt durch eine tiefgreifende Unzufriedenheit mit dem öffentlichen Erfolg wissenschaftlicher Geschichtsschreibung ausgelöst worden ist.

Der systematisch-analytische Zugriff verfügt im Unterschied dazu über besondere Vorzüge bei der Erklärung komplexer Ereignisse, bei der Analyse einer Gesellschaft oder von Teilstrukturen von Gesellschaften (Parteien, Gesellschaften, Gewerkschaften, Gruppen von Personen, denen unser besonderes Interesse gilt). Der Vorteil der Methode liegt auf der Hand. Ein langfristiger historischer Prozess, eine wirtschaftsgeschichtliche Konstellation oder ein außenpolitisches Beziehungsnetz kann in aller Detailarbeit – bei quasi stillgelegter Zeit – ausgiebig betrachtet werden, ohne dem Zwang der chronologischen Abfolge zu unterliegen. Der Nachteil dieser Methode kann in der fehlenden Attraktivität für den Leser liegen, wobei hier vor allem an den lesenden Nichtfachmann gedacht ist. Eine solche Geschichtsschreibung von hoher analytischer Schärfe und **Abstraktion** zahlt den Preis der **Anschaulichkeit** und der Begreifbarkeit, vielleicht auch dies ein Hinweis für die Gründe einer sich abzeichnenden Tendenz zu kleinräumigen Untersuchungseinheiten im Sinne der schon besprochenen Mikrohistorie. Jürgen Kocka hat aus diesen Diskussionen um die Analyseleistungen und die Anschaulichkeitsdefizite moderner Geschichtsschreibung die Konsequenz insofern gezogen, als er für den Typus der **„reflektierten Erzählung"** plädierte, also einer offensichtlichen Verbindung der Vorzüge von Analyse und Erzählung. Der englische Historiker Geoffrey Elton (1921–1994), ein Spezialist für die Tudorzeit, an dessen Vorliebe für politische Ereignisgeschichte kein Zweifel erlaubt ist, hat einmal die angestrebte Lösung sehr pragmatisch beschrieben, als er formulierte: „to be satisfactory historical narrative must be thickened by the results of analysis."

Neuerdings hat freilich die Diskussion über die Art, wie Geschichte geschrieben werden kann, weitere Anstöße erhalten, die tendenziell von der großen Erzählung wegführen. Eingedenk der Einsicht des Philosophen **Hans Blumenberg (1920–1996)**, dass Geschichte heute nur mehr „im Modell eines aus vielen Adern gebündelten Stranges, eines Plurals von Zusammenhängen, Traditionen, Sach- und Schulgeschichten, Rezeptionen und Reaktionen" erfasst werden könne, haben sich schon in den letzten Jahrzehnten Formen der Geschichtsschreibung durchgesetzt haben, die man in ihrer Mischung aus historischem Erzählen, Forschungsstandskommentar und Bedeutungs- und Wirkungsdiskussion am ehesten als „moderierende Geschichtsschreibung" bezeichnen kann. Darüber hinaus hat die neue Unübersichtlichkeit und Mehrschichtigkeit der Einzelergebnisse zu Versuchen geführt, Formen der gebrochenen Darstellung auch im Bereich der historischen Darstellung einzusetzen. Ob diese Entwicklung so weit führen wird wie bei Hans-Ulrich Gumbrecht, der mit seinem Buch „1926. Ein Jahr am Rand der Zeit" (2001) den völligen Bruch mit der klassischen Erzählung vollzieht, bleibt anzuwarten. Man wird jedoch davon ausgehen müssen, dass die neuen digitalen Informationssysteme die Möglichkeiten der historischen Darstellung verändern werden.

4.9 Historiographiegeschichte

Seitdem Karl Lamprecht (1856–1915) 1896 zum ersten Mal „ein neues Zeitalter der Geschichtswissenschaft" erwartete, 1912 James Harvey Robinson (1863–1936) in den Vereinigten Staaten ein Manifest zu Gunsten einer „new history" publizierte und der Franzose Henri Berr (1863–1954) 1930 die Forderung nach einer „nouvelle histoire" aufstellte, hat sich in der internationalen Geschichtswissenschaft ohne Zweifel auch ein erhöhter Grad von Selbstreflexion über den jeweils erreichten Stand der methodischen Diskussion eingebürgert. Tagungssammelbände, Festschriften oder Jubiläen von Zeitschriften pflegen dann die Gelegenheiten für kritische Rückschau und das Aufzeigen neuer Perspektiven zu bilden, so dass sich alleine aus diesen programmatischen Texten eine Geschichte der Geschichtswissenschaft entwickeln ließe. Die Forderungen nach einer jeweils **„neuen Geschichtswissenschaft"** haben sich in kürzer werdenden Abständen wiederholt, so dass sich heute schon im Werk einzelner bekannter Historiker Belege für die sich ablösenden Orientierungen finden lassen: Argumentierte der englische Historiker Lawrence Stone (1919–1999) – ein Spezialist für die Sozialgeschichte des englischen Adels im 16. und 17. Jahrhundert – z. B. 1965 für eine an Strukturen orientierte Sozialgeschichte, erwies er sich 1981 als Befürworter einer narrativen Kultur- und Erfahrungsgeschichte. Die beschleunigte Entwicklung der Geschichtswissenschaft, die Mondialisierung ihrer Diskussionen, ihre Abhängigkeit von schnell wechselnden kulturellen Zeitstimmungen haben diese Entwicklung noch verstärkt, so dass sich ein erhöhter und berechtigter Bedarf an Informationen über diese innerwissenschaftlichen Vorgänge ausmachen lässt, die unsere Arbeit prägen.

In den bisherigen Kapiteln habe ich immer wieder versucht, die anstehenden methodischen Probleme auch durch gezielte Blicke in die Vergangenheit unseres Fachs zu erläutern. Dies geschah mit Absicht und vor allem, um die strukturellen Ähnlichkeiten der Probleme kenntlich zu machen und so einen sicheren Blick für die methodischen Grundprobleme zu bekommen. Nebenbei sollte auch ein gewisses Grundgerüst an strategischen Namen und Konzepten erarbeitet werden, ohne die eine Geschichte der Geschichtsschreibung undenkbar wäre. Die Geschichte der Geschichtswissenschaft erweist sich als eine wichtige Voraussetzung für ein sicheres Urteil in der sich immer schneller verändernden aktuellen Diskussion, denn in Zeiten beschleunigter Veränderung tut man gut daran, sich historischer Perspektiven zu vergewissern, um Richtung und Geschwindigkeit der Veränderungen besser abschätzen zu können.

Die methodischen **Möglichkeiten der Historiographiegeschichte** lassen sich grob in drei Zugänge unterteilen. Zunächst – und zahlenmäßig wohl überwiegend – finden sich biographische Zugriffe auf einzelne Historiker, deren Bildungsweg, Gesamtwerk und methodisches Konzept untersucht werden. Hier stünde etwa die Biographie Jacob Burckhardts (in 7 Bänden, 1947–1982) durch den Schweizer Historiker Werner Kaegi neben der eines Karl Lamprecht, eines Marc Bloch, eines Friedrich Meinecke eines Gerhard Ritter. Zum anderen finden sich Untersuchungen zu bestimmten theoretisch-methodischen Konzepten, etwa zur „Erfindung der Jahrhundertrechnung" im 16. Jahrhundert, zur Verbindung von juristischer und historischer Methode im 17. und 18. Jahrhundert, zur „pragmatischen" Geschichtsschreibung des 18. Jahrhunderts, zur Begriffsgeschichte des Historismus, über die „völkische Geschichtsschreibung" des 20er und 30er Jahre, oder zur spezifischen Konzeption der Annales-Schule nach 1945, um nur einige Beispiele zu nennen. Einen dritten Zugriff wird man den institutionellen Ansatz nennen können, also die Untersuchung bestimmter Klöster, Universitäten, Akademien, Forschungseinrichtungen, Gesellschaften und Vereine und ihres Beitrags zur Geschichtsschreibung. Dass diese Verfahren auch in Kombination genutzt werden können, braucht nicht betont zu werden.

Von besonderem Interesse scheinen Untersuchungen zu sein, die zu klären versuchen, wie die **Erfahrung bestimmter Umbruchsituationen** die historische Forschung beeinflusst hat. In dieser Fragestellung kann vor allem das mehrfach angesprochene Zusammenwirken von außerwissenschaftlichem Impuls und innerwissenschaftlicher Objektivierung analysiert werden. Hier könnte man etwa nach den Folgen der Reformation, der Französischen Revolution, der Hochindustrialisierung auf die Geschichtsschreibung fragen. Für die deutsche Geschichtswissenschaft ist natürlich die Frage besonders ergiebig, wie ihre Vertreter auf die mehrfachen politischen Umbrüche dieses Jahrhunderts reagiert haben.

Vergleicht man etwa die Reaktionen deutscher Historiker auf die Niederlagen von 1918/19 und die von 1945, dann kann kein Zweifel daran bestehen, dass sich beide Reaktionen tiefgreifend unterscheiden. Während nach dem Versailler Vertrag der Revisionsbegriff – mit nur ganz wenigen Ausnahmen – auf eine baldige Revision der machtpolitischen Realitäten zielte und jetzt *„Akten als Waffen"* genutzt wurden, lag dem Begriff nach 1945 die Einsicht in die notwendige Veränderung eines falschen Bildes der Wirklichkeit zu Grunde. Doch gerade angesichts der Fülle der Belege für solche Forderungen, ihrer Abhängigkeit vom jeweiligen Kontext und der durchaus verschiedenen Bedeutung des Begriffs „Revision" muss diese populäre Forderung genauer untersucht werden: Wer erhob sie 1945, wer stellte sie noch 1948, wer sprach 1955 noch davon? Als der Mediävist Hermann Heimpel (1901–1988) auf dem Ulmer Historikertag von 1956 in seinem Vortrag über „Geschichte und Geschichtswissenschaft" das Thema der *„vielberufenen Geschichtsrevisionen"* berührte, schien ihm diese Forderung „zu allgemein für uns, daher einzugrenzen und zugleich in den Widersprüchen des Anliegens zu bezeichnen". Damit war das Thema eigentlich abgetan.

Der Begriff einer „Revision des Geschichtsbildes" stammte aus der Weimarer Zeit, und er blieb ein negativ besetzter Begriff. Die Tatsache, dass er von einem katholischen und einem preußischen Historiker während der um ihre innere Stabilität kämpfenden Weimarer Republik eingeführt wurde, wird dem Begriff nach 1945 ebenso wenig zu breiterer Akzeptanz verholfen haben wie seine eindeutige Verwendung durch Otto Brunner auf dem von den Nationalsozialisten beherrschten Erfurter Historikertag von 1937. Nur vereinzelt wurden sich deutsche Historiker der Weimarer Zeit der Tatsache bewusst, dass es nicht zuletzt die Zunft in ihrer Gesamtheit versäumt hatte, die Lehren aus der Niederlage des Ersten Weltkrieges zu ziehen.

Nach einer kurzen Phase der Betäubung organisierte sich die Geschichtswissenschaft auf dem Boden der späteren Bundesrepublik seit der erstaunlich schnellen Wiederaufnahme des Lehrbetriebs der Universitäten und der Weiterführung der Forschungsinstitute, Historischen Kommissionen und Zeitschriften unter dem Motto einer begrenzten Revision einerseits und der Devise **„Retten, was zu retten ist"** andererseits. Die politische Geschichte blieb die „wissenschaftliche Muttersprache" der deutschen Historiker (so formulierte es der erste Nachkriegsherausgeber der „Historischen Zeitschrift" Ludwig Dehio bildkräftig), aber der Machtverlust Deutschlands wurde als endgültig und unwiderruflich angesehen. Die Variante einer „Kulturgeschichte" à la française galt zunächst als Flucht vor der politischen Verantwortung der deutschen Historiker. Ernst Schulin hat für diese Geschichtswissenschaft das treffende Wort vom **„politisch-moralisch gezähmten Historismus"** geprägt.

Trotz mancher Bemühungen kam es in der Bundesrepublik aus verschiedenen Gründen nicht zu einer zahlenmäßig erheblichen oder inhaltlich bedeutsamen Rückkehr emigrierter Historiker, auch die Entlassungen politisch belasteter Historiker bleiben durchaus überschaubar. Die große „Deutsche Akademie des Auslands" – wie man die Emigranten damals emphatisch genannt hat – blieb von wenigen, aber bedeutsamen Ausnahmen abgesehen eine solche. Demgegenüber wurde die SBZ/DDR zur neuen Heimat jener marxistischen Historiker und Gesellschaftswissenschaftler, die aus sog. rassischen oder politischen Gründen hatten emigrieren oder sich verbergen müssen. Trotz der Bemühungen der Historiker, durch einen gemeinsamen Verband die Verbindungen über die Zonen- bzw. Landesgrenzen hinweg aufrecht zu erhalten, spaltete sich de facto die deutsche Geschichtswissenschaft seit 1948, als der **„Sturm auf die Festung Wissenschaft"** begann. Mit der ersten zentralen Historikertagung in der DDR 1952, der Gründung eines Museums für Deutsche Geschichte, dem Aufbau einer eigenen Fachzeitschrift 1953 wird der Prozess der Trennung noch vertieft, durch die Gründung einer eigenen „Deutschen Historikergesellschaft" 1958 wurde er vorläufig abgeschlossen; der Eklat auf dem Trierer Historikertag des gleichen Jahres dokumentierte dies sichtbar für jedermann.

Nach der Wiedererrichtung bzw. Verlagerung der tradierten Forschungsinstitutionen kam es ab 1949/50 in der BRD zu einer bemerkenswerten Welle von **Neugründungen historischer Forschungsinstitute**, die einen qualitativen Sprung in der Entwicklung historischer Forschung bedeuten und die Forschungslandschaft der Bundesrepublik entscheidend geprägt haben. Zu bedenken ist, dass mit Ausnahme der Monumenta Germaniae Historica und der Historischen Kommission bei der Bayerischen Akademie der Wissenschaften nach dem Ende des Krieges in Deutschland keine überregionalen historischen Forschungsinstitutionen mehr bestanden. Vor diesem Hintergrund und angesichts der immensen finanziellen Schwierigkeiten der frühen 50er Jahre ist es erstaunlich, dass zwischen 1949 und 1958 nicht nur das Münchener Institut für Zeitgeschichte, das Mainzer Institut für Europäische Geschichte, die Kommission für die Geschichte des Parlamentarismus und der Parteien, die Vereinigung für Neuere Geschichte, das Max-Planck-Institut für Geschichte, der Arbeitskreis für Moderne Sozialgeschichte, das Johann-Gottfried-Herder-Institut in Marburg sowie schließlich das Deutsche Historische Institut in Paris neu entstanden. Auch wenn damals eine geplante Historische Bundeskommission als geplante Dachorganisation bedauerlicherweise nicht verwirklicht wurde, so wurde damit doch der Grundstein für eine beachtlich **differenzierte außeruniversitäre historische Forschungslandschaft** gelegt, deren Existenz gerade in einem Lande, das föderalistisch strukturiert ist und keine nationale Akademie kennt, eine große Lücke ausfüllen sollte.

Eine wesentliche methodische Innovation, die sich deutlich von den methodischen Grundlagen einer historistischen Geschichtswissenschaft absetzte, ergab sich erst seit der Mitte der 50er Jahre durch die Entwicklung sozial- und strukturgeschichtlicher Ansätze im **Arbeitskreis für moderne Sozialgeschichte** unter der Leitung Werner Conzes. Dabei wurde z. T. auf Konzepte und Methoden der „politischen Volksgeschichte" der 20er und 30er Jahre zurückgegriffen, die jetzt zur Sozialgeschichte umgetauft wurde.

Schließlich ist hier in aller Kürze festzuhalten, dass nach dem Kriege die herkömmliche Gliederung der Geschichte durch zwei neue Phasen erweitert wurde. Dies war zum einen die Etablierung der Frühen Neuzeit als eigene Epoche und ihre Vertretung durch eigene Lehrstühle, zum anderen war dies die Etablierung der Zeitgeschichte als ein methodisch kontrollierter Zugang zur Epoche der Mitlebenden. Während die Ausbildung der Frühen Neuzeit auf die immer länger werdende Neuzeit reagierte, die sich jetzt ihrer langen Vorgeschichte mit diesem neuen und – auch in Amerika und Westeuropa – sehr erfolgreichen Teilfach entledigte, reagierte die Zeitgeschichte programmatisch auf die Erkenntnis einer qualitativ neuen Phase der europäischen und der Weltgeschichte seit dem Jahre 1917, als mit der Oktoberrevolution und dem Kriegseintritt der USA die beiden das 20. Jahrhundert bestimmenden Mächte die Bühne betreten und mit der „Ur-Katastrophe" (George F. Kennan) des Ersten Weltkriegs der Untergang Europas eingeläutet wurde. Die Gründung des Münchener Instituts für Zeitgeschichte 1950 und die Gründung seiner Vierteljahrshefte für Zeitgeschichte (1953) bestärkten diese Entwicklung und dokumentierten zugleich die Ernsthaftigkeit der deutschen Auseinandersetzung mit den Ursachen und Verbrechen des Nationalsozialismus.

Literatur

O. BRUNNER: Neue Wege der Verfassungs- und Sozialgeschichte. Göttingen [2]1968.

H.-U. WEHLER (Hrsg.): Moderne deutsche Sozialgeschichte. Köln-Berlin [2]1968.

K. HILDEBRAND: Geschichte der „Gesellschaftsgeschichte"? Die Notwendigkeit einer politischen Geschichtsschreibung von den Internationalen Beziehungen, in: HZ 223, 1976, S. 328–357.

W. J. MOMMSEN: Geschichtswissenschaft jenseits des Historismus. Düsseldorf 1971.

–: Sozialgeschichte. Begriff, Entwicklung, Probleme. Göttingen 1977.

G. G. IGGERS: Deutsche Geschichtswissenschaft. Eine Kritik der traditionellen Geschichtswissenschaft von Herder bis zur Gegenwart. München (dtv) 1971.

–: Neue Geschichtswissenschaft. Vom Historismus zur historischen Sozialwissenschaft. München (dtv) 1978.

W. SCHULZE: Deutsche Geschichtswissenschaft nach 1945. München 1989, München (dtv) 1993.

–, O. G. OEXLE (Hrsg.): Deutsche Historiker im Nationalsozialismus, Frankfurt am Main 2000.

R. KOSELLECK u. a. (Hrsg.): Theorie der Geschichte. München (dtv) 1977–1990.
Bd. 1: Objektivität und Parteilichkeit.
Bd. 2: Historische Prozesse.
Bd. 3: Theorie und Erzählung in der Geschichte.
Bd. 4: Formen der Geschichtsschreibung.
Bd. 5: Historische Methode.
Bd. 6: Teil und Ganzes.

T. NIPPERDEY: Gesellschaft, Kultur, Theorie. Gesammelte Aufsätze zur neueren Geschichte. Göttingen 1976.

W. CONZE: Die Strukturgeschichte des technisch-industriellen Zeitalters als Aufgabe für Forschung und Unterricht. Köln-Opladen 1957.

P. L. BERGER, T. LUCKMANN: Die gesellschaftliche Konstruktion der Wirklichkeit. Eine Theorie der Wissenssoziologie. Frankfurt/Main 1970.

L. GALL: Ranke und das Objektivitätsproblem, in: Liberalitas. Festschrift für Erich Angermann zum 65. Geburtstag, Stuttgart 1992, S. 37–44.

W. KÜTTLER u. a. (Hrsg.): Geschichtsdiskurs, 5 Bde. Frankfurt am Main 1993–2001.

C. H. CORNELISSEN: Geschichtswissenschaften. Eine Einführung. Frankfurt am Main 2000.

5 Grundprobleme der deutschen und europäischen Geschichte der Neuzeit

Dieses Kapitel soll abschließend auf einige zentrale Probleme der neueren deutschen und europäischen Geschichte eingehen. Angesichts der immer wieder aufbrechenden Diskussion um einen vermeintlichen „deutschen Sonderweg" in der neueren Geschichte unseres Landes sollen Argumente und Gegenargumente einer solchen Wertung erörtert werden. Da die deutsche Geschichte der Neuzeit noch für lange Zeit unter dem Verdikt der Jahre von 1933 bis 1945 stehen wird, ist die Frage nach der historischen Bedingtheit dieser Jahre unverzichtbar. Daneben soll das Problem einer europäischen Geschichte thematisiert werden, die angesichts immer noch national argumentierender politischer Kulturen in den Ländern Europas ein wichtiges Desiderat für ein vereintes Europa darstellt, zumal, wenn sie mehr sein soll als nur eine Sammlung der Nationalgeschichten. Zugleich ist zu fragen, wie sich Nationalgeschichte und europäische Geschichte zu den Versuchen einer neuen „world history" verhalten.

5.1 Kontinuitätsproblem und „deutscher Sonderweg"

Geschichte – so haben wir im vorhergehenden Kapitel festgestellt – steht immer in enger Verbindung mit den sozialen Einheiten, denen sich Menschen zugeordnet fühlen. Dies mögen Konfessionen oder soziale Schichten sein, vor allem aber waren und sind dies in der neueren Geschichte Nationen. Man wird dies unbeschadet der Tatsache feststellen können, dass sich in vielen Ländern Europas und der Welt regionale Autonomiebestrebungen gegen solche nationalen Einheitsbestrebungen zur Wehr setzen. Gerade die vieldiskutierte **Wiedergeburt nationaler Bestrebungen** in Europa nach dem Zerfall der Blöcke legt eine solche Interpretation nahe. Zugleich bestätigt diese Entwicklung die fortwährende Bedeutung des nationalstaatlichen Musters, das als offensichtlich naheliegendste Variante zur Lösung aktueller Schwierigkeiten gesehen wird. Die erstaunliche Ergiebigkeit des Themas „Nation" und „Nationalismus" in der historischen Forschung beinahe aller europäischen Länder belegt diesen Eindruck.

So liegt es nahe, am Schluss dieser Einführung noch einmal den spezifischen Problemen der neueren deutschen Geschichte nachzugehen. In
unserem Falle ist dies nicht nur die normale Frage nach der Spezifik der
Geschichte der Neuzeit, sondern es ist zugleich die Frage nach der historischen **Erklärbarkeit des Nationalsozialismus.** Eine deutsche Geschichte der Neuzeit steht für uns – und vermutlich noch für lange Zeit –
unter dem unauslöschlichen Verdikt des 19. und vor allem des 20. Jahrhunderts. Der Vorgang der verspäteten Einigung unter preußischer
Hegemonie, der Weg in den Ersten Weltkrieg, das belastete Experiment
der Republik von Weimar und schließlich die Herrschaft des „Dritten
Reiches" und der Zweite Weltkrieg haben der modernen Geschichte und
der Geschichtsschreibung unseres Landes ihren Stempel aufgedrückt.

Wir wollen also nach dem spezifischen **Verlauf der deutschen Geschichte in der Neuzeit** fragen und damit versuchen, als Historiker
einen Beitrag zum besseren Verständnis der Lage unseres Landes zu leisten. Diese Lage war bis 1990 durch das oft verdrängte Fehlen eines Frie-
densvertrages, die Teilung unseres Landes und erkennbare Einschrän-
kungen der Souveränität der Bundesrepublik gekennzeichnet. Teil der
Lage war freilich auch der relativ hohe Grad an politischer und sozialer
Stabilität, die überraschend schnelle Überwindung der Folgen des Krieges, der Vertreibungen aus den deutschen Ostgebieten und der Teilung
und das Ausmaß an Identifizierung der Bürger mit der Bundesrepublik.

Wenn auch diese zuletzt genannten Aspekte zunehmend das Interesse der Historiker finden, so liegt das Hauptaugenmerk aber ganz offensichtlich noch auf jenem Komplex, der in Verbindung mit der Herrschaft des Nationalsozialismus steht und der immer wieder die Frage
nach dem „Wie war es möglich" stellen lässt. Es ist dabei kaum von Belang, ob wir uns die Frage selbst (noch) stellen wollen, sie wird uns in
jedem Fall immer wieder aufgezwungen.

Es ist deshalb notwendig, das Problem des spezifischen Verlaufs der
deutschen Geschichte in immer wieder neuen Anläufen anzugehen. In
der Tat gibt es inzwischen eine beachtliche Fülle einschlägiger Bemühungen, selbst wenn wir uns auf die fünf Jahrzehnte seit dem Ende
des Zweiten Weltkrieges beschränken. Sie reichen von der Konstruktion
eines Weges „From Luther to Hitler" (so ein amerikanischer Buchtitel
von 1946) bis hin zu der modernen Version der Annahme oder Ablehnung eines „deutschen Sonderweges" in die Moderne. Wie das Buch aus
dem Jahre 1946, das eine Verbindung zwischen der Obrigkeitslehre des
lutherischen Protestantismus und der Herrschaft Hitlers suggeriert,
nahelegt, sind vor allem Kontinuitätsthesen formuliert worden, um die
Herrschaft des Nationalsozialismus zu erklären.

Die nach 1945 vieldiskutierte Frage der **Kontinuität deutscher Politik** rückte vor allem durch die Forschungskontroversen um den Ausbruch des Ersten Weltkrieges, die seit 1961 die deutsche Geschichtswissenschaft bewegt haben, erneut in den Mittelpunkt. Der Hamburger Historiker Fritz Fischer hatte 1961 sein Buch „Der Griff nach der Weltmacht" vorgelegt und darin eine neue These über die Rolle des Deutschen Reiches in der **Kriegsschuldfrage** entwickelt. Er wies die bislang breit akzeptierte Auffassung zurück, dass die europäischen Mächte in den Krieg „hineingeschlittert" seien, sondern beharrte auf der These, dass die Reichsleitung durch ihre militärische Risiken bewusst in Kauf nehmende Machtpolitik in der Julikrise eine erhebliche Mitschuld am Kriege trage. Fischer belegte diese Interpretation nicht (nur) durch die Analyse der deutschen Haltung in der internationalen Krise vor Kriegsausbruch, sondern auch durch den Nachweis früherer Kriegszielformulierungen etwa im „Septemberprogramm" des Reichskanzlers Bethmann Hollweg vom September 1914. Doch Fischer ging es mit diesem Buch zugleich um eine umfangreiche Revision der bisherigen Interpretation deutscher Machtpolitik im 19. und 20. Jahrhundert:

> „Wenn diese neue Betrachtungsweise die deutsche Politik im Ersten Weltkrieg einerseits tief in die deutsche Geschichte des 19. und 20. Jahrhunderts verwurzelt erscheinen läßt, so weist sie andererseits über den behandelten Zeitraum hinaus: Ideelle und hegemoniale Ansprüche werden sichtbar, die, wenn auch gesteigert und unmenschlich in den Methoden, in der deutschen Geschichte bis 1945 wirksam geblieben sind."

In einem Begleitwort der Taschenbuchausgabe dieses Buches – das inzwischen in vier deutschen und mehreren fremdsprachigen Auflagen erschienen war – hat Fischer dann die Wirksamkeit dieses Anspruchs aus der Rückschau betrachtet. Er schrieb 1977:

> „Darüber hinaus hat das Buch „Griff nach der Weltmacht" – ohne selbst zeitlich so weit zu führen – die Frage unausweichlich gemacht, die von Hajo Holborn (einem inzwischen verstorbenen aus Deutschland in die USA emigrierten Historiker (1902–1969) im Vorwort zur amerikanischen wie von Jacques Droz (einem französischen Historiker) im Vorwort zur französischen Ausgabe gestellt und bejaht wurde, ob nicht vom kaiserlichen Deutschland in den gesellschaftlichen Formationen und den ideellen Traditionen Linien oder doch Elemente der Kontinuität festzustellen sind hin zum „Dritten Reich", die erst begreiflich machen, wieso dieses möglich war und kein „Be-

triebsunfall" der Geschichte, wie so viele es sehen wollen. Aber eben diese immanente Frage läßt erkennen, warum sich die Kontroverse so verschärft hatte."

Die damit an die deutsche Geschichtswissenschaft gestellte Frage nach der Verbindung zwischen der inneren Struktur des Kaiserreichs und der Genese deutscher Großmachtpolitik war in den 60er Jahren von Hans-Ulrich Wehler aufgenommen worden. In seiner Analyse des **Bismarckreiches** hat er die spezifischen Bedingungen für eine **imperialistische Außenpolitik** herausgearbeitet: das Nebeneinander von traditionellen Eliten und relativ schneller wirtschaftlicher Modernisierung, das Fehlen einer erkämpften Demokratisierung, das Zuspätkommen Deutschlands beim Kampf um die Kolonien. Zugleich hat er die Funktion erfolgreicher imperialistischer Politik, für die Ablenkung und Zähmung systemgefährdender Reformbestrebungen nach außen zu sorgen, herausgearbeitet: „Als Instrument der Herrschaftsstabilisierung und Herrschaftslegitimierung gehört der Wirtschafts- und Sozialimperialismus zur Genesis des modernen Interventionsstaats." Er hat aus dieser Analyse nicht nur Schlussfolgerungen für die bereits berührte Kontinuitätsdiskussion gezogen, sondern daraus auch methodische Konsequenzen im Hinblick auf die notwendige Verbindung von Innen- und Außenpolitik entwickelt. Hier liegt der Ansatzpunkt für jene Art der Analyse von Außenpolitik, die – vom **„Primat der Innenpolitik"** ausgehend – in Deutschland an den Namen des Historiker Eckart Kehr (1902–1933) geknüpft worden ist – der Begriff „Kehrites" wurde schon erläutert (s. S. 184). Wehler hat aus der strukturgeschichtlich angelegten Analyse des Kaiserreiches die folgende Konsequenz für unser Kontinuitätsproblem gezogen. Die Legitimität der Frage nach **Kontinuitäten** ergab sich dabei für ihn zwingend aus der relativen Zählebigkeit sozialer, wirtschaftlicher, politischer und mentaler Strukturen, deren Existenz durch Einschnitte wie die Revolution von 1918/19 nicht aufgehoben wurde.

„Bis 1945, ja in manchen Bereichen darüber hinaus, wirkte sich, durch ältere historische Traditionen und neue Erfahrungen begünstigt, der fatale Erfolg der kaiserlichen Machtelite aus: In der Anfälligkeit für autoritäre Politik; der Demokratiefeindschaft im Bildungs- und Parteiwesen; im Einfluß vorindustrieller Führungsgruppen, Normen, Wunschbilder, in der Zähigkeit der deutschen Staatsideologie; im Mythos der Bürokratie, in der Überlagerung von ständischem Gefälle und Klassengegensätzen; in der Manipulation des politischen Antisemitismus – so beginnt ein langer Katalog schwerer historischer Belastungen."

Mit dieser Debatte, die sich um den Begriff der Kontinuität deutscher Politik herum entwickelte, ist ein wesentlicher, wenn auch keinesfalls unbestrittener Leitgedanke der Historiographie zur neueren deutschen Geschichte formuliert worden. Historiker und Politikwissenschaftler wie Klaus Hildebrand und Peter Graf von Kielmannsegg haben die Angemessenheit dieser Interpretationskategorie bezweifelt und auf die „Deformation des Urteils durch die Kategorie der Kontinuität" verwiesen. Andreas Hillgruber hat in seiner Interpretation der politischen Geschichte des 19. und 20. Jahrhunderts mit Nachdruck auf dem „Handlungsspielraum der Staatsführungen in der Außenpolitik" und dem **„Eigengewicht außenpolitischer Entscheidungen** der Großmächte" bestanden, er hat das Prinzip des politischen Handlungsspielraumes auch auf die Innenpolitik ausgedehnt. Diese Konzeption – so können wir festhalten – beharrt auf der relativen Eigenständigkeit des „Politischen", geht also von der leitenden Annahme aus, dass hier die von uns prinzipiell vermutete Komplexität der Wechselbeziehungen zwischen Politik, Wirtschaft und Gesellschaft so weit zurückgedrängt ist, dass Politik vorzüglich durch die Rekonstruktion von Entscheidungsprozessen und die Zielvorstellungen der Führungsgruppen erschlossen werden kann.

Doch kehren wir zum Problem der „Kontinuitäten" zurück! Dieser Diskussionskomplex bildet auch den Hintergrund einer anderen Diskussion, die vor allem in den letzten Jahren unter dem Titel des **„deutschen Sonderwegs"** geführt worden ist. Hier geht es um eine mögliche Erklärung des historischen Weges Deutschlands zum Nationalsozialismus und dessen vergleichende Einordnung. Dies gilt freilich weniger in dem Sinne, dass der Ablauf der Jahre 1932/33 unklar wäre oder vorrangig „Kontinuitäten" diskutiert würden, sondern vielmehr in einem weit ausgreifenderem Sinne, der Deutschlands Weg in das 20. Jahrhundert als Ganzes betrachtet und in Beziehung setzt zu dem anderer Länder Europas.

Damit ist das methodische **Problem des Vergleichens** in der Geschichtswissenschaft aufgeworfen, das wir bislang noch nicht eigens thematisiert haben. Man braucht nicht die vielen Belege anzuführen, in denen renommierte Historiker die Forderung nach vergleichender Geschichte aufstellen. Für manche Historiker ist der Vergleich eine Art Ersatz für das mit unserem Material nicht durchführbare Experiment, für andere wiederum notwendige intellektuelle Vorarbeit für die Darstellung eines Einzelphänomens. In jedem Fall können wir sagen, dass der Vergleich den Historiker in die Lage versetzt, die Analyse eines individuellen Problems auf die Folie anderer vergleichbarer Vorgänge zu legen und Differenzen oder Parallelitäten festzustellen. Genau dies hat der deutsche Historiker Otto Hintze (1861–1940) als die Funktion des Vergleichs festgehalten: Der Historiker vergleiche, – so sagte er – um Differenzen festzustellen und damit letztlich zu spezifizieren, der Soziologe vergleiche, um Gemeinsames herauszustellen, also um zu generalisieren. Es liegt auf der Hand, dass mit dem so durchgeführten Vergleich für den Historiker in jedem Fall eine erhöhte Aussagekraft gewonnen wird. Der jeweilige Teilbefund ist zunächst ein singuläres Faktum, der Vergleich erhebt es ggf. zum Beleg einer übergreifenden epochalen, säkularen, europäischen oder universalen Entwicklung. Die dabei entwickelten Kategorien des Vergleichs haben dabei – wie schon früher erwähnt – den Status von Idealtypen, also Begriffen, die im Forschungsprozess die Rolle vorläufiger, ggf. zu verändernder Konzepte spielen.

Es liegt auf der Hand, dass die Behauptung eines „deutschen Sonderwegs" geradezu einen Vergleich herausfordert, ja ohne Vergleichsgrundlage gar nicht zu verifizieren ist. Es muss also gefragt werden, wo ist der Normalweg ins 20. Jahrhundert, wenn Deutschland einen besonderen Weg beschritten haben soll? Allerdings wird man schnell feststellen, dass die Vergleichsgrundlage meistens nicht expliziert wird, d. h. die Aussage über einen deutschen Sonderweg erweist sich meist als schlichte Teilaussage, die rhetorisch durch einen bloß angedeuteten und inhaltlich meist wenig aussagekräftigen Vergleich aufgewertet werden soll.

Leicht könnte der Eindruck entstehen, als sei das Interpretament eines „deutschen Sonderweges" von jenen kritischen Historikern und Publizisten erfunden worden, deren Konzept deutscher Geschichte einen strukturellen Zusammenhang zwischen missglückter Revolution von 1848/49, preußischer Machtpolitik im 19. Jahrhundert, der militärischen Gründung des Deutschen Reiches von 1871 und dem Nationalsozialismus annahm. Doch es verhält sich ganz anders. Die Annahme einer **deutschen Sonderrolle in Europa** nahm ihren Ausgangspunkt von deutschen Intellektuellen in der Zeit zwischen 1871 und 1914. Sie gingen von der festen Überzeugung aus, dass „die starke Monarchie mit ihrer Militärmacht und Bürokratie, ihrem Bildungswesen und Industrialisierungserfolg den westlichen parlamentarisch-demokratischen Staaten überlegen sei". Der Satz vom „deutschen Wesen", an dem die Welt genesen sollte, kann dieses Überlegenheitsgefühl verdeutlichen. Insofern ist der moderne Topos vom deutschen Sonderweg zunächst die ins Negative gewendete Fassung eines genuin deutschen Sonderbewusstseins. Dieses Sonderbewusstsein gelangte gerade unter deutschen Universitätsprofessoren im Ersten Weltkrieg zu besonderer Wirksamkeit:

„**Deutscher Geist und Westeuropa**" (so Ernst Troeltsch) werden scharf unterschieden und zu differierenden Lebensprinzipien hochstilisiert: Die „**Ideen von 1914**" wurden den „**Ideen von 1789**" entgegengestellt.

Eindrucksvolle Belege für eine solche Auffassung wurden auch vom Ausland geliefert. So zog Frankreich aus der Niederlage von 1871 die Konsequenz, dass sein veraltetes Universitätssystem möglichst schnell dem „erfolgreichen" deutschen System angeglichen werden müsse. Unbestreitbar schlug Deutschland mit seiner forcierten Bildungs- und Forschungspolitik seit dem späten 19. Jahrhundert einen zukunftsweisenden Weg ein. Das Land gewann neues Renommee in Europa und Amerika, sein Hochschulsystem wurde wegweisend und zog viele Interessenten an. Zur gleichen Zeit wurde die neue Leistungsfähigkeit Deutschlands auch von seinen europäischen Konkurrenten wahrgenommen, vor allem von England: „Science, education, application, and an equal regard for small as for large things – these, in the main, are the causes of Germany's success as a rival in the market of the world", schrieb 1908 bewundernd ein englischer Beobachter. Diese Entwicklung führte bereits 1887 zu der gesetzlichen Vorschrift, deutsche Produkte mit der Kennzeichnung „**Made in Germany**" zu versehen.

Freilich wird bei diesem Rückgriff auf die Genese deutschen Sonderbewusstseins schnell deutlich, dass hier andere Inhalte galten als in der Diskussion der Historiker um einen deutschen Sonderweg in die Moderne, wie sie nach dem Zweiten Weltkrieg entstanden ist. Wenn in den letzten Jahren von angloamerikanischen Historikern die These vertreten wurde, dass sich der vermutete deutsche Sonderweg im europäischen Vergleich doch erheblich relativiere, so sind dies vor allem Indizien für eine offensichtlich gesunkene Bedeutung des Datums von **1933 als Endpunkt deutscher Geschichte**. Man kann hier den möglichen Beginn eines Relativierungsprozesses sehen, der mit der erfolgreichen Geschichte der Bundesrepublik einen anderen Blick auf das 19. Jahrhundert werfen konnte und dort notwendigerweise andere „Optionen" erkannte als der auf 1933 konzentrierte Blick, den uns Historiker wie der emigrierte Hans Rosenberg (1904–1988) nahegelegt haben. Er verwies 1958 auf den „ebenso eindrucksvolle(n) wie merkwürdige(n) Tatbestand, daß die historischen Erben des Gutsherrenadels bis 1918, also noch in der Epoche des modernen Industrialismus, eine rechtlich und politisch privilegierte Herrenstellung behauptet haben" und legte damit den Grund für die neuere, sozialhistorisch argumentierende Debatte um „Kontinuitäten" der deutschen Politik, freilich in einem sehr weit gefassten Zeitraum.

Eine solche zeitlich, aber ebenfalls räumlich vergleichende Perspektive prägte auch das Werk des amerikanischen Politikwissenschaftler **Barrington Moore Jr.** (*1913), der 1966 eine Untersuchung über „Die Rolle der Grundbesitzer und Bauern bei der Entstehung der modernen Welt" vorlegte. In Abgrenzung von einem bürgerlich-revolutionären und einem kommunistischen Weg ordnete er Deutschland zusammen mit Japan einem **„zweiten Pfad in die moderne Welt"** zu, der durch eine kapitalistische Entwicklung, aber auch eine fehlende revolutionäre politische Umgestaltung geprägt sei. In dieser Perspektive wurde der Beginn der ostelbischen Gutsherrschaft zum entscheidenden Beginn einer Abweichung Preußens vom bis dahin beschrittenen gemeinsamen europäischen Entwicklungsweg. Unabhängig davon, dass mit der Modernisierung des Agrarsektors natürlich nur ein Teilbereich analysiert wird, liegt ein Vorteil eines solchen Ansatzes, der eine weitausgreifende Diskussion provoziert hat, in seiner weiten, nicht nur auf das 19. und 20. Jahrhundert beschränkten Perspektive, die zu oft bei der Sonderwegsdiskussion im Vordergrund steht.

So selbstverständlich die Suche nach Kontinuitäten gerade in der Analyse der deutschen Geschichte scheinen mag, so eindeutig wurde dieses Verfahren von **Thomas Nipperdey** kritisiert. Um kein Missverständnis aufkommen zu lassen: „Die Frage nach der Kontinuität" sagte Nipperdey, „mit der das Spätere aus dem Früheren erklärt werden kann, ist notwendig und legitim. Die Richtung der Frage aber ist nicht umkehrbar: Ich kann das Frühere vom Späteren her allein – als ob es eine **Quasi-Teleologie** gäbe – nicht erklären."

Versuchen wir, den Kern des hier ausschnitthaft mitgeteilten Streits zwischen der „Kontinuitätstheorie" und der Position Nipperdeys zu erfassen, dann ergibt sich schnell der Eindruck, dass sich diese Debatte an der Auffassung entzündete, es bestehe eine Kontinuitätslinie zwischen der Gründung des preußisch-deutschen Nationalstaats 1866/71 und der Machtergreifung der Nationalsozialisten im Jahre 1933. Nipperdey kam es vielmehr darauf an, dass die historische Forschung die **„Omnibusstruktur"** des Nationalsozialismus zur Kenntnis nehmen müsse, die Tatsache also, dass diese Bewegung „eine Reihe von Kontinuitäten miteinander verband und jedem die seine versprach". Natürlich war das keine beliebige Gruppe von Kontinuitäten, „antidemokratische, rechte Konstellationen" müssten vor allem gesehen werden, aber es könne eben keine „Einheit der Kontinuitäten konstruiert" werden, die im Jahre 1933 kulminiere: „Denn der Nationalsozialismus verbindet gerade traditionell konservative und revolutionäre, elitäre und egalitäre Momente [...] 1933 bedeutet nicht nur eine Steigerung und Radikalisierung, sondern eine neue Kombination von Kontinuitäten, bedeutet etwas Neues." Nipperdey – so lässt sich resümieren – entzog sich einer Geschichtsschreibung, die vorgibt, genau zu wissen, wer der Schuldige, welche Kontinuität eine verhängnisvolle, welche Machtkonstellation die entscheidende war. Er wollte der Vergangenheit zu ihrem Recht verhelfen, die mehr und anders war, als es jede Kontinuitätsperspektive vermuten lassen könnte.

Nipperdeys aus methodischen Grundpositionen des Historismus gewonnene Stellungnahme gewinnt ihren intellektuellen Reiz vor allem aus der Infragestellung von historischen Interpretationen, die sich bestimmten Kontinuitätsannahmen verschrieben haben und mit diesem Verfahren unsere Kenntnis unbestreitbar erweitert und vertieft haben. Seine Kritik lässt jedoch die Frage unbeantwortet, ob eine Geschichtsschreibung, die die Möglichkeit „einer" Kontinuität immer schon ausschließt, noch jene Leistungen erbringen kann, die von der Historie mit klarer „Wertbeziehung" erbracht worden sind.

Nach diesen Vorbemerkungen zur Kontinuitäts- und Sonderwegsdiskussion können wir nun jene Probleme angehen, die sich als Spezifika deutscher Geschichte in der Neuzeit herausarbeiten lassen. Hier kommt es darauf an, Kontinuitäten nicht nur zwischen 1848/49 oder 1871 und 1933 sichtbar werden zu lassen. Dieses Verständnis von historischer Entwicklung scheint zu verkürzt und nicht ausreichend, um die wichtigen Vorbedingungen der neueren und neuesten Geschichte zu klären. Hier wäre vor allem auf die spezifische Doppelstruktur deutscher Staatlichkeit, ihre starke sozialpolitische Komponente und die zeitweilige Differenz zwischen „Kulturnation" und „Staatsnation" zu verweisen, die zum Kern des Konzepts der „verspäteten Nation" (dazu mehr S. 309!) wurden. Die Diskussion der letzten Jahre legt es auch nahe, den Eindruck zu vermeiden, als werde die gesamte neuere Geschichte allein auf den Endpunkt der Jahre des Hitlerregimes hin konstruiert. Anders herum gesehen bedeutet dies, dass auch in der historischen Erklärung des Nationalsozialismus kontingente Restbestände – also **Zufallsfaktoren** – und **strukturell nicht Erklärbares** akzeptiert werden müssen. So wie sich in der Revolutionsforschung die Einsicht verstärkt, dass nicht die ganze Geschichte des Ancien Régime in Frankreich zur Vorgeschichte der Französischen Revolution umgeschrieben werden kann, so müssen wir uns auch in unseren Bemühungen um die Aufklärung des Nationalsozialismus dieser Einsicht beugen.

5.2 Föderalismus und Einheit

Wir haben schon mehrfach die Tatsache festgehalten, dass deutsche Staatlichkeit immer in doppelter Form auftritt, Stammesherzogtum und Königtum, Territorialstaat und Reich, Bundesstaat und Deutscher Bund, Bundesstaat und Kaiserreich, Land und Weimarer Republik, Bundesland und Bundesrepublik sind die Stationen dieser ausgeprägten Polarität. 1955 wies Hermann Heimpel (1901–1988) in einer Rede (vor dem Kuratorium Unteilbares Deutschland) auf die „nachdenkliche Tatsache hin, dass es für Jahrhunderte **keine konkrete deutsche Geschichte**, wie auch keine eigentlich italienische Geschichte gegeben hat: die beiden Hauptvölker des alten Reiches, die Reichsvölker, Deutsche und Italiener, sind am spätestens zu einheitlichen Nationen geworden." Und Gerhard Ritter (1888–1967) hat festgestellt, dass es „im deutschen Volk Jahrhunderte lang weder nationalistische Strömungen noch überhaupt ein spezifisch politisches Nationalbewusstsein gegeben hat". „Deutschland", das war für Friedrich Schiller eine schwierige Frage: „Aber wo liegt es? Ich weiß das Land nicht zu finden. Wo das gelehrte beginnt, hört das politische auf." Andeutungen von Patriotismus, zunächst freilich nur in der Form eines politisch wenig folgenreichen „Reichspatriotismus", tauchen auf, wenn man sich gegen Angriffe wehrt; das gilt für die Türkenkriege des 16. und 17. Jahrhunderts, die Franzosenkriege des späten 17. Jahrhunderts und für die expansive Politik des revolutionären Frankreichs. Dieses aus der Verteidigung entstandene Nationalbewusstsein „hat von daher gewisse kämpferische, militante Züge" (Gerhard Ritter). Den heißen Wunsch eines Ernst Moritz Arndt (1769–1860) „Das ganze Deutschland soll es sein", beantwortete der Wiener Kongress mit einem dünnen Bündnis der deutschen Fürsten und freien Städte und provozierte damit das um so stärkere Streben nach **nationaler Einheit im deutschen Vormärz**.

Diese Erkenntnis fehlender Einheit und Zentralität fand freilich auch schon früh eine positive Würdigung. Johann Wolfgang von Goethe (1794–1832) schrieb in seiner Weimarer Zeit:

„Wenn man aber denkt, die Einheit Deutschlands bestehe darin, dass das sehr große Reich eine einzige Residenz habe und diese eine große Residenz, die zum Wohl der Entwicklung einzelner großer Talente, so auch zum Wohl der großen Masse des Volkes gereiche, so ist man im Irrtum. Wodurch ist Deutschland groß, als durch eine bewundernswürdige Volkskultur, die alle Teile des Reiches gleichmäßig durchdrungen hat? Gesetzt, wir hätten in Deutschland seit Jahrhunderten nur die beiden Residenzstädte Wien und Berlin oder gar nur eine, das möchte ich doch sehen, wie es um die deutsche Kultur stünde."

Es äußert sich hier jene Auffassung von Kulturnation, die in der Diskussion der „deutschen Frage" bis zur Wiedervereinigung eine zentrale Rolle spielte. Demgegenüber nimmt die einheitliche Staatsnation in der neueren deutschen Geschichte nur einen schmalen Raum ein, begrenzt auf einen kleinen Abschnitt der deutschen Geschichte, die Zeit der **kleindeutschen Lösung** unter preußischer Führung. Diese späte und problematische Lösung deutscher Einheit wurde noch von dem schnellen Industrialisierungs- und Modernisierungsprozess überlagert, eine doppelte Bürde, die Deutschland doppelt belastete.

Gemessen an der längeren Erfahrung der deutschen Geschichte ist das **„Dismemberment of Germany"**, wie es von den Alliierten im Vertrag von Jalta (Februar 1945) festgeschrieben wurde, ein Wiederaufgreifen des älteren Prinzips der territorialen Organisation Mitteleuropas, auch wenn diese Forderung in Jalta nicht in eine solche historische Kontinuität hineingestellt wurde. Sie entstand vielmehr, um für die Zukunft den Frieden in Europa zu garantieren. Damit ergab sich bis 1990 für die Beurteilung des Einheitsgebots der Präambel des Grundgesetzes eine Polarität von Einheit und europäischer Friedensordnung, die notwendigerweise das Einheitsgebot auf den Begriff der Kulturnation reduzierte, ohne die staatliche Einheit aus dem Auge zu verlieren.

Wer immer die deutsche Geschichte der Neuzeit unter dem Gesichtspunkt des vorherrschenden **Partikularismus** bilanzieren will, muss sich mit der eigentümlichen politischen Lebensform des Alten Reichs vertraut machen. Es wäre gewiss zu wenig, hier nur von „partikularer Zerrissenheit" zu sprechen und damit die Kernpunkte borussischer Reichskritik zu wiederholen. Das **Alte Reich** war in seiner differenzierten Territorialstruktur mit ca. 200 reichsunmittelbaren Herrschaften ein Gemeinwesen mit einer relativ klaren Funktionsverteilung. Äußerer Schutz, Sicherung des inneren Friedens, Rechtswahrung und Grundlagen der Sozial- und Wirtschaftspolitik waren die Aufgaben, die das Reich wahrnahm. Dafür bildete es eigene, wenn auch bescheidene, Institutionen aus, die freilich zu keiner Zeit ein dynamisches Eigenleben entfalten konnten. Hier gelang es dem Reich aber durchaus, seinen Aufgaben gerecht zu werden. Türkenabwehr und Kampf gegen die französische Expansionspolitik belegen das für den Bereich der Außenpolitik, die Existenz des Reichskammergerichts und des Reichshofrats für das Feld des Rechtswesens; die Reichskreise übernahmen in der Exekutionsordnung die Sicherung des inneren Friedens, trieben Münz-, Wirtschafts- und Straßenbaupolitik. Im Rahmen dieser Aufgabenteilung blieb für die Territorialstaaten ein genügend großer **Spielraum für spezifisch einzelstaatliche Lösungen** in den anderen Feldern von Politik übrig, genug immerhin, um die Territorien zu den dynamischen politischen Einheiten werden zu lassen, die im Bereich der regionalen Wirtschafts- und Sozialpolitik, der Verwaltung des Kultus, der Pflege der Wissenschaft, der Lokalverwaltung aktiv werden konnten. Das Territorium wurde so zum Ort moderner Staatlichkeit und Daseinsvorsorge, das Reich bildete einen friedenssichernden Schirm über dieser bunten Vielfalt. Der gesamte Vorgang wird sich am besten als Prozess sui generis, als Prozess gestuft-komplementärer Staatsbildung deuten lassen.

Freilich darf nicht angenommen werden, dass alle Territorien die oben angedeutete Dynamik zum modernen „Militär-, Wirtschafts- und Verwaltungsstaat" entwickelt haben. Gerhard Oestreich (1910–1978) – dem wir diesen Begriff verdanken – hat auf jene „Kleinstterritorien" und **„Duodezfürstentümer"** verwiesen, die „niemals den Zustand und die Organisation des frühmodernen Staats erreicht" haben, denen er das Prädikat „Staatlichkeit" gar verweigert. Die Geschichte des Reiches in der Neuzeit ist zugleich auch die Geschichte eines dauernden Selektionsprozesses, in dem diese „vorstaatlichen" Herrschaftsgebilde vom Kraftfeld eines größeren Nachbarn aufgesogen wurden. Das Reich kannte viele solcher Klientelverhältnisse, und insofern könnte man sagen, dass die Auflösung des Reiches im Jahre 1806 und die Bildung der Mittelstaaten des Deutschen Bundes ein **territorialer Bereinigungsprozeß** war, der die schwächeren politischen Gemeinwesen eliminierte und die älteren Selektionsvorgänge fortsetzte, die territorialen Verhältnisse jetzt in einem Schub bereinigte. Nicht umsonst hatte sich die aufklärerische Kritik vor allem auf die geistlichen Territorien und die „Duodezfürstentümer" konzentriert, bei deren „Serenissimi" am ehesten eigentümliche und kostspielige Vorlieben für Soldaten, Mätressen und Bauten kritisiert werden konnten. Die wenigen Fürstenabsetzungen, die das Alte Reich in seiner Spätphase kannte, ergaben sich ausgerechnet in diesen Territorien.

Wenn das Reich auf diesem Feld durchaus als ein dynamischer politischer Verband charakterisiert werden kann, so kann dies jedoch nicht der vorherrschende Eindruck sein. In den letzten drei Jahrzehnten hat die historische Erforschung des Alten Reiches in einer Reihe von Anläufen zeigen können, dass das Reich in seiner machtpolitischen Schwerfälligkeit in einem besonderen Sinne ein bemerkenswert flexibles politisches System darstellte, das in der Lage war, beachtliche Binnenkonflikte bei Wahrung seiner äußeren Handlungsfähigkeit zu verkraften. Daneben ist die Bedeutung des Reiches als Garant der Rechte der kleinen Stände und der Untertanen hervorgehoben worden. Die Rechtsprechung der obersten Reichsgerichte, aber auch die Existenz von mächtigen Ständen, die als Kreisoberste besondere exekutive Kompetenzen gegenüber den kleineren Ständen des Reiches besaßen, hatte schon die Reichsjuristen des späten 18. Jahrhunderts zu der Überzeugung gebracht, dass das Reich im besonderen Maße den Ausgleich zwischen Untertanen und Territorialobrigkeiten förderte. Gerade in der seit 1789 beginnenden Konfrontation mit den französischen Verhältnissen, die immer wieder zum Vergleich zwischen dem Reich und Frankreich reizten, wurde eine „der schätzbarsten Eigenheiten der **teutschen Staatsverfassung"** sichtbar, die im Schutze jedes mittelbaren Reichsuntertanen „gegen den Mißbrauch der landesherrlichen Gewalt", aber auch darin bestand, dass die Landesherren gegen die „Widerspenstigkeit unruhiger Untertanen" gesichert waren. Für den Reichsjuristen Johann Melchior Hoscher (1764–1809) ergab sich aus dieser **„wohltätigen Einrichtung"** die sehr einfache Antwort auf die Frage, welche Mittel in Deutschland zu ergreifen seien, um bestimmte Mängel der „Constitution" abzustellen: „Sicher nicht Rebellion, nicht Selbsthilfe, da wo ein Oberrichter ist, der Hilfe verschafft."

Zeitgenössische Bewertungen dieser Art dürfen gewiss nicht als korrekte Beschreibungen der Wirklichkeit verstanden werden. Sie haben bislang der Überprüfung durch die historische Realität jedoch standgehalten, d. h. der Realität vieler Konflikte zwischen Obrigkeiten und Untertanen, die entweder vor territorialen Gerichten oder den Reichsgerichten ausgetragen wurden. Die Fülle dieser Konflikte bewog die Juristen des 18. Jahrhunderts dazu, eigene Vorlesungen über „Bauernrecht" anzubieten. Nicht zuletzt genoss das Reich in der Sicht von außen hohe Wertschätzung. Vor allem Rousseaus Auseinandersetzung mit den Friedensplänen des Abbé St. Pierre von 1713 zeigt, wie sehr er im Reich ein organisatorisches Grundmodell für einen zukünftigen europäischen Staatenverein sah.

Aus solchen Beobachtungen lassen sich wichtige Schlüsse für die **politische Kultur des Alten Reiches** ziehen. Sie war geprägt durch **Multikonfessionalität, Verrechtlichung** und ein System von **Machtkontrolle** der Stände untereinander und der Stände durch das Reich. Die föderale Grundstruktur des Reiches war deshalb nicht nur Ausfluss dynastischer Interessen, sondern entsprach auch den Bedürfnissen der Untertanenverbände. Die bemerkenswert glatte Umgestaltung des Reiches nach 1803 und die breite Akzeptierung der neuen staatlichen Struktur des Deutschen Bundes sprechen für diese These. Auch die Neuordnung der Länder in der Bundesrepublik, die ja erhebliche Veränderungen gegenüber den traditionellen Ländergrenzen mit sich brachte und ganz neue politische Einheiten schuf, scheint eher ein Beweis für die funktionale **Bedeutung des föderalistischen Systems** zu sein als für die unveränderbare Existenz traditioneller Einheiten.

5.3 „Revolution von oben"

Der Historiker Rudolf Stadelmann (1892–1949) hat unter dem Eindruck der „deutschen Katastrophe" im Jahre 1948 den Versuch unternommen, die besondere historische Belastung seines Landes zu untersuchen. Dieses Land sah sich nach dem Verlust des Krieges an einem Punkt angekommen, der manche Historiker zu der verzweifelten Ansicht brachte, dass Geschichte jetzt sinnlos geworden sei, da es keinen deutschen Staat mehr gebe. Stadelmann entwickelte seine Diagnose am Begriff eines **„Landes ohne Revolution",** dem somit eine entscheidende Erfahrung der westeuropäischen Länder fehle, die sich ihren Weg in die Neuzeit mit Revolutionen erkämpft hatten. Schon vorher und seit Stadelmann ist dieser Topos des Landes ohne Revolution immer wieder in die Debatte gebracht worden, wenn es um die Diskussion eines vermuteten deutschen Sonderweges ging. Selbst auf die Gefahr hin, hier einer sog. „Tacitushypothese" das Wort zu reden – Ralf Dahrendorf bezeichnete damit jene gewagten Konstruktionen, die den Nationalsozialismus bis weit in die deutsche Geschichte zurückverfolgten – sei auf die Erklärung Stadelmanns hingewiesen, der in den Reformen des aufgeklärten Absolutismus den Grund für die fehlende erfolgreiche bürgerliche Revolution sah. Karl Marx hat bekanntlich den Defekt der deutschen Geschichte darin gesehen, dass die Reformation die „deutsche Revolution" gewesen sei, d. h. das Problem damit verinnerlicht worden sei. Der Soziologe Helmuth Plessner hatte 1934/35 Deutschland als die **„verspätete Nation"** bezeichnet und damit einen vielzitierten Begriff entwickelt, der vor allem in der Nachkriegszeit und nach der Neuauflage des Buches 1959 die publizistische Diskussion stark beeinflusst hat. In der Rückschau des Jahres 1959 – in der Neuauflage seines Buches – formulierte Plessner, der 1933 von den Nationalsozialisten zur Emigration gezwungen wurde:

„Die wesentliche Differenz zwischen den Deutschen und den Völkern des alten Westens, die ihre nationalstaatliche Basis im 16. und

17. Jahrhundert gefunden hatten und auf „goldene Zeitalter" zurücksehen können (was wir nicht können), liegt in dieser Zeitverschiebung, die eine innere Verbindung zwischen den Mächten der Aufklärung und der Formung des Nationalstaats verhindert hat."

Der Politikwissenschaftler Ernst Fraenkel (1898–1975) hat den Differenzpunkt der deutschen Entwicklung noch eine Etappe weiter zurückverlegt und hat mit Ernst Troeltsch (Naturrecht und Humanität in der Weltpolitik, 1923) den „grundlegenden Unterschied zwischen den westlichen Demokratien und dem deutschen Regierungssystem in deren verschiedenartiger Einstellung zu der abendländischen **Tradition des Naturrechts**" sehen wollen.

Gleich ob solche und ähnliche Erklärungsversuche richtige oder fehlgehende Ansätze sind, so wird durchaus deutlich, in welch starkem Maße die „Revolution" als prägende Erfahrung der Neuzeit, vielleicht sogar als notwendige Erfahrung verstanden wird. Man könnte freilich auf den November 1918 hinweisen, doch hiervor warnt der Historiker Michael Stürmer folgendermaßen: Es sei ein Zuviel an Revolution gewesen, um die Reform-Kontinuität des Kaiserreichs wieder aufzunehmen, aber zu wenig Revolution, um die neue Republik dauerhaft zu verankern. Es passt in diese Linie, wenn **Ralf Dahrendorf** in seinem Buch „Gesellschaft und Demokratie in Deutschland" (1965) den Nationalsozialismus als die „soziale Revolution" bezeichnete, die überfällig gewesen sei. Endlich und unter Schmerzen – so ließe sich dieser Gedanke fortsetzen – hatte Deutschland damit jene Erfahrung nachgeholt, die andere Länder schon lange vorher gemacht hatten. Der schon zitierte amerikanische Politikwissenschaftler Barrington Moore hat deshalb vom Zweiten Weltkrieg und dem Nationalsozialismus als einer **„Ersatzrevolution"** gesprochen.

Deutschland ist daher mit einer gewissen Berechtigung als ein Land bezeichnet worden, das durch „Revolution von oben" geprägt sei. Der Begriff **„Revolution von oben"** stammt aus dem Umfeld der preußischen Reformer, die vielfach die Notwendigkeit hervorhoben, dass man Vorgänge, wie in Frankreich geschehen, durch gezielte Reformmaßnahmen vermeiden müsse. „Die Revolution im guten Sinne" war es, die Hardenberg 1807 anvisierte, die „mit Ordnung" vollzogene Revolution, wie der Freiherr vom Stein schrieb. Schon 1799 hatte der preußische Minister Karl August von Struensee (1735–1804) dem französischen Gesandten prophezeit, dass „die heilsame Revolution, die Ihr von unten nach oben gemacht habt", sich „in Preußen langsam von oben nach unten vollziehen" werde.

Es würde zu kurz greifen, wenn wir die im Kreis der preußischen Reformer entwickelte Position nur als Reaktion auf das französische Lehrstück verstehen würden. Sie entsprach vielmehr der Tradition des **„aufgeklärten Absolutismus"** und seiner – freilich begrenzten – Eingriffe in die Privilegiengesellschaft der vorrevolutionären Zeit. So wundert es nicht, wenn deutsche Fürsten – wie der Markgraf Karl Friedrich von Baden – dem französischen Königreich bereits vor 1789 eine Revolution voraussagten und dies im Bewusstsein ihrer eigenen Reformtätigkeit auch mit Recht tun konnten. 1794 hieß es in einer Einsendung zu einer von der Erfurter Akademie gestellten Preisfrage, dass „alle Regierungen eine Revolution erleiden werden, wenn sie nicht selbst sie machen." Neuere Studien über den Charakter des deutschen „wellordered police state" – wie es der US-Historiker Marc Raeff formuliert hat – legen die Vermutung nahe, dass sich unter dem Leitmotiv der **„guten Policey"** eine spezifische Version von Staatlichkeit herausbildete, die zumindest in der Lage war, die notwendigsten Reformen durchzusetzen.

Ralf Dahrendorf hat einmal davon gesprochen, dass die Einführung der Sozialversicherung durch Bismarck die Möglichkeit einer freiheitlichen Entwicklung zu Gunsten der **Autorität des Staates** einschränkte. Akzeptiert man ein solches Argument, dann wird man diese staatlichen Antizipationen auch für die frühneuzeitliche Epoche gelten lassen müssen, etwa im Bereich der Landesordnungen, des Bauernschutzes, der allgemeinen staatlichen Daseinsvorsorge, der Rechtssicherheit. Mit solchen Beobachtungen geht es nicht darum, eine neue Erfolgsgeschichte des Staatsgedankens in Deutschland zu schreiben. Es gilt vielmehr, die zweifellos nachweisbaren staatlichen Reformleistungen für eine Erklärung des Gedankens der **Sozialstaatlichkeit** zu nutzen, der in Deutschland offensichtlich besonders stark entwickelt war und der ohne Zweifel auch gesellschaftliche Eigeninitiativen gebremst hat.

5.4 Die Last des „europäischen Wunders"

In den ersten beiden Teilen dieses Kapitels wurde die Frage der Vergleichbarkeit der deutschen Geschichte mit der anderer europäischer Staaten diskutiert. Dabei wurde die methodisch wichtige Frage des Vergleichs berührt, der dem Historiker helfen soll, Spezifika seines engeren Gegenstandes vor dem Hintergrund anderer Entwicklungen schärfer zu erfassen. Über den historischen Vergleich hinaus hat uns diese Frage auch mit dem Problem des Verhältnisses von nationaler Geschichte und übernationaler Geschichte konfrontiert. Anders als in dem Kapitel, das sich mit der „Außenpolitik" beschäftigt, soll hier nicht nach den Konflikten innerhalb der Staatenwelt gefragt werden. Es soll vielmehr die Frage diskutiert werden, ob und wie in einem Zeitalter der sich intensivierenden **europäischen Einigung** die bislang zweifellos dominierende **nationale Perspektive** überwunden werden kann. Damit soll zugleich ein Blick auf die **räumlichen Dimensionen historischen Arbeitens** geworfen werden, also die sich verändernden Perspektiven von Lokal- und Regionalgeschichte, Nationalgeschichte, europäischer Geschichte und Universal- oder Weltgeschichte. Gerade die in letzter Zeit gestiegene Nachfrage nach der Geschichte kleiner Einheiten im Sinne der Mikrohistorie wäre um ein gleichzeitiges neues Interesse an „Weltgeschichte" zu ergänzen. Seit 1989 bemüht sich etwa das „Journal of World History" um ein vertieftes Verständnis universalhistorischer Fragestellungen. Diese Anregungen sind jedoch in der deutschen Geschichtswissenschaft bislang nur sehr partiell aufgenommen worden, die neue „Zeitschrift für Weltgeschichte" (Bd. 1, 2000) hat daran noch nichts entscheidend verändert.

Dass die Entwicklung der Geschichtswissenschaft vor allem seit dem 19. und 20. Jahrhundert durch die Perspektive des Nationalstaates gefördert und zugleich belastet wurde, liegt auf der Hand. Immer wieder haben Regenten und Regierungen den Historikern ihre Forderungen gestellt, und immer wieder haben sich Historiker diesen Forderungen gebeugt und davon profitiert. Nur so erklärt sich die bevorzugte Behandlung bestimmter Themen (nationale Einigungsprozesse, Dynastien, nationale Revolutionen, Kriege, kulturelle Leistungen) aber auch das systematische Verschweigen anderer Themen (die Geschichte von Minoritäten, Regionalismen, sozialen Bewegungen, kultureller Transferleistungen). Es ist keineswegs so, dass die Geschichtswissenschaft nicht immer wieder den Versuch unternommen hätte, auch eine europäische Geschichte zu schreiben und sich damit der nationalstaatlichen Perspektive zu entziehen. Seit der ersten „Geschichte Europas" des Florentiners Pierfrancesco Giambullari aus dem Jahre 1566 halten diese Bemühungen an, doch erst unter dem Eindruck der politischen Erfahrungen und Einigungsprozesse des späten 20. Jahrhundert lassen sich neue Impulse feststellen. 1993 erschien ein **„Europäisches Schulbuch"** gleichzeitig in mehreren Sprachen, spezielle Zeitschriften entstanden und viele Verlage wetteifern um den neuen Markt der europäischen Geschichte, der sich seit einigen Jahren etabliert hat. Aus der umfangreichen Diskussion zur Spezifik europäischer Geschichte will ich ein

Problem herausgreifen, das angesichts der vieldiskutierten historischen Stellung Europas in der Welt besondere Aufmerksamkeit verdient.

Der Historiker Heinz Gollwitzer (1917–1999) hat schon in den 50er Jahren seine Überzeugung formuliert, dass „nicht geographische Tatsachen, sondern Leistungen, Wesensart und Gesinnung seiner Bewohner Europa zu dem gemacht haben, was es im Lauf seiner Geschichte wurde". Er stellte sich mit dieser Äußerung in eine lange Tradition europäischer Selbstdeutung, die der deutsche Kameralist Johann Heinrich Gottlob von Justi (1717–1771) schon 1762 folgendermaßen karikieren konnte:

> „Ein jedes Volk ist geneigt, sich, seine Sitten, Gebräuche, Verfassungen und Einsichten weit über alle andere Völker hinauszusetzen, und dieselben gegen sich geringschätzig zu halten. ... So allgemein dieser Nationalstolz allen Völkern ist; so treiben wir Europäer diese hohe Einbildung von uns selbst doch viel höher als andere Nationen des Erdbodens. Unser Vorzug scheinet uns garnicht zweifelhaftig ... Unsere Vernunft, unsere Erkenntniß, unsere Einsichten dünken uns so erhaben zu sein, daß wir auf alle andere Völker des Erdbodens als auf um uns herumkriechende elende Würmergen herabsehen; und in der Tat betragen wir uns auch nicht anders gegen sie. Wir führen uns als Herren des ganzen Erdbodens auf. Wir bemächtigen uns ohne Bedenken der Länder aller Völker in allen drey übrigen Welttheilen (Justi: Vergleichungen der europäischen mit den asiatischen und anderen vermeintlich barbarischen Regierungen. In drey Büchern verfaßt, Berlin-Stettin-Leipzig 1762, Vorrede)

Das Zitat Justis erlaubt zwei Beobachtungen: Zum einen, dass in seiner Zeit – trotz der damals modischen Bewunderung der Naturvölker, des „edlen Wilden" also – bereits jene Überheblichkeit bestand, mit der europäische Völker auf die übrige Erdbevölkerung hinabsahen und zum anderen, dass schon sehr früh kulturelle Diskrepanzen auffielen und diskutiert wurden. Schnell wird man übrigens feststellen, dass die Differenz Europas zu den anderen Erdteilen eine alte Beobachtung der geographischen Literatur ist und bis auf den antiken Geographen Strabo (ca. 63 v. Chr. –20 n. Chr.) zurückreicht. Dieser wiederum wurde von Sebastian Münster, einem deutschen Geographen des 16. Jahrhunderts, zitiert, wenn er sagte, dass Europa der „volkreichste, fruchtbarste und bebauteste Kontinent" sei. Zugleich vermutete er, dass sich **Europas Vorrang** der Fruchtbarkeit des Bodens, dem Klima und dem Einfallsreichtum seiner Bewohner verdanke. Europa sei „sufficientissima sibi". Europäischen Reisenden in anderen Teilen der Welt fiel natürlich die relative Wohlhabenheit der Europäer auf, das Zeitalter der Entdeckungen und Reisen verstärkte also noch das Überlegenheitsgefühl. Für die Humanisten des frühen 16. Jahrhunderts wie z. B. Juan Luis Vives gab es bei aller Beschwörung der Türkengefahr keinen Zweifel daran, dass Aristoteles Recht habe und **Europa Asien „von Natur aus" überlegen** sei, weil Asien verweichlicht, „imbellis" sei und alleine von den inneren Streitigkeiten Europas profitiere.

Diese vermutete Überlegenheit Europas wurde zum durchgängigen Topos der frühneuzeitlichen Völkerkunde. Nicolò Machiavelli lobt die große Zahl der Feldherren, über die Europa wegen der Menge seiner Länder verfüge. Montesquieu stellte sich die Frage, ob man sich vorstellen könne, dass Gott – „der ein sehr weises Wesen ist" – eine gute Seele in einen schwarzen Körper gelegt habe. Die übliche Kritik an der schlechten Behandlung der Sklaven bezeichnete er als Werk von Kleingeistern. Der Amerikaner Alexander Hamilton kritisierte sie mit der Bemerkung, dass es ernsthafte Philosophen gebe, die den Europäern eine physische Überlegenheit zugeschrieben und allen Ernstes behauptet hätten, dass alle Lebewesen, einschließlich der menschlichen Rasse, in Amerika degenerieren, ja dass sogar die Hunde die Fähigkeit zum Bellen verlören, wenn sie einige Zeit die Luft „unseres Landes" geatmet hätten. In einem Brief an Goethe spricht Friedrich Schiller von der **„Wohltat, in Europa geboren zu sein".** Der französische Aufklärer Voltaire, der 1767 in Europa „eine große Republik der kultivierten Geister" im Werden sah, stellte sich die Frage: „Wie ist Europa geworden, wodurch ist es (zu) einem so hohen Grade von Kultur gelangt."

Die Frage nach der kulturellen Dominanz Europas ist also eine alte Frage, sie ist Bestandteil der alteuropäischen Selbstwahrnehmung. Wenn Historiker heute nach dem „europäischen Wunder" fragen, dann tun sie dies freilich nicht in der Überlegenheitsperspektive des 18. und 19. Jahrhunderts, sondern aus der **Perspektive vergleichender Geschichtsforschung** heraus. Sie ist nicht zuletzt durch die Probleme der Unterentwicklung der „Dritten Welt" und die Frage angeregt worden, wie diese Unterentwicklung – möglicherweise mit dem Blick auf das europäische Vorbild – aufgeholt werden kann.

Vor wenigen Jahren konnte das Buch eines in den USA lehrenden englischen Historikers für einige Monate das Interesse der angloamerikanischen aber auch der europäischen Medien auf sich ziehen, das auf den ersten Blick methodisch und inhaltlich ein eher traditionelles Thema anbot. Gemeint ist Paul Kennedys **„Aufstieg und Fall der großen Mächte"** von 1987, das im November 1991 in deutscher Sprache erschien. Es knüpfte im Titel ganz unvermittelt an Edward Gibbons „Aufstieg und Fall des römischen Weltreichs" (1781) an und erinnerte zudem im Vorwort expressis verbis an Rankes Dialog über **„Die großen Mächte"** von 1833. Es liegt auf der Hand, warum Kennedys Buch das öffentliche Interesse so auf sich ziehen konnte. Mit dem Beginn von Perestroika und Glasnost zeichnete sich der Zusammenbruch des Sowjetimperiums ab, in den USA standen die professionellen Analytiker unter dem wachsenden Druck des US-Handeldefizits der späten Reagan-Ära. Die festgefügten Ordnungsstrukturen der Welt des „Kalten Krieges" begannen zu bröckeln, da schien der Blick auf die historische Erfahrung des Aufstiegs und des Untergangs großer Reiche naheliegend und erregend zugleich. Amerika fragte sich verunsichert, ob die historische Erfahrung der Wandelbarkeit aller Reiche auch für die Vereinigten Staaten gelte; Paul Kennedy nahm die Frage auf und traf den Nerv einer Nation, ja den der ganzen westlichen Welt.

Über dem am Ende des Buchs entwickelten dunklen Untergangsszenario haben vermutlich die meisten Leser eine Kapitelüberschrift übersehen, die eine – zumindest für deutsche Leser – eigenartige Formulierung enthält: Die Rede ist im ersten Kapitel des Buches vom „europäischen Wunder". „Wie kam es," fragt Kennedy, „daß unter den verstreuten und relativ unkultivierten Völkern, die die westlichen Teile der eurasischen Landmasse bewohnten, ein **unaufhaltsamer Prozeß wirtschaftlicher Entwicklung und technologischer Innovation** in Gang kam, der Europa nach und nach zur kommerziellen und militärischen Führungsmacht der Welt machte?" Seine Frage zielt also auf die Gründe jener bemerkenswerten Rolle Europas als Herrscherin der Welt, die sich zwischen dem Beginn der europäischen Expansion und dem Ende des Imperialismus ausmachen lässt. Für die Titelfrage nach dem „europäischen Wunder" machte Kennedy eine Anleihe bei dem Buch seines englischen Kollegen Eric L. Jones, das dieser schon 1981 in erster Auflage veröffentlicht hatte. Es hieß schlicht „The European Miracle. Environments, Economies and Geopolitics in the History of Europe and Asia." Man könnte diese Fragen nach dem „europäischen Wunder" vielleicht als Marotte anglo-amerikanischer Historiker abtun, die nach dem Verlust des Empires bzw. unter dem Druck ökonomischer Rezession auf die Suche nach einem historischen Ersatz gingen. Doch ich glaube, dass die Motive englischsprachiger Historiker auf einem anderen Feld zu suchen sind, zumal Jones keineswegs der einzige Autor blieb, der sich mit dem „Aufstieg des Westens" oder dem „Triumph des Abendlandes" beschäftigen sollte.

In der Tat lassen sich Verhaltensmuster erkennen, die man als Grundmodelle der europäischen Geschichte bezeichnen könnte. Dies beginnt im Bereich der demographischen Entwicklung, wo Europa ein Überlebensmodell entwickelte, das man als einen wirksamen **Anpassungsprozess an begrenzte Ressourcen** bezeichnen kann.

Das **„europäische Heiratsmuster"** mit seiner Tendenz zu später Heirat und geringer Zahl der Nachkommen pro Familie stellt ein geradezu sensationelles Reproduktionsmuster dar, das erst die weiteren Schritte Europas zur ökonomischen Führung dieser Welt ermöglichte. Damit gelang es Europa, die bislang gültige Bindung an die gegebenen Nahrungsressourcen zu besiegen. Die agrarische Produktion konnte so gesteigert werden, dass Menschen aus dem primären Sektor für die Industrialisierung freigesetzt wurden. All dies war nur denkbar vor dem Hintergrund eines europäischen Wirtschaftssystems, das – marktwirtschaftlich orientiert – die Zonen agrarischer Produktion mit den gewerblichen Zentren dauerhaft und wirksam verband und so die regionale Spezialisierung ermöglichte, die die wichtigste Vorbedingung für die notwendige **agrarische Produktivitätssteigerung** war.

Das europäische Staatensystem, wie es sich in dem eben genannten Übergangszeitraum entwickelt hatte, erwies in immer neuen historischen Konstellationen seine Fähigkeit zur **Steigerung der Machtausübung**, zur Vergrößerung der Heere, zum Ausgreifen in die Welt, zur rücksichtsloseren Ausbeutung von Arbeitskraft in der Wirtschaft. Auf der anderen Seite aber zeigte sich immer stets auch eine Gegenbewegung, die den Versuch unternahm, den Schaden zu begrenzen, katastrophale Folgen zu beheben, alternative Modelle der Entwicklung aufzuzeigen. Das **europäische Gleichgewichtsdenken** ist die Voraussetzung für den Erhalt des europäischen Staatensystems, in dem der Gedanke einer allein dominierenden „Universal-Monarchie" nie eine dauerhafte Chance hatte. Statt dessen erhielt sich ein kompetitives System, dessen Binnenwirkungen in den einzelnen Staaten nicht zu unterschätzen sind und das wichtige Voraussetzungen für die Ordnung der Staatengemeinschaft entwickelte. Pluralisierung wurde zu einer elementaren Orientierung der europäischen Staaten in ihrem Außenverhältnis, aber auch in ihren inneren Verhältnissen.

Dies gilt nicht nur für den Bereich der staatlichen Konkurrenz und ihrer kriegerischen Folgen, sondern es gilt auch für andere, weitaus grundlegendere Probleme der wirtschaftlich-technischen und demographischen Entwicklung und ihre philosophische Fundierung. Es beansprucht schließlich auch Gültigkeit für das **System gesellschaftlicher Normen**, die diesen Prozess steuern. Das sich seit dem Hochmittelalter durchsetzende Prinzip selbstverantworteter Arbeit, die durch die Reformation noch theologisch legitimiert wurde, die Ausbildung einer individualistischen Rechtsgüterlehre mit Hilfe des rezipierten römischen Rechts, die Verlagerung der Entscheidung über die Konfession in einen als privat geschützten Innenraum, die Formulierung von Menschen- und Grundrechten, alles dieses stärkte das **Potenzial innovativer Kräfte.** Dieses Reaktionsmodell könnte man geradezu als Charakteristikum der europäischen Geschichte bezeichnen: Es ist das Modell von „challenge" und „response", von Herausforderung und Problemlösung.

Damit ist die Frage aufgeworfen, ob die Geschichte Europas als eine Erfolgsgeschichte im Vergleich zu den anderen Teilen der Welt geschrieben werden kann. Gibt es das „european miracle"? Was macht dieses Wunder aus? Jones geht bei seiner Analyse von der schlichten Frage aus, warum das Wirtschaftswachstum in Europa begann. Diese Frage geht er nicht aus der Perspektive des unmittelbaren Vorlaufs der Industriellen Revolution in England an, sondern untersucht den strategischen Zeitraum 1400–1800, orientiert sich also an jenen Historikern, die von einer langen Vorlaufphase der Industrialisierung ausgehen. Konkret ist ihm ein Diktum des amerikanischen Wirtschaftshistorikers Simon Kuznets (1901–1985) zum Programm geworden, der bereits 1964 geschrieben hatte, dass das Pro-Kopf-Einkommen der Europäer in ihrer vorindustriellen Phase um ein Mehrfaches höher war als das der meisten sog. unterentwickelten Länder der 60er Jahre dieses Jahrhunderts.

Die historische Forschung hat es sich seit Max Weber angewöhnt, die eben belegte spezifische Kapazität Europas als **„modernen okzidentalen Rationalismus"** anzusprechen und von der Entwicklungsgeschichte anderer Kulturen abzugrenzen: Europa definiert sich hier also über eine **spezifische Rationalität**, die in Verwaltung, Politik, Wissenschaft und Ökonomie waltet. Selbst wenn man – wie dies die neuere Forschung nahelegt – nicht mehr diesen Kategorien folgt, spricht manches dafür, die europäische Geschichte seit dem späten Mittelalter als einen Prozess zu bezeichnen, der durch wirtschaftliches und demographisches Wachstum, durch die langsame Vorbereitung und schließlich explosionsartige Beschleunigung der Industrialisierung, das Ausgreifen der europäischen Staaten in die „Dritte Welt" und schließlich ein hohes Niveau von wissenschaftlicher Reflexion, technologischer Innovationsfähigkeit und steigender Lebensdauer geprägt ist.

Wenn man auf der Basis der vorliegenden Literatur historisch die Vormachtstellung Europas zu erklären sucht, so muss man zunächst von einigen **Grundvoraussetzungen** ausgehen, die den Westteil der eurasischen Landmasse von den orientalischen und asiatischen Ländern unterscheiden. Dabei hat man sich freilich der Tatsache bewusst zu bleiben, dass historische Tatbestände dieser Art nicht völlig erklärbar sind, dass nur vorsichtig-rekonstruierende Erklärungsansätze formuliert werden können:

Es ist dies zum einen die **natürliche Ausgangslage,** die Fülle fruchtbarer Siedlungszentren in Flusstälern und Küstenmarschen, die Bedeutung der Flüsse und Küsten als kommunikative und kommutative Möglichkeiten. In diesem günstigen geographischen Umfeld herrscht zudem ein Klima, das eine höhere agrarische Produktivität (ohne die Gefahr klimatischer Katastrophen) als anderswo ermöglichte.

Natürliche Grenzen erleichterten den Vorgang der Staatsbildung, der von diesen i. a. begrenzten Kernzonen agrarischen Produzierens ausging, die Abschließung Europas nach Osten hin erleichterte diesen Prozess. Zugleich bedeutete dies die Entstehung eines **Systems miteinander konkurrierender Staatswesen.** In Europa kam es nicht wie in Indien und China zu Großreichbildungen; der relativ kleine Staat prägte die europäische politische Landschaft. Er musste mit anderen Staaten gleichen Typs um die Vormachtstellung ringen. Dieser ständige Zwang zur Auseinandersetzung mit anderen Staaten provozierte Kriege, die ihrerseits wiederum den inneren Frieden, wirtschaftlichen Fortschritt und bestimmte Mitspracherechte der Untertanen notwendig machten. Kriegführung und Konkurrenz der Staaten erzwangen – kurz gesagt – das Ausschöpfen aller innovativen Potenziale und die Begrenzung von Herrschaft.

Die ökonomischen Chancen der jeweiligen Untertanen mussten unter diesen Umständen verbessert werden, die **„property rights",** von denen die amerikanischen Wirtschaftshistoriker und Nobelpreisträger Douglas C. North und Robert P. Thomas gesprochen haben, verbesserten sich. Die gesicherten „Besitzrechte" waren nach ihrer Überzeugung ein wesentlicher Grund für die bald errungene Vormachtstellung Europas gegenüber Asien, das sich noch am Ende des Mittelalters eines technologischen Vorsprungs gegenüber Europa hatte erfreuen können. Europas Wirtschaft produzierte höhere Erträge und vergrößerte damit das Potenzial zur Überwindung des Mangels und zur Vorbereitung einer technologischen Revolution.

Die so gewonnene **höhere Produktivität** ermöglichte es Europa, die Zahl der Kinder zu verringern, ohne dass Eltern Gefahr laufen mussten, im Alter hilflos zu bleiben. Die kleineren Familiengrößen erlaubten wiederum, größeres Gewicht auf das Individuum und seine Bedürfnisse zu legen. Spielräume für die Viehzucht und technologische Prozesse wie die Produktion von Holzkohle (für die Metallverarbeitung) wurden möglich, ohne den Lebensstandard grundsätzlich zu gefährden.

Damit konnte Europa schon früh **Reserven für technologische Verbesserungen** ausbilden.

Die eben erwähnte Ausbildung von relativ günstigen Besitzrechten in Europa muss als Indiz einer Rechtsordnung verstanden werden, die sich als „western legal culture" definieren lässt. Sie ist um den Schutz der individuellen Person bemüht, sie unterstützt ein individualistisches Verständnis von Eigentum, sie ermöglicht mit dem Vertragsrecht eine **veränderungsfähige Rechtsgüterordnung.** Damit wurden wesentliche Voraussetzungen für eine **gewinnorientierte Wirtschaft** geschaffen, die erst notwendige Ressourcen ansammeln konnte.

Europas Flusstäler und Küstensäume ermöglichten zu einem frühen Zeitpunkt den Austausch von Massengütern, vor allem von lebenswichtigem Getreide. Regionale Märkte verdichteten sich zu einem **zusammenhängenden europäischen Markt**, und dieses binneneuropäische Marktsystem erwies sich als erheblich wichtiger als jener exotische Handel, der Europa aus der Dritten Welt erreichte. Erst der zusammenhängende europäische Markt bot die Voraussetzung dafür, dass Europa die überseeischen Entdeckungen nutzen konnte. Was hätte der portugiesische Gewürzhandel bedeutet, wenn ihn nicht ein großer europäischer Markt nachgefragt hätte? Hier scheint geradezu die Gelenkstelle zwischen der europäischen Expansion und den welthistorischen Konsequenzen dieser Expansion zu liegen. Erst die Verbindung von „kolonialem Angebot" und europäischer Nachfrage ergab jene Konstellation, die die europäischen Kolonialreiche ermöglichte.

So ungefähr könnte eine Erklärung aussehen, als eine Verbindung von geographisch-klimatischen Voraussetzungen und daraus erwachsenden besonderen sozio-ökonomischen, rechtlichen und mentalen Konstellationen. Nur durch einen komplexen Zugriff wird sich die Entwicklung Europas verstehen lassen.

Zur gleichen Zeit, als sich ein **wirtschaftliches Austauschsystem im Weltmaßstab** – ein „modernes Weltsystem" im Sinne Immanuel Wallersteins – herausbildete, entstand auch ein neuer Zusammenhang von Machtinteressen, den wir Weltpolitik nennen können. Die Auseinandersetzungen zwischen den europäischen Mächten um ihre Kolonien in der Karibik, in Kanada und in Indien, die in der Frühzeit der Entdeckungen noch durch päpstliche Schiedssprüche hatten verdeckt werden können, nahmen an Ausmaß und Schärfe zu. Zwar kannte schon das 16. Jahrhundert die **Verknüpfung von innereuropäischen und kolonialen Machtfragen**, doch vor allem seit der Gründung von englischen „chartered colonies" in Nordamerika ergaben sich zunehmend Konflikte zwischen den französischen und den englischen Besitzungen in Nordamerika. Der Siebenjährige Krieg, in Europa eine klassische Auseinandersetzung im Rahmen des in Balance zu haltenden europäischen Staatensystems, wird zum ersten „Weltkrieg" insofern, als der englisch-französische Gegensatz nicht nur in Europa durch die Stellvertreter Preußen und Österreich, sondern auch in Nordamerika und bald auch in Indien ausgetragen wird. Er eröffnet die Reihe jener Kriege, die nicht mehr wegen konfessioneller oder dynastischer Interessen (wie im 16., 17. und noch im frühen 18. Jahrhundert) geführt wurden, sondern letztlich um **Einflusssphären und Handelsinteressen.** Schon 1651 hatte England mit seiner **Navigationsakte** den Weg der Verdrängung konkurrierender Mächte (der Niederlande) beschritten, und fortan sollte die Kette der kriegerischen Konflikte aus diesen Gründen nicht mehr abreißen. Als in der zweiten Hälfte des 19. Jahrhunderts die industrialisierten Staaten Europas jenen Entwicklungstand erreicht hatten, der ihnen eine imperialistische Aufteilung der Welt unverzichtbar, ja überlebensnotwendig erscheinen ließ, war damit ein neues Konfliktpotential entstanden, das im Ersten Weltkrieg seinen Austrag fand. Der englische Premierminister Benjamin Disraeli (1804–1881) hatte schon die Einigung Deutschlands 1871 als den Beginn einer „neuen Welt" bezeichnet, als den **Zusammenbruch des alten europäischen Gleichgewichtssystems.** Zugleich leitete der Erste Weltkrieg das Ende der europäischen Herrschaft über die Welt ein. Jetzt entstand ein neues internationales System, das über das christliche Europa weit hinausgriff und den Kontinent in eine Position zwischen den beiden neuen Weltmächten, im Westen den Vereinigten Staaten von Amerika, und im Osten der Sowjetunion rückte. Unübersehbar wurde der Verlust der europäischen Hegemonialstellung schließlich am Ende des Zweiten Weltkriegs. Man sprach vom **Ende des „europäischen Zeitalters".**

Seit sich Europa im späten Mittelalter als **zivilisatorisches Zentrum der Welt** etablieren konnte, hat dieser Kontinent in immer wieder neuen Stufen die jeweils gültigen Grenzen von Menschheitserfahrung überschritten und sich neuen Erfordernissen anpassen müssen: die Herausbildung der Nationalstaaten, die schrittweise Eroberung der „Neuen" und der „Dritten Welt" bis in die imperialistische Phase am Beginn des 20. Jahrhunderts und die Dekolonisierung, die schwierige Findung und Durchsetzung von Toleranz, Menschenrechten und Rechtsstaatlichkeit, zugleich aber auch die Erfahrung der **„Demokratisierung" des Krieges** und die Verabsolutierung staatlicher Macht seit der Französischen Revolution, die Ausbildung einer ökonomischen Rationalität, die ihresgleichen sucht, die Erfahrung der Katastrophen des

20. Jahrhunderts und schließlich die Einsicht in globale ökologische Gefahren in den letzten Jahrzehnten: All diese Erfahrungsschübe zeigen Europa an der Front menschlicher Erfahrung, sei es im Positiven, sei es im Negativen. Nicht zuletzt darin liegt die Chance und die besondere Verantwortung Europas. Diese Verantwortung liegt auch darin, die Entwicklung Europas nicht zum alleinigen Maßstab und Muster von Modernisierungsprozessen zu machen.

Relativierend ist bei einer solchen Wertung zu bedenken, dass Europa die historisch einmalige Chance hatte, seinen Entwicklungsweg gerade in der Frühen Neuzeit, also in der entscheidenden Vorbereitungsphase der Industrialisierung, **ohne jeden Modernisierungsdruck von außen** gehen zu können. Europa selbst bestimmte das Tempo der Entwicklung; es war nicht gezwungen, seine Fertigprodukte auf dem Weltmarkt gegen hochentwickelte Mitbewerber anzubieten, seine Rohstoffe gegen ein Preisdiktat abgeben zu müssen. Vor allem war es nicht gezwungen, den Modernisierungsprozess zu verkürzen, es konnte ihn unbeeinflusst von außen autonom vollziehen, es bestimmte selbst die terms of trade. Es ist deshalb naheliegend, dass die internationale Diskussion über den Weg der Entwicklungsländer immer wieder auf diese Vorteile der europäischen Frühneuzeit hinweist und vorschlägt, durch **neue Formen der internationalen Arbeitsteilung** und **partielle Abkoppelung von der Weltwirtschaft** eine eigene breite „autozentrierte" (so der Politologe Dieter Senghaas) Binnenstruktur dieser Länder zu erreichen. Themen dieser Art stehen zugleich im Mittelpunkt einer neuen Forschungsrichtung der „world history", auf die an dieser Stelle nur hingewiesen werden kann.

5.5 Schlussbemerkung

Die Geschichte der Neuzeit stellt sich uns als eine komplizierte **Mischung von Widersprüchen** dar, zumal in ihrer deutschen Version. Hier ist der mit der Reformation beginnende Prozess der europäischen Aufklärung, dort sehen wir wissenschaftsfeindliche protestantische Orthodoxie, hier den Gedanken des modernen Sozialstaats, dort die Perversion staatlicher Macht, hier die Aufnahme bedrängter Glaubensflüchtlinge im 17. Jahrhundert, dort die Vernichtung der europäischen Juden. Auf jeden Fall ist deutsche Geschichte nicht als nationale Erfolgsgeschichte im Sinne der Whig-Interpretation der englischen Geschichte, der republikanischen Geschichte Frankreichs oder der Geschichte amerikanischen Sendungsbewusstseins zu schreiben. Vor dem Hintergrund einer lockeren, letztlich „vornationalen" Reichsbildung vollzieht sie sich „verspätet" gegenüber den ökonomischen und politischen Modernisierungsvorgängen in Westeuropa, sie unterliegt zugleich den Zwängen der geographischen Lage und demographischer Grundtatsachen. Die deutsche Geschichte der Neuzeit ist – stärker als andere Nationalgeschichten – als **Geschichte von Brüchen** zu verstehen. Eine solche Beobachtung mag sich jedoch durch die eben skizzierte europäische Gesamtperspektive relativieren, die im offenen Verband des Heiligen Römischen Reiches eher Entwicklungsperspektiven auf ein europäisches System hin erkennt als in den Nationalstaaten, die die europäische Geschichte des 19. und 20. Jahrhunderts beherrscht haben.

Seit der alle bisherigen Erfahrungen sprengenden Französischen Revolution ist dem europäischen Geschichtsdenken eine Denkfigur vertraut, die ein **Ende der Geschichte** erkennen will. Solche Überlegungen haben mit dem weiteren Fortschreiten der neuzeitlichen Geschichte immer wieder Anklang und schließlich Ausdruck im Begriff des „Posthistoire", eines gedachten Zustandes „stationärer Dauer", gefunden. Zuletzt hat die Auflösung der Blöcke solche Gedanken befördert (z. B. Francis Fukuyama: Das Ende der Geschichte, München 1992), die ein Verschwinden systemverändernder Potenziale annehmen. Tatsächlich mögen Ereignisse wie die Große Revolution oder der Wegfall der geschichtsmächtigen Konfrontation der Blöcke den Eindruck erwecken, als sei das Kräftepotential der Geschichte erloschen. Den Historiker werden Spekulationen dieser Art wenig beeindrucken. Er wird sich der Tatsache bewusst bleiben, dass der historische Prozess nicht auf der gerade erreichten Höhe angehalten werden kann, seine Kenntnisse vergangener Veränderungen werden ihm zukünftige wahrscheinlich machen. Der Blick auf die Widersprüche und die **Beschleunigung der neuzeitlichen Geschichte** legt noch einmal die schon zu Beginn zitierte Beobachtung Lorenz von Steins nahe, der 1843 als Grundprinzip der Geschichte der Neuzeit formulierte: „Die alten Zustände werden umgestoßen, neue treten auf, selbst durch Neueres bekämpft. … Es ist, als ob die Geschichtsschreibung der Geschichte kaum mehr zu folgen imstande ist."

Am Schluss eines solchen Versuchs, in Probleme der Geschichte der Neuzeit einzuführen, kann ich nur noch einmal das Ziel dieser Darlegungen betonen, aber keine inhaltliche Summe ziehen. Mir kam es vor allem darauf an zu zeigen, dass Geschichte mehr ist als vergangene Politik, Wirtschaft, Gesellschaft, mehr als Geistesgeschichte, Sozialgeschichte, Religionsgeschichte, Mentalitätsgeschichte, mehr als „große

Männer" und „kleine Leute", mehr als Geschichte „von oben" oder „von unten". Geschichte ist prinzipiell nicht durch bestimmte inhaltliche oder methodische Vorentscheidungen zu erschöpfen, und wir dürfen von keiner der augenblicklichen oder vergangenen Arten von Geschichtsschreibung – so sehr sie uns persönlich am Herzen liegen mag – die Lösung aller Probleme erwarten: Es gibt **keine eindeutige Interpretation der Geschichte**, sie bleibt ein faszinierendes Mixtum von abgeschlossener Vergangenheit und zeitgebundener Perspektive.

Der savoyardische Humanist **Sebastian Castellio (1515–1563)**, der schon im Konfessionskapitel kurz erwähnt wurde, überraschte die Zeitgenossen des 16. Jahrhunderts mit seiner Forderung nach prinzipieller Toleranz. Diese Forderung gründete sich auf die Einsicht, dass es ganz offensichtlich keine eindeutige Interpretation der Heiligen Schrift gebe: „Diese ist nämlich unklar und oft rätselhaft überliefert, und über sie wird seit mehr als tausend Jahren gestritten, ohne daß die Uneinigkeit hätte beigelegt werden können." Was liegt näher, als Castellios Einsicht auch auf die Geschichte anzuwenden? So könnte der andauernde Streit über die richtige Geschichte eine unübertreffliche Begründung für die Toleranz sein.

Literatur

Kontinuitäten deutscher Geschichte

H.-U. Wehler: Das deutsche Kaiserreich 1871–1978. Göttingen 7. Aufl. 1994.

B. Moore: Soziale Ursprünge von Demokratie und Diktatur. Die Rolle der Grundbesitzer und Bauern bei der Entstehung der modernen Welt. Frankfurt am Main 1969.

H. Rosenberg: Probleme der deutschen Sozialgeschichte. Frankfurt am Main 1969.

A. Hillgruber: Politische Geschichte in moderner Sicht. In: HZ 216, 1973, S. 32–43.

H.-U. Wehler: Moderne Politikgeschichte oder „Große Politik der Kabinette"? In: Geschichte und Gesellschaft 1, 1975, S. 344–369.

F. Fischer: Griff nach der Weltmacht. Die Kriegszielpolitik des kaiserlichen Deutschland 1914/18. Taschenbuchausgabe. Düsseldorf 1977.

Deutscher Sonderweg – Mythos oder Realität – Kolloquien des Inst. f. Zeitgeschichte. München – Wien 1982.

H.-U. Wehler: 'Deutscher Sonderweg' oder allgemeine Probleme des westlichen Kapitalismus? Zur Kritik an einigen „Mythen deutscher Geschichtsschreibung". In: Merkur 35, 1981, S. 478–487.

D. Blackbourn, G. Eley: Mythen deutscher Geschichtsschreibung. Die gescheiterte bürgerliche Revolution von 1848. Frankfurt – Berlin 1980.

B. FAULENBACH: Ideologie des deutschen Weges. Die deutsche Geschichte in der Historiographie zwischen Kaiserreich und Nationalsozialismus. München 1980.

H. A. WINKLER: Der lange Weg nach Westen. 2 Bde., München 2000.

E. TROELTSCH: Deutscher Geist und Westeuropa. Gesammelte kulturphilosophische Aufsätze und Reden. Tübingen 1925.

R. VIERHAUS: Die Ideologien eines eigenen deutschen Weges der politischen und sozialen Entwicklung. In: Die Krise des Liberalismus. Hrsg. R. V. THADDEN, Göttingen 1978, S. 96–114.

W. CONZE, R. M. LEPSIUS (Hrsg.): Sozialgeschichte der Bundesrepublik. Studien zum Kontinuitätsproblem. Stuttgart 1983.

G. A. RITTER: Der Sozialstaat. Entstehung und Entwicklung im internationalen Vergleich. München 1989.

E. DEUERLEIN: Die Einheit Deutschlands. Ihre Erörterung und Behandlung auf den Kriegs- und Nachkriegskonferenzen 1941–1949. Darstellung und Dokumentation. Frankfurt am Main – Berlin 1957.

TH. NIPPERDEY: 1933 und die Kontinuität der deutschen Geschichte. In: HZ 227, 1978, S. 86–111.

E. FRAENKEL: Deutschland und die westlichen Demokratien. 2. Aufl. Stuttgart 1964.

W. M. MCGOVERN: From Luther to Hitler. The History of Facist-Nazi Philosophy. London 1946.

K. SONTHEIMER: Antidemokratisches Denken in der Weimarer Republik. Die politischen Ideen des deutschen Nationalismus zwischen 1918–1933. München 1962.

Zum „europäischen Wunder"

E. L. JONES: Das europäische Wunder. Tübingen 1991.

J. A. HALL: Powers and Liberties: The Causes and Consequences of the Rise of the West. Oxford 1985.

J. M. ROBERTS: Der Triumph des Abendlandes. Eine neue Deutung der Weltgeschichte. Herrsching 1989.

P. KENNEDY: Aufstieg und Fall der großen Mächte. Berlin 1991.

D. SENGHAAS: Von Europa lernen. Entwicklungsgeschichtliche Betrachtungen. Frankfurt am Main 1982.

Personen- und Sachregister